한국어 높임법의 역사적 변화

姜美花, 女

1981年出生于中国吉林省延吉市, 现任延边大学朝鲜–韩国学学院讲师。2004年毕业于延边大学朝鲜语言文学专业, 2007年获延边大学亚非语言文学专业硕士学位, 2010年获延边大学亚非语言文学专业博士学位。主要研究方向为朝语史研究, 朝鲜语语法等。目前主持校级科研项目1项, 发表论文10多篇, 主编, 参编著作3部。

해외한국학연구총서 K060

한국어 높임법의 역사적 변화

초판 인쇄 2014년 11월 25일
초판 발행 2014년 12월 1일

지은이 강미화 **펴낸이** 박찬익 **편집장** 권이준 **책임편집** 김경수
펴낸곳 도서출판 박이정 **주소** 서울시 동대문구 천호대로 16가길 4
전화 02) 922-1192~3 **팩스** 02) 928-4683 **홈페이지** www.pjbook.com
이메일 pijbook@naver.com **등록** 1991년 3월 12일 제1-1182호

ISBN 978-89-6292-740-5 (93710)

* 책값은 뒤표지에 있습니다.

해외한국학연구총서
K060

한국어 높임법의 역사적 변화

강미화 지음

도서
출판 박이정

우리말이 가지고 있는 특징 중에서 높임법이 발달되어 있다는 것은 이미 잘 알려진 사실이다. 높임법의 발달은 그 역사가 결코 짧지 않다. 시대가 변화됨에 따라 높임법 체계에는 계속적인 변천이 있었는바 특히 중세에서 근대를 거쳐 현대로 오는 과정에 문법적 형태에 의한 객체높임법은 소실되었고 청자높임법은 다원적 체계로 분화되는 양상을 보였다.

이 책에서는 문법적 형태에 의한 높임 표현에 국한하여 '-습-'에 의한 객체높임법의 소실과 '-습-'의 합류에 따른 '-습니다'류의 통시적 형성 과정 및 중간 등급 종결형태의 출현 그리고 이에 따른 청자높임법 체계의 분화와 확대를 체계적으로 고찰하였다.

말하자면 15세기의 객체높임법은 주로 선어말어미 '-습-'에 의해 실현 되었는데, 이는 어휘 형태인 '白[숣-]'이 선어말어미화 되어 형성된 것이 다. 15세기 이후 '주체=화자, 객체=청자'의 담화상황이 일반화되면서 객체 의 모호성이 청자로 정착되어 '-습-'은 종결어미 위치에서 청자높임법에 합류하고, 비종결어미 위치에서 화자 겸양의 기능을 나타냈다. 또한 이런 기능의 변화는 통사적 결합 양상의 변화를 일으키는바, 기능 변화로 인해 후접성의 원리를 어긴 '-습-'이 어말어미 쪽으로 위치이동을 하게 되면서 '-ㄴ/더/리-', '-이/잇-' 등과 통합되어 나중에는 종결어미 '-습니다'류를 형성한다. '-습니다'류는 새로운 형태의 산생이라기보다 '-습-'의 합류에 따른 기존 형태의 재구조화이다. 한마디로 '-습니다'류는 형성되기까지 동사 '숣다'의 의미 약화, 선어말어미 '-습-'의 기능 변화, 음운론적 축약, 재구조화 등 일련의 문법 형태화 과정을 거쳤다. 또 '-습-'의 변화와 합류로 하여 'ᄒᆞ(ᅌᆞ)ᆫ이'체, 'ᄒᆞ오'체, '히'체 등 중간 등급의 종결형태가 새롭게 형성됨으로써 청자높임법의 등급 체계는 현대국어와 같은 이원적 계열의 사원적 체계로 정착하였다.

이 책은 저자가 2010년 5월 연변대학교 대학원에 박사학위논문으로 제출한 『객체높임의 소실과 청자높임의 등급의 분화-'-습-'의 변화와 '습니다'류 형태의 형성을 중심으로』를 다듬은 것이다. 학위논문의 표현상 어색한 부분을 바로잡고 목차와 제목을 약간 달리하였으나, 글 전체의 논지나 내용은 원래의 글과 크게 달라진 곳이 없다. 막상 이렇게 글을 책의 모습으로 내어 놓으려니, 스스로도 미흡하고 부족한 부분이 너무 많이 보여서 얼굴이 붉어짐을 피할 길이 없다. 하지만 이후 더욱 깊이 있는 연구를 통해 보완하리라는 결심과 함께 미흡하기만 한 책을 세상에 내어 놓는다.

이 책이 완성되기까지는 많은 분들의 도움을 받았다. 지금은 이 세상에 계시지 않지만 항상 저자한테 힘이 되셨던 지도교수 이득춘 선생님께 머리 숙여 깊은 감사를 드린다. 이득춘 선생님께서는 불편하신 몸으로 저자의 글을 한 자 한 자 읽으면서 문제점들을 정확히 지적해주셨고 앞으로도 학자다운 학자로 살아가야 하는 법도 가르쳐주셨다. 박사학위 논문 심사를 담당해주신 김영황, 류영록, 이민덕, 김광수 선생님 그리고 평의서를 써주신 김영수, 김기석 선생님께서도 미흡한 부분을 깁고 보태 도록 많은 도움을 주셨다. 그럼에도 불구하고 여전히 부족한 부분은 저자가 감당할 몫이다. 연변대학교 조문학부 여러 선생님들께서 저자를 배양해주신 데 대해 감사를 드리지 않을 수 없다. 특히 김일, 김철준 선생님은 저자의 학부 시절부터 성장을 지켜봐 주시면서 조금은 서툰 저자에게 늘 아낌없는 사랑과 함께 용기를 북돋워주셨다. 장성일, 김향 화, 지동은 선생님도 항상 저자에게 조언과 격려를 아끼시지 않았다. 저자가 높임법이라는 주제에 흥미를 갖도록 한 서울시립대학교 성기철 선생님, 논문집필 과정에 필요했던 프로그램과 자료들을 제공해주신 연 세대학교 홍윤표 선생님, 논문의 탈고를 위하여 많은 가르침을 주신 한국외국어대학교 임형재 선생님의 도움은 결코 잊을 수 없다. 이렇게 훌륭한 여러 선생님들의 가르침을 받을 수 있었던 것은 저자의 큰 영광이 고 행운이었다. 이 밖에도 직접 뵙지는 못했지만 논저들을 통해 많은 도움을 주신 여러 학자들께도 감사를 드린다.

그리고 학문은 물론 기타 여러 면에서도 자상한 가르침과 보살핌을

베풀어주신 김영수 선생님과 저자를 박이정출판사에 추천해주셨고 지금도 공부 모임을 통해 많은 가르침을 주고 계시는 김광수 선생님께 다시한 번 감사의 인사를 드린다. 또한 수익성이 없는 책이지만 기꺼이 출판을맡아주신 박이정출판사 박찬익 사장님과 권이준 편집장님, 편집을 맡아주신 김경수 선생님께도 깊이 감사드린다.

오늘이 있기까지 한없는 사랑을 주신 부모님과 공부한다는 핑계로집안 살림도 제대로 돌보지 못한 저자에게 불평 한 번도 없이 지금까지응원하고 지지해준 남편 이천복에게 고마운 마음을 전한다. 이 책이부모님과 남편한테 자그마한 기쁨이 되었으면 한다.

2014년 8월
강미화

차례

제1장

서론

제1장 서론

1.1 연구 목적

언어가 시간의 흐름에 따라 변화를 겪게 된다는 사실은 시간적으로 전후 다른 두 시기의 언어 자료들을 비교, 검토해보면 쉽게 확인할 수 있다. 시대를 거슬러 올라가면 갈수록 그 변화의 차이 또한 커지는 것은 당연하다. 이러한 언어의 변화는 음운, 형태, 통사, 의미 등 언어를 구성하고 있는 모든 측면에서 일어나기 때문에 오랜 시간에 걸쳐 관심의 대상이 되어 왔다.

우리말에서 문법 형태가 중요하다는 것은 잘 알려진 사실이다. 따라서 언어 변화의 한 양상인 문법 형태의 형성과 발달을 연구하는 것은 문법사 연구의 핵심적인 부분이라고 할 수 있다. 특히 어미 등 문법 형태들의 형성과 발달은 이들에 의해 일어나는 문법 현상을 중요하게 여기는 우리말에서 문법 연구 초기부터 이루어졌다.

또한 모든 문법 형태가 어휘 형태에 그 기원을 두고 형성된 것이라고 단언할 수는 없지만 문법 형태 중에는 기원적으로 어휘 형태가 역사적으로 변화를 입어 형성된 것이 상당히 많다. '하나의 문법 형태는 바로 역사적 현재'라고 하는 명제는 공시태가 보여줄 수 없는 언어 변화와 관련된 비밀을 통시태를 통해 좀 더 진실에 가깝게 다가갈 수 있는 가능성을 시사한다.[1]

그러므로 문법 형태에 대한 연구는 공시태와 통시태를 막론하고 여러 측면에서 다양하게 기술되어야 할 필요가 있다. 이미 선어말어미, 종결어미 등 문법 형태에 대한 논의가 비교적 활발하게 이루어져 왔다. 하지만

---

1) 백락천(2007:311), 국어 문법화 연구의 이론적 배경과 특징, 『한국사상과 문화』 39, 한국사상문화학회.

문법 형태와 관련된 언어 현상들의 적지 않은 부분이 아직도 제대로 체계화되거나 설명되지 못한 채 남아있다.

15세기 우리말에서 높임법[2]의 한 부분을 차지하고 있었던 선어말어미 '-습-'[3]은 높임법을 연구한 논의들에서 가장 많은 논란을 불러 일으켰는데, 그 이유는 이 선어말어미가 역사적으로 변화를 겪어 청자높임법에 합류함으로써 최상위 등급이 재구조화되었다는 사실 때문이다. 이러한 점은 연구자들에게 많은 관심을 기울이게 하였으나 동시에 연구에 많은 어려움을 주었다. 실제로, 20세기 초반의 오꾸라 신뻬이(小倉進平, 1928)를 시발점으로 하는 논의 이후[4] 지금까지도 그 실체가 명확히 밝혀졌다고 하기 어렵다.

본고에서는 이 같은 상황에 대한 인식을 바탕으로 문법적 형태에 의한 높임법의 역사적 변화 과정을 크게 두 가지로 나누어 제시한다. 먼저 어휘 형태인 '숣[白]-'의 선어말어미화와 선어말어미 '-습-'의 변화를 논술하면서 기능이 변화되어 위치이동을 한 '-습-'이 '-ᄂ/더/리-', '-이/잇-' 등 인접한 선어말어미들과 통합됨으로써 나중에는 종결어미 '-습니다'류[5]를 형성하는 과정을 통시적으로 살펴본다.

본고는 선어말어미 '-습-'의 변화를 체계적으로 논술하기 위해 15세기

---

2) 높임법은 달리 존대법, 경어법, 대우법 등으로 지칭되고 있으나 본고에서는 높임법으로 통일하여 쓰기로 한다.
3) 접미사, 선어말어미 등으로 불리고 있으나, 일반적으로 새로운 어휘를 파생시키지 않고 어말어미와 연결되며, 다른 어미와 위치이동(특히 '-시-'의 경우)을 경험한다는 점에서 선어말어미가 더 적합하다고 본다.
4) 倉進平을 기점으로 논의가 이루어졌지만, 그 이전에도 Les missionnaires de Coree (1881), Underwood, H.G(1890), Gale, J.S(1903) 등에서 이미 논의가 되었다. 이들은 국어의 높임법에 대하여 언급하면서 존경의 '-시-', 겸양의 '-ㅂ/오/옵/습/-', 공손의 '-이/ㅣ-' 등의 높임 선어말어미에 대해 언급한 것이 보인다. 이는 小倉進平 이전에 '-습-'에 대한 인식의 싹으로서 찾아볼 수 있는 것들이다. (김충회 1990:114)
5) '-습니다'류는 재구조화되어 형성된 최상위 등급의 '-습니다, -습니까', '-습디다, -습디까', '-사오리다/-(으)오리다, -사오리까/-(으)오리까', '-((으)시)ㅂ시오', '-((으)시)ㅂ시다' 등을 가리키는데 '-습니다' 등은 '-ㅂ니다'등의 교체형이 있음도 밝혀둔다.

의 높임법 체계와 '-습-'의 기능 및 그 분포와 결합 양상에 대해 재검토하고, '-습-'의 역사를 추적할 것이며, 15세기의 '-습-'을 바탕으로 '-습-'의 역사적 변화를 밝힐 것이다. 또한 전체적인 변화의 과정을 살펴 음운의 변화가 형태의 변화를 초래하며, 기능의 변화가 형태, 통사적인 변화를 초래함을 보여줄 것이다. 기능의 변화와 형태의 변화의 관계에 대해서는 인접성의 원리와 통합의 원리로 설명한다. 다시 말해 화자 겸양으로 기능이 변화되어 어말어미 쪽으로 위치이동을 한 '-습-'이 인접한 '-ᄂ/더/리-', '-이/잇-' 등 선어말어미와 통합되어 하나의 단위로 인식이 되는 과정을 밟게 됨을 문헌 자료를 통해 밝힌다. 기능의 변화에 따른 통사적 결합 양상의 변화에 대해서는 후접성의 원리로 설명한다. 즉 고유한 기능을 잃은 '-습-'이 선행형태와의 결합 능력이 약화되어 후접성의 원리에 의해 어말어미 쪽으로 밀리게 되는 현상을 밝힌다. 따라서 본고는 '-습니다'류의 형성 과정에 보이는 음운, 형태, 기능, 통사 등 측면의 변화가 서로 별개가 아니고 얽혀 있으며 그 얽힘의 관계란 구체적으로 음운의 변화가 형태의 변화를 선도하고, 기능의 변화가 통사, 형태적인 변화를 선도하는 것임을 밝혀나갈 것이다.

다음 본고는 중간 등급의 종결형태의 형성 및 그에 따른 청자높임법 등급 체계의 분화와 확대도 체계적으로 보여줄 것이다. 중간 등급 종결형태의 출현에는 '-습-'의 합류뿐만 아니라 문말형식절단 규칙의 형태론적인 기제가 중요한 역할을 수행한다. 후대로 갈수록 이런 기제의 적용이 생략되는 부위가 확대되게 함으로써 다양한 등급 형식을 형성해낸다. 또한 중간 등급 형태의 형성을 기타 체계 내의 선어말어미, 특히 시제 표현의 선어말어미들과의 연관 속에서 살펴본다. 왜냐하면 문법 형태들은 동일한 체계 내에서의 상호 관련성을 살펴보아야 할 뿐만 아니라, 다른 체계 내의 문법 형태들과의 상호 관련성도 살펴보아야 하기 때문이다. 그리고 이렇게 형성된 새로운 형태가 기존의 형태와 경쟁하는 과정에서 청자높임법 등급의 분화로 이어지게 됨을 밝힌다.

1.2 연구사 검토

'-습-'에 대한 연구는 문법사의 연구에서 가장 많이 다루어진 주제 가운데 하나이고, 그 연구 성과 또한 상당히 축적되었다. 하지만 그 기능에 관해서는 연구자들 사이의 견해가 일치하지 않은 면이 많았다. '-습-'에 대한 연구는 중세국어 '-습-'의 기능을 밝히는 것에서부터 시작되었다. 근대국어에 대한 연구가 점차 활발해지면서 '-습-'의 기능 변화에도 관심을 갖게 되었는데, 이는 '-습-'의 기능 변화에 따른 높임법 체계의 변화에 또 다른 관심을 갖게 하였다. '-습-'의 기능에 대한 논의가 중심이 되었던 기존의 연구에서 많이 언급되었던 것의 하나는 '-습-'의 통합순서가 바뀐 것이다. 이러한 기왕의 논의들을 크게 '-습-'의 기능에 대한 공시적 연구, '-습-'의 기능 변화와 청자높임법 체계에 대한 연구, '-습-'의 통합순서에 대한 연구, '-습-' 및 인접어미의 형태소 분석에 대한 연구로 나누어 볼 수 있다.

첫째, '-습-'의 기능에 대한 공시적 연구는 오꾸라 신뻬이(1929), 김형규(1947), 허웅(1954), 전재관(1958), 안병희(1961, 1982), 이승욱(1973), 이익섭(1974), 서정목(1993), 양영희(2000), 석주연(2004) 등에서 다루어졌다.

오꾸라 신뻬이(1929)와 김형규(1947)은 중세국어 시기에 나타나는 '-습-'의 기능을 '청자에 대한 화자의 겸양'으로 잘못 파악하고 있으나 '-습-'에 대한 초기의 본격적 연구로서 문법사의 연구 주제로 '-습-'을 들여왔다는 것은 가치 있는 일이다. 허웅(1954)는 '화자의 객체에 대한 높임'으로 파악하였으며, 전재관(1958)은 '화자와 관련이 없는 주체의 객체에 대한 높임'이라고 판단하였다. 그러나 담화참여자가 관여하지 않는 발화란 존재하지 않으며, 주체와 객체의 상하 관계를 판단하는 것은 결국 화자 자신임을 간과한 것이다. 안병희(1961, 1982)는 '-습-'의 기능을 '객체가 화자와 주체보다 상위자 일 때 객체에 관계된 동작의 겸양'으로 보고, 이승욱(1973)은 '주체의 직접적 대우'로 보았으며, 이익섭(1974)는 '객체를 주체에 대비시켜 화자가 객체를 존대하는 표현'으로 보았다. 서정목(1993)은 '-습-'의 기능을 '객체와 주체, 객체와 화자를 모두 고려하여 객체를 존대'한다고 파악하고, 양영희(2000)에서도 '-습-'의 기능을 '화자의 청자에 대한 존대'로 파악하였는데 불경류 문헌의 특성으로 하여 화자와 청자가 사건 속에 참여자인 경우가 많았기 때문에 그렇게 분석된 것이다. 석주연(2004)는 '-습-'의 출현은 화자에서 주체로의 시점 전이를 전제로 한다고 했는데 이는 '-습-'의 기능을 다룬 것이 아니라 출현 조건을 다룬 연구이다.

이상의 논의들은 주로 중세국어 시기의 높임법 특히 '-습-'의 기능에 대한 연구를 집중적으로 진행하였는데 형태론적 분석에 치중을 해왔으며 또 높임법은 여러 가지 요소에 의해 파악되어야 함을 불구하고 대부분 신분상의 높낮이에만 관심을 기울였다.

둘째, '-습-'의 기능 변화와 청자높임법 등급 체계의 다원화에 대한 연구에는 장경희(1977), 이기갑(1978), 최기호(1981), 허웅(1981가), 김정수(1984), 이현희(1985), 박양규(1991), 이영경(1992), 서정목(1997), 렴광호(1998), 이유기(2001), 김광수(2001), 황문환(2002), 이정복(2005), 윤용선(2006), 성기철(2007), 이승희(2007), 김태엽(2007가, 2007나), 이태환(2008) 등이 있다.

장경희(1977)에서는 '-습-'이 'ᄒᆞ오'체 종결어미에 통합한 경우에 청자높임의 등급이 분화된다고 파악하여 청자높임법을 'ᄒᆞ라체-ᄒᆞ오체-ᄒᆞᅇᆞ소체-ᄒᆞ쇼셔체'의 4등급으로 파악하였다. 이기갑(1978)은 15세기로부터 20세기에 이르기까지 청자높임법이 변천해 온 과정을 기술하였는데, 장경희(1977)과 달리 17세기의 청자높임법에서 'ᄒᆞᆸ소'체를 설정하지 않았다. 최기호(1981)은 17세기 '-습-'의 배열순서와 쓰임 등을 15세기 '-습-'과의 대비 속에서 살펴보았고 높임법의 변천 체계의 변천 양상도 도표로 보여주었다. 허웅(1981가)에서는 '-습-'이 17세기에 주체를 '존대'하는 형태소로도 쓰인다고 기술하였는데 이것은 이후의 논의에 큰 영향을 주게 되었다. 김정수(1984)는 중세국어로부터 변화된 근대국어의 청자높임법 체계를 살피면서 '-습-'이 청자높임을 담당하는 것으로 보고 근대국어의 청자높임법을 '안높임-예사높임-예사덧높임-아주높임-아주덧높임'의 5등급 체계로 설명하였다. 김정수(1984)는 허웅(1981가)에서 한걸음 나아가 '-습-'이 주체뿐만 아니라 청자를 '존대'하기도 한다고 기술하였다. 이현희(1985)는 김정수(1984)에 대한 서평인데, 특히 '-습-'의 기능을 면밀하게 검토하고 그 변화를 고찰하면서, '-습-'이 화자 겸양을 나타내는 형태소임을 강조하였다. 박양규(1991)에서도 '-습-'의 기능 변화를 기술하였는데, 여기서 말하는 변화란 '-습-'이 상위의 객체를 향한 주체의 삼가는 동작이 아니라, 상위의 청자에 대한 화자 자신의 공손한 진술을 나타낸다고 했다. 이영경(1992), 이유기(2001)은 17세기 국어의 종결어미에 대한 연구로 종결어미 체계를 다루면서 청자높임법에 대한 논의를 포함시켰다. 서정목(1997)은 중세국어부터 근대국어 시기까지 일어난 청자높임법의 통시적 변화를 형태적 측면에서 고찰한 것인데, 특히 중세국어의 '-습-'의 기능에 대한 종래의 논의를 정리하고, 그 기능의 변화를 기술하였다. 렴광호(1998)은 15세기로부터 19세기까지의 종결어미의 변화를 문체법과 청자높임법을 기준으로 기술하였다. 김광수(2001)은 15세기부터 20세기에 이르는 사이의 청자높임법 형태들을 통시적으로 고찰한 결과, 문자 창제 이후에 '안높임-높임-가장높임'의 3등급 체계를 이루었다고 했다. 그리고 청자높임법은 형태의 변화는 있었지만, 전반 체계에는 큰 변화가 없었다고 지적했다. 황문환 (2002)는 16, 17세기 한글 간찰에 나타난 청자높임법을 정리하고 이 시기의 청자높임법을 'ᄒᆞ여라체-ᄒᆞ소체-ᄒᆞ쇼셔체'의 3등급 체계로 정리하였다. 이정복(2005)는 차자 표기 자료와 한글 표기 자료에 나타난 '-ᄉᆞᆸ-'의 쓰임에서 보이는 특성을 제시하였다. '-ᄉᆞᆸ-'의 쓰임을 보면 객체에 대한 '높임 의지'가 기본적이고, 주체와 객체, 인물의 높낮이 등은 부차적인 사항임을 밝혔다. 그리고 기능면에서는 '-ᄉᆞᆸ-'을 주체높임의 '-시-'와 구별되는 '비행동주 높임'의 형태소로 보고 16세기 말 이후 청자높임으로의 기능 확대를 일관하게 설명하였다. 윤용선(2006)은 문법적 높임에 국한하여 높임법의 통시적 변화 양상을 높임법 체계의 변화와 높임법 형태의 형성 과정으로 나누어 정리, 검토하였다. 성기철(2007)은 청자높임법을 중심으로 20세기 변천 과정을 살펴보았다. 이승희 (2007)은 15세기부터 19세기까지 각 시기별로 청자높임법을 살펴보고 통시적인 변화 과정을 보여주었는데, 이는 각 등급별 청자높임법이 사용되는 상황과 화자, 청자 간의 관계를 중심으로 검토한 화용론적 논의이다. 김태엽(2007가)는 높임법 체계를 타인높임법과 자기높임법으로 나누어 새로운 체계를 세우고 타인높임법에 속하는 청자높임법, 주체높임법, 객체높임법 등은 공통적으로 안높임을 기준으로 높임이 대립하는 체계로 기술하였으며 자기높임법에 해당하는 화자높임법은 안낮춤을 기준으로 낮춤이 대립하는 체계로 기술하였다. 김태엽(2007나)는 선어말어미 '-ᄉᆞᆸ-'의 통시적 기능 변화를 두 방향으로의 변화로 설명하였는데, 한 방향은 청자높임의 종결어미로 변화되어 '-습니다'를 형성하였고, 다른 한 방향은 화자낮춤의 선어말어미로 되어 현대에 이르기까지 원래 기능을 유지한다고 했다. 이태환(2008)은 고대로부터 현대에 이르기까지 시대별로 국어 높임법의 역사적 변천 양상을 존칭과 겸칭으로 나누어 살폈다. 존칭은 발화에 등장하는 인물이 상위자 일 때 '상위성'을 나타내는 것으로 보고 겸칭은 기존의 객체높임과 청자높임을 묶어 '공손성'을 표시하는 것으로 보았다. 또 공손성은 동작의 '공손성'과 서술의 '공손성'으로 나누어 기술하였는데, 15세기에 전자는 '-습-'에 의해, 후자는 '-(으)이'에 의해 실현된다고 했다.

이상의 선행연구의 주요한 특점은 '-습-'의 기능 변화와 이에 따른 청자높임법 체계에 대한 연구를 집중적으로 진행한 것이다. 특히 근대국어에 대한 높임법 연구를 활발히 진행하였다. 왜냐하면 근대국어 시기는 중세국어와 현대국어를 이어주는 교량적 시기로서 중세국어 후기에 시작된 여러 변화와 결과가 보이는 시기이며, 이러한 변화와 결과들로 인해 현대국어의 특징이 출현하는 중요한 시기이기 때문이다. 전에는 중세국어의 질서정연한 높임법 3체계에 대한 연구가 많이 이루어졌지만 70년대에 접어들면서 현대국어의 높임법 체계에 대한 연구가 본격적으로 진행되는 가운데, 근대국어 시기의 언어 연구가 각광을 받았다. 90년대에 들어서서도 주요 관심사는 청자높임법과 일부 문장종결형식의 형태적, 통사적 변화에 대한 분석이었다.

셋째, '-습-'의 통합순서에 대한 연구에는 고영근(1967, 1989), 이승욱(1973), 배희임(1976), 서태룡(1988), 김성수(1989), 안병희·이광호(1990), 유동석(1991), 최동주(1995가), 조일영(1996), 김유범(2007), 박부자(2005, 2007) 등이 있다.

고영근(1967, 1989)는 형태론적 입장에서 단어구성의 생산성 즉 그 다음에 통합할 수 있는 다른 선어말어미나 어말어미의 수가 많고 적음에 따라서 서열이 결정되는 것으로 설명하였다. 이러한 설명방식은 현상을 기술, 설명하는 데는 효과적이나 의미적 배경을 밝히는 데는 효능을 발휘하지 못하고 있다. 이승욱(1973)은 선어말어미들의 '문법적인 소성(素性)'에 따라 배열의 순서가 결정된 것으로 보고, 어기로부터 멀어진 배열일수록 문법화의 경향이 뚜렷해지며 역으로 어기에 접근할수록 어휘

항목에의 관여도가 크다고 주장하였다. 선어말어미의 배열순서를 '문법적인 소성(素性)', 즉 기능과 관련시켜 논의하고 '어휘 항목에의 관여도'와 같은 개념을 내놓은 것은 주목할 만하다. 배희임(1976)은 중세국어의 선어말어미의 배열순서에 대해 선어말어미의 통합 양상에 따라 개방적 선어말어미, 비교적 개방적인 선어말어미, 제약적 선어말어미로 나누고 정도에 비례하여 넓은 분포의 것이 어간과 가까운 자리에, 좁은 분포의 것은 어말어미와 가까운 자리에 위치하는 것으로 설명하였다. 서태룡 (1988)에서는 선어말어미가 통사 기능, 의미 기능, 화용 기능을 나타내는 요소의 순서로 결합한다고 하였다. 그리하여 피, 사동어미와 '-시-'는 통사 기능, '-었-', '-겠-'은 의미 기능, '-읍-', '-느-', '-더-', '-이-' 등은 화용 기능을 나타내는 것으로 구별하였다. 김성수(1989)는 '-으니' 의 서법성을 논하면서 특히 15세기 선어말어미의 순서를 '높임법1(객체높임법+주체높임법)+때매김법1(현실법, 미정법+회상법)+인칭법, 강조 영탄법+때매김법2(확정법)+높임법2(상대높임법)'으로 고찰하였는데 명제 내부와 관련되는 서법은 비교적 앞에, 명제 외부와 관계되는 서법은 비교적 뒤에 위치한다고 했다. 안병희·이광호(1990)은 중세국어의 선어말어미 배열순서를 겸양-과거-존경-현재-의도-미래-감탄-공손의 순으로 하였다. 안병희·이광호(1990)에서는 서열의 배경에 대한 연구라기보다는 중세국어를 대상으로 문헌에 나타난 선어말어미의 배열순서를 기술한 것이다. 유동석(1991)에서는 생성이론에 입각하여 선어말어미의 순서가 일정한 것은 핵 이동의 결과라고 보았다. 높임법 선어말어미 '-습-', '-시-', '-이-'는 각각 목적어, 주어, 호격어와 호응하며, 이들 명사구의 어순은 동사에 가까운 순서로 목적어-주어-호격어 순이라고 했다. 최동주(1995가)에서는 선어말어미의 기능에 관련되는 요소와 동사와의 구조적 거리에 따라 통사구조가 결정되며, 핵 이동에 의해 선어말어미의 배열이 일정한 순서를 갖게 된 결과라 하면서 '-습-'의 배열순서상의 변화는 '-습-'의 기능 변화에 기인한 것이라 하였다. 조일영(1996) 은 무표 우선의 원칙과 보편성에서 특수성으로의 배열이 중요한 기준이라 하고 이에 따라 인식양태에 해당하는 선어말어미들이 앞에 위치하고 (예를 들면 '-았-'이나 '-었-', '-겠-', '-더-' 등) 표현양태에 해당하는 선어말어미들이(예를 들면 '-습-', '-니-', '-오-' 등) 뒤에 위치하여 서로의 서열을 엄격히 지킨다고 하였다. 김유범(2007)은 각 선어말어미들의 형태와 문법적 특성들을 살펴보고 선어말어미들의 분포와 관련하여 선어말어미들 간의 통합순서에 대해 고찰하였는데 한 문장에서 높임법 선어말어미들은 통사적 구조에 의해 '-습-……-시-……-이-'라는 순서를 준수한다고 했다. 그리고 이러한 통합순서가 근대국어 시기에 들어서서 변화가 생긴 원인을 '-습-'의 기능 변화와 '-엇-' 등 시제의 선어말어미의 형성으로 보고 있다. 박부자(2005)는 '-습-'을 '-시-'와의 통합순서 변화만을 둘러싸고 논술하였지만 박부자(2007)에서는 '-습-'의 다른 선어말어미들과의 결합도 보여주면서 선어말어미의 통합순서 변화를 저지하는 요인을 지적하였다.

이상의 '-습-'의 통합순서에 대한 연구들에서는 선어말어미들의 배열에 대해 주로 형태론적인 접근을 하던 데로부터 점차 그런 배열의 근저에 깔린 언어 사용의 심리적, 정신적 배경에 대한 의미론적 설명도 보여주었다.[6]

넷째, '-습-' 및 그 인접어미의 형태소 분석에 대한 연구에는 이현희 (1982가), 서정목(1988), 김영욱(1995), 이현규(1995), 권재일(1998), 김태엽(1999), 정언학(2006), 장수경(2007), 김수태(2009) 등이 있다. 이현희(1982가)는 종결어미의 발달에 대해 몇 가지 사례를 검토하여

---

6) 고영근(1967)은 전기현대국어를 대상으로 형태론적 설명방법으로 선어말어미의 배열 순서의 규칙성을 정연하게 보여주었다. 이 후 시기의 서태룡(1988)은 선어말어미들의 기본의미를 추출하여 순서의 기준을 제시하였고, 김성수(1989)는 명제 내, 외부와 선어말어미를 연결시켜 좀 더 의미면에 치중하였다. 그리고 조일영(1996)은 형태론적인 설명들을 피하고 선어말어미들의 순서를 될 수 있는 대로 의미적 배경에 연관시켜 설명하였다.

살폈는데, 그 중 하나가 선어말어미와 어말어미가 융축이 되든가, 선어말어미가 형태 변화를 입은 후 그 뒤 부분의 어미부가 탈락해서 새로운 어미로 생성되는 경우라고 했다. 그리고 선어말어미 '-습-', '-ᄂ-', '-이-' 등의 기능 축소나 쇠퇴로 인해 새로운 어미 '-습니다'가 생성된다고 했다. 즉 '-습ᄂ이다〉-습ᄂ니다〉-습느니다〉-습니다'의 변천 과정을 겪었다고 했다. 서정목(1988)에서는 현대국어의 합쇼체 어미의 형성 과정을 근대국어에서 기능이 변화한 '-습-'과 관련시켜 설명하였다. 즉 설명법 어미의 형성 과정을 '습ᄂ이다/습ᄂ니이다〉습니이다〉습니다/습니다〉습니다'로 제시하였는바 이는 '-습-'의 기능이 청자에 대한 화자 겸양으로 바뀌고 형태 축약에 의해 재구조화함으로써 청자높임법으로 합류한 것으로 파악하고 있다. 김영욱(1995)는 문법 형태들의 역사적 변화와 관련된 원리들을 제시하였는데, 문법 형태가 바뀌는 기본원리로 일대일 대응, 일음절의 원리, 후접성의 원리, 인접성의 원리를 설정하고, 이를 다시 형성 조건과 변화 조건으로 나누어 분석하였다. 그리고 여기에서 높임법 형태와 관련된 원리를 수정하여 '하나의 문법 형태는 동일한 문법 층위 내에서 하나의 기능을 지닌다'고 하였다. 이현규(1995)에서는 먼저 언어 변화에 대한 일반적인 내용을 서술하고 다음 형태 변화의 원리를 밝히는 논의들을 전개하였는데, 여기에는 음운 소실과 관련된 형태 변화, 동음형태의 충돌과 관련된 형태 변화, 축약과 관련된 형태 변화, 표기와 관련된 형태 변화 등이 포함된다고 하였다. 그 다음 형태 변화의 제 양상을 보여주는 논의들도 전개하였는데, 여기에는 선어말어미 '-습-'과 관련된 변화 등을 포함시켰다. 권재일(1998)은 현대국어에서 청자높임의 가장높임 등급인 '습니다'는 '-으이-다'를 대치하여 생성되었는데, 이 '-으이'는 16세기부터 불안정하기 시작했다고 했다. 17세기에 이르러서는 자주 생략되어 기능이 약화되면서 객체높임어미 '-습-'이 17세기 청자높임법에 관여하게 되었다고 하였다. 하여 '-습-'과 그 다양한 변이형들(-ㅅ오-, -ㅈ오-, -ㅇ오-, -오오-, -오-)은 점차 청자높임법을 실현하는 기능으로 바뀌어 근대국어 말기에 '-습니다'형태로 발전하게 되었다고 논술했다. 김태엽(1999)는 현대국어에서 통합형으로 존재하는 '-습-'과 '-이-'를 재분석하고 이들의 통합에 따라 청자높임법 등급이 어떻게 달라지는지를 설명하고 있다. 이 논의는 청자높임법의 등급이 구분되는 기준을 형태 내적인 구성에서 찾고 있다는 점에서 현대국어의 청자높임법을 다룬 다른 논의들과 구분된다. 정언학(2006)은 '-습니다'의 형성은 '-습ᄂ이다〉-습ᄂ이다〉습ᄂ이다〉습늬다〉-습니다'의 변화 과정을 통하여 형성된 것으로 보고 '-습니다'에서 청자높임의 '-이-'는 통시적 정보를 이용해 분석할 수 있을 뿐이지, 공시적으로는 분석될 수 없다고 보았다. 즉 분석할 형태론적 근거가 없다는 것이다. 그리고 '-습-'의 이형태를 단일형과 증가형으로 재분류하고, 의고체와 구어체 두 계열로 구분하였다. 장수경(2007)은 '-하오'체에서 '습니다'체로 변이되는 과정과 그 의미를 1920년대 아동문학에서 살펴보고 '습니다'체 활용을 통한 독특한 구술방식이 지닌 아동문학의 특징도 아울러 살펴보았다. 김수태(2009)는 '습, 느, 더, 리, 니'는 중세국어 '-습-, -ᄂ-, -더-, -리-, -니-'의 역사적 후속형이고 재분석에 의해서 석출되며 중세국어에서 분석되는 기본의미가 어느 정도 지속된다고 했다. 그리고 '습, 느, 더, 리, 니'가 통시적으로 언어 변화를 겪어 하나의 종결어미 '-습니다'류로 융합되었음을 밝혔다.

이상의 형태소 분석을 다룬 논의들은 문법 형태들을 공시적인 각도에서 분할하여 각 요소들의 음운, 형태의 변화와 기능 약화로 하여 융합되게 됨을 설명하였다.

종래의 연구에서 '-습-'의 기능, '-습-'의 기능 변화에 따른 통합순서의 변화와 청자높임법 체계의 다원화 그리고 일부 종결어미의 형태적, 통사적 변화를 비교적 정밀하게 기술하였다고 할 수 있다. 그러나 '-습-'

의 합류에 따른 최상위 등급의 재구조화 즉 '-습니다'류의 형성에 대해서는 청자높임법 체계 가운데의 아주 작은 부분으로 언급했을 뿐 문법 형태들의 역사적 변화와 관련된 원리에 입각하여 '-습니다'류가 형성되는 전반적인 과정을 체계적이고, 계통적으로 고찰한 연구는 없었다.

따라서 본고에서는 선행학자들의 기존의 업적에 기초하여 '-습니다'류를 형성한 단어의 문법 형태화 과정을 밝히고 '-습니다'류를 구성하는 모든 문법 형태소들을 분할하여 그 음운, 문법 현상을 살펴 문법 형태소들의 형성과 변화의 역사를 한 덩어리로 뭉칠 것이다. 그리고 '-습-'의 합류에 따른 최상위 등급의 재구조화와 새로운 중간 등급 형태의 형성이 청자높임법 체계에 일으키는 역할도 분석할 것이다.

1.3 연구 범위와 방법

중세국어 시기에 높임법의 중요한 부분이었던 선어말어미 '-습-'은 많은 학자들의 연구 대상이 되어 다방면으로 고찰되어 왔고 또 여러 가지 측면에서 기술해 왔다. 하지만 '-습-'의 기능에 대해 견해가 일치하지 않는 것은 문헌 자료가 갖는 제약에 원인이 있었다고 할 수도 있으나, 기본적으로는 학자들이 높임법을 바라보는 관점의 차이가 더 큰 원인으로 작용한다. 높임법은 그 연구 대상이나 방법 그리고 기술하는 법이 방대할 뿐더러 높임법 자체가 가지고 있는 문법적 기능이 대단히 크기 때문에 쉽사리 하나의 규칙만 가지고 형식화되지 않으며, 기술하기가 어려운 형편이다.

본 연구는 크게 세 가지 방법으로 진행하였다.

첫째, 문헌학적 연구 방법을 도입하여 문헌 자료를 시대적으로 살펴본다. 문헌 자료를 중심으로 '-습니다'류가 형성되는 과정을 보는 것은 가장 기초적인 작업이 된다. 즉 '–습니다'류가 형성되는 과정을 제대로 파악하기 위해서는 먼저 문헌 자료에 대한 확인이 이루어져야 한다. 이러한 실제 문헌 자료에 대한 파악이 지속적으로 이루어지게 되면 기원적으로 어휘 형태이던 것이 어떤 과정을 통해 어떻게 굳어지는지가 어느 정도 밝혀진다.

필자가 참고한 15세기 이전의 문헌 자료로는 신라에서 고려 초에 걸쳐 창작된 향가 26수와[7] 10세기부터 15세기까지의 이두 자료이다.[8] 이때의 자료들은 결코 풍부하다고 할 수 없으나 문법 현상을 관찰하기에 아주 불충분한 것은 아니다. 15세기 이후의 문헌 자료는 앞선 시기의 자료에 대해 비교적 풍부한 편이므로 15세기 이후의 문법 형태의 변화를 관찰하는 데에는 큰 어려움이 없다. 하여 15세기로부터 20세기 초까지 이르는 사이의 언해서들, 그리고 언간 자료, 역학서 및 소설작품에서 나타나는 높임법의 선어말어미들에 관련되는 자료들을 수집, 정리하였다. 15세기로부터 16세기까지는 이런 문헌들에 보이는 객체높임법의 표현에 중점을 두고 17세기로부터 18세기까지는 화자 겸양의 표현을 위주로, 객체높임법의 표현을 두루 살피며 19세기부터 20세기 초까지는 청자높임법의 표현에 관여하는 종결어미를 관찰한다.

용례의 추출은 한국어 정보처리 프로그램인 SynKDP (Ver 1.5, 일명 '깜짝새')를 이용하였으며, 문헌의 참조는 세종 프로젝트의 역사 자료 말뭉치를 이용하였다. 말뭉치에 포함된 문헌의 목록은 부록에 실어두었다. 추출한 용례가 실려있는 문헌의 서명을 나타내기 위해 각괄호를 이용하였다. 일부 경우에는 학자들의 논문에서도 인용하였다.[9] 그리고

---

7) 향가 26수는《三國遺事》에 실린 14수와《均如傳》의《普賢十願歌》11수에다 睿宗의 《悼二將歌》1수를 더한 것이다.

8) 고려 시기부터 이조 전기 즉 고려 시기부터 문자 창제 이전까지 '白'이 쓰인 이두문을 말한다.

9) 본고에서 이용한 편지글 가운데서 16세기의《순천김씨언간》과 17세기의《현풍곽씨언간》은 세종 역사 자료 말뭉치에 수록된 것인데, 출전은 〈청주〉, 〈달성〉으로 표시하였

문헌 자료를 바탕으로 하여 필자가 임의로 띄어쓰기 했다는 것을 밝혀둔
다. 또한 인용문의 밑줄은 필자가 설명을 위해 친 것이다.

둘째, '-숩-'의 음운 변화와 형태 변화를 파악하기 위해 계열 관계와
통합 관계를 기본으로 '-숩-'의 형태를 분석하고 그 이형태들을 살펴본
다. 또한 시제의 선어말어미 '-ᄂ/더/리-', 청자높임 선어말어미 '-이-',
종결어미 '-다', '-가'와의 결합 관계를 밝혀 '-습니다'류 형태로의 합류
과정을 밝힌다. 선어말어미에 대한 형태 분석은 형태들의 계열 관계나
통합 관계에 대한 고찰을 통해서 이루어질 수 있다. 즉 앞의 어간이나
선어말어미, 또 뒤의 선어말어미나 어말어미와의 통합적 제약의 양상을
통해 선어말어미에 대한 정확한 분석과 그 의미 기능을 파악할 수 있다.

셋째, 공시적 연구의 기초 위에서 통시적인 고찰을 진행하여 변화
과정을 밝힌다.

통시적인 연구는 하나의 문법 형태가 긴 시간의 흐름 속에서 언어의
변화 양상을 포착할 수 있다는 장점을 지니고 있기는 하지만, 한 언어
요소의 역사적인 변화를 밝게 기술하기 위해서는 그 요소가 한 시대
속에서 어떠한 기능을 수행하게 되었는가를 밝혀야 한다. 이렇게 본다면
통시적인 연구는 공시적인 연구의 바탕 아래에서 이루어지는 것이다.
기본적으로 통시적 연구는 공시에 대한 연구를 바탕으로 그 공시적 성과
를 이어가는 것이기 때문이다. 곧 체계 속에서 문법 형태의 지위를 하나하
나 파악해 가는 공시적 연구가 쌓여야 비로서 통시적 연구를 위한 토대가
마련되는 셈이다. 즉 공시적 연구와 통시적 연구는 상호 보완적인 관계에
있다.

본고에서는 15세기 국어의 공시적인 자료에 대한 관찰과 해석의 결과
로 얻어진 원리를 바탕으로 '-숩-'이 어떤 역사적인 변화 과정을 거쳤으

다. 그리고 그 외 편지글은 대부분 《諺簡의 硏究》(김일근, 1991)에 수록된 것을 이용한
것인데, 출전은 〈언간〉으로 표시하고 번호는 수록된 순서를 따랐다.

며, 그러한 현상이 일어나게 된 언어 내적인 원인이 무엇이고, 어떠한 원리에 의해 변화가 진행되었는가를 설명할 것이다. 15세기는 중세국어의 언어 상태를 가장 잘 이해할 수 있는 시기라고 할 수 있으며, 중세국어는 고대국어와 현대국어의 교량적 역할을 하므로 15세기의 국어는 역사적 연구를 위한 공시적인 기초로서 적절하다고 생각한다. 또한 고대국어에 대한 기존의 문법 연구가 중세국어의 바탕 위에서 이루어졌다는 현실도 고려한 것이다. 15세기 자료를 바탕으로 '-습-'의 형성 과정, '-습-'의 기능 변화, '-습-'의 소실 과정 즉 '-습니다'류 형태로의 합류 과정을 밝히려고 한다.

본고의 이후 논의 구성은 다음과 같다.

제2장 15세기 높임법 체계와 객체높임어미 '-습-'

제3장 15세기 이후 '-습-'의 변화

제4장 '-습-'의 합류에 따른 '-습니다'류의 형성

제5장 새로운 종결형태의 형성과 청자높임법 등급의 분화

제6장 결론

제2장

15세기 높임법 체계와
객체높임어미 '-습-'

제2장 15세기 높임법 체계와 객체높임어미 '-습-'

우리말이 가지고 있는 중요한 특성 중의 하나는 높임법이 발달해 있는 점이다. 높임법의 발달은 그 역사가 결코 짧지 않다. 왜냐하면 높임법이 이미 15세기 당시에 질서정연한 3원 체계로 나뉘어져 있었음을 문헌에 기록된 자료를 통해서 확인할 수 있기 때문이다. 하지만 높임법 체계에는 계속적인 변천이 있었는바 특히 중세에서 근대를 거쳐 현대로 오는 과정에서 객체높임법이 많은 변화를 입었다. 이 장에서는 15세기 높임법 체계를 기존의 연구 성과를 바탕으로 정리하고 객체높임법의 실현방식인 '-습-'의 형성 과정을 밝힌다. 그리고 15세기 '-습-'의 기능을 규명하며, '-습-'의 분포와 결합 관계, 이형태들을 살펴본다.

2.1 15세기 높임법 체계

화자가 어떤 대상에 대하여 높임의 의향을 가지고 언어내용을 표현하는 문법범주가 높임법이다.[1] 15세기의 높임법에는 '-시-'와 '-습-', 그리고 '-이-'로 대표되는 세 가지의 하위범주가 있었다. 이들은 모두 용언의 활용어미로, 동사나 형용사의 어간 또는 서술격조사 '이다'의 '이-' 뒤에 연결되어, 그 용언의 높임형을 형성하였다.[2] 하나의 용언에 둘

---

1) 권재일(1998:48), 『한국어 문법사』, 박이정.
2) 국어의 높임법은 실현방식에 따라 어휘적 높임과 문법적 높임으로 나뉜다. 어휘적 높임은 특정 단어의 어휘적 대립에 의해 실현되고, 문법적 높임은 선어말어미의 선택에 의해 실현되기도 하고, 높임의 조사나 파생 접미사의 선택에 의해 실현되기도 한다. 본고는 어휘적 높임에 대해서 깊이 검토할 의도가 없다. 다만 논술의 필요를 위해 어휘적 높임에 관한 것을 언급할 수도 있다. 본고는 주로 선어말어미의 선택에 의하여 표시되는 높임법을 다룬다.

이상이 연결되기도 하였는데, 그런 경우에는 먼저 '-숩-'이 오고, 다음은 '-시-', 그리고 '-이-'는 마지막이었다. 이 세 어미의 기능은, 문제의 인물이 가지는 문장과의 관련에 있어서, 서로 엄격히 구별되었다. 따라서 둘 이상이 연결된 경우라 하더라도 혼동의 우려는 없었다. 기존의 연구 성과가 밝힌 이들의 기능은 대체로 다음과 같이 정리된다.

  -주체높임은 화자가 동사의 주체에 대해 높임을 표시.
  -객체높임은 화자가 동사의 주체보다 높은 객체에 대해 높임을 표시.
  -청자높임은 화자가 청자에 대해 높임을 표시.

'-숩-'은 비록 객체가 주체보다 상위의 존재라고 할지라도 화자의 입장에서 존경받을 만하다고 여겨지지 않을 경우 사용되지 않는다. 여기서 상위란 신분 또는 항렬이 높거나 나이가 많음을 뜻하나, 이 객관적인 상하 관계가 절대적인 것은 물론 아니다. 화자에 따라 상하 관계의 판단이 다를 수 있고, 상황에 따라 이를 역전시킬 수 있는 것이다. 따라서 '-숩-'을 포함하여 '-시-', '-이-'가 모두 화자와 관련되어 있다. 문장 내부에서 존경받을 수 있는 요소에는 주체와 객체[3] 두 가지가 있고, 문장 외부에는 청자가 있다.

  (1) 가. ①王이 … 그 蓮花롤 ᄇ리라 ᄒᆞ시다 〈석상 11:31a〉
      ②世尊이 엇던 젼추로 이런 光明을 펴시ᄂᆞ뇨 〈석상 13:25b〉
      ③부톄 곧 볼홀 셰시고 阿難ᄃᆞ려 니ᄅᆞ샤ᄃᆡ 〈능엄해 2:13b〉

---

3) 권재일(1998:49)는 주체란 문장 가운데 주어로 지시되는 사람을 말하고, 객체란 주어가 아닌 다른 문장성분들, 즉 목적어나 부사어로 지시되는 객어를 말한다고 했다. 하지만 문장에 객체가 명시되지 않는 경우가 있어 객체의 개념을 다시 정리한다. 객체는 주체를 제외한 인물을 뜻하는 것으로 일반적으로 주체에 대비되는 대상이다. 즉 어떤 행동의 주체가 있고 그 행동이 미치는 대상이 달리 있을 수 있는데, 그 행동이 미치는 대상이 곧 객체이다.

나. ①우리 스승님이 … 뜨들 옮기디 <u>아니ᄒ시다</u> 〈남명 上:54b〉

②누비옷 니브샤 붓그료미 엇뎨 <u>업스신가</u> 〈천강곡 44a〉

③大菩薩 아니시면 能히 認知 <u>몯ᄒ실</u> 젼ᄎ라 〈법화해 4:70b〉

다. ①摩訶薩ᄋᆫ 굴근 <u>菩薩이시다</u> ᄒ논 마리라 〈석상 9:1a〉

②스승닚 어마니미 … 일후믄 <u>므스기신고</u> 〈월석 23:82b〉

③世尊ㅅ 일 슬ᄫ로리니 萬里外ㅅ <u>일이시나</u> 눈에 보논가 너기ᅀᆞ

ᄫᆞ쇼셔 〈월석1:1b〉

예문 (1)에서 '-시-'는 동사, 형용사, 서술격조사 '이다'에 두루 결합되었다. (1가)에서 화자는 문장 내부의 주체인 '王, 世尊, 부텨'에 대한 높임의 의향을 실현하기 위해 '-시-'를 동사에 결합하였다. (1가)의 ①-③은 동사에 결합된 '-시-'가 각각 서술문, 의문문, 접속문 구성에서 나타난 예이다. (1나)에서 화자는 주체인 '스승, 태자, 大菩薩'에 대한 높임의 의향을 실현하기 위해 '-시-'를 형용사에 결합하였다. (1나)의 ①-③은 형용사에 결합된 '-시-'가 각각 서술문, 의문문, 접속문 구성에서 나타난 예이다. (1다)에서 화자는 주체인 '摩訶薩, 스승, 世尊'에 대한 높임의 의향을 실현하기 위해 서술격조사 '이다'에 '-시-'를 결합하였다. (1다)의 ①-③은 서술격조사에 결합된 '-시-'가 각각 서술문, 의문문, 접속문 구성에서 나타난 예이다.

(2) 가. 千世 우희 미리 定ᄒ샨 [定ᄒ-시-오-ㄴ] 漢水北에 <u>累仁開國ᄒ</u> <u>샤</u>[累仁開國ᄒ-시-아] ㅏ年이 <u>ᄀᆞ업스시니</u> [ᄀᆞ없-으시-니] 〈용가 125〉

나. 聖神이 <u>니ᅀᆞ샤도</u> [닛-ᄋᆞ시-아도] 敬天勤民 <u>ᄒ샤ᅀᅡ</u> [ᄒ-시-아 ᅀᅡ] 더욱 <u>구드시리이다</u> [굳-으시-리-이-다] 〈용가 125〉

예문 (2)는 왕가후손들에게 주는 경계와 충고이지만 행위 주체가 임금을 포함한 왕손들이므로《용비어천가》의 편찬자들에게 있어서는 상위자이다. 때문에 화자는 주체인 상위자에 대해 높임의 의향을 나타내기 위하여 주체높임어미 '-시-'를 동사 어근 '定ᄒ-', '開國ᄒ-', '닛-', '勤民ᄒ-'와 형용사 어근 'ᄀᆞ없-', '굳-'에 결합하였다. 그리고 주체높임어미 '-시-'는 의도법의 선어말어미 '-오-'나 연결어미 '-아-' 등과 결합하면 '-샤-'가 됨이 특징적이다. 이때 '-아/어-', '-오/우-'는 생략된다. 그리고 자음으로 끝나는 어간 아래서는 매개 모음이 쓰이기도 한다. 또한 (2)에서 보이는 예문은 상위자인 주체에 대해 직접적인 높임 방법을 사용한 데 반하여 아래의 (3)에서 보이는 예문은 상위자와 관계되는 물건이나 일을 주어로 하는 서술어에 나타나는 간접적인 높임 방법을 사용하였다.

(3) 가. 부텻 뎡바깃뼈 <u>노ᄑᆞ샤</u> 뽄머리 <u>ᄀᆞᄐᆞ실ᄊᆡ</u> 〈월석 8:34a〉
　　 나. <u>됴ᄒᆞ실ᄊᆡ</u> 菩薩이 엇던 緣으로 예 오시니잇고 〈월석 21:24b〉
　　 다. 善慧 精誠이 <u>至極ᄒᆞ실ᄊᆡ</u> 〈월석 1:10a〉

(3가)에서 '노ᄑᆞ샤, ᄀᆞᄐᆞ실ᄊᆡ'는 '뎡바깃뼈'의 서술어로 되어 있으나 그것이 상위자인 '부텨'에 속하기 때문에 주체 '부처'에 대한 높임을 실현하기 위해 '-시-'를 취하였다. (3나)에서 '됴ᄒᆞ실ᄊᆡ'의 주어는 '보살'이 아니고 '보살이 온 일'이므로 역시 주체높임어미 '-시-'를 취하였다. (3다)는 중주어구문이다. '-ᄒᆞ실ᄊᆡ'의 직접주어는 '精誠'이지만 이는 높임의 주어명사 '善慧'와 관련되어 있다.

객체높임어미 '-ᄉᆞᆸ-' 역시 주체높임어미 '-시-'와 마찬가지로 동사, 형용사, 그리고 서술격조사 '이다'에 두루 결합될 뿐만 아니라 높임의 대상이 되는 객체에 대해 직접적인 높임을 나타내기도 하고 또 객체와 관계되는 물건이나 일을 객어4)로 하는 서술어에 나타나 간접적인 높임을

---

4) 객어는 목적어, 부사어 등 몇몇 문장성분으로 나타나는 문장의 객체를 가리킨다.

실현하기도 한다.

(4) 가. ①벼슬 노푼 臣下ㅣ 님그믈 돕ᄉᆞ바 〈석상 9:34b〉

　　 ②梵王ᄋᆞᆫ 白拂 자바 두 녀긔 셔ᄉᆞ바며 〈월석 2:39a〉

　나. ①大慈悲 世尊ᄭᅴ 버릇 업ᄉᆞ던 일ᄋᆞᆯ 魔王이 뉘으츠니이다 〈월석 4:15a〉

　　 ②人心이 몯줍더니 禮士溫言ᄒᆞ샤 人心이 굳ᄌᆞᄫᆞ니 〈용가 67〉

　다. ①七寶 바리예 供養ᄋᆞᆯ 담ᄋᆞ샤미 四天王이 請이ᄉᆞᄫᆞ니 〈월석 4:50b〉

　　 ②내 부텻 물아ᄃᆞ리ᄉᆞ오니 〈법화해 1:169b〉

(4가)에서 '-ᄉᆞ-'은 동사 어간에 결합되었다. (4가)의 ①에서는 문장 내부의 목적어로 실현된 객체 '님금'을 높이기 위해 타동사 '돕다'에 '-ᄉᆞ-'을 결합하여 직접높임을 표현하였다. (4가)의 ②에서 '-ᄉᆞ-'은 문장 내부의 부사어와 관련되어 쓰였는데, 부사어는 '두 녁'으로 문맥상 '부텨'가 누워있는 '두 녁'이므로 화자는 부처를 높이기 위해 '-ᄉᆞ-'을 동사 '서다'에 붙였다. 즉 높임의 대상 '부처'와 관련된 '두 녁'이기에 동사 어근 '서-'와 '-ᄉᆞ-'의 결합으로 간접높임을 표현하였다. (4나)는 형용사에 선어말어미 '-ᄉᆞ-'이 결합된 것이다. (4나)의 ①에서 문장 내부의 부사어로 실현된 객체 '세존'을 높이기 위해서 부사격조사 '-ᄭᅴ'를 썼고, 형용사 '버릇없다'에 '-ᄉᆞ-'을 붙여 직접높임을 표현하였다. (4나)의 ②에서 보면 '이태조를 향한 인심'에 대한 높임을 나타내기 위해 형용사 '굳다'에 '-ᄉᆞ-'을 결합하였다. 즉 높임의 대상 '이태조'와 관련된 '인심'이기에 형용사 어근 '굳-'에 '-ᄉᆞ-'을 결합하여 간접높임을 표현하였다. (4다)는 서술격조사에 '-ᄉᆞ-'이 결합된 것인데, 이 경우는 '請, 아들'을 통해 '사천왕', '부처'에 대한 간접높임을 표현하였다.

한편, 객체높임어미 '-ᄉᆞ-'은 의존용언 구문에서 결합하는 방식이 다양하다. 부정문 구성 '-디 아니ᄒ/몯ᄒ-'에서는 세 가지 유형으로 나타나며, 다른 의존용언 구문에서는 본용언에만 결합한다. 하지만 이와 달리 주체높임어미 '-시-'는 의존용언에만 결합하는 것이 원칙이다.

(5) 가. ①부텻 일후믈 듣ᄌᆞᆸ디 몯ᄒᄉᆞ오며 〈법화해 1:211b〉
　　　②尊顔을 울워러 보ᅀᆞ와 누늘 ᄌᆞᆷ간도 ᄇᆞ리ᅀᆞᆸ디 아니ᄒᄉᆞ와
　　　〈법화해 3:63b〉
　　나. ①敎化 닙ᅀᆞᆸ디 몯ᄒᆫ 사ᄅᆞ믈 〈월석 14:58a〉
　　　②부텨 보ᅀᆞᆸ고져 아니ᄒᆞ며 〈법화해 3:179b〉
　　다. ①如來ㅅ 기픈 ᄠᅳᆮ 아디 몯ᄒᄉᆞ와 〈금강해 43a〉
　　　②부텨를 젼혀 念티 아니ᄒᄉᆞ오면 〈능엄해 5:88a〉
　　라. ①未來世 衆生이 부텻 마ᄅᆞᆯ 머리로 받ᄌᆞᇦ게 ᄒᆞ쇼셔 〈월석
　　　21:84a〉
　　　②如來ㅅ 일후믈 듣ᄌᆞᇦ긔 ᄒᆞ며 〈석상 9:20b〉
(6) 가. 우리 父母ㅣ 듣디 아니ᄒᆞ샨 고ᄃᆞᆫ 釋迦太子ㅣ 직죄 奇特ᄒᆞ실ᄊᆡ
　　　〈석상 6:7〉
　　나. 우리 스승님이 … ᄠᅳ들 옮기디 아니ᄒᆞ시다 〈남명 上:54b〉
　　다. 어느 저긔 곳부리를 와 보실고 〈두시초 22:9b〉

예문 (5)-(6)은 의존용언 구문에서 객체높임의 '-ᅀᆞᆸ-'과 주체높임의 '-시-'의 쓰임을 각각 보여준 것이다. (5가)에서는 본용언과 의존용언 모두에 '-ᅀᆞᆸ-'이 결합되었고, (5나)에서는 본용언에만 '-ᅀᆞᆸ-'이 결합되었으며, (5다)에서는 의존용언에만 '-ᅀᆞᆸ-'이 결합되었다. 그리고 (5라)에서 보면 '몯ᄒᆞ다, 아니ᄒᆞ다'가 아닌 다른 의존용언의 경우에는 본용언에만 '-ᅀᆞᆸ-'을 결합하였다. 하지만 예문 (6)에서 보면 본용언 '듣디, 옮기디, 와'에는 '-시-'가 결합되어 있지 않고, 의존용언에만 '-시-'가 결합되어 '아니ᄒᆞ샨, 아니ᄒᆞ시다, 보실고'를 이루었다.

또 독립된 두 개의 본용언이 같은 객체를 공동으로 높일 때에도 원칙적으로 두 본용언에 다 '-습-'을 결합하는데, 경우에 따라서는 그 어느 하나를 생략하는 일도 있다.

(7) 가. 萬萬 衆生들히 머리 좃습고 기쓰ᄫᅡ 〈월석 2:51b〉
　　나. 목수미 몯 이실까 녀겨 여희ᅀᆞᄫᅵ라 오니 〈월석 21:217a〉
　　다. 대왕하 내 이제 이 부텻긔 도로 가 공양ᄒᆞᅀᆞᄫᅡ지이다 〈월석 18:34b〉

(7가)에서는 '좃습고'와 '기쓰ᄫᅡ'에 모두 '-습-'이 결합되었지만 (7나-다)에서는 하나의 용언에만 결합되었다. 이와 같이 서술어를 구성하는 두 용언 가운데서 어느 한쪽에만 '-습-'이 결합되는 것은 그 말에 뜻의 중점이 놓이기 때문이다(허웅 2000:709). 이러한 쓰임과 관련하여 이현희 (1994:94-95)에서는 '하위문 우선의 원리'에 따라 상위문 서술어에서 '-습-'이 수의적으로 생략될 수 있다고 보았다. 그러나 하위문 서술어에서 '-습-'이 생략된 예들이 적지 않음을 들고, 이처럼 하위문 우선의 원리가 '-시-'와 관련된 상위문 우선의 원리에 비해 취약한 점은 '-습-'이 그만큼 15세기 국어에서 허약한 존재였음을 말하는 것으로 생각된다고 밝혔다.

그리고 '-습-'은 '-시-'와 마찬가지로 마침법과 이음법을 가리지 않고 여러 가지 어미들을 두루 취할 수 있음을 아래의 예문 (8)에서 보아낼 수 있다.

(8) 가. ①王이 … 그 蓮花를 ᄇᆞ리라 ᄒᆞ시다 〈석상 11:31a〉
　　②般若 기픈 ᄠᅳ디 이룰 니ᄅᆞ신뎌 〈반야해 8a〉
　　③크실셔 君王ㅅ 德이여 〈내훈 2상:30〉
　　④聖子ㅣ 나샤 … 出家ᄒᆞ시면 正覺ᄋᆞᆯ 일우시리로소이다 〈월석

2:23b〉

⑤昭王이 君臣드려 <u>무르신대</u> 太史 蘇由ㅣ 슬보디 〈월석 2:49a〉

⑥부톄 곧 볼홀 <u>셰시고</u> 阿難드려 니르샤디 〈능엄해 2:13b〉

나. ①無色諸天이 世尊끠 <u>저숩다</u> 〈월석 1:36b〉

②네 念佛을 몯호거든 無量壽佛을 <u>일쿠조팅라</u> 〈월석 2:75a〉

③天子ㅣ … 오늘 朝集을 因호야 <u>연조뎌</u> 〈월석2:69a〉

④(菩薩올) 棺애 <u>녀쑵고</u> 〈월석 1:7b〉

⑤내 眞實ㅅ ᄆᅀᆞᆷ로 아바님 <u>보숩고져</u> 호거든 〈월석 8:99a〉

⑥비록 如來ㅅ 誠實혼 마롤 <u>듣조방도</u> 당다이 疑惑호리니 〈월석 21:14a〉

(8가)의 ①, ②, ③은 종결어미 '-다, -ㄴ뎌, -ㄹ셔'에 '-시-'가 결합되어 종결형을 형성한 것이고 (8가)의 ④, ⑤, ⑥은 연결어미 '-면, -ㄴ대, -고'에 '-시-'가 결합되어 이음형을 형성한 것이다. (8가)의 예문들은 각각 문장의 주체인 '왕, 불경의 뜻, 君王의 德, 聖子, 昭王, 부터'에 대한 높임을 나타낸다. (8나)의 ①, ②, ③은 종결어미 '-다, -라, -뎌'에 '-숩-'이 결합되어 종결형을 형성한 것이고 (8나)의 ④, ⑤, ⑥은 연결어미 '-고, -고져, -도'에 '-숩-'이 결합되어 이음형을 형성한 것이다. (8나)의 예문들은 각각 문장의 객체인 '世尊, 無量壽佛, 天子, 菩薩, 아바님, 如來의 말'에 대한 높임을 나타낸다. 그러나 아래 (9)에 보이는 청자높임어미 '-이-'는 마침법의 경우에만 나타난다. 이것이 주체·객체높임법과는 다른 청자높임법의 문법상의 특색이다.5)

(9) 가. 聖孫올 <u>내시니이다</u> 〈용가 8〉

나. 大臣이 슬보디 忍辱太子의 일우샨 <u>藥이이다</u> 〈월석 21:218b〉

---

5) 허웅(2000:656)은 씨끝으로 표시되는 모든 문법범주 가운데 들을 이에 대한 말할 이의 의향과 관계가 있는 것은 마침법인데 청자높임법이 마침법에만 나타나는 것은 여기 그 이유가 있는 것 같다고 했다.

다. 世尊이 호르 몃 里 룰 녀시노니잇고 〈석상 19:1a〉
라. 鴛鴦夫人: 어버시 ᄀ자 이신 저긔 일후믈 一定호사이다 〈월석 8:98b〉
沙羅樹王: … 뚤옷 나거든 孝養이라 호쇼셔[6]

(9가-나)는 서술을 나타내는 종결어미 '-다'에 '-이-'를 앞세워, 서술법의 높임을 나타낸 것이다. (9가)는 '신하'가 '임금'에게 올린 글이기에 청자는 '임금'이다. 화자인 '신하'는 청자인 '임금'에 대한 높임의 의향을 실현하기 위해 청자높임어미 '-이-'를 동사 '내-'에 결합하여 종결어미 '-다'에 앞세웠다. (9나)는 '大臣'이 청자인 '왕'에게 아뢰는 것이기에 청자인 '왕'을 높이기 위해 서술격조사 '이다'에 청자높임어미 '-이-'를 결합시켰다. (9다)는 화자인 '長者 須達'보다 청자인 '舍利佛'이 상위자이기에 '須達'은 '舍利佛'에 대한 높임의 의향을 나타내기 위해 '-잇고'형으로 '고-의문법'의 청자높임을 실현하였다.[7] (9라)는 '鴛鴦夫人'이 청자인 '沙羅樹王'에 대한 청유법의 높임을 '-사-'와 '-이-'의 연결로 나타냈다.

또한 화자가 높임의 의향을 갖는 대상에 따라 주체높임법, 객체높임법, 청자높임법이 겹쳐 실현되기도 한다.

(10) 가. 우리 父母ㅣ 太子끠 드리ᅀᄫᆞ시니 〈석상 6:7a〉
나. 大王하 엇뎌 나를 모르시나니잇고 〈월석 8:92b〉
다. 大王하 나도 如來 겨신 ᄃᆡ롤 모르ᅀᄫᅩ이다 〈월석 21:192a〉
라. 世尊하 摩耶夫人이 엇던 功德을 닷ᄀᆞ시며 엇던 因緣으로 如來롤 나쏘ᄫᆞ시니잇고 〈석상 11:24b〉

---

6) 15세기 국어의 청자높임법은 선어말어미 '-이-', '-잇-' 뿐만 아니라 일부 문장종결어미에 의하여 실현되기도 한다. (9라)에서 명령형 어미 '-쇼셔'로 청자인 '鴛鴦夫人'에 대한 높임을 나타낸다. 다시 말하면 '鴛鴦夫人'과 '沙羅樹王'은 서로에게 높임의 어미로 대방에 대한 존경을 나타낸다.
7) 15세기 의문법에는 '고-의문법'과 '가-의문법'이 있었다.

(10가)는 주체-객체 높임의 겹침인데, 주어인 '父母'에 대한 높임의 의향을 실현하기 위해 주체높임어미 '-시-'를 취하고 부사어인 '太子'에 대한 높임을 나타내기 위하여 객체높임어미 '-습-'을 취했다. (10나)는 주체-청자 높임의 겹침이다. '-시-'와 '-이-'는 모두 '大王'을 향하고 있으나, 이것이 곧 이 둘 사이의 혼동이나 중복을 뜻하는 것은 아니다. 이 문장은 문두의 호격어와 마찬가지로 '대왕'을 지시할 생략된 주어를 가지고 있다. 즉 여기서의 '-시-'와 '-이-'는 각각 주어로서의 '대왕'과 청자로서의 '대왕'을 향하고 있다. (10다)는 객체-청자 높임의 겹침인데, '-습-'은 목적어인 '여래'를 높이고 '-이-'는 청자인 '대왕'에 대한 높임을 나타낸다. (10라)는 주체-객체-청자 높임의 겹침으로서 세 어미가 모두 보이는데, 여기서도 '-습-'은 목적어인 '여래'와, '-시-'는 주어인 '마야부인'과, 그리고 '-이-'는 청자인 '세존'과 관련되고 있다. '여래'와 '세존'이 실제로는 동일인이라 하더라도 이 문장에서의 역할은 전혀 다른 것이다.

이상에서 볼 수 있다시피 동사와 형용사 및 서술격조사 '이다'를 포함하여 15세기의 거의 모든 용언은 '-시-', '-습-', '-이-'로 형성되는 높임형을 가졌다. 또 이 세 어미는 기능이 분명하여 계선이 흐려지는 일이 없었다. 즉 '-시-'와 '-습-'은 각각 문장 내부의 주체와 객체에 대한 높임의 의향을 나타내기 위해 용언 어간에 결합되고, '-이-'는 문장 외부의 청자에 대한 높임의 의향을 나타내기 위해 결합되었다.

15세기 이후 주체높임법은 현대국어에 이르기까지 크게 변하지 않은 것으로 보인다. 단지 형태론적 측면에서 '-샤-'가 '-시-'나 '-셔-'로 대치되고, 선어말어미 통합순서가 '-습-', '-거-', '-더-'에 앞서게 되었다는 점 정도가 지적될 수 있을 뿐이다. 따라서 본고에서는 문법적 형태에 의한 주체높임법의 역사적 변화 과정에 대해서는 깊이 다루지 않는다. 그러나 '-습-'은 근대국어의 시기를 거치는 동안 점차 자취를 감추었고, '-이-' 역시 지금은 그 형체를 알아보기 어려울 만큼 커다란 변화를 입었다. 하여 한국어 높임법 변화의 중점을 '-습-'에 의한 객체높임법의 소실과 '-습-'의 합류에 따른 '-습니다'류의 형성 및 청자높임법 체계의 다원화에 두었다.

2.2 15세기 객체높임어미 '-습-'

15세기 이전에도 객체에 대한 높임의 의향을 나타내기 위해 화자는 용언 어간에 '-白[숣]-'을 결합하여 표현하였다. 이 문법 형태는 어휘 형태인 '白[숣]-'이 선어말어미화 되어 형성된 것으로, 형성 초기에는 단일형을 유지하였지만, 15세기에 들어서는 음운론적 환경에 따라 다양한 이형태를 보이기도 한다. 그 기능을 놓고 볼 때, 문장 내부의 목적어, 부사어 등 통사적 성분으로 명시되어 있는 객체에 대한 높임의 의향을 나타내기 위해 용언 어간에 결합되기도 하고, 분명히 드러나 있지는 않지만 앞뒤 문맥 속에서 비통사적 성분에 해당하는 높임의 객체를 쉽게 찾아낼 수 있을 때 용언 어간에 결합되기도 한다. 그리고 15세기의 '-습-'은 어휘적 속성을 얼마간 지니고 있는 것으로 하여 어미들 중에서 어근에 가장 가깝게 결합되는 선어말어미였다.

아래에 먼저 선어말어미 '-습-'의 형성 과정을 살펴보고, 다음 15세기 '-습-'의 기능과 분포 및 이형태를 살펴보도록 하자.

2.2.1 15세기 '-습-'의 형성

객체높임의 선어말어미 '-습-'은 15세기 이전에 이미 신라와 고려의 향가, 이두문에 '白'형태로 존재하였다. '-습-'은 동사 '숣다'와 마찬가지로 향가나 이두문에서 향찰 문자 '白'으로 기록되었고 우리말로 옮길

때는 둘 모두 '白'으로 적는 일이 많았다.[8] 이로부터 '白'과 '습'은 동일한
어원임을 알 수 있다. 또한 15세기에는 동일한 어원을 가진 '白'과 '습'이
각각 동사의 어간과 문법 형태로 쓰였다. 이로써 보면 원래 동사의 어간이
었던 '白-'이 그 어간으로서의 용법을 그대로 유지하면서 한편으로는
다른 동사의 어간에 연결되어서 그 동사의 객체높임을 나타냈던 것이다.
한마디로, 선어말어미 '-습-'은 동사 어근 '白-'이 문법 형태화하여[9]
형성된 것이다.

아래에 동사 '白다'가 문법 형태화하여 선어말어미 '-습-'을 형성하는
과정을 향가, 이두 자료로 나누어 살펴보기로 하겠다.

2.2.1.1 향가에서의 '白'

신라에서 고려 초에 걸쳐 창작된 것으로 보이는 향가에 '白'이 종종
사용되었음을 문헌 자료를 통해 확인할 수 있다. '白'의 쓰임을 《삼국유
사》와 《균여전》에 실린 향가로 나누어 제시한다.[10]

(1) 가. ①惱叱古音多可支白遣賜立 (ᄀ곰 함ᄌᆨ 白고쇼셔) 〈願往生歌 4구〉
    ②慕人有如白遣賜立 (그리리 잇다 白고쇼셔) 〈願往生歌 8구〉
    ③彗星也白反也人是有叱多 (彗星이여 슬ᄫᅡ녀 사ᄅᆞ미 잇다)
    〈彗星歌8구〉
  나. ①祈以支白屋尸置內乎多 (비슬ᄫᅩᆯ 두ᄂᆞ오다) 〈禱千手觀音歌 4구〉

---

8) 이정복(2005:49)는 차자 표기법이 형태, 음소의 차이를 반영할 정도로 정밀하지 않았
   기 때문에 표기 과정에서 'ㄹ'의 차이가 무시되고 그 대신 기원적 동일성을 바탕으로
   동사 '白-'과 선어말어미 '-습-'을 모두 '白'으로 표기했다고 했다.
9) 문법 형태화란 한 형태가 어휘적인 것에서 문법적인 것으로, 그리고 덜 문법적인 것에
   서 더 문법적인 것으로 발전하는 변화를 말한다. 다시 말해서 어휘 의미를 가진 표현이
   문법적 기능을 수행하게 되거나, 지금까지 가지고 있던 것보다 더 문법적인 기능을
   얻게 되는 것을 말한다. (권재일 1998:13)
10) 원문 및 해독문의 제시는 김완진(1980)을 참조하였다.

②兩手集刀花乎白良 (두 손 모도 고조슬바) 〈願往生歌 6구〉
③巴寶白乎隱花良汝隱 (보보슬본 고자 너는) 〈兜率歌 2구〉

예문 (1)은 《삼국유사》에 기록된 향가에 쓰인 '白'의 쓰임이다. (1가)는 '白'이 문맥상 동사 어간 '숣다'로 쓰인 경우이고 (1나)는 선어말어미로 쓰인 '白'의 경우이다. (1나)의 ①을 보면, 동사 '빌다'에 '-숣-'이 연결되었고 이 전체에 동명사형 어미 '-ㄹ'이 쓰였다. '-숣-'이 쓰인 것은, 문맥상 '부처께 비는' 것으로 볼 때, 부사어 자리의 '부처'를 높이기 위해서이다. (1나)의 ②를 보면, 동사 '고초다'[11]에 '-숣-'이 연결된 것인데, 앞뒤 문맥을 보면 '尊께 우러러 두 손을 모은' 것이기에 여격어인 '尊'에 대한 높임의 의향을 표현하기 위해서이다. (1나)의 ③의 경우는, 동사 '뽑다'에 '-숣-'이 연결되고 이 전체에 관형사형 어미 '-ㄴ'이 쓰였다. 산화공덕을 하기 위하여 가려 뽑은 '꽃'은 신성한 것이므로 '보보슬본'의 대상을 높이기 위해 선어말어미 '-숣-'을 썼다.

(2) 가. ①南无佛也白孫舌良衣 (南无佛이여 슬볼손 혀라히) 〈稱讚如
　　　來歌2구〉
　　②毛等盡良白乎隱乃兮 (모들 다ᄋᆞ라 슬본 너여) 〈稱讚如來歌
　　　10구〉
　나. ①慕呂白乎隱佛體前衣 (그리슬본 부텨 알픽) 〈禮敬諸佛歌 2구〉
　　②刹刹每如邀里白乎隱 (刹刹마다 모리슬본) 〈禮敬諸佛歌 6구〉
　　③九世盡良禮爲白齊 (九世 다ᄋᆞ라 절하숣져) 〈禮敬諸佛歌 8구〉
　　④塵塵虛物叱邀里白乎隱 (塵塵虛物ㅅ 모리슬본) 〈稱讚如來歌 5구〉
　　⑤功德叱身乙對爲白惡只 (功德ㅅ 身을 對ᄒᆞ슬바) 〈稱讚如來歌
　　　6구〉

---

11) 劉昌惇(2000)의 《李朝語辭典》에 의하면 '고초다'는 '(높이) 도스리다'의 뜻이라 했다.
　부텨 向ᄒᆞᅀᆞᄫᅡ 손 고초샤 밤낮 닐웨를 곰즉도 아니ᄒᆞ샤 〈월석 1:52〉
　諸天이 손 고초ᅀᆞᆸ고 侍衛ᄒᆞᅀᆞᄫᅡ 셋더니 〈월석 7:37〉

⑥間王冬留讚伊白制 (間王들로 기리숣져) 〈稱讚如來歌 8구〉

⑦佛佛周物叱供爲白制 (佛佛 온갖 공ㅎ숣져) 〈廣修供養歌 8구〉

⑧世呂中止以友白乎等耶 (누리히 머믈우슬봇두야) 〈請佛住世歌 4구〉

⑨法雨乙乞白乎叱等耶 (法雨를 비슬봇두야) 〈請轉法輪歌 4구〉

⑩病吟禮爲白孫佛體刀 (아야, 절ㅎ슬봀손 부텨도) 〈普皆廻向歌 9구〉

⑪主乙完乎白乎心聞 (니믈 오올오슬본 ᄆᄉᄆᆫ) 〈悼二將歌 1구〉

예문 (2)는 《균여전》에 기록된 향가(①-⑩)와 고려 초 예종이 지은 향가(⑪)에 쓰인 '白'의 쓰임이다. (2가)는 '白'이 본동사로서 문맥상 동사어간 '숣다'로 쓰인 경우를 나타낸다. (2나)는 선어말어미로 쓰인 '白'의 경우이다. (2나)의 ①의 경우는 동사 '그리다'에 '-숣-'이 쓰인 것인데 이 동사는 관형사형으로 나타나고 있다. 곧 '-숣-'은 관형사형 다음의 명사 '부처'를 높이기 위해 사용된 것이다. (2나)의 ②는 동사 '모시다'에 '-숣-'을 연결하여 '모시는' 대상인 '佛體叱刹'에 대한 높임을 나타낸다. (2나)의 ③에서 보면, '부처에게 절하는 것'으로서 이는 곧 부사어로 표현된 객체에 대한 높임의 의향을 나타낸다. (2나)의 ④와 ⑤는 각각 '모시다', '대ㅎ다'에 '-숣-'이 연결된 것인데, 이때의 '-숣-'은 앞에 나온 목적어 '功德ㅅ身'과 관련되어 쓰였다. (2나)의 ⑥은 객체인 '間王'을 높이기 위해 동사 '칭송하다'에 '-숣-'을 결합시켰다. (2나)의 ⑦은 '모든 부처에게 모든 것을 공양하자'의 뜻인데, 이때의 '-숣-'은 '佛佛'을 높이는 선어말어미이다. 그 높임의 대상이 '佛佛'이므로 곧 객체는 부사어로 쓰인 경우이다. (2나)의 ⑧의 경우는 '皆佛體'가 '이 세상에 머물러 줄 것을 비는' 뜻으로서 객체인 '皆佛體'에 대한 높임이 된다. (2나)의 ⑨는 '法雨를 빌었더라'의 뜻인데, '-숣-'의 대상은 '法雨'이며, 그 높임의 대상인 '法雨'는 목적어로 쓰였다. (2나)의 ⑩은 '禮하는 부처도'의 뜻이니, 서술어 관형형의 꾸밈을 받는 '부처'가 의미상으로 그 서술어의 대상이 되어 있으므로 객체를 높이는 선어말어미 '-숩-'이 쓰였다. (2나)의 ⑪은 '님을 온전케 하온'의 뜻으로서, 객체인 '님'에 대한 높임의 의향을 표현하기 위해, 서술어에 '-숩-'을 결합시켰다.

이와 같이 향가에서 선어말어미 '白'은 목적어, 부사어 등으로 나타나는 대상을 높이기 위해 사용되었음을 확인할 수 있다. 다만 해석문에서 보면 15세기 국어에서처럼 6가지로 분화되지 않은 단일형 '-숩-'만 존재하였음이 다를 뿐이다. 그리고 향가에서는 화자가 주체와 객체의 관계를 대비하여 '-숩-'을 결합시킨 예가 많지 않다. 향가에서는 화자 즉 작자가 객체를 직접 높이는 문맥에서 '-습-'이 쓰인다.[12] 또한 《삼국유사》에 기록된 향가에서는 선어말어미로 쓰인 '白'의 용례가 별로 몇 개 안되지만 《균여전》에 기록된 향가에서는 선어말어미로 쓰인 '白'의 용례가 아주 많이 나온다는 차이가 발견된다. 시간의 흐름에 따라 대개 어휘적 형태가 문법적 형태로 기능이 변화되는 경향은 언어가 갖는 보편적인 현상이다. 어휘적 형태인 '숩-'이 문법적 형태인 '-숩-'으로 문법 형태화할 수 있는 것은 '숩-'이 동사 어간이었음에도 불구하고 다른 동사 어간에 직접 결합하는 것이 가능했기 때문이다. 즉 보조용언적 쓰임이 가능했기 때문이다.

이로부터 신라 이전의 시기에는 향찰 문자 '白'이 전적으로 어휘적 의미만을 가졌는데, 신라 시대에 와서는 어휘적 의미에 약간의 동요가 일어나서 간혹 문법적 의미를 가진 기능을 수행하기도 하다가 고려 시대에는 그것이 어휘적 의미로 사용되는 경우는 거의 없고 문법적 기능어로 주로 사용된 것으로 볼 수 있다.[13]

---

12) 향가에 나타난 '白'의 쓰임에서 나타나는 한 특징은 '혜성가'를 제외하면 모두가 부처와 관련된 노래라는 점이다. 노래를 지은 사람이 승려이고 노래의 대상이 부처인 향가에서 '白'이 쓰인 것은 15세기 이후의 각종 불경 언해 자료에서도 비슷하게 볼 수 있는 현상이다.

13) 김태엽(1999:250), 『우리말의 높임법 연구』, 대구대학교 출판부.

2.2.1.2 이두에서의 '白'

이두문에서 '白'은 6세기 자료로부터 나오기 시작하여 고려 시기의 《慈寂禪師碑》(939)에서부터 이두 동사 어간으로 쓰였고, 11세기 초의 《若木淨兜寺造塔形止記》(1031) 등의 자료로부터 동사 어간이 문법 형태화되어 선어말어미로 쓰였다.[14] 이두문에 나타난 '白'의 쓰임을 고려 시기와 이조 전기[15]로 나누어서 제시한다.[16]

> (1) 가. ①成造爲內臥乎亦在之白賜 (成造ᄒᆞ누온여겨다 ᄉᆞᆸᄋᆞᆫ) 〈慈寂
>   禪師碑〉
>   ②衆矣白賜臥乎兒如 (衆의 ᄉᆞᆸᄋᆞᆺ누온 줏다히)
>   ③成造爲賜臥亦之白臥乎味 (成造ᄒᆞᆺ눈여겨다 ᄉᆞᆸᄂᆞ온 뜻)
>   ④白臥乎味及白 (ᄉᆞᆸᄂᆞ온 뜻을 직접 ᄉᆞᆸ)
>   나. ①貞元伯士本貫義全郡乙白旀 (貞元伯士(本貫義全郡)을 ᄉᆞᆯ바며)
>   〈淨兜寺造塔形止記〉
>   ②成是不得爲犯由白去乎等用良 (일이 몯실ᄒᆞᆫ 犯由 ᄉᆞᆸ거온들
>   쓰아)
>   다. 敎味乙白 (이신 뜻을 ᄉᆞᆸ) 〈柳璥功臣錄券〉
>   라. 下聖旨敎事白 (내리신 일 ᄉᆞᆸ) 〈長城監務官貼文〉
>   마. 屬公爲良如敎有乃白 (속공하라 하신다고 ᄉᆞᆸ) 〈高麗末國寶戶
>   籍文書〉

예문 (1)은 '白'이 고려 시기의 이두문에서 동사 어간으로서의 쓰임이

---

14) 홍고(2002)에 의하면 '白'이 문법 형태화된 모습은 《三和寺鐵佛造像銘》(860)에서도 나타났으나, 선어말어미로 쓰인 '白'이 활용어미를 수반하지 않아서 '白'을 동사 어간으로도 볼 수 있는 가능성을 안고 있다고 했다. 따라서 '白'은 《若木淨兜寺造塔形止記》(1031)에서부터 문법 형태화되어 쓰이기 시작했다고 볼 수 있다 했다.

15) 문자 창제 이전까지의 이두문을 언급한다.

16) 원문의 제시는 남풍현(2000)을 참조하고, 해독은 유창돈(2000)의 《李朝語辭典》에 수록된 《吏讀便覽》, 《吏讀集成》을 따랐다.

다. (1가)는 동사 어간으로 어휘적으로 객체인 조정을 높이고 있으며,
또 (1가)의 ①, ②는 어미 '賜'를 수반하는 형태이기에 이 '白'을 이두로
볼 수 있다. 따라서 '白'은 향가에서 '숣-'으로 읽힌데다가 15세기 국어에
서 '솗', '숣'이 나오므로 《慈寂禪師碑》에서 [숣]으로 읽을 수 있다. (홍고
2002:71) (1나)에서 '숣-'은 목적어로 나타난 객체인 '貞元伯士', 여격어
로 나타난 '金植' 등에 대한 높임의 의향을 나타낸다. (1다, 라)의 경우에는
객체인 '임금'에 대한 높임을 나타내기 위하여 동사 어간 '숣-'을 썼다.
(1마)는 앞뒤 문맥으로 보아 객체인 '李芳遠'에 대한 높임을 나타낸다.

(2) 가. ①石塔五層乙成是白乎願表爲遣 (石塔五層을 일이숣온 願表ᄒ고)
　　　　〈淨兜寺石塔記〉
　　　②淨兜寺良中安置令是白於爲 (淨兜寺아긔 安置ᄒ이숣어 홀)
　　　③立是白乎味了在等用良 (셔이숣올 請願을 못겨온 들 쓰아)
　　　④排立令是白內乎矣 (排立ᄒ이숣올ᄃᆡ)
　　　⑤貞甫長老陪白賜乎舍利 (貞甫長老 모리숣ᄋᆞᄉᆞᆫ 舍利)
　　　⑥安邀爲白旀 (安邀ᄒ숣오며)
　　나. ①王室乙 … 搖動令是白乎事是良尒 (王室을…搖動시기이숣온
　　　　　일이아곰)〈柳璥功臣錄券〉
　　　②同心衛社爲白在 (同心으로 衛社ᄒ숣견)
　　다. ①祝上爲白去乎在亦 (임금을 축복ᄒ숣거온견이어)〈白嚴寺貼文〉
　　　②悶望是白去乎在等以 (悶望이숣거온견들로)
　　　③一任爲白乎所不喩 (맡길바가 ᄒ숣온바아닌디)
　　　④祝上爲白良結 (임금을 축복ᄒ숣아져)
　　　⑤望白去乎事是去有等以 (ᄇᆞ라숣거온 일이거 이신겨들로)
　　라. ①祝聖爲白臥乎次是在亦(임금을 축복ᄒ숣누온차이견여)〈長
　　　　　城監務官貼文〉
　　　②下安令是白遣 (下安시기이숣고)
　　　③改排爲白乎等以 (改排ᄒ숣온들로)

예문 (2)는 '白'이 고려 시기의 이두문에서 선어말어미로서의 쓰임이다. 동사 '사뢰다'의 뜻을 갖는 '白'이 문법 형태화되어 (2가)의 《淨兜寺石塔記》에 선어말어미로 처음 나타났다. '白'의 높임 대상은 '舍利'나 '石塔'과 같은 무정명사가 가리키는 부처이다. (2나)의 ①은 목적어로 나타난 객체 '王室'에 대한 높임을 나타내기 위해 서술어에 '-숣-'을 결합하였다. 즉 '王室'에 대한 높임은 결과적으로 '임금'에 대한 높임이다. (2나)의 ②는 앞뒤 문맥으로 보아 생략된 객체인 '임금'에 대한 높임의 의향을 나타낸다. (2다)의 ①은 목적어로 나타난 객체 '임금'에 대한 높임을 나타내기 위해 서술어 '축복하다'에 선어말어미 '-숣-'을 결합하였다. (2다)의 ②는 형용사 '민망하다'에 '-숣-'을 결합하여 부사어로 나타난 객체 '임금'을 높이고 있으며, (2다)의 ③은 동사 '맡기다'에 '-숣-'을 결합하여 목적어 '先師가 만든 道場'이 가리키는 '先師'를 높인다. (2다)의 ④, ⑤의 동사 '축복하다', '바라다'는 목적어 '임금', '僧錄司'에 대한 높임의 의향을 선어말어미 '-숣-'과의 결합으로 나타냈다. (2라)의 ①은 '임금을 축복하온 것이기에'의 뜻으로서, 객체인 임금에 대한 높임을 나타내고, (2라)의 ②는 '임금의 결정에 의해 觀音佛像을 白巖寺에 下安하고'의 뜻이기에 '부처'에 대한 높임의 의향을 실현하기 위해 동사구 '모시어 안치하다'에 선어말어미 '-숣-'을 결합하였으며 ③의 객체 역시 앞뒤 문맥으로 보아 '부처'이므로 동사구 '고치어 짓다'에 선어말어미 '-숣-'을 결합하였다.

(3) 가. 首如白侤是遣 (주범이다 숣다디고) 〈大明律直解〉

예문 (3)은 '白'이 이조 전기의 이두문에서 동사 어간으로서의 쓰임을 보여준 것이다. '白侤'의 객체는 '官'으로서 동사 어간으로 어휘적으로 객체에 대한 높임을 나타낸다.

(4) 가. ①王旨內思審是白內乎矣(王旨 내의 뜻을 슬피이숩오디)〈李
　　　和開國功臣錄券〉

　　②開國爲白乎所 (開國ᄒᆞ숩온바)

　　③同心使內白乎所 (同心으로 브리숩온바)

　　④推戴殿下爲白乎所 (殿下를 推戴ᄒᆞ숩온바)

　나. ①申聞爲白乎㫆 (申聞ᄒᆞ숩오며)〈大明律直解〉〈1:8〉

　　②申聞爲伏侯王旨爲白乎矣 (王旨를 伏侯ᄒᆞ숩오디)〈1:8〉

　　③上決乙望白齊 (임금의 결제를 ᄇ라숩졔)〈1:8〉

　　④王旨爲白良沙 (王旨를 伏候ᄒᆞ숩아사)〈1:9〉

　　⑤伏侯上決爲白遺 (임금의 결제를 伏侯ᄒᆞ숩고)〈1:22〉

　　⑥別蒙上恩爲白 (임금의 은혜를 입어ᄒᆞ숩)〈1:31〉

　　⑦申聞爲白乎事 (임금께 申聞ᄒᆞ숩온 일)〈1:38〉

　　⑧凡王旨乙奉行爲白乎矣 (王旨를 伏侯ᄒᆞ숩오디)〈3:2〉

　　⑨啓目良中備細書寫爲白乎㫆 (임금께 올리는 啓의 目錄에 書
　　　寫ᄒᆞ숩오며)〈3:5〉

　　⑩朦朧申聞爲白良在乙 (몽롱하게 申聞ᄒᆞ숩아견을)〈3:5〉

　　⑪陪奉駕前良中訴告爲白㫆 (御駕앞에 訴告ᄒᆞ숩오며)〈22:1〉

　　⑫進上爲白乎物色 (임금께 進上ᄒᆞ숩온 物色)〈29:2〉

　다. ①出納是白有亦 (出納이숩이신여)〈鄭津開國原從功臣錄券〉[17]

　　②王旨內思審是白內乎矣 (王旨내의 뜻을 슬피이숩오디)

　　③王旨內兒如功勞可尙是白敎等用良 (功勞가 嘉尙이숩신돌쓰아)

　　④功臣職名單字申聞爲白叱乎亦中 (申聞ᄒᆞ숩올여희)

　　⑤分例敎兒如使內白乎㫆 (즛다브리숩오며)

　　⑥幷以各掌官出納爲白遺 (각 담당 관리에게 임금의 지시를 出
　　　納ᄒᆞ숩고)

　라. ①使內向是關是白有良尒 (브리안일관ᄌ이숩이시아곰)〈馬天
　　　牧佐命功臣 錄券〉

---

17)《韓奴介開國原從功臣錄券》(1395),《張寬開國原從功臣錄券》(1395),《沈之伯開國原
從功臣錄券》(1395)은《鄭津開國原從功臣錄券》(1395)과 거의 같은 내용이므로 높임법
쓰임도 같다. 때문에《鄭津開國原從功臣錄券》(1395)만 언급하기로 한다.

②申聞爲白叱乎亦中 (申聞ᄒ솗온여희)

마. ①祝上爲白如乎節 (임금을 축복ᄒ솗다온디위) 〈長城監務關字〉

②各村資福定體之意合爲白沙餘良 (不合ᄒ솗사남아)

바. ①上使爲白臥乎事是良尔 (上使ᄒ솗누온 일이아곰) 〈牒呈 및 呈狀 5點〉

②進上爲白乎生栗 (낫ᄌ혼ᄒ솗온 生栗)

③伏准爲白內等 (伏准ᄒ솗ᄂᆡ든)

예문 (4)는 '白'이 이조 전기의 이두문에서 선어말어미로서의 쓰임을 보여준 것이다. (4가)의 ①은 '王旨'가 가리키는 임금에 대한 높임을 동사 '살피다'에 '-솗-'을 결합하여 나타냈고, (4가)의 ②는 목적어로 나타난 '나라'에 대한 높임의 의향을 나타내기 위해 동사 '열다'에 선어말어미 '-솗-'을 결합하였다. (4가)의 ③은 '마음을 같이 하여 임금께 행하다'의 뜻으로서, 부사어로 나타난 객체 '임금'을 높이고 있다. (4가)의 ④는 '殿下를 추대하다'는 뜻으로서, 목적어로 나타난 객체 '殿下'에 대한 높임을 나타낸다. (4나)는 고려 시대 이두 체계를 집대성했다는 《大明律直解》에서의 '白'의 쓰임을 보여준 것이다. 《大明律直解》는 법률 문서인 만큼 높임법의 쓰임이 거의 없을 듯하나 임금에 관련된 조문에는 엄격히 높임법을 썼다. (4나)에서는 모두 객체인 '임금께, 임금의 뜻을, 임금의 결제, 임금의 은혜'에 대한 높임을 나타낸다. 즉 부사어, 목적어 등으로 나타난 객체에 대한 높임의 의향을 나타내기 위해 동사에 '-솗-'을 결합하였다. (4다)의 ①은 '出納'의 생략된 목적어 '임금의 명령'이 가리키는 임금을 '-솗-'으로 높이고 있다. (4다)의 ②는 '王旨內'가 가리키는 '임금'에 대한 높임의 의향을 실현하기 위해 동사 '살피다'에 '-솗-'을 결합하였다. (4다)의 ③은 '王旨 내의 것과 같이 功勞가 嘉尙하다고 하옵신 줄로'의 뜻이므로, 객체는 '王旨內'에 있는 임금의 말 즉 임금이다. 화자는 임금에 대한 높임의 의향을 실현하기 위해 선어말어미 '-솗-'을 결합시켰다.

(4다)의 ④는 '功臣의 職名單字를 올려온 때'의 뜻이기에, '-숣-'은 생략된 부사어 '功臣都鑑'에 대한 높임을 나타낸다. (4다)의 ⑤는 앞뒤 문맥으로 보아, '임금이 하신 것과 같이 행하다'의 뜻이므로 '임금'에 대한 높임의 의향을 동사 '행하다'에 '-숣-'을 결합하여 나타냈다. (4다)의 ⑥은 생략된 목적어 '임금의 지시'를 높이기 위해 동사 '출납하다'에 선어말어미 '-숣-'을 결합하였다. (4라)의 ①은 앞뒤 문맥으로 보아 '錄券의 일을 처리하는 임금'과 관련된 것이기에 '-숣-'을 써서 객체인 '임금'에 대한 높임을 나타내고, (4라)의 ②는 '임금께 아뢰는' 것이기에 부사어로 나타난 객체인 '임금'에 대한 높임의 의향을 '-숣-'으로 나타낸다. (4마)의 ①은 '임금을 축복하옵던 때'의 뜻이므로, 목적어로 나타난 객체인 임금을 높이기 위해 동사 '축복하다'에 선어말어미 '-숣-'을 결합하였다. (4마)의 ②는 '各村 資福의 體例를 정해놓은 (임금의) 뜻과 맞지 않다'는 뜻이기에, 객체인 '임금'에 대한 높임을 나타내기 위해 자동사 '不合'에 '-숣-'을 결합시켰다. (4바)의 ①, ②는 '白'을 어휘적으로 높임 대상을 갖는 동사 '上使', '進上'에 결합시켜 그 객체인 '상급 관청', '임금'에 대한 높임을 나타낸다. (4바)의 ③은 '엎드리고 준하옵거든'의 뜻이기에, '白'은 동사 '准'에 결합되어 목적어가 가리키는 '關'을 높이고 있다.

이와 같이 이두문에 쓰인 선어말어미 '白'은 목적어, 부사어 등으로 나타나는 대상을 높이기 위해 사용되었음을 확인할 수 있다. 또 객체높임법은 '白'으로 나타났으며 아직 단일형 '-숣-'을 유지하고 있는 것으로 보인다. 그 이유는 고대어의 화석이라 할 수 있는 조선 시대의 이두 표기에서 '白'자는 모두 '숣'의 표기로 수없이 쓰인 점에서 찾아볼 수 있다. 이후 '白=숣〉습'은 신라, 고려 시기에서 15세기에 이르는 동안에 약간의 형태상의 변화는 입었으나, 그 객체높임의 문법범주를 표시한 점은 조금도 변화되지 않았음을 알 수 있다.

이상 향가나 이두문에 쓰인 '白'에 대해 검토를 진행하였는데, 보다시

피 본래 어휘적 의미만을 나타내던 '白[숣]-'이 역사적으로 변동되어 선어말어미 '-白[숣]-'으로 기능이 분화18)되었다. 즉 '白[숣]-'은 한편으로는 동사로의 쓰임을 유지하면서 다른 한편으로는 선어말어미로 쓰였던 것이다. 또한 '白'은 기능이 분화됨으로써 상대적으로 어휘적 의미가 약화되고 문법적 의미가 점차 일반화되었다. 뿐만 아니라 문법적 형태 '-白[숣]-'은 음운론적 축약에 의해 둘 받침 중의 'ㄹ'이 상실되는 형태상 변화를 입어 중세국어에서는 '-습-'으로 반영되었다.

2.2.2 15세기 '-습-'의 기능

15세기의 '-시-'는 '화자가 문장의 주어에 대해 높임을 표현'할 때 쓰이고, '-이-'는 '화자가 청자에 대해 높임을 표현'할 때 쓰인다는 점에 대해서 거의 일치를 보인다. 그러나 '-습-'의 기능과 의미 파악에는 많은 다른 견해들이 존재한다.

15세기 국어에서 '-습-'은 객체에 주어진 높임 자질에 호응하여 화자와 객체의 상하 판단에 따른 높임의 의향을 서술어에서 실현되게 한다. 그런데 객체는 화자와 직접적으로 관계하는 대상이 아니고 주체를 통해 관계되는 대상이다.19) 때문에 주체와 객체의 상하 관계도 '-습-'의 실현 조건이 된다. 하여 '-습-'이 문장의 객체로 실현되는 대상에 대해 높임을 나타내는 방식은 둘로 갈린다. 하나는 문장의 주체가 높임을 표하는 것이라는 입장이고 다른 하나는 화자가 높임을 표한다는 입장이다. 본고

---

18) 이용(2003:71)에 의하면 문법 형태화하기 이전의 구성과 문법 형태화한 결과가 같은 시기의 자료에서 동시에 나타나는 경우가 있는데, 이것을 분화의 원리라고 부른다고 했다.
19) 윤용선(2006:334)에서는 어떤 사태에 대한 진술은 주체에 대한 정보를 전달하는 것으로서 화자와 주체는 직접적인 관계이나, 문장에 등장하는 객체는 진술의 중심이 아니라고 했다. 그리고 객체는 주체를 통해서만이 의미를 지니는 대상이라는 점에서 간접적이라고 했다.

에서는 이 둘을 모두 포용할 수 있는 이현희(1985)의 견해를 수용하여 15세기의 '-숩-'을 '화자가 주체의 입장이 된다고 가정해서 그 경우 주체가 객체를 대접해주어야 한다고 화자가 파악할 때 나타나는 형태소'로 본다. 그럼 아래에 '-숩-'의 기능 파악을 위해 '-숩-'이 관여하는 요소가 통사적 성분으로 실현되는 문장과 비통사적 성분으로 실현되는 문장을 갈라보기로 한다.

2.2.2.1 통사적 성분과 '-숩-'

문장 외부의 요소인 화자와 청자는 분명 화용론적 존재이다. 반면 문장 내부의 요소인 주체는 통사적 성분이다. 객체도 문장 내부의 요소인 것만큼 통사적 성분일 가능성이 높다. 따라서 주체는 주어나 주제로 실현됨에 반해 객체는 문장에서 목적어, 부사어 등 통사성분으로 실현된다.

(1) 가. 一夫ㅣ 流毒홀씨 我后를 <u>기드리ᅀᄫᅡ</u> 〈용가 10〉
    나. 그 저긧 燈照王이 普光佛을 <u>請ᄒᆞᅀᄫᅡ</u> 供養호리라 ᄒᆞ야 〈월석 1:9a〉
    다. 그ᄢᅴ 王이 … 부텨를 <u>請ᄒᆞᅀᄫᅡ</u> 〈월석 7:37b〉
    라. 내 이제 世尊을 마지막 <u>보ᅀᆞᄫᅦ니</u> 〈월석 10:8〉
    마. 臣下ㅣ 님그믈 <u>돕ᅀᄫᅡ</u> 〈석상 9:34b〉

예문 (1)에서 동사 '기드리-, 請ᄒᆞ-, 보-, 돕-'의 주체는 '一夫, 燈照王, 王, 내, 臣下'이며, 각각 그 높임의 대상은 '我后, 普光佛, 부텨, 世尊, 님금'이다. 여기에서는 서술어가 모두 타동사이며 따라서 목적어를 가지는데 그 목적어가 바로 높임의 대상이 되는 경우이다. 화자는 이런 높임의 대상들에 대한 높임의 의향을 실현하기 위해 주체의 입장에 서서 목적어로 실현된 객체에 대해 '-숩-'의 개입으로 높임을 나타낸다. 목적어는 모두 사람으로서 '-슙-'의 용법이 자연스럽다.

  (2) 가. ①하늟 ᄆᅀᆞᆷ 뒤 고티ᅀᆞᄫᆞ리 〈용가 85〉

         ②天子ㅅ ᄆᅀᆞᆷ 뒤 달애ᅀᆞᄫᆞ리 〈용가 85〉

         ③우흐로 父母 仙駕ᄅᆞᆯ 爲ᄒᆞ슙고 〈월석 1:序18a〉

         ④부텻 德을 놀애브르ᅀᆞᄫᆞ며 〈월석 2:42a〉

         ⑤世尊ㅅ 말을 듣즙고 〈월석 2:48a〉

     나. ①赤島안행 움흘 至今에 보슙ᄂᆞ니 〈용가 5〉

         ②四部衆이 다 기꺼 몸과 ᄠᅳᆮ괘 훤ᄒᆞ야 녜 없던 이를 얻ᄌᆞᄫᆞᆫ뇨

          〈석상 13:16b〉

         ③二十億菩薩이 法 듣ᄌᆞᄫᆞᆯ 즐기더니 〈석상 13:33b〉

         ④아뫼나 衆生이 過去 諸佛 맛나ᅀᆞᄫᆞ바 六波羅密을 듣ᄌᆞᄫᆞᆫ 〈석상

          13:50b〉

         ⑤大衆돌히 이 말 듣즙고 흔쁴 닐오디 〈석상 11:3b〉

  예문 (2)는 목적어가 사람이 아닌 점이 예문 (1)과 다르다. (2가)를
보면 목적어 'ᄆᅀᆞᆷ, 仙駕, 德, 말'은 높여 존대해야 할 인물인 'ᄒᆞ늘, 天子,
父母, 부텨, 世尊'과 관련된 것으로서 높임의 대상이 된다. 화자는 주체가
이런 높임의 대상들을 대접해줘야 한다고 판단하고 서술어에 '-슙-'을
결합시켰다. (2나)의 목적어 '움ᄒ, 일, 法, 六波羅密, 말'은 전후 문맥으로
보아 모두 부텨의 말씀이거나 높여 존대해야 할 인물과 관련이 있는
것들이어서 높임의 대상이 된다. 화자는 주체보다도 높은 객체에 관련된
물건이나 일을 높여 존대해야 한다고 판단하고 서술어에 '-슙-'을 결합
시켰다.

  (3) 가. 내 일훔조쳐 聖人ㅅ긔 받ᄌᆞᄫᆞ쇼셔 〈월석 8:80b〉

     나. 大愛道ㅣ 세 번 (부텨쯰) 請ᄒᆞ슙다가 몯ᄒᆞ야 〈월석 10:17a〉

다. 世尊하 내 … 如來씌 묻즈ᄫᆞ며 〈월석 21:100b〉
라. 世尊씌 四衆이 圍繞ᄒᆞᅀᆞᆸ고 〈석상 6:38b〉
마. 道德經을 이젯 님금ᄭᅴ 브티ᅀᆞᄫᆡᆺ도다 〈두시초 6:27a〉

예문 (3)에서는 타동사 '받-, 請ᄒᆞ-, 묻-, 圍繞ᄒᆞ-, 브티-'의 동작의 대상이 여격으로 표시된다. 따라서 그 동작의 높임의 대상은 '聖人, 부텨, 如來, 世尊, 님금'이 된다. 화자는 주체의 입장에 서서 여격어로 실현된 객체에 대해 높임을 나타내야 한다고 판단하고 서술어에 '-ᅀᆞᆸ-'을 결합하였다.

(4) 가. 梵王ᄋᆞᆫ 白拂 자바 두녀ᄀᆡ 셔ᅀᆞᄫᆞ며 〈월석 2:39a〉
나. 十方衆生이 大會예 오ᅀᆞᄫᆞ니 〈월석 21:190b〉
다. 末利 花鬘ᄋᆞᆯ 몸애 ᄆᆡᅀᆞᄫᆞ나 〈천강곡 18a〉

예문 (4)에서 '-ᅀᆞᆸ-'은 처격어와 관련되어 쓰였다. (4가)의 처격어는 '두 녁'인데 문맥상 '부처를 상대로 해서 두 녀긔 서 있는 것'이므로 화자는 주체가 '부처'를 대접해줘야 한다고 판단하고 서술어에 '-ᅀᆞᆸ-'을 결합시켰다. (4나)의 처격어는 '대회'인데 문맥상 '부처 말씀을 설법하는 대회'이므로 화자는 '부처'를 높이기 위해 서술어에 '-ᅀᆞᆸ-'을 붙였다. (4다)의 처격어 '몸'은 전후 문맥으로 보아 '태자의 몸'을 가리키는바 화자는 주체의 입장에 서서 '태자'를 대접해줘야 한다고 판단하고 서술어에 '-ᅀᆞᆸ-'을 결합하였다.

(5) 가. 곧 如來와 ᄀᆞᆮᄌᆞᆸᄂᆞ니라 〈능엄해 2:45a〉
나. 우린 다 佛子ㅣ ᄀᆞᆮᄌᆞ오니 〈법화해 2:227a〉
다. 智力 神用이 如來와 ᄀᆞᆮᄌᆞ오리니 〈법화해 5:126b〉
라. 車匿ᄒᆞᆫ이 蹇特날이ᄂᆞᆫ ᄒᆞᆫ날애 나ᅀᆞᄫᆞᆯᄊᆡ 〈천강곡 19a〉

(5가-다)는 비교어인 '如來, 佛子'를 높이기 위해 '귿다'에 '-ᅀᆞᇦ-'을 붙였다. (5라)는 '太子와 한날에 났다'는 뜻으로서 비교어인 '太子'를 높이기 위해 서술어에 '-ᅀᆞᇦ-'을 결합시켰다.

(6) 가. 諸佛ㅅ 일훔 듣ᄌᆞᇦ 사ᄅᆞᄆᆞᆫ 〈월석 7:75b〉
　　　나. 無量壽佛 보ᅀᆞᇦ 사ᄅᆞᄆᆞᆫ 十方無量諸佛을 보ᅀᆞᇦ디니 〈월석 8:33a〉
　　　다. 優塡王이 밍ᄀᆞᅀᆞᇦ 金像ᄋᆞᆯ 象애 싣ᄌᆞᄫᅡ 〈월석 21:137b〉
　　　라. 다시 듣ᄌᆞᆸᄂᆞᆫ 法 得호ᄆᆞᆯ 깃그리라 〈법화해 6:127b〉

(6가-나)에서 화자는 '諸佛, 無量壽佛'에 대한 높임의 의향을 나타내기 위해 '-ᅀᆞᇦ-'을 썼다. 이 경우에 높임 대상이 동사 '듣다, 보다'의 목적어로 나타나고 있어 예문 (1), (2)와 '-ᅀᆞᇦ-'의 분포에서는 차이가 없고 다만 '-ᅀᆞᇦ-'을 포함하는 절이 명사 '사ᄅᆞᆷ'을 꾸미는 관형어로 쓰이는 점이 다르다. (6다-라)에서는 '-ᅀᆞᇦ-'이 관형화 구성에 관여하는 피수식어 '金像', '法'을 높여서 대접해주는데, 이는 모두 '부처'와 관련되는 것으로서 화자는 '부처'를 높이기 위해 관형어로 나타나는 동사 '듣다', '보다'에 '-ᅀᆞᇦ-'을 결합시켰다.

한편, 15세기 국어에서 '-ᅀᆞᇦ-'에 의한 객체높임법의 실현은 예문 (1)-(6)이 보여주는 것처럼 화자가 주체의 입장에 서서 객체에 대한 높임을 나타낼 때 규칙적으로 나타나는 것만 있는 것이 아니었다. 즉 같은 문장 내부의 같은 상황에서 같은 화자가 하는 말임에도 '-ᅀᆞᇦ-'이 나타나기도 하고 나타나지 않기도 한다.

(7) 가. 須達이 깃거 太子ᄭᅴ 가 ①살ᄫᅩᄃᆡ … 須達이 다시곰 ②請ᄒᆞᆫ대 태자ㅣ 앗겨 … 須達이 ③닐오ᄃᆡ 니르샨 양ᄋᆞ로 호리이다 太子ㅣ 닐오ᄃᆡ … 須達이 ④닐오ᄃᆡ 太子ㅣ 法은 … 〈석상 6:24a-b〉

나. 그 사스미 삿기 빅여 둘 츠거늘 … 흔 겨지블 ①나쓴봇니라
그 ᄢᅴ 南堀앳 仙人이 사스미 우룸 쏘리 듣고 어엿비 너겨 가
보니 암사스미 흔 ᄯᅡ니믈 ②나하 두고 할타가 … 그 ᄢᅴ 仙人이
그 ᄯᅡ니믈 어엿비 너겨 … ③뫼ᄉᆞ바다가 果實 ④ᄣᅡ 머겨 ⑤기르
ᄉᆞ봇니 나히 열네히어시ᄂᆞᆯ 〈석상11:25b-26a〉

(7가)에서 주어인 '須達'은 부사어로 실현된 객체 '太子'보다 신분이
낮다. 따라서 화자는 주체가 객체를 대접해줘야 한다고 파악하고 서술어
에 '-숩-'을 결합하여 객체에 대한 높임의 의향을 나타내야 한다. 하지만
(7가)에서 보면 동일한 주체, 동일한 객체임에도 불구하고 '-숩-'은 쓰이
기도 하고 쓰이지 않기도 한다. 즉 (7가)의 ①에서는 엄격히 준수되고
있지만 (7가)의 ②, ③, ④에서는 지켜지지 않고 있다. 그리고 (7나)에서
보면 ①과 ②는 문장구조가 같을 뿐만 아니라 주어, 목적어, 서술어가
같은데도 ①에는 '-숩-'이 쓰였으나 ②에는 '-숩-'이 쓰이지 않았다.
또 ③, ④, ⑤도 주어가 같은 '선인'인데 ③, ⑤에는 '-숩-'이 쓰였으나
④에는 '-숩-'이 쓰이지 않았다.

이러한 '-숩-'의 불규칙적인 출현에 대해 허웅(2000)은 객체높임법의
사용이 물샐틈없이 짜여진 규칙에 의해서 규정되는 것이 아니라 말할
이의 주관적인 판단, 그때그때의 마음가짐에 따라 좌우되는 것이기에
높임법의 사용을 결정하는 것은 어떠한 대상의 객관적 성격(지위)보다는
말할 이의 이 대상에 대한 높임의 의향이 더 중요한, 제일차적인 요인이라
고 했다.[20] 하지만 이정복(2005)에서는 예문 (7)에서 보이는 이러한

---

20) 허웅(2000)의 이러한 설명에 문제가 있음을 이정복(2005)에서 지적하였다. 즉 '-숩
-'이 쓰일 수 있는 환경에서 생략되는 현상에 대한 허웅의 설명가운데 '말할 이의
주관적인 판단, 그때그때의 마음가짐에 따라 이루어진다'는 것은 화자가 자신보다
객관적 지위가 높은 인물을 특별한 의도 없이 마음대로 높이기도 하고 그렇게 하지
않기도 한다는 뜻으로 해석될 수 있기에 높임법의 사용과 이해에서 큰 오해를 일으킬
수 있다고 했다.

차이를 '화자의 높임 의지'보다는 같은 문맥에서 같은 대상에 대한 높임법 형태소 사용의 지나친 중복을 피하기 위한 것으로 해석할 수 있다고 했다. 본고에서는 석주연(2004)의 관점이 적절한 해석을 하고 있는 것으로 생각된다. 즉 석주연(2004)에서는 중세국어의 '-숩-'과 '-오-'의 실현의 불규칙함을 '화자'에서 문장의 '주어'로 시점의 전이가 일어났는지 여부에 달린 것으로 설명하였다. 그러나 그렇다 하더라도 '객체높임'이라는 '-숩-'의 의미 기능에 변화가 생기는 것은 아니다.

이상에서 볼 수 있다시피 화자는 주체의 입장에 서서 목적어, 부사어 등 통사적 성분으로 실현되는 객체에 대해 높임의 의향을 나타내기 위해 용언 어간에 '-숩-'을 결합시켰다. 또한 통사적 성분으로 실현되는 객체는 명시되어 있는바 화자는 비교적 쉽게 인식할 수 있다. 하지만 아래에 보이는 것과 같이 비통사적 성분으로 실현된 객체에 대해서는 쉽게 파악이 되지 않는 모호성이 있어 화자는 연속되는 전후 문맥 속에서 객체를 찾아낸 후 주체의 입장에 서서 그 객체에 대해 높임의 의향을 나타내야 한다.

2.2.2.2 비통사적 성분과 '-숩-'

선어말어미 '-숩-'이 관여하는 요소가 통사적 성분으로 실현되지 않는 경우 즉 자동사문, 형용사문 그리고 서술격조사문 등에서는 문장의 표면에 높임의 대상이 분명하게 드러나 있지 않는다.21) 비록 객체가 목적어나 부사어 등의 통사적 성분으로 실현되지는 않지만 객체와 동일지시적인

---

21) 일부 자동사문에서 '-숩-'이 관여하는 요소가 2.2.2.1의 예문 (4)와 같이 통사적 성분으로 나타날 수도 있다. 그리고 일부 형용사문에서도 '-숩-'이 관여하는 요소가 2.2.2.1의 예문 (5)와 같이 통사적 성분으로 나타날 수도 있다. 그리고 또 다른 예를 들면: 大慈悲 世尊ㅅ긔 버릇 업숩던 일을 魔王이 뉘으츠니이다 〈천강곡 상: 75〉 예문을 보면 형용사 '버릇 없다'에 '-숩-'을 붙였는데, '-숩-'이 쓰인 것은 화자가 여격어로 실현된 객체인 '세존'을 높이기 위해서이다.

통사적 성분이 존재하거나 객체가 누구인지 명료하게 추론할 수 있다.

(8) 가. 本來 불근 光明에 諸佛도 비취시며 明月珠도 드스녕니이다
〈월석 2:30a〉

나. 優曇鉢羅ㅣ 부텨 나샤물 나토아 金고지 퍼디스녕니 〈월석
2:44b〉

다. 世尊 그르메예 甘露를 쓰리어늘 毒龍이 사라나스녕니 〈월석
7:23a〉

라. 첫 光明 보습고 百姓들히 우습거늘 〈월석 10:1b〉

마. 그제사 須達이 설우스바 恭敬ᄒ습ᄂ 法이 이러ᄒ거시로다 ᄒ
야 〈석상 6:21a〉

예문 (8)에서는 자동사 '들-, 퍼디-, 사라나-, 울-, 설우-'에 '-습-'
을 결합시켰는데 그 높임의 대상은 문장의 표면에 드러나 있지 않다.
전후 문맥과의 관련에서 그 높임의 대상을 찾아보면 (8가)와 (8나)는
부처의 탄생에 대하여, (8다)는 세존 곁에서 살아난 것에 대하여, (8라)는
부처의 광명에 대하여 (8마)는 부처를 대하는 법을 몰라 실례를 범한
일에 대해 각각 높임을 표시한 것으로서 결국에는 '부처, 세존'에 대한
높임을 나타낸다.

(9) 가. 人心이 굳ᄌ녕니 〈용가 66〉

나. 뫼만ᄒ 恩이 므거우시고 터럭만ᄒ 히믄 젹스오니 〈상원사 권선문〉

예문 (9)에서는 형용사 '굳다, 젹다'에 '-습-'을 붙인 것인데 문장의 표면
에서 높임 대상을 찾을 수 없다. 이들 문장에서는 행동이나 상태와 관련되는
인물을 높이기 위해 '-습-'을 사용하였다. (9가)에서는 '李太祖에 대하여'
인심이 굳어진 것으로서 '-습-'은 '李太祖'를 높이는 것으로 해석된다. (9

나)에서 '힘이 적다'는 상태가 '임금의 큰 은혜에 보답하기에 그러하다'의 뜻이기 때문에 '-습-'이 쓰인 것은 '임금'을 높이기 위해서이다.

(10) 가. 七寶 바리예 供養을 담ᄋ샤미 四天王ᄋ 請이ᅀᄫᆞ니 〈월석 4:50b〉
　　나. 花香과 風流로 寶塔애 供養이 諸天人鬼 精誠이ᅀᄫᆞ니 〈월석 15:6b〉
　　다. 내 부텻 몬아ᄃ리ᅀᄫᆞ니 〈법화해 1:169b〉

예문 (10)은 서술격조사 '이다'에 '-습-'이 연결되어 그 서술어를 높임 형식으로 표현하고 있다. '四天王의 請, 諸天人鬼의 精誠, 부텻 맏아들'이 기에 높임의 대상이 된다. 즉 '四天王, 諸天人鬼, 부처'에 대한 높임의 의향을 실현하기 위해 화자는 주체의 입장에 서서 이런 객체를 높게 대우해주었다. 그러나 이런 표현은 높임의 대상을 찾아내는 데 있어서 앞의 예문 (1)-(6)에서처럼 분명하지 않다. 즉 문장의 표면에 높임 대상이 나타나지 않은 경우는 '-습-'을 특정 문장성분과 관련시키기 어렵다.

하지만 문장 내부에서 객어가 분명하지 않다고 하여 객체가 존재하지 않는 것은 아니다. 문장 안에 객어가 없는 것은, 서술어가 가진 통사상의 한계 때문이지 원래부터 객체가 없는 것은 아니며, 동일한 내용의 이야기가 지속되는 상황에서 사라진 대상이 아니다. 이러한 상황을 충분히 인식한 화자는 서술어가 어떤 종류의 것이라도 객체가 있는 것으로 인식하고, 객체가 높임의 대상이 된다고 판단되면 높임의 선어말어미를 사용하는 것이다.

위에서 살펴본 바와 같이 통사적 성분으로 실현되는 객체는 명시되어 있기에 화자는 그 대상을 분명하게 인식한다. 그리고 화자는 주체가 그 대상을 대접해줘야 한다고 판단하고 '-습-'의 개입으로 높임의 의향을 실현한다. 하지만 일부 자동사, 형용사, 서술격조사를 서술어로 하고 있는 문장에서는 화자가 그 서술어의 행동이나 상태, 판단 등과 관련된 그 문장 내부와 외부의 상황을 고려해서 높임의 대상을 찾아야 한다. 그리고 주체의 입장에 서서 그 대상에 대한 높임의 의향을 '-습-'의 개입으로 실현한다.

2.2.3 15세기 '-습-'의 분포와 결합 양상

15세기에 '-습-'은 어간에 가장 가깝게 위치하며, '-습-'은 후행하는 요소와의 결합에서 제약이 적었다. 그것은 '-습-'의 기능과 '-습-'이 관여하는 요소가 문장 내부에서 차지하는 위치와 매우 깊은 관련성이 있었다. 그럼 아래에 높임법 선어말어미들의 기능에 따른 분포와 '-습-'의 결합 양상을 살펴보도록 하자.

2.2.3.1 15세기 높임법 선어말어미의 분포

15세기 높임법 선어말어미들의 기능은 앞에서 논술했던 바와 같이 '-습-'은 화자가 주체의 입장이 된다고 가정해서 그 경우 주체가 목적어, 부사어 등으로 실현되는 객체를 대접해줘야 한다고 파악할 때 쓰이고, '-시-'는 화자가 동사의 주체를 높여야 한다고 파악할 때 쓰이며, '-이-'는 화자가 청자를 높여야 한다고 파악할 때 쓰인다.

'-습-', '-시-', '-이-'의 분포는 이 선어말어미들의 기능 및 통사적 구조와 밀접한 관련이 있다. 이런 선어말어미들과 관련된 요소들이 문장에서 각각 객체(목적어나 부사어), 주어 그리고 청자라는 것을 고려해 볼 때, 이들의 분포는 '-습- … -시- … -이-'로 되어 있다.

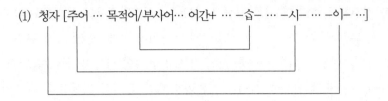

(1) 청자 [주어 … 목적어/부사어… 어간+ … -습- … -시- … -이- …]

　(1)에서 보면 '-습-'의 기능과 관련되는 객체(목적어/부사어)는 문장 내부의 요소로서 어간에 가장 가깝게 위치한다. '-시-'의 기능과 관련되는 주어도 문장 내부의 요소이지만 동사구 안에 위치한 객체보다는 어간에 덜 가깝다.22) '-이-'는 문장 외부의 요소인 청자와 관련된 것으로서 어간에 가장 멀리 떨어져 있다. 다시 말하면 어간 가까이 위치하는 요소는 문장의 구성요소와 관련되며, 멀리 위치하는 요소일수록 청자와 관련된다.23)

　(2) 가. 閻婆摩羅ㅣ 座애셔 니러나아 부텨쯰 술보듸 世尊하 摩耶夫人이 엇던 功德을 닷ᄀ시며 엇던 因緣으로 如來를 <u>나쓰ᄫ시니잇고</u> 〈석상11:24b〉

　　　나. 阿難이 다시 (부텨쯰) 술보듸 大愛道ㅣ 善ᄒᆞ 뜨디 하시며 부톄 처섬 나거시늘 손소 <u>기르ᅀᆞᄫ시니이다</u> 〈월석 10:19a〉

　예문 (2)에서 높임법 선어말어미는 '-습- … -시- … -이-'의 순서로 배열되어 있다. (2가)는 '閻婆摩羅'가 '부처'에게 '마야부인'이 '여래(부처)'를 낳은 일에 대해 이야기하고 있는 것이다. 이 문장의 서술어에 교착한 '-습-'은 화자인 '閻婆摩羅'가 보기에 '마야부인'이 '여래'를 높여 존대해야 한다고 생각하여 들어간 것이고, '-시-'는 화자인 '閻婆摩羅'가 주어인

---

22) 동사에 목적어, 부사어 등이 결합하여 동사구를 형성한다. 다시 주어가 결합하여 문장을 형성하고, 문장은 화자에 의해 발화상황과 관련되면서 발화된다.

23) 최동주(1995:322)에 의하면 국어의 선어말어미는 그 기능과 관련되는 요소가 명제의 핵인 동사로부터 구조적으로 가까운 것일수록 동사의 어간 가까이 위치하는데, 이것을 국어 선어말어미의 배열순서를 지배하는 원리라고 했다.

'마야부인'에 대한 높임의 의향을 실현하기 위해 들어간 것이며, '-잇-'은 화자인 '闍婆摩羅'가 청자인 '부처'를 높이기 위해 들어간 것이다. (2나)는 '阿難'이 '부처'에게 '大愛道'가 '여래(부처)'를 키운 일에 대해 이야기하고 있는 것이다. 이 문장의 서술어에 결합된 '-숩-'은 화자인 '阿難'이 '大愛道'의 입장에 서서 '부처'를 높여 존대해야 한다고 판단하여 들어간 것이고, '-시-'는 '阿難'이 주어인 '大愛道'를 높이기 위해 들어간 것이며, '-이-'는 화자인 '阿難'이 청자인 '부처'에게 높임의 의향을 실현하기 위해 들어간 것이다.

예문 (2)를 (1)에 적용시키면 아래와 같다.

(3) 가. 세존하 마야부인이 여래롤 [낳] 숩 시 니잇고

나. (세존하) 大愛道ㅣ 부톄 [기르] 숩 시 니이다

(3)에서 보면 높임법 선어말어미들은 통사적 구조와 밀접한 관련을 지닌다. 이 세 어미는 동시에 동일한 문장에 나타날 수 있는바 이들의 관계는 배타적이지 않다. 높임법 선어말어미들은 각각 관여하는 문장구성요소(객어, 주어)와 청자에 대한 높임을 나타냄으로써 객체높임, 주체높임, 청자높임이라는 비록 다른 문법적 차원에서의 높임 관계를 나타내지만[24], 하나의 높임법 범주로 묶을 수 있다.

2.2.3.2 15세기 '-숩-'의 결합 양상

15세기 문헌들을 살펴보면 '-숩-'은 어간에 가장 먼저 통합되는 선어말어미이다. 그리고 '-숩-'은 후행하는 요소의 종류를 가리지 않는바, 이는 '-숩-'이 결합 제약이 적은 요소임을 말해준다. 후행어미와 제약이 가장 적은, 곧 넓은 분포 속에 쓰이는 선어말어미가 가장 앞에 서서 어간에 인접해 있고, 후행어미와 제약이 가장 많은, 곧 좁은 분포 속에 나타나는 선어말어미가 가장 뒤에 서 있어서 어말어미에 인접해 있음을 알 수 있다. (고영근 1989:239)

(4) 가. ①帝 ᄌᆞ조 后ㅅ긔 묻ᄌᆞ거시든 [숩-거-시] 〈내훈 2:43b〉
　　　②鴛鴦夫人이 王 말로 나샤 齋米를 받ᄌᆞ더시니 [숩-더-시]
　　　〈월석 8:78a〉
　　　③鴛鴦夫人이 王 말로 나샤 齋米를 받ᄌᆞ더시니(이다) [숩-더-
　　　시-니-(이)] 〈월석 8:78a〉
　　나. ①이제 처섬 나ᅀᅡ 묻ᄌᆞ오시ᄂᆞ 威儀라 [숩-시-ᄂᆞ] 〈원각해
　　　상 1-2:82b〉
　　　②請ᄒᆞ야 묻ᄌᆞ오시논 마리 [숩-시-ᄂᆞ-오] 〈법화해 7:16b〉
　　　③極樂世界를 ᄇᆞ라ᅀᆞ노이다 [숩-ᄂᆞ-오-이] 〈월석 8:4b〉
　　　④世尊이 … 世間을 어엿비 너기실ᄊᆡ 十方 諸衆生이 너비 다
　　　饒益을 닙ᅀᆞᆸᄂᆞ니이다 [숩-ᄂᆞ-니-이] 〈법화해 3:109b〉
　　다. ①城 안햇 사ᄅᆞ미 다 와도 몯 드ᅀᅥᄫᆞ리어니 [숩-리-거]
　　　〈석상 23:23b〉
　　　②本來 하신 吉慶에 地獄도 뷔며 沸星 별도 ᄂᆞ리니이다
　　　[리-니-이] 〈천강곡 7b〉

---

24) 김현주(2005:42)에 의하면 세 높임법 범주들은 각각 문장의 표층 구조 층위, 기저 구조 층위, 담화 구조 층위의 존재에 대한 화자의 높임을 표현하는 것이고 따라서 이들 사이에는 배타성이 존재하지 않는다고 했다.

예문 (4)는 다른 선어말어미가 '-습-'에 선행하지 않음을 보여준다. 다시 말하면 '-습-'은 어간에 가장 먼저 통합되는 선어말어미인 것이다. (4가)에서 보면 과거 시제를 나타내는 선어말어미 '-거/더-'는 '-습-'에 후행하고, 주체높임을 나타내는 선어말어미 '-시-'는 '-거/더-'에 후행한다. 또 확정법의 선어말어미 '-니-'는 '-시-'에 후행하고, 청자높임의 선어말어미 '-이-'는 '-니-'에 후행한다. (4나)에서 보면 현재 시제를 나타내는 선어말어미 '-ᄂᆞ-'는 주체높임의 선어말어미 '-시-'에 후행하고, 의도를 나타내는 선어말어미 '-오-'와 청자높임을 나타내는 선어말어미 '-이-'는 '-ᄂᆞ-'에 후행한다. 그리고 (4다)에서 보면 확정법의 선어말어미 '-거-'와 '-니-'는 미래 시제의 선어말어미 '-리-'에 후행한다. 이로 미루어 보면 15세기 선어말어미들의 통합순서25)는 아래와 같다.

(5) 어간+[습] -거1 ‖ 더 - [시] - ᄂᆞ - 오 - 리 -거2 ‖ 니 - [이]26) 27)

(4)와 (5)에서 15세기 문법 형태들의 결합 순서를 관찰하면, 형태들이 일정한 질서를 가지고 있음을 알 수 있다. 후접성의 원리에 의하면 어휘 형태에 문법 형태가 후접하는데, 이것과 같이 문법 형태들도 일정한 방향성에 따라 선행형태에 후접한다.28) 물론 선행형태에 결합력이 가장 강한 문법 형태가 가장 앞선다. 선어말어미 '-습-'은 어휘 형태인 '숣-'이

25) 이승욱(1973)과 안병희·이광호(1990)에서는 중세국어 시기에 나타나는 선어말어미들의 통합순서에 대해 다음과 같이 기술해 놓았다.
 이승욱(1973:238): -이(파생어미)-습-더-시-ᄂᆞ-오-리-이
 안병희, 이광호(1990:236): 겸양(습)-과거(거‖더)-존경(시)-현재(ᄂᆞ)-의도(오)-미래(리)-감탄(돗)-공손(이)
26) '‖'는 두 선어말어미가 계열 관계에 있음을 말한다.
27) 선어말어미들의 결합 순서를 보면 '-거-'가 두 부류로 나뉘어졌다. ' -거1-'이 '-더-'와 같이 시제를 표현하는데 비해, '-거2-'는 '-니-'와 같이 서법적인 특성을 나타낸다.
28) 김영욱(1995:80)에 의하면 국어의 문법 형태는 선행하는 형태에 후접하는데, 이것을 '후접성의 원리'라고 했다. 그리고 후접성의 원리는 문법 형태의 결합이 무원칙적으로 이루어지는 것이 아니라 일정한 방향성을 지니고 있음을 밝혀준다고 했다.

문법 형태화하여 형성된 어미로서 어휘 형태에 후접하였다. 다시 말해 동사 뒤에 동사가 결합하는 보조용언적인 쓰임에서 발달한 어미로서 15세기 당시에 '-습-'은 어휘적 속성을 어느 정도 지니고 있었기에 선어 말어미들 가운데서 가장 앞자리에 위치했다.

아래에 '-습-'이 가지는 결합 관계를 목록으로 요약하면 다음과 같다. 이들은 '-습-'에 바로 후행하는 것이다. 아래의 자료는 '-습-'은 후행 하는 요소의 종류를 가리지 않는, 결합제약이 적은 요소임을 말해준다.

(6) '-습-'에 후행하는 요소:

〈선어말어미〉

-오/우-: 부텻긔 請ᄒᆞᅀᆞ보ᄃᆡ 〈월석 21:3b〉

-아/어-: 大王하 나도 如來 겨신ᄃᆡ롤 모ᄅᆞᅀᆞᄫᅡ이다 〈월석 21:192a〉

-거/가-: 一切天과 人非人等이 다 모다 길잡ᄉᆞᆸ거니 미조쫍거니 〈월 석 21:203a〉

-ᄂᆞ-: 부례 日中으로 바ᄫᆞᆯ 바ᄃᆞ실ᄊᆡ … 每常 日中에 받ᄌᆞᆸᄂᆞ니 〈능엄해 7:17b〉

-니-: 들흔 塔留ᄒᆞ샤 다시 듣ᄌᆞᄫᆞᆯ 法을 깃ᄉᆞᄫᆞ니라 〈월석 18:20b〉

-과-: 智德의 健히 化ᄒᆞ샨 이롤 ᄒᆞ마 보ᅀᆞᆸ과라 〈법화해 4:169a〉

-리-: 나는 승의 메밀씌 당다이 大僧 後에 부텨를 보ᅀᆞᄫᆞ리니 〈월석 21:205b〉

-더-: 어마닚긔 오ᅀᆞᆸ더니 大神들히 뫼시ᅀᆞᄫᆞ니 〈월석 2:43a〉

-다-: 妻眷이 ᄃᆞ외ᅀᆞᄫᅡ 하늘 ᄀᆞᆮ 셤기ᅀᆞᆸ다니 〈천강곡 51a〉

-시-: 法王子는 … 반ᄃᆞ기 이 希有ᄒᆞᆫ 相올 보ᅀᆞᅀᆞᆸ오시니 〈법화해 1:66b〉

-놋-: 萬國ㅅ 衣冠ᄒᆞ닌 冕旒롤 절ᄒᆞᅀᆞᆸ놋다 〈두시초 6:5a〉

〈연결어미〉

-고: (菩薩올) 棺애 녀ᅀᆞᆸ고 〈월석 1:7b〉

-고져: 須達이 世尊 뵈ᅀᆞᆸ고져 〈석상 6:45a〉

-건댄: 이 經을 보숩건댄 智로 體룰 셰시고 〈월석 18:21a〉

-나: 비록 … 부텨 아르시는 바룰 다 通達ᄒᆞᅀᆞ오나 〈법화해 5:118b〉

-니: 우린 다 佛子 근ᄌᆞ오니 〈법화해 2:227a〉

-디: 帝釋이 世尊끠 請ᄒᆞᅀᆞᄫᆞ디 〈월석 21:1a〉

-려: 功德을 어루 이긔여 기리ᅀᆞᄫᆞ려 〈월석 1:서9a〉

-며: 부텨 念ᄒᆞᅀᆞᄫᆞ며 법 念ᄒᆞ며 즁 念ᄒᆞ며 〈월석 8:47a〉

-면: 부텻 授記룰 닙ᅀᆞ오면 〈법화해 3:65b〉

〈종결어미〉

-뇨: 如來ㅅ긔 현맛 衆生이 머리 좃ᄉᆞᄫᅡ뇨 〈월석 2:48a〉

-다: 無色諸天이 世尊끠 저ᅀᆞᆸ다 〈월석 1:36b〉

-도다: 오직 그 자최룰 보숩도다 〈법화해 5:130a〉

-라: 너희 반ᄃᆞ기 一心으로 念ᄒᆞᅀᆞ오라 〈법화해 6:156a〉

-리: 모딘둘 아니 깃ᄉᆞᄫᆞ리 〈월석 7:23b〉

-쇼셔: 世尊ㅅ 일 술ᄫᅩ리니 … 눈에 보논가 너기ᅀᆞᄫᆞ쇼셔 〈월석 1:1b〉

-져: 天子ㅣ 우리 道理란 ᄇᆞ리시고 … 오늘 朝集을 因ᄒᆞ야 연줍져
〈월석 2:69a〉

(4), (5)와 (6)을 통해 보면 15세기의 '-숩-'은 선어말어미들 가운데서
가장 선행하는 어미이고, '-숩-'은 후행하는 선어말어미에 제약이 없음
을 알 수 있다.

선어말어미들 가운데서 '-숩-'이 선두에 위치한 데 대해서 우선 '-숩
-'이 동사 '숣-'(향가의 '白')에서 기원하였음을 지적할 수 있다. 문법
형태들의 일반적인 배열순서들을 의미의 관점에서 파악하면 어휘적 속성
이 강할수록 어절의 앞에 위치하고 통사적 속성이 강할수록 뒤에 위치한
다. '-숩-'은 '숣(白)'에서 문법 형태화한 것으로서, 15세기 당시에 '-숩-'
은 어휘적 속성을 어느 정도 지니고 있었다. 때문에 후접성의 원리에
의해 어휘 형태에 후접하였고 다른 선어말어미들은 '-숩-'에 후접하였

다. 다음으로 '-숩-'의 기능과 관련하여 동사구 안에 위치하는 '객어(목적어나 부사어)'보다 동사에 구조적으로 가까운 요소는 없으므로 '-숩-'의 기능이 '객체'와 관련되는 한, '-숩-'의 앞에 다른 선어말어미가 출현하는 것은 거의 불가능했다.

'-숩-'이 후행하는 요소들과의 결합에서 제약이 적은 것은 우선 높임법 범주 내에서 볼 때, 발화의 참여자와 발화가 나타내는 상황에 대해 각 높임법이 관여하는 요소 사이의 관계가 배타적이지 않기 때문이다. 다시 말하면 '-숩-', '-시-', '-이-'는 동일한 문장에서 동시에 출현해도 자연스럽고 문장 내부의 객체와 관련된 '-숩-'은 어간에 가장 가깝게 놓일 수 있었다.[29] 다음으로 높임법 범주 이외의 선어말어미로 실현되는 다른 범주들과의 관계를 놓고 볼 때, 세 높임법이 다른 범주들과 의미기능적 모순을 일으키지 않기 때문이다. 이러한 까닭으로 '-숩-'은 후행하여 교착하는 요소를 가리지 않는다.

2.2.4 15세기 '-숩-'의 이형태

15세기 객체높임의 선어말어미 '-숩-'의 이형태는 출현환경에 따라 /숩/, /습/, /줍/, /ᄼᄫ/, /ᅀᄫ/, /ᄌᄫ/ 등으로 나타난다. '-숩-'은 '숣-'에서 문법 형태화한 요소이므로 이들 중 /숩/이 가장 이른 시기의 이형태일 것이다. /숩/을 기본적인 이형태로 설정해야 하는 이유는 비단 역사적인 이유 때문만이 아니라, 공시적인 이형태의 분포도 /숩/을 기준으로 둘 때, 설명력을 높일 수 있기 때문이기도 하다. (김현주 2005:43)

---

29) 하지만 어휘적 수단에 의해 높임이 실현될 경우 해당 높임법 선어말어미의 출현은 제약을 받는다. 다시 말하면 동사 자체가 높임의 자질을 지녔을 때, '-숩-', '-시-'의 출현은 잉여적이기 때문에 같은 의미의 높임법이 실현되기 어렵다. 예를 들면 '숣-'에는 '-숩-'이 통합되는 경우가 드물고 '계시-'에는 '-시-'가 통합될 수 없는 것 등과 같은 경우이다.

그리고 공시적 이형태의 분포 또한 역사적인 과정을 거쳐 형성되었음을 짐작할 수 있다.

'숩-'이 문법 형태화하였다는 것은 어휘적 의미를 상당히 잃게 되었다는 뜻이다. 이러한 의미의 추상화의 결과, 동사 뒤에 통합될 수 있는 '-숩-'에 대해 언어 사용자들은 하나의 독립된 단위로 인식하기에 이른다. 새로운 단위로의 인식은 형태에 대한 재분석을 가능하게 하고, 형태에 대한 재분석은 음소적인 변화를 동반한다.[30] '-숩-'은 유성음 뒤에서는 /숩/으로, ㄷ(ㅌ) ㅈ(ㅊ)뒤에서는 /줍/으로, 그리고 나머지 다른 환경에서는 /숩/으로 나타난다. '-숩-'의 이형태로서 파열음(ㄷㅌ)과 파찰음(ㅈㅊ) 뒤에서는 /줍/이 선택되고, 마찰음(ㅅ) 뒤에서는 /숩/이 선택되는 이유는 파열음과 파찰음이 공유하고 있는 자질값 [-지속성] 때문이다. [-지속성]이 뒤로 전파하여 /숩/의 어두 /ㅅ/가 /ㅈ/으로 파찰음화하였다. 이에 대해 마찰음은 [+지속성]을 가지므로 이 음운론적 과정에 참여하지 못하여 그대로인 /숩/을 출현시켰다.

(1) 가. ①부텻 功德을 듣줍고 〈석상 6:40b〉
　　　②머리 조쏴 부텨를 마쯥더니 [맞-줍] 〈월석 21:203b〉
　　　③ᄆᆞᄅᆞᆯ 채텨 뵈시니 三賊이 좇줍거늘 〈용가 36〉
　　　④無量百千諸天이 조쯥더니 [좇-줍] 〈월석 21:202b〉
　　나. ①房ᄋᆞᆯ 아니 받ᄌᆞᄫᅡ 法으로 막숩거늘 〈천강곡 3:7a〉
　　　②雙이 어울오 南北엣 두 雙이 어우러 가지 드리워 如來를
　　　　듧숩고 〈석상 23:18a〉
　　　③ᄒᆞ나흔 化身 보내샤 수므며 顯호매 ᄉᆞᄆᆞ촌 道를 깃숩고 〈월석 18:20b〉
　　　④大瞿曇이 슬허 ᄡᅴ리여 棺애 녀숩고 [넣-숩] 〈월석 1:7b〉

30) 김현주 (2005:43), 높임법 {-숩-}의 역사적 변화, 고려대학교 대학원 석사학위논문.

다음으로 /습/의 /△/는 /습/의 /ㅅ/이 유성음화된 소리이다. 즉 '-습
-'이 유성음으로 끝나는 어간 뒤에 교착하면 '-습-'이 된다.

  (2) 가. 俱夷도 講堂애 오샤 太子를 쌀아 보습거시늘 〈석상3:11b〉
      나. 오ᄂᆞᆲ 나래 至德을 우습ᄂᆞ니 〈용가 57〉
      다. 城을 남아 山ᄋᆞᆯ 向ᄒᆞ시니 四天王이 뫼습고 〈천강곡 20a〉
      라. 부톄 와 應ᄒᆞ샤ᄆᆞᆯ 기드리습거늘 〈능엄해 1:31b〉
      마. 無數佛을 보ᅀᆞ와 諸佛을 供養ᄒᆞ습고 〈법화해 1:125b〉

그리고 변화가 더욱 진행되면 /습/의 /△/이 유성음 사이에서 약화,
탈락하게 되어 /ᄋᆞᆸ/이 된다. 15세기에도 몇몇 예가 나타나기 시작한다.
이런 예는 이후 '-습-'이 어떠한 방향으로 약화될 것인가를 보여주는
단초가 된다.

  (3) 가. 밋긔 술오ᄃᆡ 내 튱효를 몯 ᄒᆞᅀᆞ오노니 〈삼강 충:29a〉
      나. 님금 자샤매 쏘 뉘 供奉ᄒᆞᅀᆞ온고 〈두시초 10:9a〉

'-습-'의 후행음절이 자음인 경우에는 /ㅂ/이 유지되나 모음으로 시작
하는 경우에 /ㅂ/은 /ᄫ/으로 되어 /ᅀᆞᄫ/, /ᄌᆞᄫ/, /ᅀᆞᄫ/으로 나타난다.

  (4) 가. ①一音敎澤을 닙ᄉᆞᄫᅩᄃᆡ 〈월석13:47b〉
          ②仁義之病을 遼左ㅣ 깃ᄉᆞᄫᄂᆡ 〈용가 41〉
          ③威名을 저쏩바 [졎-ᄉᆞᄫᅡ] 〈용가 75〉
      나. ①阿難ㅣ 부텻긔 묻ᄌᆞᄫᆞᆫ대 〈월석 7:11b〉
          ②네 念佛을 몯ᄒᆞ거든 無量壽佛을 일ᄏᆞᆮᄌᆞᄫᆞ라 〈월석 8:75a〉
          ③長史 듣ᄌᆞᄫᆞᆯ 마리 〈용가 65〉
      다. ①天人ᄋᆡ 供養ᄒᆞᅀᆞᄫᆞ며 〈월석 2:30b〉

②媒女 ㅣ …… 태자를 쓰려 안ᄉᆞ바 〈월석 2:43b〉

③厚恩 그리ᅀᆞᄫᅵ니 〈용가 56〉

그러나 /숩/, /줍/, /ᅀᅮᆸ/에 매개 모음이거나 '오'로 시작하는 특정한
선어말어미가 후행할 경우에는 /ᄫᆞ/의 변화는 더욱 진행되어 /ᄉᆞ오/,
/ᅎᆞ오/, /ᅀᆞ오/가 된다.

(5) 가. ①어루 期約ᄒᆞ며 부텻 恩을 어루 갑ᄉᆞ오리라 〈능엄해 3:117b〉

②내 ᄆᆞᅀᆞ미 엇뎨 如來ᄭᅴ 供養ᄒᆞᅀᆞ오리잇고 〈능엄해 1:86a〉

③諸佛와 大菩薩ᄭᅴ 받ᅎᆞ오리니 〈능엄해 7:15b〉

나. ①우흘 사기시니 ᄒᆞ마 오란 劫을 敎化 닙ᄉᆞ오ᄃᆡ 〈법화해
3:165a〉

②大衆阿難이 ᄒᆞᆫ쁴 부텻긔 묻ᅎᆞ오ᄃᆡ 〈능엄해 4:127b〉

③阿難이 對答ᄒᆞᅀᆞ오ᄃᆡ 〈능엄해 1:50b〉

다. ①이 일후미 부텻 恩을 갑ᄉᆞ오미이다 〈능엄해 3:112b〉

②一乘의 맛나ᅀᆞ오미 어려우며 듣ᅎᆞ오미 讚歎ᄒᆞ시니라 〈법화
해 1:245b〉

③ᄯᅩ 諸佛을 보ᅀᆞ오미 이 져근 緣이 아니로소이다 〈법화해
1:88b〉

(5가)에서 '오'는 화자의 의지를 나타내는 독립된 요소이고 '리' 역시
일종의 의지를 나타내는 요소이므로, 이 둘은 서로 관련성이 높아 자연스
럽게 자주 함께 쓰이게 된다. 그러므로 /ᄉᆞ오리/를 '숩+오+리'로 분석할
수 있다. 따라서 'ㅂ'은 'ᄫ'로 약해지고 여기에서 다시 탈락하는 과정을
밟게 된다. 'ᄫ'이 탈락됨에 따라 '-숩-'의 일부 이형태가 변화를 입기는
하였으나, 그 객체높임을 표시함에 있어서 아무런 변함이 없었다. (5나)
에서는 15세기 양보의 의미를 나타내는 어미 '-오/우ᄃᆡ'가 /숩/, /줍/,

/습/에 후행하고 있으며 (5다)에서는 동명사 어미 '-옴/움'이 /습/, /줍/, /습/에 후행하였고 이후 (5가)와 같은 과정을 겪게 되어 /ᄉ오/, /ᄌ오/, /ᄉᆞ오/가 된다.

이로서 15세기에는 '숣-'으로부터 문법 형태화된 '-습-'을 기본형태로 하여 /습/, /줍/, /습/, /ᄉᄫ/, /ᄌᄫ/, /ᄉᆞᄫ/ 등 6가지 이형태가 공존하다가, 'ᄫ'의 소실[31]로 하여 /습/, /줍/, /습/, /ᄉ오/, /ᄌ오/, /ᄉᆞ오/ 등 6가지 이형태가 공존하였다. 또 'ᄫ'이 소실됨에 따라 일부 이형태가 변화를 입기는 하였으나, 그 기능이 객체높임을 표시함에 있어서는 아무런 변함이 없었던 것이다.

2.3 요약

본 장의 논의를 통해 15세기의 '-습-'은 화자가 주체의 입장에 서서 문장 내부의 목적어, 부사어 등 통사적 성분으로 실현되는 객체에 대한 높임의 의향을 나타내기 위해 쓰이거나, 분명히 드러나 있지는 않지만 앞뒤 문맥 속에서 비통사적 성분에 해당하는 높임의 객체를 쉽게 찾아낼 수 있어 주체가 대접해줘야 한다고 화자가 파악할 때 쓰임을 확인할 수 있다. 그리고 이외에 주체높임의 선어말어미 '-시-'도 문장 내부의 요소인 주체와 관련되어 쓰이는데, 화자의 주체에 대한 높임의 의향을 나타낸다. 하지만 청자높임의 선어말어미 '-이-'는 이들과 달리 문장 외부의 요소인 청자와 관련되어 쓰이는데, 화자의 청자에 대한 높임의 의향을 나타낸다. 또한 15세기에 '-습-', '-시-', '-이-'는 형태 기능적으로 서로 확실히 별개였으며, '-습-'이 선어말어미 가운데 어간에 가장 먼저 결합한 것에 반해 '-이-'는 가장 나중에 결합하여 '어간+ -습-

---

31) 허웅(1961)에 의하면 /ᄫ/의 소실은 대체로 1450년경으로 보인다고 했다.

… −시− … −이− …'의 분포로 나타난다.

기원적으로 '숣−'의 보조용언적 쓰임에서 발달한 '−ᄉᆞᆸ−'이 어간 바로 뒤라는 결합위치를 유지할 수 있었던 것은 15세기 당시에 '−ᄉᆞᆸ−'이 어휘적 속성을 얼마간 지니고 있었기 때문이며, 또 '−ᄉᆞᆸ−'이 관여하는 요소가 동사구 안에 위치한 객어인 것만큼 동사와의 구조적 거리가 '−ᄉᆞᆸ−'처럼 가까운 다른 선어말어미는 없었기 때문이다. 따라서 '−ᄉᆞᆸ−'은 어휘 형태에 후접하였고, 다른 선어말어미들도 일정한 방향성에 따라 선행형태와의 결합력이 약해지는 순서로 후접하였다. 또한 '−ᄉᆞᆸ−'은 다른 문법범주의 문법적 형태들과도 의미 기능적으로 충돌을 일으키지 않으므로 후행하는 선어말어미에 제약이 없었다.

그리고 '−ᄉᆞᆸ−'은 15세기 이전의 단일형태 '−숣−'이 아닌, 음운론적환경에 따라 교체되는 /ᄉᆞᆸ/, /ᄉᆞᆸ/, /ᄌᆞᆸ/, /ᄉᆞᄫ/, /ᄉᆞᄫ/, /ᄌᆞᄫ/ 등으로 다양하게 나타났다. 또한 'ᄫ'의 소실로 하여 /ᄉᆞᄫ/, /ᄉᆞᄫ/, /ᄌᆞᄫ/ 의 일부 이형태는 변화를 입어 /ᄉᆞ오/, /ᄌᆞ오/, /ᄉᆞ오/ 로 나타나기도 하지만 그 기능이 객체에 대한 높임의 의향을 표시함에 있어서는 아무런 변함이 없었다. 그리고 15세기의 일부 문헌에는 'ㅿ〉∅' 변화로의 경향성을 보여주는 예문이 나타나서 이후 '−ᄉᆞᆸ−'의 형태가 어떠한 방향으로 변화될 것인가를 제시해준다.

제3장

15세기 이후 '-습-'의 변화

제3장 15세기 이후 '-습-'의 변화

15세기 이전에 동사 어근 '숣-'은 첫 단계 문법 형태화 과정-기능 분화 단계를 거쳐 선어말어미 '-숣-'으로 객체에 대한 높임을 나타냈다. 두 번째 단계의 문법 형태화 과정은 선어말어미 '-습-'의 기능이 변화되어 어말어미 쪽으로 위치이동을 함으로써 '-ㄴ/더/리-', '-이-' 등 선어말어미들과 자주 함께 쓰이게 되면서 인접성의 원리에 의해 이들과 통합되는 것이다.

선어말어미 '-습-'의 기능 변화는 16세기 후반기의 문헌 자료에서부터 나타나기 시작한다. 문헌상의 특성으로 하여 주체와 화자가 동일한 담화 상황이 제공되면서 16세기 후반기부터 '-습-'이 화자 겸양의 기능을 하는 단초를 보이기 시작한다. 그리고 17세기~18세기에는 이미 상당한 쓰임에서 화자 겸양을 나타냈고 19세기에는 '-습-'의 기능이 더욱 분화되어 종결어미 위치에서 청자높임법에 합류하기도 한다. 선어말어미 '-습-'의 기능이 객체높임에서 화자 겸양에로, 화자 겸양에서 청자높임에로 변하는 과정에서 담화상황과 담화참여자의 관계 그리고 인접한 선어말어미들과의 밀접한 관계 등은 '-습-'의 변화에 많은 영향을 준다.

선어말어미 '-습-'의 분포와 결합 양상의 변화에서 특기할 만한 것은 '-습-'보다 먼저 결합될 수 있는 선어말어미가 생긴 것이다. 바로 주체높임의 선어말어미 '-시-', 그리고 새로 형성된 과거 시제의 선어말어미 '-엇-', 미래 시제의 선어말어미 '-겟-' 등이다. '-습-'이 '-시-'에 후행하게 된 것은 '-습-'의 기능에 변화가 생겼기 때문이고, '-습-'이 '-엇-'과 '-겟-'에 후행하게 된 것은 '-엇-', '-겟-'의 기원, 형성 절차와 관련하여 '-습-'의 앞에 결합될 수 있는 가능성을 지녔기 때문이다.

그리고 '-습-'의 이형태들은 'ㅸ', 'ㅿ', 'ㆍ'의 음운 소실로 인해 그 형태가 많은 변화를 겪게 되고 그 쓰임 또한 확대되었기 때문에 '-습-'의 이형태 목록에는 분화가 생겼다. 음운론적 조건을 무시하고 결합되는 경향성이 생겨 15세기처럼 엄격한 질서를 지키지 못함으로써 객체높임이 더 이상 '-습-'을 통해 생산적으로 표현되지 않았다. 그리고 '-습-'의 모든 이형태들은 동일한 기능을 지니는 것이 아니라 '-줍-'류만 원래의 객체높임 기능을 유지할 뿐 다른 '-습-'류[1], '-읍-'류는 비종결어미 위치에서 화자 겸양을 나타내고, 종결어미 위치에서는 청자높임에로 합류되었다.

아래에 먼저 각 세기 별로 '-습-'의 기능에 대해 살펴보고, 다음 통사적인 결합 양상을 고찰하며 그 다음 이형태에 대해 언급하는 순서로 논의를 진행할 것이다.

3.1 16세기의 '-습-'

16세기에 들어서서 선어말어미 '-습-'의 기능은 기본상에서 변화가 없다가 16세기 후반기에 이르러서 변화를 보이게 된다. '-습-'의 기능 변화에 따른 결합 순서의 변화는 그 당시에 이내 나타난 것이 아니라 그 보다 좀 더 뒤인 17세기에 와서 나타나기 시작한다. 그리고 '-습-'의 이형태는 15세기 후반의 것을 그대로 이어받는다.

아래에 16세기 '-습-'의 기능, '-습-'의 분포와 결합 양상, '-습-'의 이형태를 차례로 살펴보도록 하자.

---

1) 본고에서는 /습/, /ᄉᆞᆸ〉ᄉᆞ오/ 등을 아울러 '-습-'류라 부르고, /줍/, /ᄌᆞᆸ〉ᄌᆞ오/ 등을 아울러 '-줍-'류라 부르며, /ᄋᆞᆸ〉옵/, /ᄉᆞᆸ〉ᄉᆞ오〉ᄋᆞ오〉오오〉오/ 등을 아울러 '-읍-'류라 부르기로 한다. 이것은 이들 음성 형식상의 유사성과 분포 환경을 고려하여 분류한 것이다.

3.1.1 16세기 '-숩-'의 기능

16세기의 초반과 중반에는 15세기와 마찬가지로 화자가 주체의 입장에 서서 목적어, 부사어 등으로 실현되는 객체에 대해 높임의 의향을 나타내기 위해 선어말어미 '-숩-'을 서술어에 붙였다. 하지만 후반에 들어서 문맥상 주체와 화자가 겹치는 경우가 생기게 되는데, 이로 하여 '-숩-'의 기능은 화자 겸양으로 변하게 되었다. 다시 말하면 '-숩-'이 관여하는 요소는 동사구 안의 객체로부터 객체에 대한 화자 자신의 태도로 변하게 된 것이다. 16세기 '-숩-'의 기능 파악을 위해, 아래에 객체높임의 쓰임을 유지하는 '-숩-'과 화자 겸양의 쓰임으로 변한 '-숩-'을 나누어 논술하기로 한다.

3.1.1.1 객체높임의 쓰임을 유지하는 '-숩-'

(1) 가. 아ᄉᆞ믈 어엿비 아니 너기면 후에 엇뎨 조샹을 싸 아래 가 뵈ᅀᆞ오며 〈번소 7:49a〉

나. 두 소노로 얼우신늬 소늘 받드ᅀᆞ오며 〈번소 3:26b〉

다. ᄀᆞᆺ 업시 사라 하ᄂᆞᆯ 복을 받ᄌᆞ오리라 〈번소 4:23a〉

라. 인ᄒᆞ야 文帝끠 엳ᄌᆞ오디 公이 보야호로 효도로 … 〈번소 7:13a〉

마. 암이 나ᅀᅡ가 공ᄉᆞ 엳ᄌᆞ오려 ᄒᆞ더니 〈번소 9:41b〉

바. 두리ᅀᆞ와 그르 엳조ᄋᆞᆫ 주리 아니이다 〈번소 9:46b〉

예문 (1)은 16세기 초반의 문헌인 《번역소학》(1518)에서의 '-숩-'의 쓰임을 보여준 것이다. (1가)는 목적어로 실현된 객체 '조샹'에 대한 높임의 의향을 나타내기 위해 타동사 '뵈다'에 '-숩-'을 붙였다. (1나)의 목적어 '손'은 높여 대접해줘야 할 '어르신'과 관련되는 것이기에 화자는 '어르

신'에 대한 높임을 나타내기 위해 '-습-'을 동사에 결합시켰다. (1다)는
'하늘'을 높이기 위해 '-습-'을 썼다. (1라)는 여격어로 실현된 '文帝'에
대한 높임의 의향을 나타내기 위해 동사 '여쭈다'에 '-습-'을 결합시켰다.
(1마)는 생략된 여격어인 '임금'에 대한 화자의 높임의 의향을 나타낸다.
(1바)는 '임금을 두려워하고, 임금에게 여쭌다'는 뜻으로서, 그 높임의
대상은 '임금'이다.

(2) 가. ①諸佛을 <u>보ᅀᆞ와도</u> 조차 갈 ᄆᆞᆷ 말며 ᄒᆞ다가 〈선가해 61a〉
　　　②녯 사ᄅᆞ미 스승의 恩澤을 <u>아ᅀᆞᆸ고</u> 니ᄅᆞ샤ᄃᆡ 〈선가해 63a〉
　　　③六祖ᄭᅴ 參禮ᄒᆞᅀᆞ와ᄂᆞᆯ 祖이 무ᄅᆞ샤ᄃᆡ 〈선가해 1b〉
　　　④極樂世界예 阿彌陀佛이 四十八 大願을 두 겨시니 大凡十聖
　　　　을 念ᄒᆞᅀᆞ온 사ᄅᆞᄆᆞᆫ 이 願의 힘을 받ᄌᆞ와 〈선가해 44b〉
　　　⑤世尊ᄂᆞᆫ 부텻 別名ㅣ시니 世間의 <u>推尊</u>ᄒᆞᅀᆞᆸᄂᆞᆫ ᄠᅳ디라 〈선가해 4a〉
　　　⑥善友를 親近ᄒᆞᅀᆞ와 恭敬ᄒᆞ야 셤교ᄆᆞᆯ 부텨ᄀᆞ티 <u>ᄒᆞᅀᆞ오ᄃᆡ</u> 〈선
　　　　가해 32b〉
　　나. ①나갈 제 하딕ᄒᆞ며 도라와 <u>뵈ᅀᆞ오며</u> 깃븐 일 잇거든 가 하례ᄒᆞ
　　　　며 〈여씨 19a〉
　　　②그 잔을 자바 위두손ᄭᅴ <u>받ᄌᆞ와ᄃᆞᆫ</u> 〈여씨 25a〉
　　　③오직 수울 <u>받ᄌᆞ올제</u>ᄂᆞᆫ 절ᄒᆞ디 말거시라 〈여씨 25a〉
　　　④약정이 당우희 올아 향 <u>받ᄌᆞᆸ고</u> ᄂᆞ려 〈여씨 38b〉

예문 (2)는 16세기 중반의 문헌인 《선가귀감언해》(1569)와 《여씨향약》
(156X)에서의 선어말어미 '-습-'의 쓰임을 보여준 것이다. (2가)의 ①은
목적어로 실현된 객체 '諸佛'에 대한 높임의 의향을 나타내기 위해 타동사
'보다'에 '-습-'을 결합시켰다. (2가)의 ②에서 목적어 '恩澤'은 '스승'에
관련된 것이기에 '스승'을 높이기 위해 동사 '알다'에 '-습-'을 붙였다.
(2가)의 ③은 여격어로 실현된 객체 '六祖'에 대한 높임을 나타내기 위해

동사에 '-숩-'을 붙였다. (2가)의 ④에서 보면 '大凡十聖'에 대한 높임의 의향을 나타내기 위해 '-숩-'이 쓰였다. 이 경우에 높임 대상이 동사 '넘하다'의 목적어로 나타나고 있어 '-숩-'을 포함하는 절이 명사 '사름'을 꾸미는 관형어로 쓰인다. (2가)의 ⑤는 '세존을 추존하는 뜻'이라는 말이므로, 객체인 '세존'을 높이기 위해 '-숩-'을 썼다. (2가)의 ⑥은 '친구를 가까이 하고 공경하는 것을 부처와 같이 한다'는 뜻으로서, 비교 어인 '부처'에 대한 높임을 나타내기 위해 동사 '하다'에 '-숩-'을 결합하였다. (2나)에서도 보면, 목적어나 여격어로 실현된 객체 '어른, 조상'에 대한 높임의 의향을 나타내기 위해 동사에 '-숩-'을 결합시켰다.

(3) 가. ①네 이제 王을 셤기숩다가 王이 나돋거시늘 〈소학 4:33a〉

　　②일로써 님금 벼슬을 받ᄌᆞ오면 〈소학 4:46b〉

　　③나는 曾子ᄭᅴ 듣줍고 曾子ᄂᆞᆫ 夫子ᄭᅴ 듣ᄌᆞ오시니 〈소학 4:18a〉

　　④싀어미ᄂᆞᆫ 어엿비 너기고도 조ᄎᆞ며 며ᄂᆞ리ᄂᆞᆫ 듣줍고도 〈소학 2:75a〉

　　⑤진지 믈으ᅀᆞ와든 자신 바를 무르시고 〈소학 4:12a〉

　나. ①孟子를 보ᅀᆞ와 묻ᄌᆞ와 ᄀᆞᆯ오ᄃᆡ 〈맹자해 4:24a〉

　　②願컨대 子의 志를 듣줍고져 ᄒᆞ놋이다 〈논어초 1:51b〉

　　③子ㅣ 나를 위ᄒᆞ야 孟子ᄭᅴ 묻ᄌᆞ오라 〈맹자해 5:6b〉

　　④아래 내 夫子ㅅ긔 뵈ᅀᆞ와 〈논어초 3:32b〉

예문 (3)은 16세기 후반의 문헌인 《소학언해》(1588), 《논어언해》(1590), 《맹자언해》(1590)에서의 '-숩-'의 쓰임을 보여준 것이다. (3가)의 ①은 목적어로 실현된 객체인 '왕'을 높이기 위해 동사 '섬기다'에 '-숩-'을 결합하였고, (3가)의 ②는 목적어인 '벼슬'이 가리키는 대상이 '임금'과 관련된 것이기에 '-숩-'을 썼으며 (3가)의 ③은 여격어로 실현된 객체인 '曾子, 夫子'에 대한 높임의 의향을 나타내기 위하여 '-숩-'을 붙였다.

(3가)의 ④는 앞뒤 문맥으로 보면 '며느리는 시어머니의 말씀을 듣는다'는 뜻으로서, '시어머니'에 대한 높임을 나타내기 위해 '-습-'을 썼다. (3가)의 ⑤에서 보면, '진지'는 '文王이 모신 임금'의 '밥'을 가리키는 것으로, '임금'에 대한 높임을 나타내기 위해 동사 '물리다'에 '-습-'을 결합하였다. (3나)에서 보면 ①은 목적어로 나타난 객체인 '孟子'에 대한 높임의 의향을 실현하기 위해 동사 어근 '보-'에 '-습-'을 결합하였고, (3나)의 ②는 '孟子'와 관련된 목적어 '숟'에 대한 간접높임을 실현한 것이며, (3나)의 ③, ④는 여격어로 실현된 객체인 '孟子, 夫子'에 대한 높임을 나타내기 위해 '-습-'이 서술어에 결합되었다.

이상의 16세기 문헌 자료에서 볼 수 있다시피, 16세기의 선어말어미 '-습-'은 15세기의 '-습-'과 마찬가지로 화자가 목적어, 부사어 등으로 실현되는 객체에 대해 높임의 의향을 나타낼 때 쓰인다.

3.1.1.2 화자 겸양의 쓰임으로 변한 '-습-'

16세기의 문헌 자료들을 보면 15세기의 '-습-'의 쓰임을 그대로 간직하고 있는 듯하다. 그러나 16세기 후반의 문헌들을 자세히 보면 '-습-'의 변화가 없지 않다.

(1) 가. 남진 겨집븨 화동호미 집븨 됴홀 뿐 아니라 진실로 어버싀 무숨몰 깃길 거시로다 〈정속초 6a〉

　　나. 오란 사돈늘 둏히 아니 너기면 그 조샹을 공경 아니ᄒᆞᄂᆞᆫ디라 〈정속초 11b〉

　　다. 지븨 이실 저건 아비룰 좃고 사ᄅᆞᆷ의게 가ᄂᆞᆫ 남진을 좃고 〈번소 3:20a-b〉

　　라. 효도홈오로뻐 님금을 셤기면 튱셩이오 〈소학 2:31a〉

예문 (1)을 보면 서술어의 동사 '깃길 거시로다, 공경 아니ᄒᆞᄂᆞ다라, 좃고, 셤기면'의 객체는 각각 '어버ᅀᅵ(ᄆᆞᅀᆞᆷ), 조샹, 아비, 님금'이므로 응당 '-습-'의 개입으로 높임의 의향을 표현해야 한다. 즉 '깃기ᅀᆞ올 거시로다, 공경 아니ᄒᆞᅀᆞ오ᄂᆞ다라, 좃ᄌᆞᆸ고, 셤기ᅀᆞ오면'으로 되었어야 할 것이다. 더구나 (1라)와 같은 경우는 '님금'이 객체로 쓰이고 있으므로 예외 없이 '-습-'이 들어가야 할 것이다.

이렇게 볼 때, 16세기 후반에는 이미 '-습-'의 분포가 축소되어 있었고 15세기와 같은 생산적 용법을 잃어버리고 있었다. 뿐만 아니라, 이미 화자 겸양의 쓰임으로 변화된 자료를 찾아볼 수 있었다.

(2) 가. 동ᄉᆡᆼ님네쯰 대되 요ᄉᆞ이 엇디 겨신고 긔별 몰라 <u>분별ᄒᆞᅀᆞ뇌</u>
〈청주 53:21〉
　　 나. <u>문안ᄒᆞᅀᆞ고</u> 요ᄉᆞ이ᄂᆞᆫ 엇디 ᄒᆞ신고 온 후의ᄂᆞᆫ 긔별 몰라 <u>ᄒᆞᅀᆞ뇌</u>
<u>이다.</u> … 약갑손 술와건마ᄂᆞᆫ 보내신가 몰라 <u>ᄒᆞᅀᆞ뇌</u> 〈청주
191:3-8〉

(2가)에서 보면 편지를 읽는 사람이 손아래이기는 하나 정중하게 동생 님네들의 안부를 몰라 궁금하다는 필자의 심정을 말하고 있는데, 여기에서 '-습-'과 관련 있는 대상은 동생님네들이다. 그리고 (2나)에서는 편지를 읽는 사람이 누님이어서 '-습-'이 들어가는 것이 당연할 수도 있다. '문안ᄒᆞᅀᆞ고, ᄒᆞᅀᆞ뇌이다, ᄒᆞᅀᆞ뇌'의 '-습-'과 관련되는 대상은 모두 누님이다.

그리고 예문 (2)의 주체와 화자는 동일한 사람이다. (2가)에서 동생님들의 안부를 몰라 궁금해 하는 주체는 누님이고 편지를 쓴 사람-화자도 누님이다. 화자인 누님이 자신을 겸양하여 '분별ᄒᆞᅀᆞ뇌'라고 '-습-'으로 표현한 것이다. (2나)에서 누님의 기별을 몰라 궁금해 하는 주체는 동생이고 편지를 쓴 사람-화자도 동생이다. 화자인 동생이 자신을 겸양하여 '문안ㅎ옵고, ㅎ옵뇌이다, ㅎ옵뇌'라고 '-숩-'으로 표현하였다. 여기에서 객체높임이 화자 겸양으로의 전환을 했다는 것은 물론 큰 변화이며, 아울러 '-숩-'이 누님, 동생 간에 쓰임으로써 높임을 표하는 자와 높임을 받는 자 사이의 존비격차가 크게 변화되었음도 주목되는 사실이다.

(3) 가. 잡<u>ᄉ</u>와니 내 엇디 ㅎ리잇고 〈청산별곡〉2)
　　나. ①先王聖代예 노니<u>ᄋ와지이다</u>
　　　　②그 고지 뛰거나 유덕ㅎ신 님 여희<u>ᄋ와지이다</u> 〈정석가〉3)

(3가)는 '상대가 나를 잡으니 어찌 하겠는가'이며, (3나)는 종결어미가 '지이다'로 표현되어 있으니 상대에게 자신의 원하는 바를 바라고 있는 것이다. 다시 말하면, 여기에서 'ᄉ와, ᄋ와'는 객체가 없는 청자만 있는 표현이다. 그리고 이외에 예문 (4)에서와 같이 객체를 상정할 수 없고 청자만 있는 상황에 '-숩-'을 쓴 표현을 볼 수 있다.

(4) 가. 나리 하 험ㅎ니 더욱 <u>분별분별</u>ㅎ옵노이다 〈언간 1〉
　　나. 냥천도 아조 몯쩌 도여셔 쏘 셰스 근심을 ㅎ니 보디 안심티 아니 <u>ㅎᄋ오이다</u> 〈언간 2〉
　　다. 아ᄆ려나 펴니곰 겨쇼셔 그려아 내 편히 <u>잇ᄉ오리이다</u> 〈언간 3〉

이상의 문헌 자료에서 보면 16세기에 이미 '-숩-'이 화자 겸양으로 쓰이기 시작한 싹이 나타나 있었던 것으로 보인다. 그런데 객체높임의 문법범주는 엄연히 존재하고 있었다.

---

2) 이현규(1985:16)에서 예문 (83)을 인용한 것이다.
3) 이현규(1985:16)에서 예문 (84)를 인용한 것이다.

3.1.2 16세기 '-습-'의 분포와 결합 양상

16세기의 '-습-'은 15세기와 다름없이 어간에 가장 가깝게 위치하며, 후행하는 요소와의 결합에서 제약이 적었다. 그것은 16세기의 '-습-'이 관여하는 요소가 문장 속에서 동사와 가장 가까이에 위치한 객어(목적어, 부사어)이기 때문이다. 그리고 청자와 관련한 '-이-'는 가장 뒤에 위치하고 주체와 관련된 '-시-'는 다른 선어말어미들과 마찬가지로 '-습-'과 '-이-' 사이에 위치한다.

(1) 曾子ᄂᆞᆫ 夫子ᄭᅴ [듣] 즈오 시 니 ᄀᆞᆯᄋᆞ샤ᄃᆡ 〈소학 4:18a〉

(2) 그듸 어머님 [뵈] ᄉᆞ오 ᄅᆞᆼ다 〈이륜 33a〉

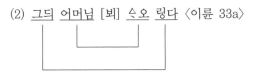

(3) 世子ᄂᆞᆫ 내 말을 [疑心ᄒᆞ] 시 ᄂᆞ 니 잇가 〈맹자 5:1b〉

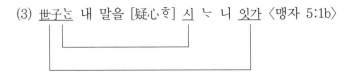

(1)에서 보면 여격어로 실현된 객체 '夫子'와 관련된 '-습-'은 동사 '듣다'에 바로 후행하고 주체인 '曾子'와 관련된 '-시-'는 '-습-'에 후행한다. (2)에서 보면 목적어로 실현된 객체 '어머님'과 관련된 '-습-'은 동사 '뵈다'에 바로 후행하고 청자와 관련된 '-ᅌᅵ-'는 '-습-'에 후행한다. (3)에서 보면, 주체와 청자가 모두 '世子'이다. 그리고 청자높임어미 '-잇-'은 주체높임어미 '-시-'에 후행한다.

높임법 선어말어미들의 통합순서는 이들의 기능 및 문장에서의 통사적 구성과 관련이 되는바, 선어말어미들의 기능이 15세기와 별 다름이 없기에 통합순서도 15세기와 같다.

(4) 어간+ … -습- … -시- … -이- …

비록 16세기 후반에 들어서서 '-습-'의 기능 변화의 단초가 보이긴 하지만 통합순서는 바로 영향을 받아서 변화된 것이 아니라 기존의 통합순서를 유지하고 있었다.

그리고 16세기 '-습-'이 가지는 결합 관계를 아래의 목록으로 요약할 수 있다. 이들은 '-습-'에 바로 후행하는 것이다. 아래의 자료는 '-습-'은 후행하는 요소의 종류를 가리지 않는, 결합 제약이 적은 요소임을 말해준다.

(5) '-습-'에 후행하는 요소:
〈선어말어미〉
-오/우-: 내 쟝ᄎᆞᆺ 묻ᄌᆞ오리라 〈논어초 2:18b〉
-거/가-: 나ᄂᆞᆫ 소임으로 왓ᄉᆞᆸ거니와 〈첩해초 1:3a〉
-ᄂᆞ-: 그 위ᄒᆞ야 직계ᄒᆞ던 바ᄅᆞᆯ 보ᄉᆞᆸᄂᆞ니라 〈소학 2:26b〉
-니-: 손가락 버혀 약의 ᄣᅡ ᄲᅥ 받ᄌᆞ오니라 〈동신효 2:59b〉
-리-: 佛祖의 大恩을 十分도 갑습디 몯ᄒᆞᄉᆞ오리로다 〈선가해 3a〉
-더-: 曾子ㅣ 疾이 잇거시늘 孟敬子ㅣ 묻ᄌᆞᆸ더니 〈논어초 2:29b〉
-다-: 내 어젯 바미 일로 ᄒᆞ야 슬허 우ᄉᆞᆸ다이다 〈장수경 39a〉
-시-: 曾子ᄂᆞᆫ 夫子ᄭᅴ 들ᄌᆞ오시니 글ᄋᆞ샤ᄃᆡ 〈소학 4:18a〉
-어시(엇)-: 내 이믜 시러곰 命을 들ᄌᆞ왓거니와 〈맹자해 9:6b〉
-돗-: 오늘 졔를 ᄒᆞᄋᆣᄃᆞ쏜가 ᄒᆞ니 〈언간 6〉

〈연결어미〉

-고: 나ᄂ 曾子ᄭᅴ 듣ᄌᆸ고 曾子ᄂ 夫子ᄭᅴ 듣ᄌᆞ오시니 〈소학 4:18a〉

-고져: 願컨댄 子의 志를 듣ᄌᆸ고져 〈논어초 1:51b〉

-건댄: 面目그로 보ᅀᆸ건댄 〈선가해 2a〉

-니: 暴ㅣ 王ᄭᅴ 뵈ᄋᆞ오니 王이 … 〈맹자해 2:1a〉

-ㄴ대: 子路ㅣ 님금 셤굠을 묻ᄌᆞ온대 〈소학 2:43a〉

-ᄃᆡ: 有僧ㅣ 趙州和尙ᄭᅴ 問ᄒᆞᅀᆞ오ᄃᆡ 〈선가해 12a〉

-다가: 네 이제 王을 셤기ᅀᆸ다가 〈소학 4:33a〉

-며: 후에 엇뎨 조샹을 ᄊᆞ 아래 가 뵈ᅀᆞ오며 〈번소 7:49a〉

-면: 일로ᄡᅥ 님금 벼슬을 받ᄌᆞ오면 … 그슬가 저허ᄒᆞ노라 〈소학 4:46b〉

-ㄹ식: 그 어미ᄭᅴ 뵈ᄋᆞ올식 〈소학 4:44a〉

-려: 암이 나ᅀᅡ가 공ᄉ 열ᄌᆞ오려 ᄒᆞ더니 〈번소 9:41b〉

〈종결어미〉

-뇌: 약갑슨 술와건마ᄂ 보내신가 몰라 ᄒᆞᅌᆞ뇌 〈청주 191:7〉

-라: 子ㅣ 나를 위ᄒᆞ야 孟子ᄭᅴ 묻ᄌᆞ오라 〈청주 5:6〉

-리: 내 가고져 호ᄃᆡ ᄒᆞ령 겨시다 흘식 몬 가 잇ᄉᆞ오리 〈청주 24:1〉

(5)를 보면 '-ᄉᆸ-'에 바로 후행하는 선어말어미들의 종류가 15세기와 비슷하다. 하지만 종결어미와의 결합을 보면 'ᄒᆞᅌᆞ뇌' 등과 같이 '-ᄉᆸ-'에 형태가 축약된 청자높임의 종결어미 '-뇌'가 결합된 양상을 보인다. 이것은 이후 '-ᄉᆸ-'의 기능이 어떠한 방향으로 변화될 것인가를 보여준다.

3.1.3 16세기 '-ᄉᆸ-'의 이형태

16세기에 들어서서 '-ᄉᆸ-'의 이형태는 15세기 후반의 그것을 이어받아 /ᄉᆸ/, /ᄌᆸ/, /ᅀᆸ/, /ᄉᆞ오/, /ᄌᆞ오/, /ᅀᆞ오/ 등으로 존재하였다.

(1) 가. 이 法을 니ᄅ시니 우리 다 좃ᄌ와 깃ᄉᆸ노이다 〈개법 2:18a〉

나. 이제 삼보 증명ᄒᆞᆸ고 낫나치 너ᄂ 경계ᄒᆞ노니 〈계초 83a〉

다. 佛祖 大恩을 小分도 갑ᄉᆸ디 몯ᄒᆞᅀᆞ오리로다 〈선가해 3a〉

라. 흔가지로 셤기ᅀᆞ와 주구ᄆ로 은혜를 갑ᄉᆞ느니라 〈삼강 忠:2a〉

(2) 가. 이제 世尊을 좃자와 이 法音을 듣ᄌᆸ고 〈개법 2:1a〉

나. 祥瑞로온 거슬 님금ᄭᅴ 연ᄌᆸ디 말며 〈번소 10:14a〉

다. 민실 이른 새배 니러 흑당의 가 스승님ᄭᅴ 글 듣ᄌᆸ고 〈번노 上:2b-3a〉

라. 갈로 눈ᄌᆞᅀᆞ를 ᄲᆞ라 내여 부텨ᄭᅴ 받ᄌᆸ고 〈은중경 19a〉

마. ᄯᅩ 우업슨 法 듣ᄌᆸ고 希有흔 ᄆᆞᅀᆞᆷ 내ᄂ다 〈선가해 20b〉

바. 위두손ᄭᅴ 받ᄌᆸ드시 호ᄃᆡ 〈여씨 25b〉

사. 네 무룹 ᄀᆞᆮ툼이여 나ᄂ 曾子ᄭᅴ 듣ᄌᆸ고 〈소학 4:18a〉

아. 君子도 受흔다 ᄒᆞ시니 敢히 묻ᄌᆸ노이다 〈맹자해 10:18b〉

자. 뎐마 파슌의 ᄯᅳ리 잇ᅀᆞ와 부왕ᄭᅴ 업데여 연ᄌᆸ노이다 〈장수경 50a〉

(3) 가. ᄯᅩ 여러 보비로 塔廟 셰ᅀᆞᆸ고 〈개법 2:91a〉

나. 부텨 저ᅀᆞᆸ디 아니ᄒᆞ고 〈법어 5b〉

다. 흔 며함 두ᅀᆞᆸ고 오니 보신가 〈번박 58b〉

라. 길헤 맛나 보아시든 뵈ᅀᆞᆸ고 가시논 ᄃᆡ를 묻디 마롤 디니라 〈번소 3:31b-32a〉

마. 世尊ᄂ 부텻 別名ㅣ시니 世間의 推尊ᄒᆞᅀᆞᆸᄂ 뜨디라 〈선가해 4a〉

바. 조샹을 ᄶᅡ 아래 가 뵈ᅀᆞᆸ게 ᄒᆞ노라 〈삼강 忠:23a〉

사. 뵈ᅀᆞᆸᄂ 얼우신 젹 사ᄅᆞ미니 그지업시 졀ᄒᆞ여 ᄒᆞ노이다 〈청주 107:3〉

아. 부텨를 쳥ᄒᆞ야 향과 곳과 공양ᄒᆞᅀᆞᆸ고 〈장수경 73b〉

예문 (1)-(3)은 '-ᄉᆸ-'의 이형태인 /ᄉᆸ/, /ᄌᆸ/, /ᅀᆞᆸ/의 쓰임을 보여준 것이다. 15세기와 마찬가지로, '-ᄉᆸ-'은 유성음 뒤에서는 /ᅀᆞᆸ/으로, ㄷ

(ㅌ) ㅈ(ㅊ)뒤에서는 /줍/으로, 그리고 나머지 다른 환경에서는 /습/으로 나타난다. 하지만 (1나)와 같이 음운론적 조건을 지키지 않는 예외가 나타나기도 한다. 또 예문 (2)에서 보면 /줍/은 주로 동사 어근 '듣-', '열-', '받-', '묻-'에 높은 빈도로 결합되어 나타남을 알 수 있다. 그리고 예문 (3)에서 보면 /습/은 주로 '뵈-', 'ᄒ-'에 결합되어 나타난다.

(4) 가. 그지 업슨 億劫에 뉘 能히 갑ᄉᆞ오려뇨 〈개법 2:90b〉

　　나. 엇뎨 ᄒᆞ야ᅀᅡ 부모의 은늘 갑ᄉᆞ오리잇고 〈은중경 22b〉

　　다. 生死輪廻를 永永히 그츨 期約이 업ᄉᆞ오리랏다 〈선가해 3a〉

　　라. 비렁지 절ᄒᆞ야 닐오ᄃᆡ 주구므로 은혜 갑ᄉᆞ오리이다 〈삼강 忠:31a〉

(5) 가. 菩薩이 智慧 깁고 ᄠᅳ디 구더 能히 諸佛ᄭᅴ 묻ᄌᆞ오며 〈개법 1:17b〉

　　나. 셩지 맏ᄌᆞ오신가 맏ᄌᆞ오이다 〈번박 8b〉

　　다. ᄀᆞᆺ 업시 사라 하ᄂᆞᆶ 복을 받ᄌᆞ오리라 〈번소 4:23a〉

　　라. 므스거슬 자실고 묻ᄌᆞ오며 〈정속초 2a〉

　　마. 노폰 사름이 잇거든 특별이 받ᄌᆞ오ᄆᆞᆯ 〈여씨 25b〉

　　바. 모로매 귀눈을 기우려 현미ᄒᆞᆫ 소리를 듣ᄌᆞ오며 〈계초 17a〉

　　사. 내 셰존 니르시ᄂᆞᆫ 이 법을 듣ᄌᆞ오니 〈장수경 23a〉

　　아. 이 업서 하ᄂᆞᆶ 복경을 받ᄌᆞ오리라 〈소학 3:20b〉

　　자. 나를 爲ᄒᆞ야 孟子ᄭᅴ 묻ᄌᆞ오라 〈맹자해 5:6b〉

　　차. 宗廟를 ᄒᆞ야 귀신으로 ᄡᅥ 이받ᄌᆞ오며 〈효경해 26a〉

(6) 가. 千萬 偈로 諸 法王을 讚歎ᄒᆞᅀᆞ오며 〈개법 1:17b〉

　　나. 님굼ᄭᅴ 진심ᄒᆞ야 셤기ᅀᆞ오며 부못ᄭᅴ 효도ᄒᆞᅀᆞ오며 〈번박 50b〉

　　다. 미양 부모 뵈ᅀᆞ오라 갈 제 치싁ᄒᆞᆫ 술위를 ᄐᆞ디 아니ᄒᆞ고 〈번소 9:106a〉

　　라. 제 그듸 어머님 뵈ᅀᆞ오링다 〈이륜 33a〉

　　마. 새배 가 닐어시든 뵈ᅀᆞ오며 나갈 제 숧고 가고 도라와 의식

뵈ᅀᆞ오며 〈정속초 2a〉

바. 이제사 <u>아ᅀᆞ오니</u> 가ᅀᆞ미 ᄇ사디ᄂ 듯ᄒ여이다 〈은중경 17b〉

사. 祖의 大恩을 <u>感激ᄒᅀᆞ오리로다</u> 〈선가해 3a〉

아. 이 두 사ᄅ미 우리 님금을 <u>주기ᅀᆞ오니</u> 도모ᄒ야 〈삼강 忠:3a〉

자. 슬프고 저픈 ᄆᅀᆞ미 <u>니ᅀᆞ오니</u> 원ᄒᅌᅵᆸ노이다 〈장수경 8a〉

예문 (4)-(6)은 '-ᄉᆞᆸ-'의 이형태 /ᄉ오/, /ᅎ오/, /ᅀᆞ오/의 쓰임을
보여준 것이다. 15세기에 /ᄫ/가 소실됨에 따라 /ᄉ오/, /ᅎ오/, /ᅀᆞ오/
가 나타나게 된 것이다. 이 이형태들은 객체를 높임에 있어서 기능상의
변화를 보이지 않고 있다.

이상의 예문 (1)-(6)은 '-ᄉᆞᆸ-'의 각 이형태들의 쓰임을 보여준 것인데
이형태가 출현하는 음운론적 환경은 15세기와 같다.

하지만 16세기의 문헌 자료를 자세히 보면 같은 문헌의 같은 음운론적
환경에서 /ㅇ/과 /ㅿ/이 교체하는 현상을 보이는데 이는 공시적인 관점에
서는 혼기된 걸로 볼 수 있으나, 통시적 관점에서 보면 언어 변화의
방향을 보여준다.

(7) 가. ①직계흔 사흘애 그 위ᄒ야 직계ᄒ던 바를 <u>보ᅀᆞᆸᄂ니라</u> 〈소학
　　　2:27a〉

　　　②님금 셤굠을 묻ᅎ온대 孔子 ᄀᆞᄅ샤ᄃᆡ <u>소기ᅌᅵᆸ디</u> 말오 〈소학
　　　2:43a〉

　　　③조샹올 ᄶᅡ 아래 가 <u>뵈ᅀᆞᆸ게</u> ᄒ노라 〈삼강 忠:23a〉

　　　④합졀이 닐오ᄃᆡ <u>울위ᅀᆞᆸᄂ니</u> 업ᄉ시니 〈삼강 忠:31b〉

　　나. ①네 이제 王을 <u>셤기ᅌᅵᆸ다가</u> 王이 나ᄃᆞᆯ거시ᄂᆯ … 〈소학 4:33a〉

　　　②본향 ᄆᆞ올히 도라가 싀어미끠 <u>뵈ᅌᅵᆸᄂ</u> 례도를 … 〈소학
　　　6:54b〉

　　　③어밋긔 술오ᄃᆡ 내 튱효를 다옴ᄒᅌᅵᆸ노니 〈삼강 忠:29a〉

　　　④혼잣 모ᄆᆞᆯ 쥬변 몯ᄒ며 ᄒ믈며 왕ᄭᅴ <u>드ᅌᅵᆸ거니</u> 〈삼강 烈:30b〉

예문 (7)은 /습/과 /ᅀᆞᆸ/이 같은 문헌의 같은 음운론적 환경에서 때론 /습/이 선택되고 때론 /ᅀᆞᆸ/이 선택됨을 보여준다. 이는 언어는 언제나 변화하는 도중에 있고 그 변화는 경향성에 의해 좌우됨을 말해준다. 즉 'ᅀ〉ㅇ'라는 변화의 경향성을 보여준다. (김현주 2005:82)

이로서 16세기에는 /습/, /ᄌᆞᆸ/, /ᅀᆞᆸ/, /ᄉ오/, /ᄌᆞ오/, /ᅀᆞ오/ 등 이형 태가 존재하였는데, 이들의 기능은 객체에 대한 높임의 의향을 나타냄에 있어서 변화가 없었다.

3.2 17세기의 '-습-'

17세기에 들어서서 '-습-'은 원래의 객체높임의 쓰임을 유지하기도 하고 화자 겸양을 나타내기도 한다. 이것은 문헌상의 특성으로 말미암아 '-습-'의 변화 정도가 갈리는 것이다. '-습-'의 기능 변화로 하여 '-습-' 은 '-시-'에 후행하게 되고, 또 새로운 선어말어미 '-엇-'의 형성으로 하여 '-습-'은 뒤로 밀리게 된다. 그리고 /ᅀ/이 소실됨에 따라 '-습-'의 이형태에는 변화가 생긴다.

아래에 17세기 '-습-'의 기능, '-습-'의 결합 양상, '-습-'의 이형태들 을 차례로 살펴보기로 하자.

3.2.1 17세기 '-습-'의 기능

17세기에는 문헌에 따라 문법적인 차이가 심하다. 특히 《(初刊)첩해신 어》의 경우 다른 문헌들보다 '-습-'과 관련된 변화가 상당히 진행되었고, 《(重刊)두시언해》의 경우에는 '-습-'의 쓰임이 원래의 객체높임을 유지 하고 있었다. 왜냐하면 《(重刊)두시언해》(1632)는 당시의 언어 상태를 그대로 반영한 것이 아니기 때문이다. 즉《(重刊)두시언해》는 원간(原刊) 의 말씨를 되도록 그대로 보유하려는 노력을 보여주었기에 '-습-'의 쓰임이 보수적이다.

아래에 먼저 객체높임의 쓰임을 유지하는 '-습-'을 살펴보고 다음에 화자 겸양의 쓰임으로 변한 '-습-'을 살펴보도록 하자.

3.2.1.1 객체높임의 쓰임을 유지하는 '-습-'

17세기 문헌을 보면《(重刊)두시언해》를 비롯하여《가례언해(家禮諺 解)》등에서는 '-습-'의 기능이 변화가 없었다.

(1) 가. 님그미 그르 ᄒᆞ실 이리 겨실가 젓습노라 〈두시중 1:2a〉
    나. 님금 恩惠를 갑습고져 ᄒᆞ나 〈두시중 1:54b〉
    다. 時節이 危難ᄒᆞᆫ 저긔 님긊 恩私를 갑습고져 ᄉᆞ랑ᄒᆞ야 〈두시중 3:39b〉
    라. 長常 明主ㅅ 德을 갑습고져 ᄉᆞ랑칸마른 〈두시중 10:37b〉
    마. 일로뻐 님그믈 갑습ᄂᆞᆫ 寸心 〈두시중 17:33a〉
    바. 玉을 그으며 金을 허리예 ᄶᅴ여 님그믈 갑습ᄂᆞᆫ 모미로다 〈두시 중 23:10a〉
    사. 委曲히 ᄂᆞ출 承奉ᄒᆞᄂᆞᆫ 體오 늘우처 님그믈 갑습ᄂᆞᆫ 모미로다 〈두시중 24:4a〉

(1가)를 보면 화자인 '내'가 '임금'의 행동에 대한 높임을 나타내기 위해 동사 '좋아하다'에 '-습-'을 결합하였다. (1나)에서도 높임의 대상은 목적 어로 나타난 '임금의 은혜'로서, '-습-'의 기능은 15, 16세기와 다르지 않다. (1다-사)에서 '-습-'이 나타나는《(重刊)두시언해》의 다른 예들은 어간이 모두 '갑-'이고 높임의 대상은 목적어로 실현된 객체인 '임금'이다.

(2) 가. 새배로셔 寢門에 가샤 安否를 뭇<u>줍</u>놋다 〈두시중 4:17b〉

나. 집마다 빈혀와 블쇠와롤 프라 香氣로왼 수를 <u>받줍고져</u> 너기놋
다 〈두시중 5:5a〉

다. 님긊 恩私 닙<u>스오</u>물 도로혀 붓그리<u>옵</u>노니 〈두시중 1:1b〉

라. 闕下애 가 님금 두<u>옵</u>고 나가믈 〈두시중 1:1b〉

마. 내 얼구른 眞實로 늘구니 恩德 갑<u>스오</u>물 支當티 못ᄒ노라 〈두
시중 3:4b〉

바. 므스그로뻐 우리 님금 돕<u>스오</u>리오 〈두시중 13:3a〉

사. 丈夫는 나라해 모믈 <u>밧즈오</u>믈 盟誓홀디니 〈두시중 5:27a〉

아. 北 녀글 헤텨 가져 뻐곰 우리 님금끠 <u>받즈오려</u> ᄒ놋다 〈두시중
5:32a〉

자. 萬歲 千秋를 블근 님그믈 奉戴ᄒ<u>ᅌ오</u>오리로소니 〈두시중 5:39b〉

차. 다른 나래 싸해 ᄇ리과라 님그믈 <u>셤기ᅌ오</u>면 〈두시중 7:15a〉

예문 (2)는 '-습-'의 이형태인 /줍/, /옵/, /스오/, /즈오/, /ᅌ오/의
쓰임을 보여준다. 이 이형태들은 모두 목적어나 여격어로 실현된 객체인
'임금'에 대한 높임을 나타내기 위해 동사 어간에 결합되었다. 그 기능은
15세기와 비교하여 모두 변하지 않았음을 확인할 수 있다.

(3) 가. 親히 藥을 지어 맛보아 <u>밧줍고</u> 〈가례해 2:11b〉

나. 仁孝文 皇后 內訓과 흔가지로 ᄒ야 사겨 皇后人끠 <u>밧줍고</u> 〈여
훈해 上:7a〉

다. 지아비 죽거늘 … 초ᄒ른 보롬의 반ᄃ시 무덤의 가 <u>뵈옵고</u>
〈동신렬 2:66b〉

라. 모든 姚神主 <u>뵈옵기</u>를 쏘 ᄀ티 ᄒ고 〈가례해 10:14a〉

마. 酌쥬ᄒ시고 臨ᄒ야 慰問 조차 주시믈 업더려 <u>닙스오</u>니 〈가례
해 7:7a〉

바. 하늘 ᄀ튼 ᄀ 업슨 은덕을 어듸 다혀 <u>갑스오</u>리 〈경민중 38a〉

사. 왕이 사룸 브려 숣피시니 다 <u>엳ᄌᆞ오니</u> 〈동신효 1:1b〉

아. 舅姑 겨신 ᄃᆡ 가 … 옷의 더오며 치오믈 <u>묻ᄌᆞ오며</u> 〈여훈해
下:3b〉

자. 이튼날 일 닐어 婦ㅣ 舅姑끠 <u>뵈ᅀᆞ오라</u> 〈가례해 4:21b〉

예문 (3)에서 보면, 목적어, 여격어로 나타난 객체인 '부모(가, 마,
바), 왕후(나), 남편(다), 신주(라), 왕(사), 舅姑(아, 자)'에 대한 높임의
의향을 나타내기 위해 동사에 '-ᅀᆞᆸ-'을 결합하였다.

이상의 문헌에서 선어말어미 '-ᅀᆞᆸ-'이 원래의 기능을 유지하는 것으로
보인다. 뿐만 아니라 '-ᅀᆞᆸ-'이 상당한 쓰임에서 화자 겸양으로 기능 변화
를 일으킨 《(初刊)첩해신어》에서도 객체높임의 쓰임을 보이는 '-ᅀᆞᆸ-'이
존재하였다.

(4) 가. 正官은 셤으로셔 올젹브터 東萊 극진ᄒᆞ시믈 <u>둣ᄌᆞᆸ고</u> 〈첩해초
2:4a〉

나. 며츨만의나 返事ㅣ 올고 짐쟉이 계실쎠시니 니ᄅᆞᆸ소 <u>둣ᄌᆞᆸ새</u>
〈첩해초 5:8a〉

다. 그 나믄 빅예ᄂᆞᆫ 二人식 틱올쎠시니 이 道理 信使끠 <u>엿ᄌᆞᆸ고</u>
〈첩해초 5:15b〉

라. 온갓 接待예 극진ᄒᆞ심은 빅예셔도 <u>밧ᄌᆞ오면</u> 〈첩해초 6:16b〉

예문 (4)에서 보면, 선어말어미 '-ᅀᆞᆸ-'은 15세기와 마찬가지로 객체에
대한 높임의 의향을 나타내기 위해 동사에 '-ᅀᆞᆸ-'을 결합하였다. (4다)는
'엿ᄌᆞᆸ고' 앞에 '信使끠'가 바로 드러나 있어서 '-ᄌᆞᆸ-'이 객체높임어미로
기능함을 쉽게 파악할 수 있다. 나머지 세 예문에서는 동사 '듣다', '받다'
에 '-ᅀᆞᆸ-'을 결합시켜 주문장의 통사성분으로 쓰인 내포절의 높임의
대상을 높인다. 즉 (4가), (4라)에서는 내포절 술어 '극진하시다'에 명사

형 어미 '-음'을 교착하여 '듣다', '받다'의 목적어로 하였다. '극진하다'에 '-시-'가 통합하고 있어서 주문장의 통사성분인 내포절이 높임의 대상의 행위를 표시한 것임을 알 수 있으며, 또한 높임의 대상의 행위와 관련된 내포절 자체가 주문장의 높임의 대상으로 될 수 있음을 알 수 있다. (4나)도 의존명사 '것'이 내포절 술어 '태우다'에 교착하여, 내포문의 술어가 이 의존명사를 수식하는 구조를 갖고 있다. 또 이 내포절에 '겨시다'라는 어휘를 사용하여 주체높임을 표현하고 있다. 전체적으로 볼 때, (4가), (4나), (4라)의 내포문은 높임의 대상의 행위와 관련된 것이고 내포문은 주문장에서 통사적 성분으로 작용하기에 주문장의 술어에 통합된 '-ᄉᆞᆸ-'은 객체높임의 기능을 한다고 볼 수 있다.

이상에서 17세기 일부 문헌에서 객체높임의 쓰임을 유지하는 예문들을 제시하였다. 선어말어미 '-ᄉᆞᆸ-'은 15세기의 쓰임과 같은바, '화자가 주체의 입장에 서서 객체를 대접해줘야 한다'고 판단하고 동사에 '-ᄉᆞᆸ-'을 결합시켰다.

3.2.1.2 화자 겸양의 쓰임으로 변한 '-ᄉᆞᆸ-'

17세기에는 문헌의 출간 시기에 따라서가 아니라, 문헌의 성격에 따라 '-ᄉᆞᆸ-'의 변화 정도가 다르다. 《(初刊)첩해신어》(1676)에 기록된 언어는 당대의 다른 자료들과 비교해 볼 때, 전반적인 흐름에서 상당히 앞서 나가 있는 것을 확인할 수 있다. 그리고 《병자일기》(1636~), 《산성일기》(1636~), 《서궁일기》(1612~), 《현풍곽씨언간》(1602~) 등 일기, 서간문은 높임을 표하는 대상이 문장의 주어에서 화자로 옮겨가고, 객체와 청자가 동일하게 됨으로써 객체의 모호성이 심화되고 청자에 대한 화자의 태도가 강조되는 과정을 보여준다.

(1) 가. 뭇오라바님과 세재 오라바님 약쥬 만히 안쥬 ᄀ초 ᄒ여 오시니
　　　고맙습다 〈병자 56〉

　　나. 의쥐듹 형님 보읍고 대되 만나 보오니 ᄀ이 업시 반갑습다
　　　〈병자 68〉

　　다. 십수 청 통이 금산 가 녀러오니 오라바님 유무 보오니 반갑습기
　　　만만ᄒ습다 〈병자 70〉

　　라. 최판관 부음을 드르니 놀랍기 ᄀ이 업고 그 형님 싱각ᄒ오니
　　　내 셜운 회푀 새롭습다 〈병자 94〉

　　마. 념뉵 혹 청 음 꿈의 녕감 보읍고 반갑ᄉ온 졍을 몬내 슯습더니
　　　〈병자 130〉

　　바. ᄉ나히 ᄌ식이 셰란ᄒ 저긔야 더 알과다 년ᄒ여 꿈마다 녕감을
　　　보오니 반갑습고 든든ᄒ습다 〈병자 134〉

예문 (1)의 《병자일기》는 독백의 일기문인데 주체와 화자는 동일하다.
선어말어미 '-습-'은 '반갑다', '고맙다' 등 심리동사와 '새롭다', '든든하
다' 등 형용사에 결합되어 화자의 감정을 표현하였다. 즉 화자인 행동
주체의 감정표현에서 '-습-'을 쓴 것은 화자를 겸양하기 위해서이다.
하지만 동사 '보다'에 '-습-'을 결합하여 목적어 '형님, 오라바님, 녕감'에
대한 높임의 의향을 실현하는 객체높임으로 볼 수도 있으나, 화자의
감정이 강조된 일기문이어서 화자 겸양으로 보는 것이 타당하다.[4]

(2) 가. 샹소ᄒ니 소 왈 복이 신이 그윽이 듯ᄌ오니 어제 ᄉ신이 적진의
　　　갈 제 칭신ᄒ기로뻐 알외다 ᄒᄂ 말슴이 잇스오니 이 말슴이
　　　진실로 그러ᄒ니잇가 〈산성 91〉

---

4) 이현규(1985:22)에 의하면 15세기에는 존비낙차가 클 때, 즉 존대 대상이 지존한 존재
인 부처, 왕 등이고 존대할 이는 신분이 낮은 사람일 때, '-습-'의 개입으로 존귀한
존재에 높임을 표한다고 했다. 하지만 15세기 '-습-'의 존대 정도는 근대국어로 오면서
기능 변화와 때를 같이하여 존비낙차가 크지 않을 때에도, 즉 누님과 오라비, 자식과
부모간에 '-습-'이 쓰인다고 했다.

나. 젼후 국세라 명길의 손의셔 나니 말ᄉᆞᆷ이 극히 ᄂᆞ자 진실로 항복ᄒᆞᄂᆞᆫ 편지라 연이나 신ᄌᆞᄅᆞᆯ 오히려 쓰디 아냣더니 이제ᄂᆞᆫ 칭신ᄒᆞ오니 군신의 명분이 명ᄇᆡᆨ히 뎡ᄒᆞ얏ᄉᆞ오니 쟝ᄎᆞᆺ 명ᄒᆞᄂᆞᆫ 대로 좃출디라 〈산성 92〉

다. 니조참 판 뎡공이 ᄯᅩ 차ᄌᆞ 왈 복이 신이 실노 명길의 칭신ᄒᆞ쟈 ᄒᆞᄂᆞᆫ 말을 막으랴 ᄒᆞᄋᆞᆸ더니 일야 간의 믄득 그 계교ᄅᆞᆯ 힝ᄒᆞ여 신이 미처 아디 못ᄒᆞ와 죽기로ᄡᅥ ᄃᆞ토디 못ᄒᆞ오니 신의 죄 크온디라 〈산성 97〉

예문 (2)의 《산성일기》는 궁인의 기록으로, 병자호란이 일어나고 인조 및 대신들이 남한산성으로 피난을 가게 되는 시말을 적은 것이다. (2가–나)에서 제3자의 행동이나 상태까지 겸양된 예가 나타남으로써 이는 주체가 '–ᄉᆞᆸ–'의 사용에 관여하지 않게 됨을 의미한다. 또 (2다)와 같이 목적어나 여격어로 실현된 성분과의 상하 관계를 무시하고 청자에 따라 '–ᄉᆞᆸ–'이 쓰인 예도 나타난다. (2)의 예들은 모두 청자에 대한 겸양으로 해석되는데, 특히 (2가–나)는 상태와 관련되는 인물과 청자가 동일한 발화이다. 청자에 대한 화자 겸양은 이처럼 '청자=객체'의 발화상황에서부터 확대된 것이다.

(3) 가. ①우리 셜니 죽ᄉᆞᆸᄂᆞᆫ 이 원슈ᄅᆞᆯ … 〈서궁 15b〉

②변샹궁이 다시 드러가 엿ᄌᆞ오ᄃᆡ … 우리 죽ᄉᆞ오문 셟디 아니 ᄒᆞ오ᄃᆡ 〈서궁 26a〉

③쇼인이나 사랏ᄉᆞᆸ다가 졍으로 ᄒᆞᄋᆞᆸ고져 ᄇᆞ라와 〈서궁 26a〉

나. ①ᄂᆡ관도 눈물을 쓰ᄉᆞ며 입을 여러 말을 못ᄒᆞ고 ᄒᆞᆫ갓 어셔 내ᄋᆞᆸ쇼셔 〈서궁 27b〉

②이 원슈ᄅᆞᆯ 닛디 마오쇼셔 죽으라 가ᄋᆞᆸᄂᆞ이다 〈서궁 15b〉

③대군이 당시 열 ᄉᆞᆯ도 못ᄒᆞ시니 현마 이제 죽이오리잇가 〈서궁 28a〉

다. ①늙은 닉관이 잇더니 당돌이 드러가 슬오되 무스일 심긔롤
　　내읍시느고 〈서궁 7a〉
　　②이제 ᄇ리고 죽스오시면 어되 가 눌을 의지ᄒ야 사ᄅ시며
　　〈서궁 28a〉
라. ①공쥬 ᄌ가도 일번 ᄌ손이시오니 비록 ᄯ님이시나 〈서궁
　　28a〉
　　②무ᄉᆷ 역질고/ 대역ᄒ오시ᄂ니/ 엇디 ᄒᄂ니/ 잘 ᄒ시읍ᄂ니
　　〈서궁 62a〉

예문 (3)의 《서궁일기》는 광해군 5년(1612년) 이후부터 11년 후인 인조
반정까지의 기록으로, 인목대비를 모시던 궁녀가 집필한 일기형식의 글
이다. (3가)는 상궁과 인목대비의 대화인데 여기에서는 존귀한 객체를
상정할 수 없으며, 행위자인 화자와 존귀한 청자만이 존재한다. (3가)에
서는 '죽다', '살다'에 '-습-'을 결합하여 인목대비에 대한 상궁의 겸양을
나타냈다. (3나)의 ①은 내관과 인목대비의 대화인데, 청자인 인목대비에
대한 높임은 '-쇼셔'가 표시하고, '-습-'은 청자에 대하여 화자인 내관이
자신을 겸양하고 있다. (3나)의 ②와 ③은 변상궁과 인목대비의 대화인
데, 청자에 대한 높임은 이미 '-이/잇-'이 표시하고 '-습-'은 청자에
대하여 화자인 변상궁이 자신을 겸양하고 있다. 즉 (3나)에서 화자는
'-습-'을 동사에 결합시켜 자신의 행위에 겸양의 표현을 사용하고 청자
에 대해서는 '-쇼셔', '-이/잇-'을 사용하여 이중의 구조로 상대방을
높이고 있다. (3다)의 ①은 내관과 인목대비의 대화이고, ②는 상궁과
인목대비의 대화인데, 동사 '내다', '죽다'의 주체는 모두 인목대비이다.
즉 (3다)의 ①과 ②는 주체와 청자가 같은 대화상황이다. '-습-'은 화자
겸양의 기능을 가지고 청자이자 주체인 인목대비에 대한 겸양을 표현하
기 때문에 '-시-'와 함께 쓰여 주체를 더욱 높이는 것처럼 느껴진다.
(3라)의 ①은 변상궁이 인목대비에게 한 말로서 'ᄌ손이시오니'의 주체는

'공쥬'이며 '-시-'는 주체인 '공쥬'에 대한 높임을, '-습-'은 청자인 인목대비에 대해 화자인 변상궁 자신의 겸양을 표시한 것이다. ②는 시녀 정순과 하인들의 대화이다. '잘 ᄒ시-'의 주체는 역질을 앓는 공주이며 화자는 하인 아이들, 청자는 시녀 정순이다. 화자인 하인 아이들이 청자인 시녀 정순에 대해 자신들을 겸양하여 '-습-'을 결합하였다. (3라)의 ①과 ②에서처럼 '-시-습-'의 순서로 결합될 때, '-습-'은 모두 화자 겸양을 나타냈다.

(4) 가. ᄌ식은 당시 무ᄉ히 잇습고 옹견 손도 쾌복ᄒ엿ᄉ오니 〈달성 14:5〉

　　나. ᄌ식은 … 무ᄉ히 <u>지내ᄋ오딘</u> 새히롤 <u>보ᄋ오</u>니 슬프오미 ᄀ업<u>숩고</u> 〈달성 44:5〉

　　다. 아ᄆ리나 대되 <u>편ᄒᄋ쇼셔</u> 〈달성 46:11〉

　　라. 쇠고기 네 오리 싱포 열 낫 적습건마ᄂ 흔 저기나 잡ᄉ오시게 <u>보내ᄋᄂ이다</u> 〈달성 106:7〉

　　마. 무ᄉ히 <u>지내ᄋ시고</u> 어린 동싱들 <u>거느리ᄋ셔</u> 〈달성 84:15〉

　　바. 아ᄆ리나 대샹 무ᄉ히 <u>지내ᄋ시고</u> 대되 평안ᄒ오믈 원ᄒᄋ노이다 〈달성 130:7〉

(4가-나)는 아들이 어머니에게, 딸이 어머니에게 쓴 편지인데, 주체와 화자는 동일한 사람이다. 화자인 '자식'들이 청자인 '어머니'에게 자신을 겸양하여 동사에 '-습-'을 결합하여 표현하였다. (4다)는 딸이 어머니에게, (4라)는 사위가 장모에게 쓴 편지이다. 주체와 화자는 동일한 사람인데 '-습-'을 동사에 결합시켜 자신의 행위에 겸양의 표현을 사용하고 청자에 대해서는'-쇼셔', '-이-'를 사용하여 이중의 구조로 상대방을 높이고 있다. (4마-바)는 딸이 어머니에게 쓴 편지인데, 주체와 청자는 모두 '어머니'이다. '-습-'은 화자가 주체이자 청자인 어머니에 대한 겸양

을 나타내며 또한 '-시-'와 함께 쓰여 주체를 더욱 높이는 것처럼 느껴지게 한다.

그리고 일반적으로 '-습-'이 화자 겸양에로의 기능 변화가 《첩해신어》 (1618년 원고 완성, 1676년 간행)에서 보편화된 것으로 파악하고 있다.[5] 《첩해신어》에는 객체가 전혀 없는 것도 있고, 어떤 것은 그 객체를 전혀 높일 필요가 없는 것도 있다.

(5) 가. 나는 所任으로 왓습거니와 처음이읍고 〈첩해초 1:3a〉
    나. 므슴 빈 어이ᄒ야 쩌덛습ᄂ고 〈첩해초 1:11b〉
    다. (술) 먹기를 과히 ᄒ엿ᄉ오니 그만ᄒ야 마ᄅ쇼셔 〈첩해초 2:6b〉
    라. 東萊 니르심은 … 다 無事히 渡海ᄒ시니 아름답다 니르시읍ᄂᆡ 〈첩해초 2:1b〉
    마. 히온것도 업ᄉ온ᄃᆡ 머므르읍기도 젓습건마ᄂ 이 구석의 다락 小園을 두엇습더니 게 가셔 차롤 자읍시고 흔빼 수여 가읍시면 나 ᄃᆞ린 져믄것들흘 쩍놀려 뵈읍고져 ᄒ닝이다 〈첩해초 6:6b〉

(5가-나)에는 상위자인 객체가 없고, (5다-라)에서는 주어가 객체보다 상위자이며, (5마)에서는 '뵈읍고져'만 상위의 객체가 상정될 수 있고 나머지 동사에 결합된 '-습-'의 기능은 15세기의 '-습-' 기능과 차이가 난다.

(6) 가. 힝혀 아모 ᄃᆡ 붓터도 東萊 釜山浦예 술와方方 彼此의 촛ᄌ올 거시니 근심 마읍소 〈첩해초 1:14a〉
    나. 얼현이 마ᄅ시고 ᄂᆡ일 부루 촛ᄌ쇼셔 〈첩해초 1:14b〉
    다. 그리 ᄒ올 거시니 ᄆᆞᆷ 편히 녀기읍소 正官은 뉘시온고 〈첩해

---

5) 서정목(1997:552), 경어법 선어말어미의 변화, 『國語史研究』, 태학사.

초 1:15a〉

라. 나는 都船 이는 二船 뎌는 封進이웁도쇠 〈첩해초 1:15b〉

마. 正官은 어딕 겨시온고 〈첩해초 1:15b〉

바. 正官은 빈멀믜ᄒᆞ여 인ᄉ 몰라 아릭 누어습니 〈첩해초 1:15b〉

사. 書契를 내셔든 보웁새 〈첩해초 1:16a〉

아. 그리 ᄒᆞ오려니와 깁피 드럿ᄉ오니 몌흔 일도 업ᄉ오니 닉일
보웁소 〈첩해초 1:16b〉

(6)의 (가, 다, 마, 사)는 손님의 말이고 (나, 라, 바, 아)는 주인의
말이다. 서로 문답형식으로 되어 있는 《첩해신어》는 '-습-'의 쓰임을
살펴보는 데 좋은 자료가 된다. (6가)와 (6다)는 주체와 청자가 동일한
상황인데, '-습-'은 화자인 손님이 청자인 주인에 대한 겸양을 나타낸다.
(6라)는 서술격조사에 '-습-'이 결합된 형태인데 화자가 청자에게 주체
에 관한 사실을 단정해주는 표현으로서 청자에 대한 겸양을 나타낸다.
(6바)에서 '누어습니'의 행위 주체는 '正官'인데 청자에게 그 사실을 알려
주고 있다. (6사)는 청자에게 화자가 청유하는 표현이며, (6아)는 청자에
게 상태를 설명하고 '보다'는 동작을 내일 하도록 요청하고 있다. 예문
(6)은 모두 청자에게 화자 자신의 행위를 겸손하게 하여 청자를 상대적으
로 높인다.

이렇게 《첩해신어》에 전면적으로 '-습-'의 기능 변화가 나타날 수 있
는 것은 이 책이 대화체로 되어 있다는 것과 관계된다. 대화체는 자신에
관한 진술일 경우 화자가 주어일 가능성이 높고 또 이때 청자가 객체로
등장할 경우, '객체높임'이 곧 '청자에 대한 겸양 표현'과 겹칠 가능성도
있기 때문에 자료상의 특이성을 가진다. 그리고 근대국어에서 변화가
일어난 '-습-'은 대체로 이러한 담화상황 즉 '주체=화자, 객체=청자'와
관계된다.

이상에서 17세기 '-습-'의 기능을 두 갈래로 나눠서 설명하였다. '-습

-'은 한편으로는 객체높임의 기능을 유지하기도 하고 다른 한편으로는 시대에 앞서 나가서 화자 겸양으로 기능 변화를 일으키기도 했다. '높임'이든 '겸양'이든 현실적 결과는 높임의 주체는 낮아지고 대상은 높아지나 초점을 어디에 두는가에 따라 다르다. 15세기에는 목적어, 여격어 등 통사성분으로 실현되는 객체가 명시되어 화자는 객체를 쉽게 판단할 수 있고 주체의 입장에 서서 객체에 대한 높임을 표시하게 된다. 다시 말해 15세기에는 객체에 대한 '높임'의 기능이 강조되었다고 볼 수 있다. 그러나 17세기에 들어 객체의 모호성으로[6] 인해 화자를 '겸양'하는 기능만이 두드러지게 된다. 객체가 모든 사태(행위나 상태)에 대해 필수적으로 있어야 하는 존재가 아니고, 특정 문장성분과 고정적인 관계를 갖지 못함으로써 명시적으로 드러나지 않을 수도 있다. 이러한 객체의 모호성은 '-습-'의 기능이 약화된 가장 큰 원인이다.[7] 그리고 '주체=화자, 객체=청자'의 담화상황이 빈번하게 발생할 뿐만 아니라 대화체는 일반적으로 화자와 청자가 생략되는 특성이 있기에 청자와 동일한 객체는 모호성이 심화됨으로써 '-습-'이 객체높임으로부터 화자 겸양에로 기능 변화를 하게 되었다.

3.2.2 17세기 '-습-'의 분포와 결합 양상

17세기에 들어서서 나타나는 선어말어미들의 결합 순서의 변화, 특히 '-습-'과 관련된 변화는 '-습-'이 '-시-'에 후행하게 된 것이 가장 핵심적이다. 물론 '-습-'이 과거 시제의 선어말어미 '-엇-'에도 후행하긴 하지만, 이는 '-엇-'이 통사적 구성에서 발달한 형태소이기 때문이므로[8]

---

6) 허웅(1983:449)에서 객체가 문장 안에서 부림말, 위치말, 방편말, 견줌말 등의 다양한 성분으로 표현되는 높임의 대상이기 때문에 성격이 뚜렷하지 못하다는 기술은 객체의 특성 즉 모호성을 언급한 것으로 이해할 수 있다.

7) 윤용선(2006:340), 국어 대우법의 통시적 이해, 『國語學』 47, 국어학회.

'-습-'의 기능 변화와는 직접적인 연관이 없었다.

먼저 높임법 선어말어미들의 결합 양상을 보면 '-습-'이 '-시-'에 후행하고, '-이-'가 '-습-'에 후행한다. 다시 말해 '어간+ … -시- … -습- … -이- …'의 순서로 결합된다.

(1) 가. 東萊 니르심은 건너신 날은 마즘 사오나온 ᄇᆞ람의 다 無事히
　　　渡海ᄒᆞ시니 아름답다 니ᄅᆞ<u>시요ᄂᆡ</u> 〈첩해초 2:1b〉
　　나. 싱각 밧긔 수이오니 太守도 일명 깃비 너기<u>시올쇠</u> 〈첩해초
　　　5:11a〉

(1가)는 주인인 동래부사가 객인 도선주에게 하는 말로 '사나운 바람에도 다들 무사히 바다를 건너 와서 아름답다'고 말하는 부분이다. '-시-'는 '니ᄅᆞ-'의 주체 동래부사를 높이기 위한 것이며 '-습-'은 종결어미 '-ᄂᆡ' 앞에서 화자가 청자에 대비해서 자신을 겸양하여 나타낸 표현이다. (1나)는 객인 도주사자가 주인인 훈도별차에게 '서울에서 장계에 대한 회답이 생각 외로 빨리 오니 太守도 기쁘게 여길 것'이라고 말하는 부분이다. '-시-'는 주체 太守가 화자인 객보다 상위자이기 때문에 나타난 것이며 '-오-'은 청자인 주인에 대해 화자인 객이 자신을 겸양하여 표현한 것이다. 화자 겸양의 '-오-'는 (1가)에서와 마찬가지로 '-시-' 뒤에 결합한다. 사실상 예문 (1)에서 보이는 '-습-시-' 통합순서의 변화가 '-시-'에

---

8) 현대국어에서 '-었-'으로 실현되는 완결법은 15세기의 통사적 구성 '-어 잇/이시-'에서 문법 형태화되어 생성되었다. 15세기에는 '-어 잇/이시-'구성에서 모음이 축약하여 중모음 형태가 된 '-엣/에시-'가 나타났다. 또한 15세기에 '-엣/에시-'의 중모음이 단모음으로 바뀌어 '-엇/이시-'가 나타났다. 이리하여 새로운 문법 형태소 '-엇/어시-'가 발달하기에 이르렀다. 즉 '-어/아 잇/이시- 〉 -엣/에시/앳/애시- 〉 -엇/어시/앗/아시- 〉-었/았 '과정을 거쳤다. (권재일 1998:93) 예를 들면:
　가. 네 이제 사ᄅᆞ믜 모ᄆᆞᆯ 得ᄒᆞ고 부텨를 맛<u>나-아 잇-ᄂᆞ니</u> 〈석상 6:11〉
　나. 문득 <u>주겟다가</u> [죽-엣-다가] ᄭᆡ더니 〈번소 9:32〉
　다. 내 몰 <u>자바쇼마</u> [잡-앗-오-마] 〈번노 상 37〉

의한 것일 가능성은 거의 없다. 동사구 안에 위치하는 객어보다 동사에 구조적으로 가까운 요소는 없으므로, '-습-'의 기능이 '객어'와 관련되는 한 '-습-'의 앞에 다른 선어말어미가 출현하는 것은 거의 불가능하기 때문이다. 결국 '-습-'이 결합 순서상 뒤로 밀려난 것은 바로 '-습-'의 기능 변화에 기인하는 현상이라고 결론지을 수 있다. 15세기에 '-습-'이 어간의 바로 뒤에 위치했던 것은 '-습-'의 출현에 관여된 요소가 동사와 가깝게 위치했기 때문이었다. 하지만 17세기에 들어 '화자 겸양'으로 재해석된 '-습-'을 요구하는 요인은 더 이상 객어가 아니며, 화자 자신의 태도이다. 따라서 '-습-'은 동사로부터 멀어졌으며 이에 따라 '-습-'의 결합 순서의 재조정이 거의 필연적으로 뒤따랐다.9)

'-습-'의 기능이 변화되어 뒤로 이동하면서 다른 선어말어미들과 어떤 순서로 통합이 되었는지를 예문 (2)를 통해 살펴보기로 하자.

(2) 가. ①즉시 밧ㅅ로 나가 긔별이나 아라 오고져 ᄒᆞ오ᄃᆡ 국농시ᅀᆞᆸ고
       [시-습] 〈달성 129:3〉
     ②御意 ᄀᆞ티 처음으로 뵈오ᄃᆡ 하 극진히 ᄃᆡ졉ᄒᆞᅀᆞ시니 [습-시]
       〈첩해초 3:5a〉
   나. ①島中의셔도 그리 니르ᅀᆞᆸᄂᆞ니이다 [습-ᄂᆞ-니-이] 〈첩해초
       3:13a〉
     ②朝廷도 ᄀᆞ장 일ᄏᆞᄅᆞ시ᄂᆞ니이다 [시-ᄂᆞ-니-이] 〈첩해초
       3:16a〉
   다. ①뉘셔 그리 니ᄅᆞᅀᆞᆸ더니잇가 [습-더-니-잇] 〈계축 上:35a〉
     ②변상궁이 … 모든 아히들을 거ᄂᆞ리ᅀᆞᆸ시더니 [습-시-더] 〈계
       축 下:24b〉

---

9) 객어를 높일 것이냐에 관한 판단 역시 화자가 결정한다. 주체높임의 '-시-'를 비롯한 높임법은 그 의향의 발생이 화자의 판단에 따른다는 점에서 본질적으로 화용론적이라고 할 수 있다. '-습-'의 기능이 '객체높임'에서 '화자 겸양'으로 바뀐 것은 '-습-'의 출현여부와 관련하여 더 이상 '객어'가 관여하지 않게 되었다는 점에서 큰 의의가 있다. [최동주(1995:325), 서태룡(1988:152), 서정목(1993:126), 유동석(1995:321-322) 참조]

라. ①이 盞으란 御意 マ티 다 먹스오리이다 [숩-리-이] 〈첩해초
　　3:12a〉
　　②누룰 의지ᄒᆞ여 내여 주옵시리 [숩-시-리] 〈서궁 19b〉

마. ①우히 뭇ᄌᆞ오시ᄃᆡ 네 엇디 드러온다 친히 시위ᄒᆞ라 왓숩ᄂᆞ이
　　다 [엇-숩-ᄂᆞ-이] 〈서궁 58a〉
　　②비록 황공 미안ᄒᆞ나 졔 아ᄌᆞ미를 다려 문하의 ᄃᆡ죄ᄒᆞ야 시긱
　　을 늣추어 쇼ᄌᆞ를 기다리라 ᄒᆞ엿숩더니이다 [엇-숩-더-니
　　-이] 〈완월 99:16b〉

예문 (2)는 '-숩-'을 비롯한 각 선어말어미들의 결합 순서를 수립하는
데 있어서 기본적인 근거를 제공해준다. (2가)에서 보면 '-숩-'은 '-시-'
에 선행하기도 하고 후행하기도 한다. 비록 기능이 변화되어 '-시-'의
뒤에 이동하는 양상을 보이기도 하나, 기존의 결합 양상을 유지하기도
한다. 이 시기에는 '-숩-'과 '-시-'는 '-숩-시-'형 혹은 '-시-숩-'형으
로 나타나고 있다. (2나-다)에서 보면 현재 시제의 선어말어미 '-ᄂᆞ-'와
과거 시제의 선어말어미 '-더-'는 '-숩-'과 '-시-'에 후행하고, 확정법
의 선어말어미 '-니-'는 '-ᄂᆞ-'와 '-더-'에 후행하며, 청자높임어미 '-
이-'는 '-니-'에 후행한다. 그리고 (2라)에서 보면 미래 시제의 선어말어
미 '-리-'도 '-ᄂᆞ-', '-더-'와 마찬가지로 '-숩-'과 '-시-'에 후행한다.
하지만 확정법의 '-니-'가 미래 시제의 '-리-'에 후행하는 예문은 찾아
볼 수가 없다. 왜냐하면 '-리-'와 '-니-'는 그 의미가 서로 대립적이어서
공기하기 어렵기 때문이다.[10] 또한 (2마)에서 보면 '-숩-'은 과거 시제의
선어말어미 '-엇-'에 후행하고, '-ᄂᆞ-'와 '-더-'는 '-숩-'에 후행하며,
'-니-', '-이-'는 '-ᄂᆞ-'와 '-더-'에 후행한다.

---

10) 서정목(1988:130)에서는 '-(으)리-'는 추측, 미래, 기능, 의도 등의 의미를 나타내는
　　데 이를 묶어서 '비확실성'의 선문말 형태로 볼 수 있다고 했다. 하지만 '-(으)니-'는
　　'확실성'의 선문말 어미로서, '-(으)리-'와 대립적인 의미를 지님으로 하여 공기하기
　　어렵다고 했다.

이로 미루어 17세기 선어말어미들의 통합순서를 보이면 아래와 같다.

(3) 어간+[습₁]- [시] - 엇- [습₂] - ㄴ‖더‖리 - 거‖니- [이]

(2)와 (3)에서 보면 '-습-'은 '-시-'에 선행하기도 하고 후행하기도
한다. '-습-'이 '-시-'에 선행할 수 있는 것은 '-습-'의 객체높임의 기능
이 완전히 소실되지 않았기 때문이다. 또한 '-습-'이 '-시-'에 후행하는
것은 기능이 화자 겸양에로 변화되어 관여하는 요소가 문장 안의 '객어'가
아니라 문장 밖의 '청자'이기 때문이다. 하지만 여기서 하나 지적해 둘
것은 '-습-'이 '-시-'에 선행하여 결합될 때 이들의 통합 양상은 '옵시/
(으)오시', '습시/ᄉ오시', 'ᄌ오시'로 나타나는데, '옵시'의 '-으-'는 모음
뒤에서 탈락하지 않고 '(으)오시'와 대립한다. 또 '-옵시-'는 형태적 특성
으로 인해 '으오시, ᄉ오시, ᄌ오시'의 계열에서 분리되어 하나의 형태로
인식된다.11) 다시 말하면 '-옵시-'는 '-습-'이 화자 겸양으로 기능이
변화한 후에 '-시-'와 통합되어 주체높임의 기능을 보완한 것으로 통합
체 전체가 주체높임의 기능을 가지는 것이다. 즉 어미구조체가 아닌
통합형 어미로 인식된 것이다.12)

그리고 계속해서 예문(3)을 보면 '-ㄴ-', '-더-', '-리-'는 서로 배타적
인 분포를 보이는데, 이들을 '시제'라는 문법범주로 묶을 수 있다. 하지만
이 시기 새로운 선어말어미 '-엇-'의 등장으로 인해 과거 시제의 '-거1-'
은 서법적인 '-거2-'와 하나로 통합되었고, 선어말어미 '-ㄴ/더/리-'는

---

11) 윤용선(2005:333)에서는 '옵시'는 특정상황에서 '습'과 '시'가 통합될 때 '오'가 형태적
   독자성을 확보하기 위해 '옵'으로 강화되면서 생성된 것이라고 했다. 그러면서 17세기
   의 '옵시'와 15세기의 '습시'는 유사하지만 직접적인 후계형으로 볼 수 없다고 했다.
12) 정재영(1996)에서는 '어미구조체'와 '통합형 어미'를 다음과 같이 구분하였다.
   어미구조체: 형태 분석의 방법으로 그 구성요소를 확인할 수 있는 복합 어미.
   통합형 어미: 통사적 구성이 특정한 환경에서 인접한 통사적 구성요소 간의 통합관계
   의 긴밀성 등으로 인하여 통합 구조체로 인식되고, 이 통합 구조체에 존재했던 단어
   및 형태소 경계가 소멸함으로써 하나의 어미로 굳어진 것.

시제 표현의 기능이 약화되거나 다른 기능으로 바뀌기 시작한다.[13] [14]

17세기에는 '-시-'와 '-엇-'이 함께 쓰이는 예문을 찾을 수 없었다. 하지만 '-시-'는 문장 내부의 주체와 관련하여 쓰인 것을 고려하여 문장 전체의 '상'적인 의미를 나타내는 '-엇-'보다 선행한다고 잠정적인 결과를 얻어 내였다.

아래에 17세기의 '-습-'이 가지는 결합 관계를 목록으로 요약하면 다음과 같다. 이들은 모두 '-습-'에 바로 선행하거나 후행하는 것이다.

(4) '-습-'에 선행하는 요소:
엇-: 마줌 모단을 두엇습더니 〈첩해초 5:24a〉
시-: 다 無事히 渡海ᄒ시니 아름답다 니ᄅ시ᄋ니 〈첩해초 2:1b〉

(5) '-습-'에 후행하는 요소:
〈선어말어미〉
-거/가-: 즈셰 아ᄋ거이다 〈첩해초 7:10b〉
-ᄂ-: 힝혀 아니 니ᄅ다 ᄒ오실가 옛습ᄂ이다 〈계축 下:45a〉
-니-: 흔 히예 님금 恩惠를 닙ᄉ오니라 〈두시중 16:4a〉
-리-: 大切의 御意오니 예셔 죽ᄉ와도 먹ᄉ오리이다 〈첩해초 2:7b〉
-다-: 울 긔별 몰라 민망ᄒ옵다니 밤의사 와 겨시ᄃ 무ᄉ히 와 〈달성 45:7〉
-더-: 힝혀 진지를 ᄒ여도 공쥬란 밧줍고 대군으란 아니 밧줍더라 〈서궁 5b〉
-시-: 계묘년의 공쥬를 탄싱ᄒ오시니 〈계축 上:1a〉

---

13) 류성기(1997:83)에서는 근대국어에서 현재 시제의 '-ᄂ-'가 쓰이기는 하였지만 그 쓰임이 매우 약화되어 가고, 모음으로 끝난 어간 뒤에서는 '-ㄴ다', 자음으로 끝난 어간 뒤에서는 '-는다'가 쓰이게 되었다고 했다. 그리고 과거 시제의 '-거-'형태는 소실되어 가고, '-엇-'형태가 새로 생겨나 '-더-'형태와 함께 쓰였다고 했다.

14) 시제 체계 표현의 선어말어미 '-ᄂ/더/리-'의 형태 변화 및 기능 약화, 그리고 새로 형성된 선어말어미 '-엇-'이 이들에 대한 영향을 이제 뒤의 4.2에서 상세히 다룰 것이다.

–(어시)엇–: 공쥬 아기시ᄂᆞᆫ 쥬샹궁이 업ᄉᆞ왓고 대군 아기시ᄂᆞᆫ 김샹궁 이 업ᄉᆞ와시니 〈서궁 26b〉

–돗–: 心肝으로 至尊을 奉戴ᄒᆞᄋᆞᆸ놋다 〈두시중 5:53b〉

〈연결어미〉

–고: ᄂᆡ인을 다 내여 죽여ᄉᆞᆸ고 ᄯᅩ 대군을 내라 ᄒᆞ오니 〈계축 上:30b〉

–고져: 나ᄃᆞ린 져믄 것ᄃᆞᆯ흘 ᄣᅴ놀려 뵈ᄋᆞᆸ고져 ᄒᆞᄂᆡᆼ이다〈첩해초 6:6b〉

–니: 쟝모ᄭᅴᄂᆞᆫ 죠히 업서 ᄉᆞᆯ이 몯 알외ᄋᆞ오니 〈달성 96:3〉

–ㄴ대: 우도 나디 마오쇼셔 ᄒᆞ여 ᄉᆞ이예셔 후궁이 엿ᄌᆞ온대 〈서궁 1:1a〉

–ᄃᆡ: 침실 지게 열고 바로 드러 가 안ᄌᆞ며 엿ᄌᆞ오ᄃᆡ 〈계축 下:24a〉

–다가: ᄂᆞᆫ 가ᄉᆞᆷ을 알파 ᄒᆞᆫ ᄃᆞᆯ나마 누워 잇ᄉᆞᆸ다가 〈달성 106:5〉

–며: 舅姑 겨신 ᄃᆡ 가 … 옷의 더오며 치오믈 묻ᄌᆞ오며 〈여훈해 下:3b〉

–면: 극진ᄒᆞ심은 ᄇᆡ예셔도 밧ᄌᆞ오면 오름과 ᄒᆞᆫ가지오니 〈첩해초 6:17a〉

–ㄹᄉᆡ: 지금 몯 브렷ᄉᆞᆸ다니 큰 거시 아닌가 식브ᄋᆞ올ᄉᆡ 〈달성 140–5〉

–려: 우리 님금ᄭᅴ 받ᄌᆞ오려 ᄒᆞᄂᆞ다 〈두시중 5:32a〉

〈종결어미〉

–ᄂᆡ: 이제야 문ᄉᆞᆺ지 왓ᄉᆞᆸᄂᆡ 〈첩해초 1:1b〉

–네: 우리 듯기도 더욱 기ᄲᅳᄋᆞᆸ네 〈첩해초 3:27b〉

–뇌: 이 사ᄅᆞᆷ 하 ᄀᆞᆸ치매 ᄌᆞ지고 잠ᄭᅡᆫ ᄒᆞᄋᆞᆸ뇌 〈달성 157:14〉

–도쇠: 萬事의 두로 ᄡᅳ리시믈 미들 ᄉᆞᄅᆞᆷ이ᄋᆞᆸ도쇠 〈첩해초 1:3b〉

–대: 젼의ᄂᆞᆫ 처음으로 보ᄋᆞᆸ고 그지없ᄒᆞᄋᆞᆸ대 〈첩해초 3:5b〉

–데: ᄀᆡ별ᄒᆞᄋᆞᆸ소 ᄒᆞ시는 일이ᄋᆞᆸ데 〈첩해초 5:7b〉

–라: 北의셔 손 싯거든 壻의 從者ㅣ 믈 치고 슈건 밧ᄌᆞ오라 〈가례해 4:18b〉

–리: 今夜ᄲᅮᆫ 下人을 番을 ᄒᆞ이시면 ᄂᆡ일란 ᄆᆞᆺᄌᆞ오리 〈첩해초 4:28b〉

–새: 이제라도 드리아다 ᄒᆞᄋᆞᆸ새 〈첩해초 2:11a〉

-소: 이런 道理를 東萊의 엿ᄌ와 닉일부터 홀양으로 ᄒᆞᆼ요소 〈첩해초 3:23a〉

-쇠: 江戶로셔 御使ㅣ 예ᄾ지 왓닉이다 여그 드웁쇠 〈첩해초 7:13a〉

(4)와 (5)의 예문에서 17세기 '-습-'의 결합 관계에서 제일 눈에 띄는 변화는 '-습-'에 선행하는 요소가 생긴 것이다. '-습-'은 '-엇-'과의 통합에서 '-습-엇-'의 순서를 보이기도 하지만 매우 드문 현상이었고 '-엇-습-'의 순서로 통합하는 것이 일반적이었다.[15] 그리고 '-습-'과 '-시-'는 '-습-시-'혹은 '-시-습-'형으로 나타나고 있는데 이러한 현상은 이후 한동안 계속된다. 이는 기능 변화와 함께 지난 시기의 양상이 바로 소실하는 것이 아니라 상당 기간 유지됨을 의미한다.

이렇듯 '-습-'이 '-시-' 뒤에 이동하는 현상이 나타날 수 있는 것은 '-습-'의 기능이 변화되어 관여하는 요소가 문장 내부의 객체로부터 화자 자신의 태도로 변화하게 되었기 때문이다. 또 기능 변화로 하여 후접성의 원리를 어기게 됨으로써 이동을 일으켰던 것이다. 즉 선행형태와의 결합력이 약해짐으로써 문법 형태가 불안정하게 되어 변화를 일으켰는데 '-습-'의 기능이 변화했다는 사실은 '-습-'의 이동에 대한 근거가 된다. 그리고 '-습-'이 다시 새로운 자리를 찾을 수 있는 것은 '-습-'의 기능 변화를 통하여 새로운 기능을 지닐 수 있었기 때문이다.

(5)에서 보면 '-습-'에 후접하는 종결어미 목록에 '-이-'형태가 축소된 '-닉', '-데', '-새' 등 종결어미가 생겼다. 형태의 축소는 의미의 축소를 반영하는 것으로서 높임 체계에서 어미가 생략되어 높임 등급이 낮아

---

15) 박부자(2005)에 의하면 '-시-습-'은 종결어미 앞에 가장 넓게 분포되고 연결어미 앞에서는 종결어미에 비해 매우 제한된 환경에서만 나타난다고 했다. 그리고 '-시-습-'은 17, 18세기에 명사형 어미 '-기'와 '-ㅁ', 관형사형 어미 '-ㄴ'이나 '-ㄹ' 앞에 분포한 예가 전혀 나타나지 않았다고 서술했다. 이와 같이 나타나는 '-시-습-'의 분포는 '-습-'이 '-시-'뒤에 위치하는 결합 순서의 변화가 모든 구성에서 동일하게 일어나는 것이 아님을 의미한다.

지었다. 상세한 논술은 제5장에서 서술하기로 한다.

이상에서 '-습-'의 분포와 결합 관계를 살펴본 결과, '-습-'에 선행하는 요소가 생겼으며, '-습-'의 위치가 뒤로 이동하게 되었다. 다시 말해 '-습-'이 기능이 변화되어 객어와 구조적으로 멀어지게 되어, 주체높임의 '-시-'가 '-습-'에 선행하게 되었고 또한 통사적 구성으로부터 발달한 '-엇-'의 형성으로 인해 '-습-'에 선행하는 목록이 더 늘어나게 되었다.

3.2.3 17세기 '-습-'의 이형태

16세기 후반기에 이르러 / ㅿ /가 소실됨에 따라[16] /ㅎ/, /ㅎ오/의 두 이형태가 /ㅎ/, /ㅇ오/로 변하고 /ㅇ오/는 곧 이어 /오오/, /오/로 변하여 17세기 문헌에 이르면 '-습-'의 이형태는 /ㅎ/, /ㅅ오/, /ㅈ/, /ㅈ오/, /ㅎ/, /ㅇ오/, /오오/, /오/로 나타나게 된다.

(1) 가. 미일 새배 어을메 ㅅ당의 <u>뵈ㅎ고</u> 나며 〈동신효 7:19b〉

나. 아젹긔 나가 나죄 도라와 <u>뵈ㅎ기와</u> 문안을 〈동신효 1:63b〉

다. 탈상훈 후에 ㅅ당의 새배 어을믜 <u>뵈ㅎ기롤</u> 흐글ㄱ티 〈동신효 3:44b〉

라. 어버의 ㅁ옴을 즐겁게 흐고 문안흐기며 <u>뵈ㅎ는</u> 녜롤 〈동신효 5:5b〉

마. 돌마다 삭망애 반ㄷ시 금쳔 지븨 모다 ㅅ당의 <u>뵈ㅎ더라</u> 〈동신효 6:24b〉

---

16) 허웅 (1961:201)에 의하면 'ㅿ'은 서기 15세기 문헌에는 물론 사용되었고, 16세기의 《여씨향약》(1518), 《훈몽자회》(1527)에는 아직 사용되고 있으나, 17세기의 문헌인 《두시언해(중간본)》(1632), 《첩해신어》(1676, 그러나 저작은 훨씬 앞인 1616년에 완성되었다) 따위에는 사용되어 있지 않다고 했다. 하여 이러한 사실로 미루어 'ㅿ'의 소실은 16세기 후반이라고 했다.

예문 (1)은 《동국신속삼강행실도 · 효자도》에서 동사 '뵈다'에 '-습-'이 결합한 예를 보여준 것이다. (1가)에서만이 '뵈다'에 /습/이 결합하였고, 나머지 예들은 모두 /ᅀᅳᆸ/이 결합되었다. 하지만 '뵈다'에 /습/이 결합되던, /ᅀᅳᆸ/이 결합되던 모두 객체에 대한 높임의 기능을 나타낸다. 그리고 (1가-마)를 보면 같은 문헌의 같은 어휘, 같은 음운론적 환경에서 'ㅇ'과 'ㅿ'이 교체하고 있어 'ㅿ〉∅'라는 변화의 경향성은 16세기에 비해 한층 더 강력해졌음을 확인할 수 있다. 또한 'ㅿ〉∅'의 변화에 의해 음운론적 조건이 불투명하게 되는 경우가 있다. 이 경우 형태론적인 이형태가 등장하게 된다. 아래의 예를 보기로 하자.

(2) 가. 신해 두 님굼이 업ᄉ니 <u>비ᅀᆞᆸ건대</u> 〈동신충 5b〉
　　나. 方方 彼此의 ᄎᆞᆺᄌᆞ올 거시니 근심 <u>마ᅀᆞ소</u> 〈첩해초 1:14b〉
　　다. 자네 뫼신 사ᄅᆞᆷ의게 녜믈을 ᄒᆞ오니 모로미 ᄉᆞ양 <u>마ᅀᆞ소</u> 〈첩해초 8:19a〉
　　라. 녜일브터 우리 ᄒᆞ올 ᄡᅥ시니 자네네도 그리 <u>아ᅀᆞ소</u> 〈첩해초 9:3a〉

(2)는 '빌-', '말-', '알-'과 같이 'ㄹ'받침으로 끝난 어간에 '-습-'의 이형태 /ᅀᆞᆸ/이 결합된 예문을 보여준 것이다. 여기서 /ᅀᆞᆸ/은 객체높임을 나타내기도 하고(2가), 화자 겸양을 나타내기도 한다(2나-라).
　그리고 예문에서 보면 17세기에 '-습-'의 /ㅿ/이 탈락하여 없어졌는데도 '빌-, 말-, 알-'은 '-ᅀᆞᆸ-'과 결합할 때 /ㄹ/이 탈락하는 현상이 나타난다. /ㄹ/로 끝나는 어간에 '-습-'이 교착할 때, 어간 말음 /ㄹ/을 탈락하는 현상은 처음엔 음운론적 과정이었으나, 동시에 '-습-'이라는 형태소와 강하게 연결되는 과정이었기에, /ㄹ/을 탈락시키는 음운론적 조건이 되었던 초성에 치음이 없는 '-ᅀᆞᆸ-' 앞에서조차 어간 말 /ㄹ/이 탈락하게 되었다. 이것은 '-ᅀᆞᆸ-'의 분포가 더욱 불투명하게 되었음을 말해준다.[17]

그리고 /ㅿ/이 사라짐에 따라 기존의 /ᅀᆞ오/는 /ᄋᆞ오/로 변하고 /ᄋᆞ오/는 곧이어 /오오/, /오/의 형태로 나타난다.

(3) 가. 이튿날 일 닐어 婦ㅣ 舅姑ᄭᅴ 뵈ᄋᆞ오라 〈가례해 4:21b〉
　　 나. 세 번 表룰 올이ᄋᆞ오니 鹵莽호미 ᄒᆞᆫ 뻬유매 근도다 〈두시중 2:53a〉
　　 다. 分을 닙ᄉᆞ와 쌔혀난 材質이 아니론 고둘 붓그리ᄋᆞ오라 〈두시중 3:7b〉
　　 라. 님금ᄭᅴ 여희ᄋᆞ오믈 듣노니 다시 南陽애 눕디 몯ᄒᆞ니라 〈두시중 6:34b〉
　　 마. 다른 나래 싸해 ᄇᆞ리과라 님그믈 셤기ᄋᆞ오면 〈두시중 7:15a〉
　　 바. 그룰 올이ᅀᆞᆸ고 皇帝룰 뵈ᄋᆞ오니 〈두시중 22:26b〉
　　 사. 져년 가 뵈ᅀᆞᆸ고 오ᄋᆞ오듸 ᄆᆞᄋᆞᆷ은 열 히 밧 ᄀᆞ치 그립ᄉᆞᆸ고 〈달성 56:7〉
　　 아. 쟝모ᄭᅴᄂᆞᆫ 죠히 업서 슬이 몯 알외ᄋᆞ오니 〈달성 96:3〉
　　 자. 나는 젼싱 므슴 죄 짓고 미일 그리ᄋᆞ오며 긔별도 〈달성 129:8〉
　　 차. 떤ᄋᆞ온 후의 대되 뵈ᄋᆞ오며 긔후 엇더ᄒᆞᆸ샨고 〈달성 156:4〉

예문 (3)은 '-ᅀᆞᆸ-'의 이형태 /ᄋᆞ오/의 쓰임을 보여준 것이다. /ᄋᆞ오/는 《중간두시언해》와 《현풍곽씨언간》에 집중되어 나타나는 편향성을 보인다. 이는 이 두 문헌이 음운사적인 측면에서 보수적이라는 것을 말해준다. 특히 《현풍곽씨언간》은 '-ᅀᆞᆸ-'의 기능 변화가 상당히 빠른 문헌인바, /ᄋᆞ오/는 대부분 화자 겸양의 기능을 나타낸다. 이로써 통시적으로 문법적인 변화와 음운적인 변화의 정도가 항상 같은 정도로 진행되는 것이 아님을 확인할 수 있다.

---

17) 김현주(2005:83), 높임법 {-ᅀᆞᆸ-}의 역사적 변화, 고려대학교 대학원 석사학위논문.

(4) 가. 자닉네도 처음으로 <u>보오완마는</u> 〈첩해초 7:17b〉

나. 雜物 두실 적의 가지 가지 <u>스양ᄒᆞ오완마는</u> 〈첩해초 8:1b〉

다. 눈믈 지오며 아바님 <u>여희오완</u> 지 엇그젠 돗ᄒᆞ오ᄃᆡ 〈달성 44:5〉

(4)에서 보면, '-ᄉᆞᆸ-'의 이형태인 /오오/는 매우 제한된 예문에서만 나타난다. 또 아래의 (5)에서 보면 같은 문헌인 《중간두시언해》에서 '보ᄋ 오니', '보오오니'가 모두 발견되어 /ᄋ오〉오오/의 변화가 진행중임을 알 수 있다.

(5) 가. 金牛를 디나가 채룰 돌아 도로 들여 天子룰 와 <u>보ᄋ오니</u> 〈두시 중 17:31a〉

나. 삼신 신고 天子룰 가 <u>보오오니</u> 〈두시중 2:30b〉

그리고 /ᄋ오/에서 /ᄋ/가 탈락한 /오/의 형태도 나타나는데, /ᄋ오/ 보다 오히려 더욱 많이 나타난다.

(6) 가. 엇디 흉복으로 군샹씌 <u>뵈오리오</u> 〈동신렬 2:11b〉

나. 祖先을 請ᄒᆞ와 堂의나 或 廳의 <u>祭ᄒᆞ오ᄃᆡ</u> 〈가례해 1:21b〉

다. 네 龕실을 딩ᄀ라 써 先世 神主룰 <u>뫼오라</u> 〈가례해 1:11a〉

라. 날이 閑暇ᄒᆞ미 하셔 ᄉ이에 일즉 睿主ㅣ 겨틔 <u>뫼오와</u> 〈여훈해 上:28a〉

마. ᄂᆞᆺ출 <u>보오니</u> 이제도 병 빗치 겨시니 모로매 됴리ᄒᆞᆸ소 〈첩해 초 3:3a〉

바. 히포 미류ᄒᆞ오신 병셰예 침식을 <u>못ᄒᆞ오시ᄂᆞᆫ</u> 〈서궁 2a〉

사. 처음으로 대군을 <u>보오시고</u> 깃브고 <u>ᄉᆞ랑ᄒᆞ오시미</u> 〈계축 上:36a〉

아. 그 형님 <u>싱각하오니</u> 〈병자 94〉

자. 이제ᄂᆞᆫ <u>칭신ᄒᆞ오니</u> 〈산성 92〉

차. 나도 모 심기웁고 타작ᄒᆞ온 휘면 낫ᄌᆞ와 <u>뵈오링이다</u> 〈달성
　　140:11〉

예문 (6)에서 /오/는 여러 문헌에서 골고루 나타난다. 주요하게 'ᄒᆞ-',
'뵈-', '보-', '뫼-' 등 동사에 결합되어 나타난다. 또 /오/는 객체높임의
기능을 유지하기도 하고(6가-라), 화자 겸양의 기능을 나타내기도 한다
(6마-차).
　이외에도 '-ᄉᆞᆸ-'의 이형태로 /ᄉᆞᆸ/, /ᄉᆞ오/, /ᄌᆞᆸ/, /ᄌᆞ오/가 나타난다.

　(7) 가. ①님금 恩惠를 <u>갑ᄉᆞᆸ고져</u> ᄒᆞ나 〈두시중 1:54b〉
　　　　　②아히과 늙은 근시ᄂᆞᆫ 다 <u>죽ᄉᆞᆸ고</u> 즘싱 ᄀᆞᆮ튼 거시 조곰안 아히들
　　　　　　만 ᄃᆞ리고 〈계축 下:17b〉
　　　　　③路次의 ᄀᆞᆺ브매 이제야 문ᄉᆞᆫ지 <u>왓ᄉᆞᆸ니</u> 〈첩해초 1:1b〉
　　　　　④ᄌᆞ식은 당시 무ᄉᆞ히 <u>잇ᄉᆞᆸ고</u> 〈달성 14-4〉
　　　나. ①공희대왕됴애 졍문ᄒᆞ시니라 그 후의 영졍대왕 <u>업ᄉᆞ오시니</u>
　　　　　　〈동신효 3:82b〉
　　　　　②慰문 조차 주시믈 업더려 <u>닙ᄉᆞ오니</u> 不勝哀感ᄒᆞ여이다 〈가례
　　　　　　해 7:7a〉
　　　　　③恩德 <u>갑ᄉᆞ오</u>믈 支當티 못ᄒᆞ노라 〈두시중 3:4b〉
　　　　　④하늘 ᄀᆞᆮ튼 ᄀᆞ 업ᄉᆞᆫ 은덕을 어듸 다혀 <u>갑ᄉᆞ오리</u> 〈경민중 38a〉
　　　　　⑤리 ᄒᆞ오려니와 깁피 <u>드럿ᄉᆞ오니</u> 別흔 일도 업ᄉᆞ오니 〈첩해초
　　　　　　1:16a〉
　　　　　⑥대군을 보오시고 깃브고 ᄉᆞ랑ᄒᆞ오시미 ᄀᆞ이 <u>업ᄉᆞ오시나</u> 〈계
　　　　　　축 上:36a〉
　　　　　⑦나ᄂᆞᆫ 나히 만코 웃뎐은 나히 <u>졈ᄉᆞ오시니</u> 〈서궁 10a〉
　　　　　⑧ᄌᆞ식은 대되 뫼웁고 덕분의 편히 <u>잇ᄉᆞ오듸</u> 〈달성 32:6〉

　(7)은 '-ᄉᆞᆸ-'의 이형태인 /ᄉᆞᆸ/, /ᄉᆞ오/의 쓰임을 보여준 것이다. 15,

16세기와 같은 음운론적 환경에서 출현하지만 이 이형태들은 기능상의 변화를 입어, 일부는 객체높임을 유지하고 일부는 화자 겸양을 나타낸다. 즉 (7가)의 ①, (7나)의 ②-④는 객체높임을 나타내고 (7가)의 ②-④, (7나)의 ①, ⑤-⑧은 화자 겸양을 나타낸다.

(8) 가. ①삼시예 ᄃᆞᆯ며 만난 거ᄉᆞᆯ ᄀᆞ초아 몬져 부모긔 받ᄌᆞᆸ고 〈동신효 1:14b〉
②새배로셔 寢門에 가샤 安否를 묻ᄌᆞᆸ놋다 〈두시중 4:17b〉
③祠版을 내ᄋᆞ와 位예 놋ᄌᆞᆸ고 焚香ᄒᆞ고 〈가례해 1:28b〉
④皇后人씌 밧ᄌᆞᆸ고 天下에 반포ᄒᆞ라 ᄒᆞᆫ대 〈여훈해 上:7a〉
⑤이 道理 信使씌 엿ᄌᆞᆸ고 小通事의게 니ᄅᆞ셔 〈첩해초 5:15b〉
⑥太子와 諸王씌 엿ᄌᆞᆸᄂᆞᆫ 글월 〈역어해 上:11a〉
⑦내 ᄂᆞᆯ개ᄅᆞᆯ 도쳐 ᄂᆞ가라 긔별을 드러다가 엿ᄌᆞᆸᄂᆞ니 〈계축 下:9a〉
⑧긔후 엇디 지내신고 일시도 닛ᄌᆞᆸ디 몯ᄒᆞ오며 〈달성 157:4〉
나. ①약을 달히매 반ᄃᆞ시 맛보와 밧ᄌᆞ오니라 〈동신효 7:51b〉
②그 다시 빡 아니믈 取ᄒᆞᆫ 거시라 듯ᄌᆞ오ᄃᆡ 〈가례해 4:17a〉
③우리 님금씌 받ᄌᆞ오려 ᄒᆞᄂᆞ다 〈두시중 5:32a〉
④至尊씌 ᄃᆡᄒᆞ오믈 엇ᄌᆞ오니 〈여훈해 下:48a〉
⑤믄드림잔 다 밧ᄌᆞ오라 청ᄒᆞ노니 〈노걸해 下:31b〉
⑥우리ᄂᆞᆫ 마ᄌᆞᆷ 順風의 無事히 븟ᄌᆞ오니 깃거ᄒᆞᄋᆞᆸᄂᆡᆼ이다 〈첩해초 5:18a〉
⑦사ᄅᆞᆷ의 목숨을 닛ᄌᆞ오쇼셔 ᄒᆞ오니 〈계축 上:31a〉
⑧웃뎐 ᄂᆡ인이 가면 마리ᄅᆞᆯ 빗ᄌᆞ오시다가도 〈서궁 9b〉
⑨할미 가오니 게셔 오ᄋᆞᆸ던 ᄆᆞᄋᆞᆷ ᄀᆞᆺᄌᆞ오이다 〈달성 132:12〉

(8)은 '-ᄉᆞᆸ-'의 이형태인 /ᄌᆞᆸ/, /ᄌᆞ오/의 쓰임을 보여준 것이다. 음운론적인 조건이 무시되어 선행어간의 음절말 자음이 /ㅅ/인 경우에도

어간에 /줍/, /ᄌᆞ오/가 결합되었다. 하지만 객체를 높임에 있어서 그 기능은 변화되지 않았음을 보아낼 수 있다. 그리고 (8)에서 보면 /줍/, /ᄌᆞ오/는 '묻다, 엳다, 받다, 듣다' 등 동사에 높은 빈도로 결합된다. 이상에서 17세기 '-ᄉᆞᆸ-'의 이형태 및 그 쓰임을 보여주었다. 보다시피 /ᅀ/이 소실됨에 따라 /ᄉᆞᆸ〉ᄋᆞᆸ/, /ᄉᆞ오〉ᄋᆞ오〉오오〉오/의 변화를 겪게 된다. 이런 '-ᄋᆞᆸ-'류는 상당한 쓰임에서 화자 겸양을 나타내지만 《중간두시언해》, 《가례언해》 등과 같은 보수적인 문헌에서는 아직도 객체높임의 쓰임을 유지하기도 한다. '-ᄉᆞᆸ-'류도 '-ᄋᆞᆸ-'류와 마찬가지로 원래의 객체높임 기능을 유지하는 것도 있고 새로운 기능—화자 겸양을 나타내는 것도 있다. 하지만 '-줍-'류는 '-ᄋᆞᆸ-'류와 '-ᄉᆞᆸ-'류와 달리 시종일관하게 객체높임의 기능을 유지한다. 또한 '-줍-'류는 '묻다, 엳다, 받다, 듣다' 등 제한된 동사에 높은 빈도로 결합되는 양상을 보인다.

3.3 18세기의 '-ᄉᆞᆸ-'

18세기에 들어서서 '-ᄉᆞᆸ-'의 기능은 '객체높임'에서부터 '화자 겸양'에 이르기까지 다양하게 나타났다. 중간본들과 경서류에서 나타나는 복고적인 표현들, 궁중 언어의 특이성으로 하여 객체높임을 유지하는 양상을 보였고, 동시에 언해류, 운음류와 실기, 소설 등 다양한 문체의 글이 나타남으로 하여 화자 겸양의 기능으로 굳어져갔다. '-ᄉᆞᆸ-'의 기능 변화로 하여 '-ᄉᆞᆸ-'은 17세기와 마찬가지로 '-시-', '-엇-' 등에 후행하게 되고 18세기 말의 '-겟-'의 출현으로 하여 '-ᄉᆞᆸ-'에 선행하는 목록이 하나 더 늘게 된다. 아래에 18세기 '-ᄉᆞᆸ-'의 기능, '-ᄉᆞᆸ-'의 결합 양상, '-ᄉᆞᆸ-'의 이형태들을 차례로 살펴보자.

3.3.1 18세기 '-숩-'의 기능

18세기에도 17세기와 마찬가지로 객체높임의 쓰임을 유지하는 '-숩-'과 화자 겸양의 쓰임을 보이는 '-숩-'이 존재하였다. '-숩-'의 소실과 변화는 점진적으로 이루어지는바 새로운 기능의 등장과 함께 원래의 기능이 바로 사라지는 것이 아니라 한동안 유지된다. 때문에 '-숩-'은 17, 18세기에는 한편으로 15세기 쓰임의 잔재로 객체높임을 유지하였고 다른 한편으로 화자 겸양의 쓰임을 나타냈다.

3.3.1.1 객체높임의 쓰임을 유지하는 '-숩-'

18세기 후반의 몇몇 불경 언해에서는 '-숩-'이 객체높임의 기능을 유지하고 있었다. 실은 15세기 객체높임어미 '-숩-'이 활발하게 사용된 문헌도 인물간의 존비격차가 큰 불교 번역서들인《월인석보》,《석보상절》,《법화경언해》등과 같은 것이었다.

(1) 가. 뎨셕이 셰존끠 쳥호스오딕 〈지장해 上:1a〉
 나. 부텻 말슴 듯습고 즉제 신슈 호오려니와 〈지장해 上:6b〉
 다. 집을 풀라 향화와 공양홀 걷들홀 너비 구호야 부텨 탑스의 ᄀ장 공양호옵써니 〈지장해 上:9a〉
 라. 나한이 어엿비 너겨 방변을 작호야 광목을 권호야 닐으되 네 졍셩으로 쳥졍 년화목 여릭롤 념호숩고 〈지장해 上:26a〉
 마. 문득 밤후에 쑴메 부텻 몸을 보스오니 〈지장해 上:26a〉

(1가)에서 보면 여격어로 실현된 객체 '셰존'에 대한 높임의 의향을 나타내기 위해 동사에 '-숩-'을 결합하였다. (1나)에서는 목적어로 실현된 객체 '말씀'이 가리키는 '부처'에 대한 높임의 의향을 나타내기 위해

동사에 '-숩-'을 붙였다. (1다)에서 서술어 '공양ᄒ-'의 객체는 '부텨 탑ᄉ'이어서 여기에서도 '-숩-'은 객체높임으로 파악된다. (1라)는 '나한' 이 '광목'에게 이야기하고 있는 상황으로 술어인 '념ᄒ-'의 객체는 '여ᄅᆡ' 이므로 '-숩-'은 객체높임을 나타낸다. (1마)에서도 목적어로 실현된 객체 '몸'이 가리키는 '부처'에 대한 높임의 의향을 나타내기 위해 동사에 '-숩-'을 붙였다.

그리고 존비격차가 큰 궁중어일 경우에도 '-숩-'은 객체높임의 기능을 유지하고 있었다.

(2) 가. ①ᄆᆞᆯ 밥과 포육을 품으샤 帝ᄭᅴ 받ᄌᆞ오샤 〈어내훈 2:77b〉
　　　②孟子ㅣ 어려셔 母의게 믓ᄌᆞ오ᄃᆡ 〈여사서 4:8a〉
　나. ①샹이 ᄌᆞ교를 받ᄌᆞ오와 명ᄒ오샤 〈천의해 1:1a〉
　　　②우리 ᄌᆞ셩ᄭᅴ 알외ᅀᆞᆸ고 ᄌᆞ셩 하교를 듯ᄌᆞ오니 〈천의해 어졔유 찬슈졔신:3a〉
　다. ①탕데를 고쳐 명ᄒ야 ᄡᅥ 샹의 듯ᄌᆞ오심을 버거히 못ᄒ리라 〈명의해 首上:32a〉
　　　②대위를 주시며 받습기ᄂᆞᆫ 큰 일이라 〈명의해 首下존현각일 긔:28a〉

(2가)에서 보면 여격어로 실현된 객체인 '帝, 母'에 대한 높임의 의향을 실현하기 위해 동사 '받다, 묻다'에 '-숩-'을 결합하였다. (2나)의 ①에서 보면 목적어로 실현된 객체 'ᄌᆞ교'는 '임금의 어머니가 내린 친교'이기에 'ᄌᆞ교'가 가리키는 '임금의 어머니'를 높이기 위해 동사 '받다'에 '-숩-'을 결합하였다. (2나)의 ②에서 '하교'는 '윗사람이 아랫사람에게 내리는 명 령'이기에 '하교'가 가리키는 '윗사람'에 대한 높임을 나타내기 위해 동사 '듣다'에 '-숩-'을 붙였다. (2다)에서도 '대왕'에 대한 높임을 나타내기 위해 동사 '듣다, 받다'에 '-숩-'을 결합하였다.

예문 (1)과 (2)를 보면 '-습-'은 모두 15세기와 같은 쓰임을 보인다.
하지만 변화가 없지는 않다. 음운론적으로 /ᄒ-/, /보-/ 뒤에 '-습-'이
교착할 때는 /ᅀᆞ오/로 교체되어야 하나 (1가), (1라), (1마)에서는 /ᄉᆞ오/로
교체되었다. 그리고 /밧-/, /듯-/, /뭇-/ 뒤에 '-습-'이 교착할 때는
/습/으로 교체되어야 하나 (2)에서는 /줍/으로 교체되었다. 이렇듯 음운론
적인 조건이 무시된 잘못된 쓰임은 객체높임이 더 이상 '-습-'을 통해
생산적으로 표현되지 않음을 말해준다. 아래의 예문도 이를 뒷받침해준다.

(3) 가. 죠고만 의심 일이 이셔 세존끠 묻ᄌᆞᆸᄂᆞ니 〈지장해 中:20b〉
    나. 우리 뎐하를 셔 돕ᄌᆞ오시고 〈천의해, 진천의쇼감차ᄌ 2a〉

(3가)에서 보면 내용상 객체높임이라는 '-습-'의 기능이 적절하게 표
현되었다고 해도 음운론적인 조건을 만족하지 못하고 있으므로 여기에서
는 객체높임의 기능으로는 생산적으로 쓰이지 않는 '-습-'을 의도적으로
결합시킨 것임이 확인된다. (3나)에서도 음운론적 조건이 무시되어 '돕-'
에 /ᄌᆞ오/를 결합시켰다. 15세기부터 17세기라면 /ᄉᆞ오/를 결합시켰을
것이다. 이런 특징은 뒤로 갈수록 더욱 뚜렷하게 나타난다.
이로서 '-습-'에 의한 객체높임 표현이 음운론적인 조건을 무시하고
이형태들이 불규칙적으로 선택된다. 하지만 예문 (2)에서 /줍/, /ᄌᆞ오/는
일부 어휘-'듣다', '받다', '묻다'에만 국한되어 결합함으로써 객체높임의
기능을 유지한다. 이는 '듣-', '받-', '묻-' 등의 특정 어휘의 의미에 '객체높
임'의 의미가 더해지게 하여 이후 새로운 어휘를 만들어 내기에 이른다.[18]

---

18) 김현주(2006:57)에 의하면 음운론적 조건에 의한 '-습-'의 이형태 부류인 〈줍〉(/줍
/, /ᄌᆞ오/, .ᄌᆞᇦ/, /ᄍᆞᇦ/)은 '듣-', '엳-', '받-'에 교착하던 굴절적 요소로
출현하는 동안 해당 어휘가 높은 빈도로 사용되고 음운론적인 과정과는 별개의 의미적
인 재구조화를 겪게 되어, 결국 현대에 와서 '듣잡-', '여쭙-', '받잡-'이라는 새로운
어휘를 만드는 요소가 되었다고 했다. 그리고 이런 어휘들에서의 〈줍〉은 시대가 바뀌
어도 객체높임의 본래의 기능을 유지한다고 했다.

3.3.1.2 화자 겸양의 쓰임으로 변한 '-습-'

16세기 말부터 화자 겸양의 단초를 보이는 '-습-'이 등장하기 시작하여 17세기에는 상당한 쓰임에서 화자 겸양을 나타냈다. 18세기에 들어서 문헌의 다양화한 성격으로 인해 화자 겸양의 쓰임은 그 자리를 굳혀갔다.

(1) 가. 이제 이 쇼감을 찬슈ᄒᆞ미 실노 삼셩지인 셩덕을 <u>유양ᄒᆞ옵고</u> 건겨 딕리의 의리를 드러내여 블켜 턴하 후셰의 블키 뵈려 ᄒᆞ기의 낫ᄂᆞᆫ디라 젼후 연교와 밋 졍원일긔의 실닌 바로뻐 요긴 ᄒᆞᆫ 거슬 건뎌 삼가 <u>쓰옵다</u> 〈천의해, 천의쇼감범녜:1a〉

나. 챵집이 글오되 이제 국셰 고위ᄒᆞ고 인심이 파탕ᄒᆞ거늘 셩샹이 춘취 <u>명셩ᄒᆞ오시되</u> 오히려 져시 <u>업스오시니</u> 종샤의 근심이 이예셔 큰 거시 <u>업스오되</u> 스테 듕대ᄒᆞ야 이제 니ᄅᆞ히 말ᄉᆞᆷ을 <u>못ᄒᆞ엿숩더니</u> 딕간의 말이 지극히 <u>맛당ᄒᆞ오니</u> 뉘 감히 다른 ᄯᅳᆺ이 이시리잇가 〈천의해 1:2b-3a〉

다. 병조판서 송샹긔 샹소ᄒᆞ야 니로되 … 비록 그 가온딕 므슴 곡졀이 잇ᄂᆞᆫ디 아딕 <u>못ᄒᆞ옵거니와</u> 후ᄉᆞ와 금외 현연히 완홀ᄒᆞᆫ 의시 <u>잇스오니</u> 신이 그윽이 히연ᄒᆞ야 ᄒᆞᄂᆞ이다 〈천의해 1:54b-55a〉

라. 션히 공ᄉᆞᄒᆞ되 죠보를 <u>보앗숩기</u> <u>아랏스오되</u> 그 속을 아지 <u>못ᄒᆞ 엿숩기로</u> 이 말ᄉᆞᆷ을 <u>ᄒᆞ엿숩ᄂᆞ이다</u> 〈명의해 2:1a〉

(1가)의 예문을 살펴보면 편찬자가 화자이며 주체이다. 그렇지만 상위자인 객체와 청자가 명확하지 않다. 여기에서 '범례'라는 특성과 관련되어 '-옵-'은 객체나 청자와 상관없이 화자의 겸양을 나타낸다. (1나)의 예문을 보면 화자와 주체는 '챵집'이고, 청자는 '임금'이다. 여기에서 '-습-'은 존귀한 청자인 '임금'에 대한 화자의 겸양을 나타내기 위해 동사 어근에 '-습-'을 결합하였다. (1다)에서 화자와 주체는 모두 '송샹긔'이고 객체는

목적어인 명사절이다. 이 명사절이 왕과 관련되는 일이라면 상위의 객체로 상정될 수 있을 것이나, 여기에서는 존귀한 객체가 존재하지 않는다. 이때의 '-읍-'은 청자를 향하는 것이고, '잇ᄉ오니'의 '-ᄉ오-'도 청자에 대해 화자를 겸양하는 것이다. (1라)에서 화자와 주체는 명확하나 상위의 객체는 파악하기 힘들다. 즉 '죠보롤'이 상위의 객체로 인정되지 않는 한 원래의 쓰임과는 다르고, '못ᄒ엿습기로'의 객체는 '그 속을'이므로 역시 상위자인 객체라 하기는 어려워 원래의 쓰임과 차이가 난다. 'ᄒ엿습ᄂ이다'도 객체는 자신의 말이므로 상위자라 하기 어렵다.

'-습-'이 '-시-'나, '-이-'와 함께 나타나는 것들을 살펴보면 더욱 명확하게 알 수 있다. '-습-시-'나 '-습~이-'의 경우 '-시-'나 '-이-'는 그 본래의 기능을 가지고 있고, 여기에 '-습-'의 화자 겸양이 덧붙여져 높임법의 등급을 더욱 다양하게 표현하고 있는 것이다.

(2) 복원 뎐하ᄂ 밧비 일로 뻐 우흐로 ᄌ셩의 <u>품ᄒ오시고</u> 아리로 대신의
   게 <u>의논ᄒ오샤</u> 샤직의 대쳑을 <u>뎡ᄒ오시고</u> 억됴의 옹망ᄒᄂ 거슬
   민이게 <u>ᄒ오쇼셔</u> 샹이 즉시 비답을 <u>ᄂ리오샤</u> <u>뎡ᄒ오샤</u> 대신의게
   의논ᄒ여 품쳐ᄒ라 <u>ᄒ오시니</u> 〈천의해 1:2a-2b〉

(2)에서 보면 '-습-'과 '-시-'가 함께 나타나고 있다. '품ᄒ오시고', '의논ᄒ오샤', '뎡ᄒ오시고', 'ᄒ오쇼셔'는 청자이자 주체의 행위인데 여기서 화자인 '니뎡슉'의 겸양과 주체에 대한 높임을 함께 나타냈고, 'ᄂ리오샤', '뎡ᄒ오샤', 'ᄒ오시니'에서는 편찬자인 화자의 겸양과 주체에 대한 높임을 나타낸 것이다.

(3) 가. 셜히 공ᄉ하되 과연 신의 글시니 그 쌔예 그 샹소롤 보지 못ᄒ
      엿습기의 ᄉ상을 아지 못ᄒ고 이 편지롤 <u>ᄒ엿습ᄂ이다</u> 〈명의해
      2:1a〉

나. 다만 쇼론이 노론을 죽이고져 흔단 말을 드럿습ᄂ이다 〈명의
　　해 2:2a〉

(3)의 예문은 영조의 질문에 죄인의 입장에 있는 화자가 답하는 상황이
다. '-습~이-'로 나타나고 있는데 여기서 '-습-'의 기능을 살펴보면
화자는 청자에게 높임을 표하는 입장에 놓여 있다. 청자에 대한 높임은
'-이-'로 나타내고 '-습-'은 청자에 대한 화자 자신의 겸양을 나타낸다.
화자는 자신의 행위에 겸양의 표현을 사용하고 청자에 대해서는 '-이-'
를 사용하여 이중의 구조로 상대방을 높이고 있다.
　이상의 자료들을 살펴보면 18세기 문헌에서 '-습-'은 객체높임을 유지
하기도 하나 객체와 청자와 상관없이 화자 자신의 겸양을 나타내기도
하였다. '-습-'은 이러한 특성 때문에 아무 제약 없이 주체높임법과 청자
높임법을 보조할 수 있었다.

3.3.2 18세기 '-습-'의 분포와 결합 양상

　18세기에 들어서서 선어말어미들의 결합 순서의 변화, 특히 '-습-'과
관련된 변화는 17세기와 마찬가지로 '-습-'이 주체높임어미 '-시-'와
과거 시제의 선어말어미 '-엇-'에 후행하게 된 것이 가장 핵심적이다.
물론 부분적으로 '-시-'가 '-습-'에 후행하는 현상도 동시에 나타나게
되어 '-습-시-'혹은 '-시-습-'형이 공존하고 있었다. 이는 공시적인
관점에서는 결합 순서의 혼란으로 볼 수 있으나, 통시적인 관점에서는
변화의 과정을 보여준다. 다시 말해 후대에는 '-시-습-'형으로 나타나
고 공존의 시기 이전에는 '-습-시-'형으로 나타났으므로 이는 '-습-'이
'-시-'뒤로 이동하는 과도기의 상황을 반영한다.

(1) 가. ①태갑동궁 말은 과연 샹셔문의룰 인ᄒᆞ야 <u>ᄒᆞ엿습ᄂᆞ니이다</u> [엿
-습-ᄂᆞ-니-이] 〈속명의해 2:11b〉

②ᄉᆞ톄 듕대ᄒᆞ야 이제 니ᄅᆞ히 말솜을 <u>못ᄒᆞ엿습더니</u> [엿-습-
더-니] 〈천의해 1:3a〉

③길히 사름이 보고 반ᄃᆞ시 뎌룰 <u>우어시리라</u> [엇-리] 〈박통언
2:52b〉

나. ①ᄒᆞᆫ 이틀 ᄉᆞ이예 <u>快差ᄒᆞ시오리이다</u>[시-습-리-이] 〈인어
10:12b〉

②어와 어와 어히업시 <u>니ᄅᆞ시웁ᄂᆡ</u> [시-습-ᄂᆞ-ㅣ]五十束 드린
公木을 다 나므라고 받지 아니코 얻지ᄒᆞ려ᄒᆞ시ᄂᆞᆫ고 〈개쳡
4:16b-17a〉

③東萊 니ᄅᆞ시문 昨日은 日吉利도 사오나온ᄃᆡ 御渡海ᄒᆞ시니
ᄌᆞ키 슈고로이 너기시랴 ᄒᆞ셔 보옴을 슬오라코 <u>젼갈ᄒᆞ시웁</u>
<u>데</u> [시-습-더-ㅣ] 〈개쳡 1:32b-33a〉

다. ①삼년에 하늘이 반ᄃᆞ시 화룰 <u>ᄂᆞ리오시ᄂᆞ니</u> [습-시-ᄂᆞ-니]
〈경신 7a〉

②반ᄃᆞ시 샹휘 안녕ᄒᆞ오시물 <u>못ᄌᆞ오시더라</u> [습-시-더] 〈선부
48b〉

③우리 츈궁뎌하 ᄆᆞ옴이 그 쟝ᄎᆞᆺ <u>편안ᄒᆞ오시리잇가</u> [습-시-
리-이] 〈천의해 1:13b〉

라. ①즉제 아니보지 몯홀 일이기예 아ᄅᆞ시게 ᄒᆞ여 御案內 <u>숩ᄂᆞ이</u>
<u>다</u> ᄌᆞ셰 <u>아웁거이다</u> [습-거-이] 〈개쳡 7:15a〉

②뎌로 ᄒᆞ여곰 禮法을 좃게 못ᄒᆞ니 理ㅣ 맛당히 <u>坐罪ᄒᆞ리어다</u>
[리-거] 〈오륜해 2:1b〉

(1가)를 보면 '-습-'은 통사적 구성에서 발달한 '-엇-'에 후행하고,
시제의 선어말어미 '-ᄂᆞ-', '-더-', '-리-'는 '-습-'에 후행한다. (1나)
에서 보면 '-습-'은 '-시-'에 후행하고 시제의 선어말어미'-ᄂᆞ/더/리-'
는 '-습-'에 후행한다. (1다)에서 보면 '-습-'은 '-시-'에 선행하는 양상

을 유지하기도 한다. 그리고 (1라)에서 보면 확정법의 선어말어미 '-거-'가 '-ᄉᆞᆸ-'과 '-리-'에 후행한다.

이로 미루어 볼 때, 18세기 선어말어미들의 결합 순서를 아래와 같이 종합할 수 있다.

(2) 어간+엇- [ᄉᆞᆸ] / [시] - ᄂᆞ ‖ 더 ‖ 리 - 거 ‖ 니- [이][19)]

(2)에서 보면 18세기의 결합 순서는 17세기와 대체로 비슷하다. 15-16세기와 비교해 볼 때 새로운 선어말어미 '-엇-'이 등장했는데, '-어 잇-'의 통사적 구성에서 연유한 '-엇-'은 '잇-'이 지닌 어휘적인 특성 때문에 '-ᄉᆞᆸ-'에 선행한다. 또한 상보적인 관계에 있던 '-ᄂᆞ-', '-더-', '-리-'가 구조적으로 하나의 범주로 묶이게 됨으로써 상대적으로 안정된 시상 범주를 이루게 되었다고 할 수 있다. 하지만 '-엇-'이 과거 시제 표현의 선어말어미로 정착하게 되면서 기존의 시제 체계는 흔들리고 과거를 표시하던 '거1'은 '거2'와 같이 서법적인 특성을 지닌 '거' 하나로 통합되었다.

18세기의 '-ᄉᆞᆸ-'이 가지는 결합 관계를 목록으로 요약하면 다음과 같다. 이들은 '-ᄉᆞᆸ-'에 바로 선행하거나 후행하는 것이다.

(3) '-ᄉᆞᆸ-'에 선행하는 요소:

-엇-: ᄒᆞᆫ 번 죽을 ᄆᆞᄋᆞᆷ을 샹히 흉즁의 두엇ᄉᆞᆸ고 〈명의해 首下존현각일긔:37b〉

-시-: 站站의셔 支應을 ᄒᆞ매 여드레만의 東萊府에 드시ᄋᆞᆸᄂᆡ 〈인어 1:6a-6b〉

19) '‖'은 두 선어말어미가 계열 관계에 있음을 말해주고, '/'은 통합에서 그 순서가 서로 바뀔 수 있음을 말한다.

(4) '-습-'에 후행하는 요소:

〈선어말어미〉

-거/가-: 주셰 아옵거이다 〈개첩 7:15a〉

-ᄂ-: 약도 먹고 씀도 ᄒᆞ야 이제ᄂᆞᆫ 됴화습ᄂᆞ이다 〈개첩 2:26b〉

-니-: 祖宗이심을 아디 못ᄒᆞ니 ᄀᆞ장 우ᄉᆞ오니라 〈오전해 6:4b〉

-리-: 이 盞으란 御意ᄀᆞ티 다 먹ᄉᆞ오리이다 〈개첩 3:15b〉

-다-: 어와 어와 아옵다온 일이옵도쇠 〈개첩 5:2a〉

-더-: 서로 보옵지 몯ᄒᆞ오니 섭섭ᄒᆞ옵더니 〈개첩 3:1b〉

-시-: 춘취 뎡셩ᄒᆞ오시되 오히려 계시 업ᄉᆞ오시니 〈천의해 1:1b〉

-(어시)엇-: 찬즙ᄒᆞᄂᆞᆫ 의례ᄂᆞᆫ 다 원편을 좃ᄉᆞ왓ᄂᆞ디라 〈속명의해 차
ᄌᆞ:5b〉

〈연결어미〉

-고: 권병(權柄)이 ᄀᆞ장 므겁습고 졍ᄉᆞ(政事) 극히 호번(浩繁)ᄒᆞ더라
〈무목 200〉

-고져: 낭쥐 흔흔 음식으로 갑습고져 ᄒᆞ나 〈빙빙뎐 095〉

-니: 王씌 뵈ᄋᆞ오니 王이 暴드려 樂 됴히 녀기모로 ᄡᅥ 니ᄅᆞ거시ᄂᆞᆯ
〈맹율해 1:39a〉

-ㄴ대: 관속의 거시 다 보물이라 엿ᄌᆞ온대 〈종덕해 下:54b〉

-ᄃᆡ: 孟子ㅣ 어려셔 母의게 뭇ᄌᆞ오ᄃᆡ 〈여사서 4:8a〉

-다가: 이리 ᄂᆞ려옴은 왇습거니와 오래 근쳔숩다가 〈인어 8:3a〉

-며: 그 福을 닙ᄉᆞ오며 妾도 ᄯᅩ 참예ᄒᆞ야 영화로옴이 〈어내훈 2:84b〉

-면: 물외ᄉᆞ를 좃ᄉᆞ오면 안양셰계 간다 ᄒᆞ니 〈염불 43a〉

-ㄹᄉᆡ: 쥬비(酒杯)를 ᄂᆞᄋᆞ올ᄉᆡ 〈완월 2:2a〉

-려: 삼가 엄명을 밧ᄌᆞ오려니와 〈완월 171:22a〉

〈종결어미〉

-ᄂᆡ: 졔요 이졔야 守門ᄉᆞᆫ지 왇습ᄂᆡ 〈개첩 1:2a〉

-도쇠: 잔 잡ᄂᆞᆫ 양을 보오니 어내 잘ᄒᆞ시ᄂᆞᆫ 술이옵도쇠 〈개첩 3:8b〉

-딕: 잘 通ᄒ시니 긷비 너기웁딕 〈개첩 1:28〉

-데: 젼의ᄂᆞᆫ 처음으로 보웁고 긷거 ᄒ웁데 〈개첩 3:6b〉

-라: 也克罕等은 쓰러 宣諭롤 듯ᄌ오라 〈오전 7:30a〉

-리: 今夜쌴 下人을 番을 ᄒ이시면 닉일란 믇ᄌ오리 〈개첩 4:39b〉

-새: 무러보와 이제라도 드릴 양으로 니ᄅᆞ웁새 〈개첩 2:25〉

-소: 今日은 밤이 드러시니 明日 듣보와 보웁소 〈개첩 1:18b〉

(3)과 (4)에서 보면 18세기 '-습-'의 결합 관계에서 제일 눈에 띄는 변화는 17세기와 마찬가지로 '-습-'에 선행하는 요소가 생긴 것이다. 즉 '-습-'은 '-엇-'에 후행하고, 또 '-시-'에 후행한다. '-엇-'이 '-습-'에 후행하는 경우도 있으나 매우 드문 현상이었고, '-엇-'에 '-습-'이 후행하는 것이 일반적이었다. 또한 '-습-'과 '-시-'의 결합 양상을 보면 '-습-'이 '-시-'에 후행하기도 하고 '-시-'에 선행하기도 한다. 즉 '-습-시-'혹은 '-시-습-'형으로 나타난다.

이렇듯 '-습-'이 '-시-'에 후행하는 것은 '-습-'의 기능이 변화되어 선행형태와의 결합력이 약화됨으로써 후접성의 원리를 어기고 이동을 일으킨 것이다. 다시 새로운 자리를 찾은 것은 '-습-'이 기능 변화를 통하여 새로운 기능을 지닐 수 있었기 때문이다. 그리고 '-습-'이 '-엇-'에 후행하는 것은 '-엇-'의 형성과 관련된다.

이상에서 '-습-'의 결합 관계를 살펴보았다. 17세기와는 별 다른 변화를 보이지 않았으나 15-16세기와 비해 보면 상당한 변화를 입었다. 다시 말해 '-습-'에 선행하는 요소가 생겼으며, '-습-'의 위치가 뒤로 이동하게 되었다. 그리고 '-이-'형태가 축소된 '-닉', '-딕', '-새' 등 종결어미가 '-습-'에 결합되었다.

3.3.3 18세기 '-습-'의 이형태

18세기에 들어서서 '-습-'의 이형태에는 /습/, /삽/, /ᄉᆞ오/, /사오/ 등 '-습-'류, /ᄌᆞ/, /잡/, /ᅐᆞ오/, /자오/ 등 '-ᄌᆞ-'류, /ᅀᆞ/, /ᄋᆞ오/, /압/, /옵/, /오/ 등 '-ᅀᆞ-' 류가 있었다. 전 시기에 비해 다른점은 18세기 말에 공통된 음절핵인 'ᆞ'가 소실됨에 따라 일부의 자료에서 'ㅏ'로 나타나서 /삽/, /사오/, /잡/, /자오/, /압/, /옵/의 형태가 등장한 것이다.[20]

(1) 가. ①나는 소임으로 왌습거니와 처음이ᅀᆞ고 〈개첩 1:4a〉
　　② 부텻 말ᄉᆞᆷ 듯습고 즉제 신슈 ᄒᆞ오려니와 〈지장해 上:6b〉
　　③몸을 ᄆᆞ아 ᄡᅥ 우리 뎐하를 갑습기를 원ᄒᆞ옵더니 〈천의해 1:34b〉
　　④우리 님군이 친히 잡습ᄂᆞᆫ 거시라 〈을병 2:20〉
　　나. ①스스로 인지(認知)ᄒᆞ여 존당의 빅익ᄒᆞ시믈 돕삽지 말고 〈완월 2:31b〉
　　②슈상(殊常)ᄒᆞᆫ 졍젹(情迹)을 뭇삽거늘 거짓 꾸며 〈완월 16:2b〉
　　③원간 션미의게 난쇼란 ᄋᆞ히 잇ᄉᆞ믈 금일 쳐음으로 듯삽거니와 〈완월 39:2a〉
　　④종ᄉᆞ(宗嗣) 창셩ᄒᆞ오리니 이의 더은 경ᄉᆞ 업삽ᄂᆞᆫ지라 〈완월 160:22b〉
　　⑤셩은을 갑삽지 못ᄒᆞ리로소이다 〈완월 169:30b〉
　　⑥부ᄌᆞ지졍은 귀쳔의 다ᄅᆞ미 업삽고 〈완월 174:11b〉
　　다. ①힝으로 先生의 指敎ᄒᆞ심을 닙ᄉᆞ오되 〈오전 1:22b〉
　　②우흐론 ᄡᅥ 帝의 恩을 갑ᄉᆞ오며 〈어내훈 2:59b〉

___

20) '-습-'의 이형태들 표기에서 'ᆞ'가 'ㅏ', 'ㅡ', 'ㅗ' 등으로 나타난다고 해서 '-습-'의 기능이 달라지는 것은 아니다. 따라서 /삽/, /사오/, 그리고 19세기 소설에 나타나는 /습/은 '-습-'류에 속하고, /잡/, /자오/는 '-ᄌᆞ-'류에 속하며 /압/, /오/, /옵/, 그리고 /ᅀᆞ/은 '-ᅀᆞ-'류에 속한다.

③우리은 본딕 下戶연마는 감격ᄒ오매 먹기를 과히 ᄒ엿ᄉ오
니 〈개첩 2:9b〉

④거의 지축ᄒ고 독박ᄒ기의 갓갑ᄉ오니 〈천의해 1:10a〉

라. ①근일 냥ᄉ의 졍집흔 거시 만사오딕 기듕 〈조야 43:34b〉

②가히 냥신의 알왼 배 이 ᄌᆺ사오딕 이ᄂ 〈조야 44:14a〉

③이 역변에 파딕이 그 ᄯᅩ흔 말믜암은 거시 잇사오딕 〈조야
49:21a〉

④다만 탐ᄒ고 쿡박흔 집 지믈을 아사오니 〈후수 074〉

(1)은 '-ᄉᆞᆸ-'류의 이형태들인 /습/, /삽/, /ᄉ오/, /사오/의 쓰임을
보여준 것이다. 이들은 대부분 청자에 대한 화자 겸양을 나타내기도
하나 일부는 객체높임을 유지하고 있다. 즉 (1가)의 ②와 ③, (1나)의
①과 ⑤, (1다)의 ①과 ②는 객체높임을 나타낸다.

(2) 가. ①敢이 묻ᄌᆸᄂ니 엇디홀 슨 이 勇이니잇고 〈오전해 8:27a〉

②세존하 원ᄒ노니 듯ᄌᆸ고져 ᄒ뇌다 〈지장해 上:30b〉

③불승싀 받ᄌᆸ디 몯ᄒ야셔 몬져 먹니 말오리니 〈지장해
中:19a〉

나. ①치관을 보와 죽이지 못흔 연고를 뭇잡고 〈엄씨 12b〉

②츔년의 입승(入承)ᄒ와 무이ᄒ시믈 밧잡고 〈완월 2:19b〉

③감히 한번 듯잡기를 바라ᄂ이다 〈윤하 82:23a〉

다. ①宣諭를 밧ᄌ오니 伍倫全은 可히 諫議大夫를 授ᄒ고 〈오전해
3:17b〉

②뎌 부텻싀 믇ᄌ오딕 〈지장해 上:8a〉

③故로 흔번 聖訓을 듯ᄌ오매 怳然히 싀티샤 〈훈서 性道
敎:5a〉

④샹이 ᄌ교를 밧ᄌ오와 명ᄒ오샤 왕 뎨를 칙닙ᄒ오시다 〈천의
해 1:1a〉

라. ①첩이 명복의게 뭇자오니 듕션이 요스이 익이 듕ᄒ야 〈빙빙뎐 188〉

②졍부인이 듯자오미 미쳐 되치 못ᄒ여셔 〈완월 58:29a〉

③ᄉ샤(賜死)ᄒ시ᄂᆞᆫ 젼디(傳旨)을 밧자오니 〈완월 78,5a〉

(2)는 '-ᄌᆞᆸ-'류의 이형태인 /ᄌᆞᆸ/, /잡/, /ᄌᆞ오/, /자오/의 쓰임을 보여준 것인데, 예문에서 보면 음운론적 조건이 무시되어 어간말 자음이 /ㅅ/인 경우에도 '-ᄌᆞᆸ-'류의 선어말어미들이 결합되었다. 그리고 '-ᄌᆞᆸ-'류의 선어말어미들은 주요하게 '받다, 묻다, 엳다, 듣다' 등 제한된 동사에만 결합되어 객체높임의 쓰임을 유지하고 있다.

(3) 가. ①舊姑를 밋쳐 셤기ᅀᆞᆸ디 못홈으르 슬흐샤 〈어내훈 2:92b〉

②能히 感通티 몯ᄒᆞᆸ고 다만 愴懷만 더ᄒ야 〈상훈해 4b〉

③내 말을 기리시니 깃부ᅀᆞᆸ거니와 〈개첩 1:28b〉

④밧겻 사름은 젼연이 아ᅀᆞᆸ지 못ᄒ야 〈명의해 首下존현각일 긔:37a〉

나. ①後宮이 나아 뵈ᅀᆞ오니 잇거든 샹해 慰로홈을 더으시며 〈어내훈 2:36a〉

②슈건과 빗슬 뫼ᅀᆞᆸ게 ᄒ시니 임의 君子를 뫼ᅀᆞ오란듸 〈어내훈 2:110a〉

③王을 보ᅀᆞ오ᄆᆞᆫ 이 내의 欲ᄒᆞᄂᆞᆫ 배어니와 〈맹율해 2:76a〉

④꿈에 뵈ᅀᆞ오믈 인ᄒ야 그러ᄒᆞᆫ다라 〈어경문 03a〉

다. ①命婦ㅣ 드러 뵈압거든 尊貴로 뻐 臨티 아니ᄒᆞ샤듸〈어내훈 2:95a-95b〉

②쥭어 열셩(列聖)의 뵈압치 못홀지라 〈완월 27:31b〉

③쇼졔의 좌ᄒ의 조ᄎ미 그림ᄌᆞ를 응ᄒ오니 그윽이 보압건듸 〈완월 20:33a〉

④형댱의 쥰졀(峻切)이 일으심과 빅모의 우려ᄒ심을 보압고

〈완월 43:17b〉

⑤금야의 번민ᄒ시믈 경혹(驚惑)ᄒ와 심회 즁ᄒ신가 근심ᄒ압
더니 〈완월 31:23a〉

⑥시녀 등이 다 호곡ᄒ압고 신이 고귀ᄒ온즉 〈조야 13:10b〉

⑦가온ᄃᆡ 타인은 몰ᄂ도 비잉은 아압나니 〈완월 76:3b〉

라. ①복으로 장엄ᄒ샤믈 보옵고 뎌 부텻ᄭᅴ 믇ᄌ오ᄃᆡ 〈지장해
上:8a〉

②권쳥ᄒᄉ와 열반의 드르시지 마옵고 〈보현 07a〉

③스ᄉ로 무식ᄒ온 줄을 아옵고 스ᄉ로 죽을 죄를 아오니 〈명
의해 2:8a〉

④부듕의 도라와 구고을 뫼옵고 〈낙천 5:2b〉

⑤쇼졔의 좌ᄒ의 조ᄎᆞ미 그림ᄌᆞ를 응ᄒ오니 그윽이 보압건ᄃᆡ
〈완월 20:33a〉

⑥쥭어 열셩(列聖)의 뵈압치 못홀지라 〈완월 27:31b〉

⑦바로 틴면의 드러가 ᄌ부인긔 뵈압고 〈완월 43:12b〉

⑧형댱의 준졀(峻切)이 일으심과 빅모의 우려ᄒ심을 보압고
〈완월 43:17b〉

마. ①小僧은 아읍지 못ᄒ오니 上佐 누의야 알이니다 〈악학 1066〉

②文王이 卋子 되어 겨실 제 王季ᄭᅴ 뵈오샤ᄃᆡ 〈어내훈 1:32a〉

③그러나 희옴이 甚히 쉬오니 오직 ᄆᆞᆷ 두기에 잇ᄂᆞ디라 〈여
사서 1:13a〉

(3)은 '-ᅌᅵᆸ-'류의 이형태인 /ᅌᅵᆸ/, /ᅌᆞ오/, /압/, /옵/, /오/의 쓰임을
보여준 것이다. (3가)의 ④, (3다)의 ⑦, (3라)의 ③에서 보면 어간말
자음이 /ㄹ/인 경우에 '-습-'은 /ᅌᅵᆸ/, /압/, /옵/으로 나타나고 어간말
자음 /ㄹ/은 탈락하는 현상이 나타난다. 그리고 /ᅌᅵᆸ/, /압/, /옵/은 '뵈-,
보-, 뫼-, ᄒ-' 등 동사 어근에 높은 빈도로 결합됨을 보아낼 수 있다.
이상에서 18세기의 '-습-'의 이형태를 살펴보았는데, 크게 세 개 부류

로 나눌 수 있다. 하나는 음운적 조건을 무시하고 어간에 교착하기는 하나 객체높임의 쓰임을 유지하는 '-줍-'류, 다른 하나는 객체높임을 유지하는 '-습-'류, '-읍-'류, 또 다른 하나는 화자 겸양의 쓰임으로 변화된 '-습-'류, '-읍-'류이다.

3.4 19세기-20세기 초의 '-습-'21)

19세기는 근대국어 후기에 해당되는 마지막 한 세기이며 그 후반은 현대국어에로 넘어오는 전환기적 특성을 보여주는 시기이다. 19세기에 들어서서 '-습-'은 한 면으로 그 전세기와 마찬가지로 청자에 대한 화자 겸양을 나타내기도 하고, 다른 한 면으로 어말어미 '-ㄴ/더/리이다', '-ㄴ/더/리잇가' 등과 융합되어 청자높임법에 합류하기도 한다. 따라서 19세기 후반부터는 문법 형태 '-습-'에 의한 객체높임법이 점차 소실되어 가고 다만 몇몇 어휘 형태에 의해 객체에 대한 높임을 나타낼 뿐이다. 그리고 '-습-'의 결합 양상에 관련하여 가장 눈에 띄는 변화는 선어말어미 '-겟-'의 등장으로 하여 '-습-'에 선행하는 요소가 늘어난 것이다. 또 전세기와 마찬가지로 '-읍시-'가 높은 빈도로 출현하여 '-습-'이 국부적으로 '-시-'에 선행하는 양상을 보인다.

'-습-'의 이형태들을 놓고 볼 때, /·/음의 소실과 더불어 일부의 자료에서 /ㅡ/, /ㅗ/, /ㅏ/로 변화한 모습을 보여준다. 하지만 형태적 표기의 변화는 기능의 변화를 나타내지 않는다. 다시 말해 /습/과 /삽/은 동일한 기능을 지닌 것으로 볼 수 있다. 그리고 '-줍-'류의 이형태들은 '-습-'의 이형태 목록에서 벗어나 객체높임의 의미를 동사 어근에 더하는 접사로

---

21) 20세기 초의 문법현상과 19세기 말의 문법현상은 비슷한 것으로, 본고에서는 20세기 초의 '-습-'에 대해 별도로 하나의 절을 설정하지 않았다. 하지만 19세기 '-습-'의 변화를 다룸에 있어서 20세기 초의 자료도 참고하였다.

발전하였다.

아래에 19세기부터 20세기 초에 이르는 사이의 '-습-'의 기능, 결합 양상, 이형태들을 차례로 서술하기로 한다.

3.4.1 19세기-20세기 초 '-습-'의 기능

19세기에 들어서서 '-줍-'류의 이형태들에 의해 원래의 객체높임 기능을 유지하기는 하지만 매우 제한적이고, 주로 '-습-'류, '-옵-'류의 이형태들에 의해 청자높임과 화자 겸양으로 분화되었다. 다시 말하면 '-줍-'류의 이형태들에 의해 제한된 범위에서 객체높임의 기능을 유지한다. 하지만 '-습-'류와 '-옵-'류는 종결어미 위치에서는 어말어미와 융합되어 청자높임법에 합류하였고 비종결어미 위치에서는 청자높임의 형태가 실현되지 않기 때문에 청자높임법으로 합류하지 못하고, 화자 겸양의 기능을 유지하였다.

아래에 먼저 객체높임의 기능을 유지하는 '-습-'을 살펴보고 다음 청자높임법에 합류한 '-습-'과 청자에 대한 화자 겸양의 '-습-'으로 나누어 설명하도록 한다.

3.4.1.1 객체높임의 쓰임을 유지하는 '-습-'

19세기에 들어서도 '-줍-'류의 이형태들은 '엳-, 받-, 묻-, 듣-' 등의 제한된 동사 어근에 결합되어 객체높임의 쓰임을 유지한다.

(1) 가. 노흐여 바로 옥계긔 <u>엿줍고</u> 죄 쥬믈 청ᄒ더니 〈서유기 상:13b〉
　　 나. 〈奉旨〉 지의 <u>밧줍다</u> 〈화어 6a〉
　　 다. 아륵산 뎨왕이 두터히 괴이는 두 신하ㅣ 잇더니 혹이 왕끠

묻즈오딕〈셩경 60a〉

라. 아춤 상을 드리고 엿즈오되 삼촌쎄오셔 여러 히만에 와 계시니
오날 엇지 써나시려〈졍진사젼 060〉

마. 셩산의 경기를 풍문ᄒ고 ᄒ 번 보기를 원ᄒ야 왓거니와 감히
묻잡ᄂ니 션싱은 뉘시닛가〈신학 권5:32〉

바. 여러 달 교훈을 듯잡지 못ᄒ오니 죄송ᄒ오며 쥬상이 쏘 긔병츌
졍ᄒ야〈쌍쥬 055〉

사. 신 박졍양이 삼가 아뢰오되 신등이 황측을 밧자오니〈매일
1898.2〉

아. 예수ㅣ 홀노 계실 째에 흠쎄 잇ᄂ 사름들과 열 두 뎨즈ㅣ 그
비유들을 묻자오니〈신약 막4:10〉

예문 (1)을 보면 '-즙-'류의 이형태들은 15-16세기와 마찬가지로 화자
가 주체의 입장에 서서 상위의 객체에 대해 높임을 나타낼 때 동사 어근에
결합되었다. 즉 (1)은 상위인 객체 '옥졔(1가), 지의(1나), 왕(1다), 삼촌(1
라), 예수(1마, 1아), 쥬상(1바), 왕(1사)'에 대한 높임을 나타낸다. 그리고
아래의 예문 (2)에서 보면 '-즙-'류의 이형태들 이외에도 객체높임을
나타내는 '-습-'의 이형태가 존재한다.

(2) 가.〈面聖〉 님금쁴 뵈옵다〈화어 5a〉

나. 예수룰 뵈압고 곳 소릭 질너 그 압해 졀ᄒ며 큰 소릭로 불너
굴ᄋ딕〈신약 눅8:28〉

다. 신이 션졔의 국은을 닙어 셰딕로 만죵록을 밧습고〈곽해룡젼 10〉

(2가-나)에서 보면 동사 어근 '뵈-'에 '-옵-'류의 이형태들이 결합되
어 객체 '션왕, 예수, 하ᄂ님'에 대한 높임을 나타낸다. (2다)에서는 동사
어근 '받-'과 '-습-'이 통합되어 객체인 '션졔'에 대한 높임의 의향을
나타낸다.

(3) 가. 샹뎨계오셔 진로ᄒᆞᆺ 임의 슈십 년 젼의 모든 마왕을 명ᄒᆞᆺ
　　　세샹에 나려 질병을 펴며 병난을 일으키라 ᄒᆞ시니 이 ᄢᅵ에
　　　우리 등이 명을 듯ᄌᆞᆸ고 〈과화 10b〉
　　나. 챠병수 뭇ᄌᆞᆸᄂᆞ니 뎌 못 가온ᄃᆡ 잇ᄂᆞᆫ 고기가 무어슬 먹고
　　　무어슬 의지ᄒᆞ야 사오며 뎌 ᄯᅡ쇽에 잇ᄂᆞᆫ 쇠ᄂᆞᆫ 누가 무어ᄉᆞ로
　　　불녀 그릇슬 ᄆᆞᆫᄃᆞᄂᆞ잇가 〈신학 권2:158〉
　　다. 아침 진디 닉 손으로 망종 지어 잡슌 후의 이 말삼 엿ᄌᆞᆸ고
　　　〈심청젼(가람) 23a〉
　　라. 심쳥여ᄌᆞ을 졔슉으로 밧치오니 고니 밧ᄌᆞᆸ고 〈심청젼(김동
　　　욱) 59a〉

(3가)는 목적어로 나타난 객체 '뎨군의 명'에 대해 높임의 의향을 나타
내기 위해 동사 어근 '듣-'에 '-ᄌᆞᆸ-'을 결합시켰고, (3나-라)는 앞뒤
문맥으로 보아 여격어로 실현될 '예수, 선인, 용왕님'에 대한 높임의 의향
을 나타내기 위해 동사 어근 '묻-, 엳-, 받-'에 '-ᄌᆞᆸ-, -ᄌᆞᆸ-, -자ᄉᆞ
-'을 결합시켰다.

그리고 (3)에서 보면 'ᄌᆞᆸ(자ᄉᆞᆸ)'과 같은 형태들이 나타나서 객체에
대한 높임을 실현하는데, 이것은 '-ᄌᆞ오(자오)- + -ㅂ-'으로 분석될
수 있다. 즉 '-ᄌᆞᆸ-'은 '-ᄌᆞ오-'에 재구조화되어 형태소의 자격을 상실
한 '-ㅂ-'이 결합된 것이다.

(4) 가. 또 엿ᄌᆞ워 굴ᄋᆞᄃᆡ 쳥컨ᄃᆡ 쥬ᄭᅴ셔 진노ᄒᆞ지 마시옵쇼셔 엿ᄌᆞᆸ
　　　ᄂᆞ니 혹 거긔셔 삼십인을 맛나겟습ᄂᆞ이다 〈신학 권1:409〉
　　나. 샹뎨계오셔 진로ᄒᆞᆺ 임의 슈십 년 젼의 모든 마왕을 명ᄒᆞᆺ
　　　세샹에 나려 질병을 펴며 병난을 일으키라 ᄒᆞ시니 이 ᄢᅵ에
　　　우리 등이 명을 듯ᄌᆞᆸ고 〈과화 10b〉
　　다. 내가 샹뎨 측명을 밧ᄌᆞ와 션악 부측을 가음아ᄂᆞ지라 〈과화 12b〉

(4가)는 화자가 '하ᄂ님'께 기도하는 장면인데, 청자이자 존귀한 객체인 '하ᄂ님'에 대한 높임의 의향을 나타내기 위해 동사 어근 '열-'에 'ᄌ오'와 'ᄌ옵'을 결합하였다. (4나-다)는 화자가 목적어로 실현된 객체인 '샹녜의 측명'을 높이기 위해 동사 어근 '듣-'에 'ᄌ옵'을 결합하고, 동사 어근 '받-'에 'ᄌ오'를 결합하였다. (4)에서 보면 'ᄌ오'와 '-ᄌ오-+-ㅂ-'의 결합형인 'ᄌ옵'이 한 문장에서 서로 수의적인 교체를 보임을 알 수 있다. 'ᄌ오'는 객체높임을 나타내는데 상대적으로 자유스러운 데 비해 '-ᄌ오-+-ㅂ-'의 결합형인 'ᄌ옵'은 그 분포가 일반적으로 특별한 상황이나 인물이 주어질 때, 즉 '하ᄂ님, 샹녜'와 같은 인물이 주어질 때, 나타나는 것을 볼 수 있다.

이상의 예문에서 보면 문법 형태에 의한 객체높임법의 실현은 대부분 '-ᄌ-'류의 형태소에 의존하고 있으며, 그 분포 또한 상당히 제한적이다. 즉 제한된 동사에만 결합되는 특점을 보인다.

3.4.1.2 청자높임법에 합류한 '-ᄉ-'

종결어미에서 '-ᄉ-'이 청자높임법으로 합류하는 시기는 19세기로 볼 수 있다. 화자 겸양이 청자높임법으로 바뀌는 것은 '-ᄉ-'이 독립된 형태소로서의 기능을 상실함을 의미한다.[22] 따라서 '-ᄉ닉다'가 형태 축약에 의해 재구조화가 완성된 시점이 '-ᄉ-'이 청자높임으로 합류한 시점이 된다.

(1) 가. 필인다 딕답ᄒ딕 황우 흔 필 암소 흔 필 다만 두 필 잇습더니
   황우 흔 짝 일헛습닉다 〈남원 24a〉
   나. 황상이 ᄉ문의 방 붓쳐 ᄉᄉ로 죽고져 ᄒᄂ 즈를 모구ᄒ여

---

22) 윤용선(2006:346), 국어 대우법의 통시적 이해, 『國語學』47, 국어학회.

겨옵시기로 ᄌ원 낙죵ᄒ여 편지와 셔과를 가지고 <u>드러왓슴ᄂᆡ</u>
다 〈당태종전 17a〉

다. 맛당이 衆人(즁인)을 헷쳐하야금 四面鄕村(ᄉ면향촌)의 가 쩍
들이나 사먹게 ᄒ실 거시니 되긔 먹을 것시 <u>업슴ᄂᆡ다</u> ᄒ니
〈마가전 1〉

(1가—나)에서 보면 '—슴ᄂᆡ다'는 과거 시제의 선어말어미 '—엇—'과 결합
되었고 (1다)에서 보면 '—슴ᄂᆡ다'는 형용사 어근 '업—'과 직접 결합되었다.
이는 모음동화 및 형태 축약을 거쳐서 형성된 '—ᄂᆞ이다 〉 —ᄂᆡ다'에서
현재 시제의 선어말어미 '—ᄂᆞ—'의 기능이 약화되었음을 말해준다. 그리고
'—ᄂᆡ다'는 18세기 말엽의 '의'의 단모음화와 선어말어미 '—ᄂᆞ—'의 기능
약화의 영향으로 점차 종결어미로 자리를 굳혀가게 된다. 또한 '—ᄂᆡ다'에
서 청자높임의 '—이—'를 인식할 수 없게 되어 '—습—'이 '—이—'의 청자높임
기능을 보충하게 됨으로써 종결어미 위치에서 청자높임법에 합류한다.

(2) 가. 故로 ᄉ름이 빈홀만흔 算術과 讀書와 習字를 專心으로 工夫ᄒ
면 得力ᄒ야 道通치 못홀 일이 <u>업슴ᄂᆡ다</u> 〈신심 2:14a〉

나. 時針이 Ⅱ를 指點흔 則 두시오 Ⅲ을 指點ᄒ면 셰시가 된 거시라
<u>갈으쳣슴ᄂᆡ다</u> 〈신심 2:26a〉

다. 녜부터 有名흔 學者와 高明흔 賢人이 만히 <u>잇슴ᄂᆡ다</u> 〈신심
2:3b〉

라. 여호는 닭이며 기구리 쥐를 잘 먹으며 또 집오리며 木實을
<u>먹슴ᄂᆡ다</u> 〈신심 2:7a〉

마. 靑魚와 고릐와 며르치들 魚類를 싸서 민든 것과 또 石油가
<u>잇슴ᄂᆡ다</u> 〈신심 2:8a〉

바. 또 소곰은 山에서도 파ᄂᆡ여 밍기는 法도 <u>잇슴ᄂᆡ다</u> 〈신심
2:12a〉

사. 杜鵑식는 비둘기보다 적고 왼몸이 灰色이로되 빅에 믜와 갓치

斑斑흔 點이 잇습ᄂ이다 〈신심 2:15b〉

아. 그 中에서 긴 것 둘의 긋테ᄂ 눈이 잇고 저른 것 둘의 아리에ᄂ
입이 잇습ᄂ이다 〈신심 2:22a〉

예문 (2)에서 보면 '-ᄂ이다'는 어간에 직접 결합되지 않고, '-습ᄂ이다'로
쓰이고 있어서 '-습ᄂ이다' 통합체는 종결어미로 분석될 수 있다. 종결어미
위치에 쓰인 '-습-'은 청자에 대한 높임으로 해석된다.

(3) 가. ①그러므로 간교흔 재조 잇ᄂ 스름을 여호 갓다 ᄒ옵ᄂ이다 〈신
심 2:6b〉

②구름이 太空을 덥흐며 별은 흔아도 뵈이지 아니ᄒ더니 不過
暫時에 눈이 霏霏히 오옵ᄂ이다 〈신심 2:17a〉

나. ①石油ᄂ 專혀 石油燈에만 쓰옵ᄂ이다 〈신심 2:8b〉

②三德을 具備ᄒ야 흔 가지도 缺흠이 업슨 則 비로소 스름이라
홀 만 ᄒ옵ᄂ이다 〈신심 2:9a〉

③至今ᄭ지 스름들이 大端히 稱讚ᄒ옵ᄂ이다 〈신심 2:13a〉

④兒孩들은 조와 ᄒ야 窓 압히 안저서 求景ᄒ더니 눈이 더욱
甚히 오옵ᄂ이다 〈신심2:17b〉

⑤여긔 가늘고 기인 나무를 큰 부억 속에 ᄲᆞᄂ 老人이 잇스니
그 겻헤 흔 兒孩가 나무를 옴기여 老人을 助力 ᄒ옵ᄂ이다
〈신심 2:2,14b〉

예문 (3)에서 보면 '-옵ᄂ이다', '-옵ᄂ다'는 어간이 모음으로 끝난 경우
에 결합되었다. 하지만 위의 예문 (2)에서 보면 '-습ᄂ이다'는 어간이 자음
으로 끝난 경우에 결합되었다. 다시 말해 '-습ᄂ이다'와 '-옵ᄂ이다', '-옵ᄂ
다'는 결합 환경에 따라 상보적 분포를 가진다. 또 '-옵ᄂ이다'와 '-옵ᄂ다'
는 'ᆞ'음가의 흔들림에 따라 수의적으로 선택된다. 다만 모음 뒤에서
'-옵ᄂ이다'의 '으'가 줄어드는 것은 예문 (4)와 같이 '습ᄂ다~옵ᄂ이다'의

교체가 완성된 연후에 일어난 것으로 보아야 한다. 왜냐하면 (3가)의
①과 같이 'ᄒᆞᆸᄂᆞ이다'가 'ᄒᆞᆸᄂᆞ이다'로 실현되는 예는 교체가 완성되기
전에 나타나지 않기 때문이다.

(4) 어토명목
과거   ᄒᆞᆼ엿슴네다   ᄒᆞᆼ엿쇼   ᄒᆞᆼ엿다
미리   ᄒᆞᆼ겟슴네다   ᄒᆞᆼ겟쇼   ᄒᆞᆼ겟다
현지   ᄒᆞᆷ네다   ᄒᆞ오   ᄒᆞᆫ다

1897년에 간행된 《國文正理》에서는 '어토명목'이란 항목 아래에 (4)와
같이 기술하였다. 여기에서 특히 주목되는 것은 높임 등급의 평서형
종결어미가 '-슴네다/ㅁ네다'로 나타난다는 점이다. 물론 기존에 청자높
임을 표시했던 '-나이다' 등은 19세기 말이나 20세기 초의 문헌에도
여전히 사용되었다. 그러나 《國文正理》에서 기술된 바를 본다면 19세기
후반에 이미 종결어미 '-ㅂ네다(〈-ㅂ닝다)' 등이 청자높임을 표시하는
형태소로 인정되었음을 알 수 있다. 그리고 '-읍-'과 '-옵-'은 '-ㅂ-'으
로 나타나고 있어서 '-슴네다'와 '-ㅂ네다'가 상보적 분포를 이루는 것으
로 보인다.

또한 '어토명목'에 'ᄒᆞᆷ네다'가 보이는 것은 이보다 조금 이른 시기에
재구조화가 완결된 것으로 볼 수 있다. 즉 '습ᄂᆞ이다〉습닝다'의 재구조화
가 완결된 시기는 19세기 중반으로 추정되므로 '-습-'이 청자높임으로의
합류 시점도 19세기로 본다.[23]

그런데 'ᄒᆞ오'체의 기원이 '-습-'이라면 '-습-'의 합류 시점을 'ᄒᆞ오'체
어미가 나오기 이전으로 잡을 수도 있다. '-오'는 명확히 청자높임법의
어미이므로 '-습-'의 기능이 청자높임으로 바뀐 후에야 '-습〉-오'의

---

23) 윤용선(2006:347), 국어 대우법의 통시적 이해, 『國語學』47, 국어학회.

변화가 가능하기 때문이다. 따라서 기능적으로는 좀 더 이른 시기에, 형태적으로는 19세기에 청자높임으로 합류했다고 볼 수 있다. 즉 기능의 변화가 형태의 변화를 선도하는 것이다.

이상에서 볼 수 있다시피 '-습-'의 이형태들은 종결어미 위치에서 어말어미와 융합되어 청자에 대한 높임을 나타낸다.

3.4.1.3 청자에 대한 화자 겸양의 '-습-'

청자에 대한 화자의 겸양과 청자높임은 다른 현상이다. 비종결어미 위치에서는 청자높임의 형태가 실현되지 않기 때문에 청자높임법으로 합류하지 못하고 계속 화자 겸양의 기능을 유지한다. 황문환(2002:53-54)에서는 ① '-습-'이 단순히 '-이-'를 대치하는 것이 아니며, ② '읍시'의 '읍'과 이질적이며, ③ '-습-'에 의한 대립이 'ᄒᆞ늬'체 이상의 등급에서만 이루어진다는 점을 근거로 '-습-'의 화자 겸양 기능은 청자높임과 구분되는 것으로 보았다. 그리고 윤용선(2006:346)에서도 동일한 청자에 대해 '-습-'의 통합이 수의적일 뿐만 아니라 통합되어도 높임 등급이 달라질 정도의 차이를 보이지 않는다는 점을 근거로 '-습-'을 청자에 대해 직접적으로 관여하는 요소가 아니라고 했다.

또 '-습-'이 청자높임으로 합류하는 시기에도 '-ᄉᆞ오(사오)-', '-ᄉᆞ읍(사읍)-', '-옵-' 등과 같은 형태는 비종결어미에서 청자높임으로 합류되지 않고 독자적인 기능을 유지한다.

(1) 가. 샤시 듸 왈 ᄒᆞ괴 지ᄎᆞᄒᆞ시니 일만 번 죽ᄉᆞ온들 무슴 한이 <u>잇ᄉᆞ오리잇가</u> 〈사씨 상:23a〉

　　 나. 샤돈 겨오셔도 평안ᄒᆞ오시니잇가 아옵고져 ᄒᆞ오며 이곳즌 쟝 성치 못ᄒᆞ야 지늬오니 <u>괴롭ᄉᆞ오이다</u> 〈징보 16b〉

　　 다. 우리ᄂᆞᆫ 그 冊床과 交椅와 書冊의 形狀이며 大小와 밋 그 세

物件이 相距ᄒᆞ야 잇ᄂᆞᆫ 間格을 알기 쉽사오이다 〈신심 3:29a〉

라. 본 릉에 입즉흔 관원들도 검칙지 못흔 죄칙을 면ᄒᆞ기 어렵사오니 〈제국 1899.04.17〉

마. 별쥬부 직삼 사양허다가 마지 못허여 다시 나와오이 퇴긔 쇼왈 싱쇼흔 곳을 가자 허옵거든 아모라도 그만 이혹니 업사오릿가 〈즁산 28b〉

(1가-마)에서 보면 모두 존귀한 객체는 상정될 수 없다. '-ᄉᆞ오(사오)-'는 서술어에 통합되어 청자에 대한 화자의 겸양을 나타냄으로써 청자높임어미 '-이-', '-잇-'과 함께 이중의 구조로 청자에 대한 공손함을 표현한다. (1가)는 '샤부인'과 '두부인'의 대화 장면인데, 화자인 '샤부인'은 청자인 '두부인'에 대한 겸양을 선어말어미 '-ᄉᆞ오-'으로 나타낸다. (1나)는 장모가 사위에게 하는 편지인데, 화자인 '장모'는 청자인 '사위'에 대한 겸양을 형용사 어근 '괴롭-'에 '-ᄉᆞ오-'를 결합하여 나타냈다. (1다-라)에서는 청자인 독자들에 대한 겸양을 나타내기 위해 형용사 어근 '쉽-, 어렵-'에 '-사오-'을 결합하였다. (1마)에서 화자인 '퇴긔 쇼'는 청자인 '별쥬부'에 대한 겸양을 나타내기 위해 형용사 어근 '업-'에 '-사오-'을 결합하였다.

(2) 가. 이 졂은 사룸이 ᄀᆞᆯ♀ᄃᆡ 이 여러 계명을 내가 다 직혓ᄉᆞ오니 아직도 부죡흠이 무어시 잇ᄉᆞᆸᄂᆞ니잇가 〈신약 마19:20〉

나. 내게 금 이쳔을 주셧ᄂᆞᄃᆡ 내가 ᄯᅩ 이쳔을 ᄂᆞ졋ᄉᆞᆸᄂᆞ이다 ᄒᆞ거늘 〈신약 마 25:22〉

다. 지금 나ᄂᆞᆫ 세샹에 더 잇지 아니ᄒᆞ겟ᄉᆞᆸᄂᆞ이다 〈신약 요17:11〉

라. 송도 백셩이 다 하나님의 백셩이 될 줄 밋사옵나이다 아멘 〈신학 권3:146〉

마. 령혼과 육신의 병을 다 곳친 후에 완젼한 사람이 될 수 잇사옵

나니다 〈신학 권4:389〉

예문 (2)에서 보면 '-ᄉᆞᆸ(사옵)-'은 화자와 청자 사이에 나타난다. 하지만 이것은 화자의 청자에 대한 높임을 나타내는 것이 아니고 화자의 청자에 대해 겸양을 나타낸다. 한동완(1988:14)에 의하면 현대국어에 나타나는 '-습-'은 형태론적으로 볼 때 기본적으로 '-이-'의 실현을 전제한다고 본다. 즉 '-이-'는 '-습-'의 실현유무와 무관하게 청자높임의 기능을 담당하지만, '-습-'은 '-이-'의 존재를 전제로 하는 의존성을 갖는다. 이러한 '-습-'은 (2)에서와 같이 청자높임의 기능을 가지는 '-이-'에 의존하면서 화자 겸양에 따른 청자를 간접적으로 더 높인다고 볼 수 있다.[24]

또 예문 (2)에서 보면 'ᄉᆞᆸ(사옵)'과 같은 형태는 화자 겸양의 '-ᄉᆞ오-'에 '-ㅂ-'이 통합되어 형성된 것으로 볼 수 있다. 다시 말해 화자 겸양의 '-ᄉᆞ오-'에 재구조화되어 형태소의 자격을 상실한 '-ㅂ-'이 통합된 것이다. 하여 'ᄉᆞᆸ(사옵)'은 'ᄉᆞ오(사오)'보다 겸양의 정도가 더 높다. 즉 화자가 특별한 환경이거나 극존칭의 대상에 대해 자신의 겸양을 더욱 부각시킴으로써 공손의 정도가 더 높게 인식된다.[25]

(3) 가. 효시가 긔독도ᄃᆞ려 닐너 글ᄋᆞ딘 그딘가 본 거슬 긔억ᄒᆞᄂᆞ냐 딘답ᄒᆞ딘 …이런 거슬 보오니 ᄇᆞ라ᄂᆞᆫ 것도 잇고 무셥기도 <u>ᄒᆞᆸ ᄂᆞ이다</u> 〈텬로 37b〉

---

24) 한동완(1988:14), 청자 경어법의 형태 원리-선어말어미 '-이-'의 형태소 정립을 통해, 『말』 13, 연세대 한국어학당.

25) 서태룡(1993:526)에서는 현대국어의 'ᄉᆞᆸ(사옵)' 등을 중가형으로 판단하고 이들은 두 배의 화자 겸양을 나타내기보다는 청자에 대한 화자의 공손한 태도를 뚜렷이 나타낸다고 했다. 그리고 임홍빈(1985:190)에서는 이러한 중가형이 '표현가치'란 측면에서 /-습-/이 두 번 쓰인 것과 같은 효과를 가지므로 의미론적으로 두 배의 효과를 가지는 것이라기보다는 형태론적인 가치에 있어서 중가형으로서의 가치를 가진다고 설명했다.

나. 도련님 말슴이 하 져려ᄒ시니 불너ᄂᆞᆫ 오러니와 나종의 즁병이
　　나면 그ᄂᆞᆫ 나의 알 빈 아니왼다 ᄯᅩ 계집 말 부ᄅᆞᆫ 당단이나
　　<u>아옵ᄂᆞ잇가</u> 〈남원 19a〉

다. 부인을 붓들고 반기며 ᄯᅩᄒ 슬허 통곡ᄒ거ᄂᆞᆯ 원쉬 슬프믈 춤고
　　위로 왈 지난 일은 일너 쓸 ᄃᆡ 업ᄉ오니 귀체를 <u>보즁ᄒᄋᆞ옵쇼셔</u>
　　〈장경전 19a〉

라. ①水國의난 엇더ᄒᄋᆞ오 水宮 興味 <u>들어보옵시다</u> 〈별토가 24a〉
　　②우리가 우리게 득죄ᄒᆫ 쟈를 샤ᄒᄋᆞ여 주ᄂᆞᆫ 것 ᄀᆞ치 우리 죄를
　　샤ᄒᄋᆞ여 <u>주옵시다</u> 〈훈아 22b〉

　　(3)에서 보면 '-옵-'도 비종결어미 위치에서 청자에 대한 화자의 겸양
을 나타낸다. (3가)는 '긔독도'가 '효시'에게, (3나)는 '방자'가 '이도령'에
게, (3다)는 '쵸공의 부인'이 '쵸공'에게 한 말로서 서술어에 결합된 '-옵-'
은 모두 청자에 대한 화자 겸양을 나타낸다. 또 (3가-다)에서 보면 '-옵-'
은 각각 서술문, 의문문, 명령문에 나타나 현대국어와 같은 분포를 보이
기도 한다. 하지만 (3라)에서 보면 19세기 말의 '-옵-'은 청유법에도
쓰임으로써 현대국어의 '-옵-'과 차이를 보인다.26) 따라서 19세기의
'-옵-'은 'ᄉᆞᆸ(사옵)'과 같은 성질을 지닌 것이 아니다. 하지만 현대국어
의 '-옵-'은 '-오-+-ㅂ-'의 통합으로 분석할 수 있다. 하여 겸양의
효과가 떨어지는 청유문에는 '-옵-'의 쓰임이 적절하지 않게 된다.

　　이상에서 보면 비종결어미 위치에서 '-줍-'류를 제외한 '-습-'의 이형
태들은 대부분 청자에 대한 화자의 겸양을 나타낸다.

---

26) 현대국어에서 '-옵-'은 서술문, 의문문, 명령문에는 사용되지만, 청유문에는 나타나
　　지 않는다. 즉 '가옵니다, 가옵니까, 가옵소서, *가옵시다'처럼 '-옵-'은 청유문에는
　　적절하지 않다.

3.4.2 19세기-20세기 초 '-습-'의 분포와 결합 양상

'-습-'의 위치가 어말어미 쪽으로 밀리는 현상은 이미 17-18세기에서 부터 관찰되었다. 19세기에 들어서서 '-습-'의 결합 양상과 관련 지어 특징적이라고 할 수 있는 것은 크게 두 가지이다. 하나는 미래 시제의 선어말어미 '-겟-'의 출현으로 하여 '-습-'에 선행하는 요소가 하나 더 늘어난 것이고 다른 하나는 '-옵시-'가 다양한 구성에서 매우 높은 빈도로 출현하여27) 국부적으로 '-습-'에 '-시-'가 후행하는 양상을 보이는 것이다. 전체적으로 볼 때 '-습-'은 '-시-', '-엇-', '-겟-'에 후행한다.

(1) 가. 朕으로 ᄒᆞ야곰 祖宗과 萬民의게 得罪치 아니ᄒᆞ게 ᄒᆞ라 ᄒᆞ시얏
   습ᄂᆞ이다 [시-엇-습-ᄂᆞ-이] 〈신심 3:15a-b〉
   나. 나의 책도 살으니 못하엿겟고 [엇-겟] 〈소강절 038〉
   다. 兒孩들도 다 이러케 合力ᄒᆞ야 일을 ᄒᆞ니 수이 넉넉히 지ᄂᆞ깃습
   ᄂᆞ이다 [깃-습-ᄂᆞ-이] 〈신심 1:18a-18b〉

예문 (1)을 보면 '-습-' 앞에 분포된 선어말어미들의 통합 양상을 알 수 있다. (1가)에서 '-엇-'은 '-시-'에 후행하고 '-습-'은 '-엇-'에 후행하여 '-시-엇-습-'이라는 결합 순서를 지닌다. (1나)를 보면 '-겟-'은 '-엇-'에 후행하고, (1다)를 보면 '-습-'은 '-겟-'에 후행한다. 따라서 (1가-다)의 예문을 통해 '-시-엇-겟-습-'의 결합 순서를 보아낼 수 있다. '-엇-'이 '-시-'에 후행하는 것은 '-시-'의 출현에 관련되는 요소는 주어로서 문장 안에 위치한 통사적 성분이지만 '-엇-'은 문장 전체가 나타내는 상황의 '상'적인 의미와도 관련되기 때문이다. '-겟-'은 통사적 구성으로부터 문법 형태화되었지만28) '-엇-'에 후행한다. 그것은 '-겟

---

27) 17세기의 《첩해신어(초간)》(1676)에서부터 '-옵시-'가 등장하게 된다. 하지만 19세기에 와서 다루는 이유는 '-옵시-'의 빈도를 고려해서이다. '깜짝새'로 검색한 결과 17세기에는 108개, 18세기에는 78개, 19세기에는 757개 나타난다.

-'은 상대적인 미래 사건에 대한 화자의 추측을 나타내는 데에 비해 '-엇-'은 상적인 의미도 나타내기 때문이다.29) 다시 말하면 '상'과 '화자의 추측' 가운데 서술어에 의해 표현된 사건의 의미에 보다 직접적인 영향을 주는 것은 당연히 '상'이다. '화자의 추측'은 서술어에 의해 표현된 사건 자체에는 영향을 주지 않고 다만 화자의 확신의 정도만을 결정해준다. 반면 '상'은 사건의 구성을 보는 시각이 변하는 것으로 일반적으로 시제보다 앞에 위치한다.30) 비록 '-겟-'은 미래 시제를 표현하기도 하고 단순히 추측을 나타내기도 하지만 어쨌든 '상'의 의미도 지닌 '-엇-'보다는 서술어에 더 멀리 떨어져 있다.

(2) 가. ①셰손은 남여를 드려오라 ᄒᆞ여시니 <u>나가시오리이다</u> [시-습-리-이]]〈한중록 264〉

②여러 법관들도 다 죄인이라 <u>ᄒᆞ리니이다</u> ᄒᆞ거늘 [리-니-이]]〈텬로 113b〉

나. ①쥬ᄭᅴ셔 죄악을 짓ᄂᆞᆫ 쟈들을 모다 <u>뮈워ᄒᆞ시옵ᄂᆞ이다</u> [시-습-ᄂᆞ-이]]〈시편 3〉

②쇼녜 젹낭으로 더부러 형뎨 되미 자연 졍의 <u>잇ᄂᆞ니이다</u> [ᄂᆞ-니-이]]〈구운몽 22a〉

다. ①빅가 져 나무입쳐럼 물에 ᄲᅥ이여 들어간다 <u>ᄒᆞ시옵더이다</u>

28) 권재일(1998:96)에 의하면 '-겟-'은 사동을 나타내는 통사적 구성 '-게 ᄒᆞ-'의 완결 법인 '-게 ᄒᆞ엿-'에서 문법화하였다고 했다. 이와 같은 견해로는 나진석(1953), 허웅(1982)이 있다. 이외에 김현주(2005:114)의 각주 181에 의하면 '-겟-'의 기원적 구성에 대해 '-게 잇-'으로 보는 견해(Ramstedt, 1939), '-가 잇-'으로 보는 견해(김영배, 1984), '-게 하엿-'으로 보는 견해(이기갑, 1987)가 있다고 했다.

29) 김유범(2007:165)은 당시의 '-엇-'은 시제보다는 상적인 특성(즉 완료성)이 강하다고 했다. 왜냐하면 '-엇-'의 위치가 어간에 가장 가깝게 자리 잡고 있어 원형인 '-어 잇-' 구문이 가졌던 완료적인 의미를 여전히 유지하고 있었기 때문이라고 했다.

30) 김유범(2007:156)에 의하면 Bybee(1985)에서 상(aspect), 시제(tense), 서법(mood)을 각각 문법범주로서 파악하고 언어유형론적인 관점에서 이들 각각의 특성, 서로간의 통합순서를 관찰하였는데, 결과 상(aspect)이 동사에 가장 직접적이고 배타적이며 그 다음이 시제(tense)와 서법(mood)의 순서임을 밝혔다고 했다.

[시-숩-더-이]] 〈신심 2:23b〉

②'너 용모 셩음이 닉으믈 <u>의심ᄒ여더니이다</u> [더-니-이] 〈사씨 하:11a〉

예문 (2)를 보면 '-숩-' 뒤에 분포된 선어말어미들의 통합 양상을 알 수 있다. '-ᄂ-', '-더-', '-리-'는 '-숩-'에 후행하고 확정법의 선어말 어미 '-니-'는 시제의 선어말어미 '-ᄂ-', '-더-', '-리-'에 후행한다. 예문 (1)과 (2)를 미루어 보면 19세기 '-숩-'을 비롯한 선어말어미들의 결합 양상은 다음과 같다.

(3) 어간+[시] - 엇 - 겟 - [숩] - ᄂ∥더∥리 - 니- [이]

(3)에서 19세기 선어말어미들의 결합 양상을 보면 '-겟-'의 등장으로 하여 '-숩-'이 뒤로 또 밀리게 된다. '-겟-'이 '-숩-'이나 '-ᄂ/더-', '-니-' 등의 다른 선어말어미에 선행하는 것은 통사적 구성에서 문법 형태화한 것이기 때문이고, '-엇-'에 후행하는 것은 서술어로부터의 구조적 거리가 '-엇-'보다 멀기 때문이다.

그리고 (3)에서 보면 확정법의 선어말어미 '-거-'가 소실되었다. 17, 18세기에 이미 쇠퇴의 길을 걷던 '-거-'는 19세기에 들어서는 선어말어 미로서 독자적인 지위를 갖지 못하고 주로 명령법 종결어미 앞에 나타나 거나 특별한 연결어미 앞에 화석형으로 굳어져 나타난다. 즉 '자거라', '오너라'와 같이 명령형 종결어미 '-라' 앞에 나타나거나 '-거니와', '-거 날', '-거든' 등과 같이 연결어미들의 형태로만 흔적을 남기고 있다.

또한 이 시기 '-ᄋᆞ시-'가 높은 빈도로 출현하여 '-숩-'이 국부적으로 '-시-'에 선행하는 양상을 보이기도 한다.

(4) 가. 긔톄후 일향만강ᄒᆞᄋᆞᆸ시고 ᄃᆡ되 일양 지ᄂᆡᄋᆞᆸ시니 〈징보 1b〉

나. 하ᄂᆞ님ᄭᅴ셔 내 영혼을 구ᄒᆞ야 주ᄋᆞᆸ시기ᄅᆞᆯ ᄇᆞ라노라 〈텬로 114b〉

다. 우리가 우리게 득죄ᄒᆞᆫ 쟈ᄅᆞᆯ 샤ᄒᆞ여주ᄂᆞᆫ 것ᄀᆞᆺ치 우리 죄ᄅᆞᆯ 샤ᄒᆞᄋᆞᆸ시고 〈훈아 21b〉

라. 나ᄅᆞᆯ ᄭᅮ지ᄅᆞᆷ ᄒᆞ지 마ᄋᆞᆸ시고 크게 진노ᄒᆞ심으로 나ᄅᆞᆯ ᄀᆡ과 식이지 마ᄋᆞᆸ쇼셔 〈시편 4〉

마. 의정부 찬정 박뎡양으로 의정ᄉᆞ무를 명ᄒᆞᄋᆞᆸ시고 〈협성 2〉

바. 션ᄉᆡᆼ님, 안녕ᄒᆞᄋᆞᆸ시오닛가 ᄒᆞ고 〈신약 마26:49〉

(4)는 '-ᄋᆞᆸ시-'가 주어와 청자가 일치한 상황에서 주어를 더욱 높이기 위해 쓰인 예문이다. 15세기에도 객체가 명료한 통사성분으로 실현되지 못했던 예가 있었음을 고려한다면 '-ᄋᆞᆸ시-'에 의한 주체높임은 객체의 모호성으로 인해 '-ᄉᆞᆸ-'의 화자 겸양 기능만이 두드러지면서 발생한 과도기적 현상이다. 따라서 '-ᄋᆞᆸ시-'가 보이는 주체높임의 기능은 '-ᄉᆞᆸ-'의 화자 겸양 기능으로 인해 '-시-'의 기능이 강조된 것이다. 주체를 높이는 기능은 '-시-'가 가졌던 것이지 '-ᄉᆞᆸ-'이 가졌던 것은 아니다. 또한 '-ᄋᆞᆸ시-'에 의한 주체높임으로 해석될 용례는 17세기에 들어서야 나타나는데, 이는 '-ᄉᆞᆸ-'이 화자 겸양으로 기능이 변화한 후에 '-시-'와 통합하여 '-시-'의 주체높임 기능을 보완한 것으로 통합체 전체가 주체높임의 기능을 가지는 것으로 볼 수 있다. 그리고 '-ᄋᆞᆸ시-'는 20세기 문헌까지 나타난다. 다만 종결형에서 '-ᄋᆞᆸ시-'는 극히 드물게 나타난다. 이는 '-ᄉᆞᆸ-'이 청자높임으로 합류되면서 통합순서가 어말어미 쪽으로 이동하여 '-ᄉᆞᆸᄂᆡ다'로 재구조화되었기 때문이다.[31]

---

31) 윤용선(2006:334), 국어 대우법의 통시적 이해, 『國語學』47, 국어학회.

3.4.3 19세기-20세기 초 '-습-'의 이형태

18세기 말에 'ᆞ'가 음소성을 잃게 되면서 'ㅡ', 'ㅗ' 'ㅏ'로 변화되었지만 문자 자체는 표기의 보수성에 힘입어 20세기 전반까지도 그대로 보존되었다. 따라서 19세기부터 20세기 초에 이르는 사이의 '-습-'의 이형태에는 /습/, /삽/, /습/, /ᄉ오(사오)/ 등 '-습-'류, /즙/, /잡/, /ᄌᄋᆞ(자오)/ 등 '-줍-'류, /ᅌᆞᆸ/, /압/, /옵/, /읍/, /ㅂ/, /오/ 등 '-ᅌᆞᆸ-'류가 있었다. /습/, /읍/ 등은 19세기 소설들에서부터 나타나기 시작한다.

(1) 가. ①소싱은 원방 ᄉ롬으로셔 조샹부모 ᄒ고 의지 업셔 이 뉴의 셧겨 어더 먹습고 셩명은 쟝풍운이오 〈장풍운전 10a〉
②뎨ᄂ 이젼 모양으로 별고ᄂ 업습ᄂ이다 〈징보 7b〉
③쌔ᄂ 비들기를 使喚ᄒ다 ᄒᄂ 말이 잇습ᄂ이다 〈신심 3:44b〉

나. ①쇼신의 쳐 홀연 득병ᄒ와 죽삽고 〈당태종전 16b〉
②틱산갓흔 은덕으로 빈혼 일이 만삽고 〈장백전08a〉
③쳔흔 ᄌ식으로 말미암아 신병이 되오니 이만 불효 업삽거늘 〈홍길동전 27a〉

(2) 가. 병풍 뒤히셔 잠ᄌ다가 왓습나 〈남원 22a〉
나. 야광듀도 이졔는 업습ᄂ 그러ᄒ면 〈홍부전08b〉
다. 그 식로난 우두법이 뎨일 됴습데다그려 〈매일 1898.3〉
라. 앗씨게셔만 보셧스면 좀 보깃습니다 〈혈의루 상:43〉
마. 마님 덕틱으로 좌우간 이럭뎌럭 버러 먹습니다 〈두견성 하:121〉

예문 (1)-(2)에서 보면 /습/, /삽/, /습/은 선행하는 형태소의 말음이 /ㄱ/, /ㅂ/, /ㅅ/ 등이고 후행하는 형태소의 두음이 자음일 때 나타나는데, 19세기에는 /ᆞ/가 음소성을 잃게 되면서 /습/이 /삽/과 /습/으로 변화되는 과정을 겪게 된다. /삽/은 형태상의 변화를 입기는 하였지만,

청자에 대한 화자의 겸양을 나타냄에 있어서는 변화가 없다. 그러나 /습/은 종결어미 위치에서 청자높임에 합류하였다.

(3) 가. ①비록 어지지 못ᄒᆞ오ᄂᆞ 년ᄒᆞ와 삼ᄌᆞ를 <u>낫ᄉᆞ오ᄆᆡ</u> 〈장화홍련전 21b〉

②만일 <u>업ᄉᆞ오면</u> 종경흠휼 못 되오니 ᄀᆞ로지 마옵소셔 〈퇴별가 18b〉

③문호의 빗나기 <u>측냥업ᄉᆞ오이다</u> 〈징보 6a〉

④면해 한가ᄒᆞᆯ믈 어더 이양ᄒᆞ시미 ᄀᆞ쟝 <u>돗ᄉᆞ오이다</u> 〈조야 5:26a〉

나. ①비록 촌공이 <u>잇사오나</u> 명부 직첩은 밧지 못 ᄒᆞ리로쇼이다 〈징세 19a〉

②시방 ᄍᆡ는 악한 ᄍᆡ라 추수할 것이 만흐되 일군은 <u>적사오니</u> 어서 이 일군들이 만이 니러나기를 바라옵나니다 〈신학 권 4:128〉

③그 세 物件이 相距ᄒᆞ야 잇ᄂᆞᆫ 間格을 알기 <u>쉽사오이다</u> 〈신심 3:29a〉

④물 속에 너머저 ᄯᅩ 소곰을 <u>버렷사오이다</u> 〈신심 3:3,34a〉

예문 (3)에서 보면 /ᄉᆞ오(사오)/는 선행하는 형태소의 말음이 /ㄱ/, /ㅂ/, /ㅅ/ 등이고, 후행하는 형태소의 두음이 모음일 때 나타난다. 또 /ᄉᆞ오/와 /사오/는 19세기에 공존하지만 /ᄉᆞ오/는 /사오/로 변화되는 과정을 겪게 된다. 이 두 형태는 모두 비종결어미 위치에서 청자에 대한 화자의 겸양을 나타낸다.

(4) 가. ①모부인 긔후 <u>뭇ᄌᆞᆸ고</u> 그 ᄉᆞ이 회포를 펴고 〈쌍주(경판) 24a〉

②진어ᄉᆞ 부인의 말ᄉᆞᆷ을 <u>엿ᄌᆞᆸ고</u> 교ᄌᆞ을 ᄐᆡ쇼셔 〈장경전 03b〉

③소시랑이 황명을 <u>밧ᄌᆞᆸ고</u> 도라와 〈월봉기 상:32b〉

④감히 묻잡ᄂᆞ니 이졔 ᄌᆞᄉᆞ의 분인이 되엿ᄂᆞ니잇가 〈슉향젼
하:07a〉

나. ①감히 묻잡ᄂᆞ니 존셩딘명을 듯고져 ᄒᆞᄂᆞ이다 〈사씨 샹:18a〉
②팔십여셰어니와 묻잡ᄂᆞ니 샹공은 뉘시며 〈징셰 09a〉
③시랑이 조셔를 밧잡고 부인으로 더브러 니별홀ᄉᆡ 〈장풍운젼
02a〉
④죠조가 텬ᄌᆞ끠 엿잡고 한슈졍후 넉ᄌᆞ위다가 〈명셩해 17b〉

(5) 가. ①내 명을 나라 눌은 늘근의게 밧ᄌᆞ오니 〈십구해 1:54a〉
②츈향이 엿ᄌᆞ오되 쇼녜 비록 쳔기오나 〈츈향젼 5b〉
③샹공 말ᄉᆞᆷ을 듯ᄌᆞ오니 감ᄉᆞ 무디라 〈젼운치젼 06b〉
④무슴 묘믹이 잇도다 ᄒᆞ고 묻ᄌᆞ오딕 〈금향졍기 1:12a〉

나. ①졍언이 엿자오딕 海狗은 陰物이라 암키라도 〈별토가 7a〉
②톡기 엿자오되 肝은 望出晦入ᄒᆞ야 初一日로 〈별토가 30b〉
③톡기 다시 엿자오되 殿下 일어틋 分付ᄒᆞ옵시니 〈별토가
32b〉
④옷이 더우며 치움을 묻자오며 〈여사 03a〉

예문 (4)-(5)에서 보면 선행형태소의 말음이 /ㅅ/인 경우에도 의도적
으로 '-줍-'류를 교착시켜 객체에 대한 높임을 나타냈다. 또한 제한된
동사 어근 '묻- 열-, 받-, 듣-' 등에만 결합되어 객체에 대한 높임의
기능을 유지하였다.

(6) 가. ①만일 이졔 뵈옵지 못 ᄒᆞ오면 〈사씨 샹:16b〉
②금일 흔가지로 입궁ᄒᆞ랴 ᄒᆞ옵ᄂᆞ이다 〈구운몽 26a〉
③불효녀 심쳥은 다시 싱각 마옵쇼셔 〈심쳥젼(안셩) 14a〉

나. ①오릭 낫ᄌᆞ와 뵈압지 못하오니 〈징보 6a〉
②싀가에 도라와서 싀모쎄 보압ᄂᆞ 례도를 맛고 〈여사 18b〉

③그 싱각이 그치실 쥴을 <u>아압는고로</u> 〈태상해 2:33b〉

다. ①신부를 스지의 구ᄒ여 부지 샹봉홀가 <u>ᄒ옵ᄂ니</u>〈쌍주(경판) 14a〉

②눈도 써지 <u>못하옵고</u> 자식만 일러쏫오니 〈심청전(하버드) 35b〉

③우리 교회가 더 흥할 긔미를 보앗사오니 감사한 일인 줄 <u>아옵나이다</u> 〈신학 권3:443〉

라. ①먹을 거슬 츳지라 <u>나옵ᄂ다</u> 〈신심 권2:6b〉

②금지 <u>맙시오</u> 마오 말아 〈국문 10a〉

③우리의 바랄 거시 무궁흔 줄로 <u>압ᄂ다</u> 〈신학 권4:486〉

(7) 가. 정신이 <u>없읍니다</u> 〈배비장전 55〉

나. 소인이 그렇지 못할 사정이 <u>있읍니다</u> 〈배비장전 67〉

다. 귀을 씻지 못ᄒ오미 한이 <u>되옵나니</u> 〈숙영낭자 16:9a〉

라. 그런 말삼 <u>마옵쇼셔</u> 〈춘향전 원국문본 15b〉[32]

(8) 가. 빈쳔흔 부모 셤기기는 <u>어려오며</u> 〈남궁 3b〉

나. 본국의 도라ᄀ 쌍친을 <u>뵈오리요</u> ᄒ고 〈적성의전 21b〉

다. <u>황공ᄒ오나</u> 간쟝의 밋친 흔이 부귀의 뜻지 업고 〈심청전(경판) 16b〉

라. 부인긔 쳥ᄒ야 왈 쇼졔의 ᄀ르치시믈 밧고져 ᄒ오나 좌쳐 멀어 즈셰치 <u>못ᄒ오이다</u> 〈구운몽 12a〉

마. 형후만안ᄒ시니 더욱 <u>깃부오이다</u> 〈징보 11a〉

예문 (6)-(8)은 19세기부터 20세기 초 사이에 나타나는 '-옵-'류의 이형태 /옵/, /압/, /옵/, /읍/, /ㅂ/, /오/의 쓰임을 보여준 것이다. /·/음의 소실과 함께 /옵/은 /압/, /옵/, /읍/, /ㅂ/으로 되고, /ᄋ오/는

---

32) 장요한(2004:20)에서 예문 (21다)를 인용한 것이다.

/오/로 된다.

예문 (6)에서 보면 /읍/, /압/, /옵/, /ㅂ/은 선행형태소의 말음이 모음이고 후행형태소의 두음이 자음일 때 나타난다. 그리고 선행형태소의 말음이 /ㄹ/일 때도 나타나는데, 이때 /ㄹ/은 탈락된다. 예문 (7)에서 보면 /읍/도 /읍/, /압/, /옵/, /ㅂ/과 같은 분포를 보인다. /읍/은 선행형태소의 말음이 모음이거나 /ㄹ/일 때 나타나며, 또 /ㄹ/을 탈락시킨다. 예문 (8)에서 보면 /오/는 선행형태소의 말음이 모음이고, 후행형태소의 두음이 모음일 때 쓰인다. 또 예문 (6)-(8)에서 보면 '-읍-'류의 이형태들 가운데서 /ㅂ/, /읍/만이 종결어미 위치에서 청자높임에 합류하고 나머지는 비종결어미 위치에서 여전히 청자에 대한 화자의 겸양을 나타낸다.

이상에서 19세기에 나타나는 '-습-'의 다양한 이형태들을 살펴보았는데 전체적으로 볼 때 '-줍-'류를 제외한 이형태들은 종결어미 위치에서는 청자높임법에로 합류하고 비종결어미 위치에서는 화자 겸양의 기능을 지니고 있었다.

3.5 요약

본 장에서는 16세기부터 20세기 초에 이르는 사이의 '-습-'의 변화를 관찰하였다. 선어말어미 '-습-'의 기능이 변화된 주요 원인은 '주체=화자, 객체=청자'의 담화상황이 일반화되면서 객체의 모호성이 심화된 것이다. '-습-'은 기능이 변화됨에 따라 후접성의 원리를 어기고 뒤로 이동할 뿐만 아니라 통사적 구성으로부터 발달한 '-엇-', '-겟-'의 등장으로 하여 또 뒤로 밀리게 된다. 그리고 '-습-'의 형태는 'ㅸ', 'ㅿ', 'ㆍ'의 소실로 인해 더욱 다양해졌고, '-줍-'류만이 객체에 대한 높임의 기능을 유지할 뿐, '-습-'류와 '-옵-'류는 비종결어미 위치에서는 화자 겸양의 기능을 나타내고 종결어미 위치에서는 청자높임법에 합류된다. 시기별로 요약하면 아래와 같다.

16세기 '-습-'의 기능은 대체로 15세기의 것을 이어받았다. 하지만 후반기에 들어서서 '주체=화자'의 담화상황이 편지글에 나타나면서 화자 겸양의 기능을 나타내는 단초를 보이기 시작했다. 하지만 '-습-'의 기능 변화에 따른 결합 순서의 변화는 그 당시에 바로 일어난 것이 아니라 그보다 좀 더 뒤인 17세기에 와서 나타났다. 그리고 '-습-'의 이형태들은 /ㅿ〉ㅇ/의 변화로 하여 /ㅸ〉옵/, /ㅿ오〉ㅇ오/의 형태 변화를 입게 된다. 그런데 이러한 '-습-'의 이형태들은 객체에 대한 높임을 나타냄에 있어서 변화가 없었다.

17세기에 들어서서 '-습-'의 변화 정도는 문헌의 출간시기에 따라서가 아니라 문헌의 성격에 따라 갈리는 것이 관찰된다. 말하자면 《두시언해(중간본)》등의 문헌에서는 15, 16세기와 비교하여 '-습-'의 기능, 결합 양상 등의 변화가 확연하게 관찰되지 않는다. 하지만 편지글, 일기 등 자료를 보면 '주체=화자'의 담화상황이 제공되고 대화체로 된 《첩해신어(초간본)》에 와서는 '주체=화자'뿐만 아니라 '객체=청자'의 담화상황이 나타나서 '-습-'은 화자에 대한 겸양을 나타내기도 한다. 17세기 '-습-'의 기능 변화와 관련된 선어말어미들의 결합 순서의 변화는 '시옵' 등의 형태처럼 '-습-'이 주체높임의 '-시-'에 후행하게 된 것이다. 이런 현상이 나타나게 된 것은 '-습-'의 기능이 변화되어 후접성의 원리를 어기게 됨으로써 선행형태와의 결합력이 약화되었기 때문이다. 또한 주체높임의 '-시-'는 문장 안의 요소인 주어와 관련되지만, 화자 겸양으로 기능이 변화된 '-습-'은 문장 밖의 요소인 청자와 관련된 것이기 때문이다. 물론 이 시기에 '-습-'은 과거 시제의 선어말어미 '-엇-'에도 후행하여 '-시-엇-습-'의 결합 순서가 발견되기도 한다. 그런데 이는 '-엇-'이 통사적 구성에서 문법 형태화하여 형성된 것이기 때문이지 '-숩-'의 기능 변화와는 직접적인 연관이 없었다. 하지만 '-엇-'의 생성이 '-숩-'의 결합 순서가 뒤로 밀리게 하는데 하나의 요인이었음은 부정할 수 없다. 그리고 '-숩-'의 이형태들의 변화를 놓고 보면, '-즙-'류는 시종일관하게 객체높임의 기능을 유지하였는데, 일부 제한된 동사에만 결합되었다. 그리고 '-숩-'류와 '-읍-'류의 일부는 복고적이고 의도적인 표현에 쓰여 객체높임의 기능을 나타내기도 하였지만 대부분은 현실적인 언어 사용에 나타나서 청자에 대한 화자의 겸양을 나타냈다.

18세기에는 《지장경언해》와 같은 불경 언해거나 계층차이가 비교적 큰 궁중어를 반영한 《천의소감언해》, 《명의록언해》 등 문헌에서 '-숩-'의 일부 이형태들은 객체높임의 기능을 유지하고 또 다른 일부 형태들은 화자 겸양으로 기능이 변화되었다. 그리고 '-숩-'의 기능 변화와 관련한 결합 양상을 살펴보면 대체로 17세기와 같았다. 변화가 있다면 18세기 후반에 미래 시제의 선어말어미 '-겟-'이 등장하여 '-숩-'에 선행하는 목록이 하나 더 늘어나게 된 것인데, 이것은 '-숩-'의 기능 변화에 의한 것이 아니라 '-겟-'의 발달 과정 때문에 즉 통사적 구성에서 문법 형태화한 선어말어미기 때문에 '-숩-'에 선행할 수 있었던 것이다. 그리고 '-숩-'의 이형태들을 놓고 볼 때, 18세기 말에 이들의 공통된 음절핵인 'ㆍ'가 소실됨으로써 이형태들은 더욱 다양해졌다. 하지만 형태적 표기의 변화는 기능 변화를 일으키지 못했다. 18세기에는 17세기와 마찬가지로 객체높임의 기능을 유지하는 '-즙-'류, 객체높임을 나타내는 '-숩-'류와 '-읍-'류, 화자 겸양을 나타내는 '-숩-'류와 '-읍-'류로 나누어 볼 수 있다.

19세기부터 20세기 초에 이르는 동안의 문헌을 관찰하면 '-숩-'에 의한 객체높임 표현은 대폭 축소되었다. 그리고 '-숩-'은 종결어미 위치에서는 청자높임법에 합류하고, 비종결어미 위치에서는 화자 겸양의 기능을 유지하였다. 19세기에 들어서는 '-겟-'이 시제 표현의 체계에 정착함으로써 '-시-엇-겟-습-'의 결합 순서를 보여 '-습-'에 선행하는 요소가 하나 더 생기는데, '-겟-'의 선행은 '-습-'의 기능 변화가 일으킨 것이 아니라 '-겟-' 자체의 형성과 관련이 된다. 그리고 '-ᄋᆞᆸ시-'와 같은 형태가 다양한 구성에서 매우 높은 빈도로 출현하여 국부적으로 '-습-'에 '-시-'가 후행하는 양상을 보인다. 이때의 '-ᄋᆞᆸ시-'는 어미구조체가 아니라 통합형 어미로 하나의 형태로 인식될 가능성이 높았다.

제4장

'-습-'의 합류에 따른
'-습니다'류의 형성

제4장 '-습-'의 합류에 따른 '-습니다'류의 형성

객체높임의 선어말어미 '-습-'은 17세기에 들어서서 많은 변화를 겪었다. 우선 객체높임의 기능을 잃고 자리를 바꾸어 화자 겸양에 가담하는 변화를 겪었고 다음 기능 변화로 인해 '-습-'의 결합 순서에도 변화가 생겼다. '-습-'은 15-16세기에 객체높임으로 쓰였을 때는 어간에 가장 가깝게 놓였으나 이러한 기능이 약화, 소실되어 가는 17세기부터는 뒤로 밀리기 시작하였다.

일련의 변화를 겪은 '-습-'은 시제 표현의 기능이 약화된 '-ㄴ/더/리-', 청자높임의 선어말어미 '-이/잇-', 종결어미 '-다', '-가'와 통합됨으로써 청자높임의 최상위 등급 형태가 '-습니다, -습니까', '-습디다, -습디까', '-사오리다/-(으)오리다, -사오리까/-(으)오리까'로 재구조화된다. 그리고 '-습-'은 청유형의 '-사이다'와 통합되어 재구조화됨으로써 '-((으)시)ㅂ시다'를 형성하고, 여기에 명령형 어미 '-오'가 통합되어 '-((으)시)ㅂ시오'를 형성한다.

또한 선어말어미 '-습-'과 어말어미가 통합되어 '-습니다'류를 형성하는 과정은 일련의 음운 변화 즉 'ᆞ'의 소실과 'ㆁ'의 소실[1], 'ㅿ'의 소실과도 밀접한 연관을 가진다. 이런 음운들의 소실은 형태론적인 면에서뿐만 아니라 문법체계에도 영향을 미치기 때문이다.

아래에 먼저 '-습-'형태의 음운 변화를 살펴보고 다음 시제 표현의 선어말어미 '-ㄴ/더/리-'와 청자높임의 선어말어미 '-이-'의 기능 약화를 살펴보며, 그 다음 '-습니다'류의 형성 과정을 밝히기로 한다.

---

1) 'ㆁ'의 소실은 4.2.2에서 '-이-'의 형태 변화와 기능 약화를 다룰 때 언급할 것이다. 왜냐하면 어두, 어말에서 'ㆁ'의 소실은 청자높임의 선어말어미 '-이-'의 형태 변화에 중요한 역할을 일으키기 때문이다.

4.1 '-습-' 형태의 음운 변화

음운의 변화는 음운 변화에 머물지 않고 형태나 기능까지도 유기적인 관련을 갖는 것이 예사이다. 'ㆍ'의 소실과 관련된 '-습-'의 변화는 '-습-' 및 그 이형태들의 공통된 음절핵인 'ㆍ'가 소실되어 다른 모음들로 대치됨으로써 그 이형태들이 더욱 다양화되고, 종결어미 위치에서 '-습니다'류를 이루는 데서 보아낼 수 있다. 그리고 '-습-'의 이형태인 /ᄉᆞᆸ/ 등도 'ㅿ'의 소실로 하여 형태상의 변화를 입고 나중에 종결어미 위치에서 '-ㅂ니다'형태를 이루는 데 가담한다.

4.1.1 'ㆍ'의 소실

'ㆍ'음은 15세기 기본모음의 하나로서 독립적인 음운이었다. 《훈민정음 해례》에서는 'ㆍ'에 대해 '혀는 옴츠러지고(오그라지고) 소리는 깊다'(ㆍ 舌縮而聲深)고 하였는데, 이것은 이 소리가 대체로 뒤 혓바닥 소리임을 암시해준다. 뒤 혓바닥 소리는 앞 혓바닥 소리보다 혀가 더 오그라지고 소리는 더 깊게 느껴지기 때문이다.

또 해례의 같은 자리에서 'ㅗ는 ㆍ와 같되 입은 오므라지고 … ㅏ는 ㆍ와 같되 입은 펴진다'(ㅗ與ㆍ同而口蹙 … ㅏ與ㆍ同而口張)란 말이 있는데, 'ㆍ와 같다'는 것은 혀 옴츠리고 소리 깊은 점이 같다는 뜻으로 해석된다. 그러므로 'ㆍ'소리는 'ㅏ', 'ㅗ'와 그 혀의 모양이 비슷했음을 짐작할 수 있는데, 이것은 다음 사실로도 인정된다.

'쓰-, 크-, 뜨-, 쓰-' 따위 어간에 어미 '-우-'나 '-어-'가 연결되면 앞의 'ㅡ'는 줄어지는데, 이것은 'ㅡ'와 'ㅜ', 'ㅓ'가 서로 가깝기 때문이다.[2]

---

2) 훈민정음 제자해에는 'ㅜ는 ㅡ와 같되 입이 오므라지고, ㅓ는 ㅡ와 같되 입이 펴진다'(ㅜ與ㅡ同而口蹙 … ㅓ與ㅡ同而口張)란 말이 있다. 그러나 입술이 움직이면 혀도 따라서

(1) 가. 쁘(크, 쓰, 뜨)+우+ㅁ→뿜(쿰, 쑴, 뚬)

  나. 쁘(크, 쓰, 뜨)+어+ →뻐(커, 써, 떠)

이와 같이 '다ᅀ-, 프-, 다ᄅ-, 오ᄅ-'에 어미 '-오-'나 '-아-'가 붙으면 앞의 'ᆞ'가 줄어지는데, 이것도 'ᆞ'와 'ㅗ', 'ㅏ'가 서로 가깝기 때문이다.

(2) 가. 다ᅀ(프 …)+오+ㅁ→다옴(폼 …)

  나. 다ᅀ(프…)+아+ →다아(파…)

이러한 사실들로 보면 'ᆞ', 'ㅗ', 'ㅏ'의 관계는 'ㅡ', 'ㅜ', 'ㅓ'의 관계와 평행한다. 그런데 'ㅡ'소리의 혀에, 입술을 오므리면 'ㅜ'소리가 되므로 'ㅜ'소리의 혀에, 입술 오므림을 덜면 'ㅡ'소리가 된다고 할 수 있다. 이와 똑같이, 'ᆞ'소리의 혀에, 입술을 오므리면 'ㅗ'소리가 되므로 'ㅗ'소리의 혀에, 입술 오므림을 덜면 'ᆞ'가 된다고 할 수 있다.

즉 'ᆞ'는 'ㅗ'소리의 혀에, 입술 오므림을 던 소리, [ʌ]소리의 표기였을 것으로 추측된다.[3]

그러나 15세기 이후 'ᆞ'음은 점차 불안정하게 되었다. 왜냐하면 모음 체계를 볼 때 전체적으로는 뒤로 기울어진 균형이 잡히지 못한 것이었다. 'ᆞ'음은 모음 사각도의 뒤편 아래쪽에 위치하는데 여기에는 'ㅏ, ㅗ' 등 여러 모음들이 모여 있다. 따라서 이들 모음의 변이음이 실현될 수 있는 중립지대가 좁고 전체적인 모음 분포도로 보아 전설 쪽에 비해 무거웠다. 이와 같은 불균형에 대한 안정화의 하나로 'ㅏ, ㅗ'와 음가가 비슷한 'ᆞ'가 없어지게 된 것이다.[4]

어느 정도 움직이므로, 이 소리들의 혀의 위치가 똑같은 건 아니었다. (허웅 1991:341 각주 7)

3) 허웅(1991:341-342), 『국어학』, 샘 문화사.

'ㆍ'음의 소실은 두 단계로 나타나는데, 그 첫 단계는 15세기와 16세기 사이에 비어두 음절에서 'ㅡ'로 변한 것이다. 예를 들면 《두시언해》의 '나그네'는 그 이전 문헌에서는 모두 '나ᄀ내'이었다. 그리고 '기르마'〈두시언해 20:44〉도 '기ᄅ마'이었다. 이렇게 15세기에 산발적인 변화를 보이던 비어두 음절의 'ㆍ'는 16세기에 들어서면서 그 양이 늘어나 곡용이나 활용에서 음성모음 어간 밑에 'ㆍ'형의 어미가 연결된 예가 거의 없고 양성모음 뒤에서도 '남글(〈남ᄀᆯ 번역박통사 9), 가플(〈가ᄑᆞᆯ 훈몽자회 하 7)'처럼 'ㅡ'형의 어미가 연결된 예가 많이 나타나게 된다. 따라서 16세기 말에는 비어두 음절에서 'ㆍ'가 완전히 소실되었다고 할 수 있다. 《소학언해》의 'ᄀᆞᄅ치->ᄀᆞ르치-, ᄆᆞ슬>ᄆᆞ을, ᄒᆞᆯ며>ᄒᆞᆯ며' 등이 이러한 변화를 보이는 예이다. 한편, 비어두 음절의 'ㆍ'는 'ㅗ'로도 변하였는데, 이러한 변화 역시 15세기부터 나타나기 시작한다. 예를 들어 어미 '-ᄃᆞ록'이 '-도록'으로 변한 예는 '뎌리도록'〈석보상절 6:26〉처럼 15세기 중엽부터 발견되며 16세기에 가면 '-도록'만 나타난다.

이렇듯 15-16세기에는 'ㆍ'음의 점진적 변화를 전제로 하여 한 음소가 분포하는 범위의 변화가 초래되었다. 다시 말하면 'ㆍ'가 비어두 음절에서 'ㅡ'로 변화된 것은 'ㆍ'의 분포 즉 결합 범위를 어두 음절의 위치로 한정시켰기 때문이다. 하여 'ㆍ'는 어두 음절에서는 음운론적 변별력을 유지하고 비어두 음절에서는 다른 음과 합쳐졌으므로 부분적 합류라고 할 수 있다.[5] 완전한 합류는 18세기 후반에 전반적으로 'ㅏ'와 합류하게 됨으로써 이루어지는데, 이는 'ㆍ'음 소실의 두 번째 단계에 해당한다.

---

4) 리득춘(2006나:410), 『조선어발달사』, 연변대학출판사.
5) 박창원(2002가: 72)에서는 어떤 음소가 그 언어 체계 내에 있는 다른 음소로 변화하여 변별력을 잃어버리는 현상을 합류라고 했다. 그리고 합류에는 부분적 합류와 완전한 합류가 있는데, 특정한 환경 내지는 위치에 있는 음소의 일부분이 제 모습을 유지하고, 다른 환경 내지는 다른 위치에 있는 일부분이 다른 음소로 변화하여 변별력을 상실하는 것이 부분적 합류이고, 모든 음운론적 환경에서 그 흔적을 남기지 않고 다른 음소로 완전히 변화해 버리는 것이 완전한 합류(혹은 절대적 합류)라고 했다.

'ㆍ'음의 두 번째 단계의 소실을 보여준 최초의 예는 중세국어 시기의 문헌인 《소학언해》〈6:122〉의 '흙'이였는데 17세기 초의 《동국신속삼강행실도》에 그 '흙'이 여러 군데 나타났었다. 이 책에는 '소매'(〈ᄉᆞ매 열녀도 4:14)의 예도 보인다. 그리고 17세기 후반에는 《박통사언해》에 '하야ᄇᆞ리 -, 해야ᄇᆞ리-'(〈ᄒᆞ야ᄇᆞ리-)와 《역어류해》에 '가익'(ㅿ애)가 나타난다. 그러나 이 정도의 예로서 'ㆍ'의 소실을 말할 수는 없다. 'ㆍ'의 두 번째 단계의 변화가 광범위하게 나타나는 것은 18세기 중반 이후의 일이다. 현존 자료 중 두 번째 단계 소실에 대한 결정적인 예를 보여주는 것은 《한청문감》이다. 이 책에는 '래년'과 '리년', '타다'와 '트다', '드리다'와 '다리다', '다리다' 등이 혼기되어 있어 'ㆍ'유지형과 'ㆍ'소실형이 다수 공존하고 있었다. 그리고 '가래'(〈ᄀᆞ래), '달팽이'(〈ᄃᆞᆯ팡이), '다리'(〈ᄃᆞ래) 등 많은 예에서 그 이전 문헌의 'ㆍ'자가 'ㅏ'자로 기록되어 있음을 보아낼 수 있다. 또한 이보다 뒤에 나온 《윤음》(1797)에도 '가자'(〈ᄀᆞ자), '가다듬 는'(〈ᄀᆞ다듬는)의 예가 보인다. 이로써 두 번째 단계 소실은 대체로 1770 년보다 다소 앞선 시기, 그러니까 대체로 18세기 중엽에 일어난 것이라고 결론할 수 있다.

이와 같이 'ㆍ'는 18세기에 이르러 음가가 소실되는 과정을 겪게 되는데 그 자리는 바로 다른 모음으로 대치되었다. 'ㆍ'를 대치한 모음으로서 가장 일반적으로 나타나는 것은 'ㅏ'음이었고 그 다음에 'ㅡ'음인데 일반적으로 어두 음절에서는 'ㅏ'음으로, 비어두 음절에서는 'ㅡ'음으로 대치되었다. 이 밖에도 'ㅗ, ㅜ, ㅓ, ㅣ'로 대치된 예도 있다.

(3) 가. ㆍ〉ㅗ : ᄀᆞᆯ(邑), ᄂᆞᆷ(者), ᄉᆞ매(袖)
　　나. ㆍ〉ㅜ : ᄂᆞ믈(菜), 아ᅀᆞ(弟)
　　다. ㆍ〉ㅓ : 다ᄉᆞᆺ(五), ᄐᆞᆨ(頤)
　　라. ㆍ〉ㅣ : ᄆᆞᄎᆞᆷ(終), 아ᄎᆞᆷ(朝)

이로부터 'ㆍ'의 음가는 18세기 말에 와서 완전히 소실된 것으로 보이지만 문자 자체는 표기의 보수성에 힘입어 20세기 전반까지도 그대로 사용되었다. 또한 'ㆍ'의 소실은 기타 많은 음운 변화를 초래하게 되었다. 'ㆍ'의 소실로 'ㆍ'와 'ㅣ'의 합성자인 이중모음 'ㆎ'는 일단 'ㅐ[ai]'나 'ㅔ[əi]'로 대치되고 곧 이어 [ɛ], [e]로 단모음화가 이루어졌다. 18세기 중반 이후의 자료들에서 'ㆎ'가 'ㅐ'나 'ㅔ'와 혼기되고 있는 것은 'ㆎ'가 'ㅐ, ㅔ'와의 변별성이 이미 상실되어 가고 있음을 보여준다.6)

(4) 가. ①부듸텨 문허디디 아니코 <u>버틴</u>도 能히 먹디 못ᄒᄂ니라 〈증무해 1:50b〉

②<u>버레</u>의 毒 마자 죽은 거시라 〈증무해 3:58a〉

나. ①칼ᄌᆞᄅ롤 잡아 왼 편 <u>엇기</u>예 의지ᄒ고 〈무도해 38a〉

②<u>엇게</u> 臂 〈동문해 上:15b〉

예문 (4)에서 보면 'ㆎ'와 'ㅔ'가 혼기되고 있다. 이는 두 음의 변별성이 상실되어 감을 설명해준다.

또한 'ㆍ'가 없어지고 'ㅐ', 'ㅔ'가 단모음화됨에 따라 후설음들은 재음운화 된다.7) 다시 말해 /ㅓ/가 후설음으로 자리를 굳히고 /ㅡ/ : /ㅜ/, /ㅓ/ :/ㅗ/는 원순성으로 분화된 짝을 이루게 된다. 하지만 전설음에는 이런 대립이 없다. 때문에 모음 체계는 균형을 잡기 위해 전설음의 'ㅣ', 'ㅔ'에 원순성으로 대립되는 짝인 'ㅚ', 'ㅟ'가 발달하기에 이르는 것이다. 이리하여 하향 이중모음 'ㆎ'는 없어지고 단모음 'ㅐ, ㅔ, ㅚ, ㅟ'가 생기게 되었다.8)

---

6) 리득춘(2006나:411), 『조선어발달사』, 연변대학출판사.

7) 박창원(2002가: 75)에서는 존재하던 대립 관계가 다른 대립 관계로 변화하는 것을 재음운화라 한다고 했다. 즉 'ㆍ'와 'ㅗ'가 가지고 있던 원순성에 의한 대립짝 즉 양면적 대립 관계는 'ㆍ'의 소실로 인하여 없어지고, 새로이 'ㅓ'와 'ㅗ'가 원순성에 의한 대립짝을 이루게 되는데 이 과정은 'ㅓ'와 'ㅗ'의 관계가 다면적 대립 관계에서 양면적 대립 관계로 바뀌었음을 의미한다고 했다.

8) 'ㅐ, ㅔ'가 단모음화한 후에 'ㅚ, ㅟ'가 곧이어 단모음화를 겪은 것은 아니다. 'ㅚ, ㅟ'의

'ᆞ'의 소실은 모음 체계 그리고 'ᆞ'를 구성요소로 하는 단어의 음운 변화에 영향을 주었을 뿐만 아니라 본고의 주제인 선어말어미 '-ᄉᆞᆸ-'의 음운 및 형태 변화에도 영향을 주게 된다.

'-ᄉᆞᆸ-' 및 그 이형태들은 공통된 음절핵인 'ᆞ'가 소실됨으로써 (5)에서처럼 형태적으로 다양한 변화 양상을 보인다.

(5) ᄉᆞᆸ 〉 삽, 습   ᄉᆞ오 〉 사오
    ᄌᆞᆸ 〉 잡   ᄌᆞ오 〉 자오
    ᅀᆞᆸ 〉 ㅂ, 압, 옵, 읍   ᅌᆞ오 〉 오오 〉 오

'-ᄉᆞᆸ-'의 이형태들 가운데서 /습/, /읍/, /ㅂ/은 19세기 소설들에서부터 나타나기 시작하는데 이는 'ᆞ'가 두 번째 단계의 변화를 입은 후 음소성을 잃고 'ᆞ 〉 ㅡ' 혹은 'ᆞ 〉 ∅'로 변화되어 나타나는 것으로서 종결어미 위치에서 청자높임법에 합류된다. 나머지 이형태들은 'ᆞ 〉 ㅏ'로 변화되었지만 여전히 비종결어미 위치에서 청자에 대한 화자 겸양을 나타낸다.

그리고 'ᆞ'의 소실로 인한 'ᅴ'의 단모음화는 '-늬' 등 종결형이 종결어미로 굳어지는 데도 영향을 주었다. '-늬'가 이중모음으로 발음될 때에는 '-ᄂᆞ-'와 '-이'가 따로 발음되기 때문에 '-이'를 인식할 수 있었으나, 'ᆞ'가 소실되어 'ᅴ'가 단모음화된 후에는 '-늬'의 발음이 변화되었는바 '-늬'에서 '-이'라는 발음이 나타나지 않게 되었다. 그러니까 'ᅴ'의 단모음화가 일어나기 전에 '-늬'는 선어말어미 '-ᄂᆞ-'와 종결어미 '-이-'로 분석될 수 있으나, 18세기 말엽에 단모음화가 일어난 다음에는 종결이미 '-늬'로 분석된다. 물론 음운 변화만이 종결어미로 굳어지는데 역할을 일으킨 것은 아니다. 이제 뒤에서 논할 시제 체계의 변화, 청자높임의 선어말어미 '-이-'의 기능 약화 등도 종결어미로 굳어지는데 중요한

단모음화는 현대국어 시기에 일어난 것이다.

역할을 한다.

이로부터 'ㆍ'음의 소실은 음운 변화에만 머물지 않고, 'ㆍ'음을 포함하고 있는 문법 형태의 형태적 변화 및 기능에도 영향을 끼쳤음을 알 수 있다.

4.1.2 'ㅿ'의 소실

'ㅿ'은 《훈민정음해례》에서 불청불탁의 반치음이라고 규정하였다. 불청불탁음에는 'ㆁ, ㄴ, ㅁ, ㅇ, ㄹ' 등이 속하므로 이는 유성음임을 알 수 있다. 또한 반치음은 치음 'ㅅ, ㅈ, ㅊ' 등과 같은 위치에서 발음되었으므로 'ㅿ'의 음가는 중국 자모의 일모(日母)에 해당하는 [z]이다. 그 분포는 모음 간, 'ㅣ'로 끝나는 이중모음과 모음 사이, 'ㄴ' 또는 'ㅁ'과 모음 사이, 'ㅸ' 또는 'ㅇ' 과 모음 사이에 국한되어 있었다.

(1) 가. ①어간 내부: 村ᄋᆞᆫ <u>ᄆᆞᅀᆞᆯ</u>히니 〈월석 9:36a〉
②곡용: 境은 나랏 <u>ᄀᆞᅀᅵ</u>오 〈월석 1:25a〉
③활용: 千萬 뉘예 子孫이 <u>니ᅀᅥ</u>가ᄆᆞᆯ 위ᄒᆞ시니 〈석상 6:7b〉
④객체높임어미: 太子ᄅᆞᆯ <u>보ᅀᆞᆸ고</u> 〈석상 3:32b〉
⑤합성어: 種種方便으로 <u>두ᅀᅥ</u> 번 니르시니 〈석상 6:6b〉
나. ①합성어: 뵈ᄡᅡᆼ이 ᄡᅵ도 ᄯᅩ 됴ᄒᆞ니 <u>새ᅀᅡᆷ</u> 여름 먹ᄃᆞᆺ ᄒᆞ라 〈구급해 7:43b〉
②객체높임어미: 부텻 舍利로 七寶塔 <u>셰ᅀᆞᆸ논</u> 양도 보리러니 〈석상 13:14b〉
다. ①합성어: 嗚呼ᄂᆞᆫ <u>한ᅀᅮᆷ</u>디ᄐᆞᆺ ᄒᆞᆫ 겨치라 〈월석 1:23a〉
②파생어: 主人이 므슴 차바ᄂᆞᆯ <u>손ᅀᅩ</u> ᄃᆞᆫ녀 ᄆᆡᇰᄀᆞ노닛가 〈석상 6:16a〉
③객체높임어미: 吏部侍郎 李若水 <u>안ᅀᆞᆸ고</u> 울며 〈삼강도 忠:18〉

라. ①파생어: 思憶호니 몸소 받 가다가 니러나물 더듸 아니호도다
〈두시초 6:34a〉
②객체높임어미: 后를 尊ㅎㅅ와 皇太后를 삼숩고 〈내훈해
2:69a〉
마. ①如 빗곶 爲梨花 엿의 갗 爲狐皮 而ㅅ字可以通用 〈훈민해 42〉
②모음과 'ㅇ'사이:
것위〈구급해 3:80b〉(어간내부)
웃이〈금삼해 4:58b〉(파생어)
'아ᅀᆞ, 여ᅀᆞ' 등의 곡용: 앗이〈두시초 8:27a〉, 엿이〈능엄해 2:3a〉
'ᄇᅀᆞ, 그ᅀᆞ' 등의 활용: 봇아〈석상 23:51a〉, 긋어〈두시초3:19b〉
③파생어: 員이 오니 오ᄂᆞᇙ 나래 내내 웃브리 〈용가 17〉

예문 (1)에서 보면 'ㅿ'는 그 분포가 유성음 사이에 한정되어 있다.
(1가)에서 'ㅿ'는 모음과 모음 사이에 쓰였고, (1나)에서는 'ㅣ'로 끝나는
이중모음과 모음 사이에 쓰였으며 (1다)에서는 'ㄴ'과 모음 사이에 쓰였고
(1라)에서는 'ㅁ'과 모음 사이에 쓰였다. 그리고 (1마)는 'ㅿ'이 종성으로
쓰인 경우를 보여준 것이다. 《훈민정음해례본 종성해》에 의하면 ①의
'빗곶', '엿의 갗'의 종성 'ㅈ, ㅿ'을 'ㅅ'으로 통용할 수 있다고 했는데
실제로 '엿이'(월석 2:76)와 같은 표기도 드물게 보이지만, '엿은', '엿이'
와 같이 'ㅿ'을 쓰는 것이 일반적이었다. 그런데 (1마)의 ②에서 보면
《훈민정음해례본》의 규정에 위반되는 'ㅿ'의 용법은 'ㅇ'(드물게 'ㅸ')에
선행한 위치에 한정되어 있었다. 이것은 이 위치에서 'ㅅ'과 'ㅿ'이 중화되
어 [z]로 실현되었음을 말해준다. (1마)의 ③은 'ㅿ'이 순경음 'ㅸ'과 모음
사이에도 나타남을 보여준다.
그리고 간혹 어두에 표기된 일도 있었는데 주로 의성어 및 중국어
차용어에 나타난다.

(2) 가. ①活潑潑은 설설 흐르는 믌겨레 비췬 둧 비츨 닐온 마리니
　　〈몽산해 33a〉
　　②陽양燄염은 陽양氣킝 섬섬 노는 거시니 〈금강해 5:27a〉
나. 七寶로 꾸미시며 錦繡쇼흫[훙+울] 펴고 〈천강곡 42b〉

기원적으로 보면 중세국어의 'ㅿ'에는 크게 두 종류가 있었다. 첫째는
《계림유사》의 시대 이전부터 내려오는 것이고 둘째는 13세기 이후에
's〉z'의 변화로 나타난 것들이다. 이 변화는 'ㄹ', 'ㄴ', 'ㅁ'과 모음 사이라는
특수한 환경에서만 일어난다.《향약구급방》의 '兎絲子 鳥伊麻', '苦蔘 板
麻' 등에서 '鳥伊麻', '板麻'는 석독 표기이므로 당연히 '새삼', '널삼'으로
읽어야 할 것인데 중세국어 시기의 문헌에는 '새삼', '너삼'으로 나타난다.
이들 예는 13세기 이후 15세기 이전의 어느 시기에 (즉 14세기 무렵)
's〉z'의 변화가 일어났음을 말해준다.[9]

(3) 가. 새삼〉새삼
나. 널삼〉널삼〉너삼

예문 (3가)에서 보면 'ㅅ'은 모음 사이에서 's〉z'의 변화를 일으켰고,
(3나)에서 보면 'ㄹ'과 모음 사이에서 먼저 's〉z'의 변화를 일으키고 다음
'ㅿ'앞에서 'ㄹ'이 탈락되었다.[10]
15세기의 '두어' 〈석상 6:6b〉, '프서리' 〈두시초 3:27b〉도 이와 동일한
변화를 입었다. '한숨'도 역시 이들과 같은 때에 '한숨'으로부터 변화하였다.

---

9) 이기문(2007:110-111),『國語史槪說』, 태학사.
10) 중세국어에서는 어간 말의 'ㄹ'이 'ㄴ, ㄷ, ㅿ, ㅅ, ㅈ' 등으로 시작하는 어미 앞에서
　　탈락하였다. 그런데 체언의 경우는 'ㄹ'탈락이 일어나지 않는다. (김성규(1996:37-38),
　　중세 국어 음운,『국어의 시대별 변천 연구2-중세 국어』, 국립국어연구원.)

(4) 가. 둘서〉둘ᅀᅥ〉두ᅀᅥ

　　나. 플서리〉플ᅀᅥ리〉프ᅀᅥ리

　　다. 한숨〉한ᅀᅮᆷ

이들을 종합해 보면 's〉z'의 변화는 [i], 'ㄹ', 'ㄴ'과 모음 사이라는 특수한 환경에서만 일어났음이 확인된다. 그런데 이 변화를 입어서 나타난 '두ᅀᅥ', '프ᅀᅥ리', '한ᅀᅮᆷ' 등은 15, 16세기에 '두서', '프ᅀᅥ리', '한숨'과 공존한다. 이기문(2007:142)에 의하면 '두ᅀᅥ'와 '두서'는 고형과 신형이 아니라 서로 다른 방언형이었는데, '두ᅀᅥ'는 'ㄹ'과 모음 사이에서 's〉z'의 변화를 겪고 'ㄹ'의 탈락을 거친 중앙어이고 '두서'는 'ㄹ'의 탈락 밖에 가지지 않은 방언에 속한다고 했다. 또 나중에 방언형의 침투로 중앙어에서 '두ᅀᅥ'와 '두서'가 공존하게 되었지만 후에는 '두ᅀᅥ'로 통일되었다고 했다. 그러나 '한ᅀᅮᆷ', '한숨'을 비롯한 대부분의 경우에는 오히려 '한숨'으로 통일되었다고 했다.

'ᅀ'은 15세기 후반에서 16세기를 거치면서 모음 사이에서 탈락하였으나 16세기 중엽까지는 존속하였다. 자료상으로는 '모음'과 '모음 ㅣ' 사이라는 환경에서 먼저 소실되었는데 가장 이른 예는 '수이(두시초 15:47, 23:10 〈ᄉᅀᅵ〉'이다(이기문 2007:142). 그 뒤 16세기 10년대의 문헌인 《번역소학》 등에는 '수이' 외에 '어버이'(어버ᅀᅵ), '녀름지이'(녀름ᅀᅵ이) 등이 발견된다. 한편 한자음에서도 [i]앞에서의 'ᅀ'소실 예들이 《육조법보단경언해》에서 시작하여 그 뒤의 문헌에서 더욱 많아진다.

(5) 가. 二 ᅀᅵ, 이

　　나. 日 ᅀᅵᆯ, 일

　　다. 人 ᅀᅵᆫ, 인

예문 (5)에서 보면 같은 문헌에서 'ᅀ'와 'ㅇ'은 공존한다. 다만 '兒(ᅀᅵ)'

는 16세기 전반에 이런 공존되어 존재하는 예가 없었다.

1570년대의 《광주본》과 《신증류합》에서도 'ㅿ'와 'ㅇ'은 공존되지만 [z]가 소실한 표기인 'ㅇ'이 우세하며 《소학언해》, 《사서언해》, 《석봉천자문》 등에서는 'ㅿ'이 매우 드물거나 없어진다. 'ㅿ'이 모음 사이에서는 소실하였지만, 'ㅁ'과 모음 사이에서는 '손조, 몸조' 처럼 'ㅈ'으로 변하기도 하였다.[11]

또한 'ㅿ'의 소실로 활용의 '긋고/그서'의 교체가 '긋고/그어'로 바뀐다. 뿐만 아니라 'ㅿ'의 소실로 '-습-'의 이형태인 /습/도 변화가 생긴다. 'ㅿ'이 소실하기 전에 /습/은 위에서 언급했던 바와 같이 어간 말음이 'ㄴ', 'ㅁ', 'ㄹ' 혹은 모음으로 끝나고 다음에 오는 어미의 첫소리가 자음으로 시작되는 경우에 쓰였다. 다시 말하면 선어말어미 '-습-'은 어간 말음이 'ㄴ', 'ㅁ', 'ㄹ' 혹은 모음인 경우에 유성음화되어 's〉z'의 변화를 일으켰던 것이다. 그런데 16세기 후반에 이르러 유성음 사이에서 /습/과 /ᅀᆞᆸ/이 섞갈려 쓰이는 현상이 나타났는데 이는 'z〉∅'변화로의 경향성 즉 'ㅿ'의 소실을 암시해주었다.

따라서 16세기 말에 'ㅿ'이 소실됨에 따라 /습/, /ᅀᆞ오/의 두 이형태가 /ᅀᆞᆸ/, /ᅌᆞ오/로 변하고 /ᅌᆞ오/는 곧 이어 /오오/, /오/로 변하여 17세기 '-습-'의 이형태 목록에 변화를 가져온다. 'ㅿ'이 소실 이후 '습〉ᅌᆞᆸ', 'ᅀᆞ오〉ᅌᆞ오〉오오〉오'의 변화에 대하여 3.2.3에서 상세히 다루었기에 여기에서는 생략하도록 한다.

4.2 인접어미의 기능 약화

시제 표현의 선어말어미 '-ᄂᆞ-', '-더-', '-리-'와 청자높임의 선어말

---

11) 김성규(1996:47), 중세 국어 음운, 『국어의 시대별 변천 연구2-중세 국어』, 국립국어연구원.

어미 '-이-'가 기능이 약화된 데는 자체의 형태, 음운 변화의 영향을 받았을 뿐만 아니라, 인접한 선어말어미들과의 관계에 의해서도 기능이 약화되었다. 아래에 시제 표현의 선어말어미들과 청자높임의 선어말어미의 기능이 약화된 과정을 간단히 살펴보기로 하자.

4.2.1 시제 표현의 선어말어미 '-ᄂ/더/리-'의 기능 약화

중세국어 시기의 시제 표현 형태인 '-ᄂ-', '-더-', '-리-'를 시제와 상의 복합체인 시상 체계로 보는 견해도 있고 시제와 서법, 상의 복합범주로 보는 견해도 있다.[12] 그리고 기본적으로 서법 체계가 중심이고 현재, 과거, 미래 등의 시간은 이들 서법이 시제의 관점에서 해석될 때 부차적으로 갖는 기능이라고 보는 견해도 있다. 하지만 이들 선어말어미가 기본적인 기능이든 부차적인 기능이든 결과적으로는 현재, 과거, 미래라는 시간도 표시하였다는 사실에 대해서는 일치하다. 따라서 본고에서는 이런 일치점을 출발점으로 하여 선어말어미 '-ᄂ-', '-더-', '-리-'의 시제 표현의 기능 약화를 다루고자 한다.

또한 18, 19세기에 선어말어미 '-엇-'과 '-겟-'이 각각 과거와 미래를 표현하는 선어말어미로 자리 잡으면서 기존의 시제 표현 형태들과 의미 기능이 겹치는 부분이 생기게 된다. 따라서 새롭게 등장한 '-엇-', '-겟-'은 시제를 표현하는 의미 기능에 있어서 기존의 시제 표현 형태들과 경쟁하게 되며, 기존의 시제 표현 형태들의 의미 기능을 약화시키게 된다.

---

12) 중세국어의 시제·서법·상에 대한 견해들에 대한 정리는 고영근(2007:328-332, 379-388)을 참조.

4.2.1.1 '-ᄂ-'의 형태 변화와 기능 약화

선어말어미 '-ᄂ-'는 현대국어에서 현재 시제 표현의 '-는-', '-ㄴ'과 직설법의 '-느-'의 직접적 소급형태이다. '-ᄂ-'는 중세국어 이전시기의 향가나 이두 자료에서도 현재성을 나타내는 시제 표현의 선어말어미로 쓰였는데 이승재(1998:59)에서는 문자 '-臥-'로 표기되었다고 했다.13)

향가에서 '-臥[ᄂ]-'는 《보현십원가》의 《懺悔業障歌》에만 쓰였고 다른 향가 작품에서는 쓰이지 않았다. 다른 향가 작품에서는 '-臥-'대신에 '-內-'를 이용하여 '-ᄂ-'를 표기하였다. 그렇다고 하여 향가에 나오는 모든 '-內-'를 현재 시제의 '-ᄂ-'에 대응시킬 수는 없다.

(1) 가. 造將來臥乎隱惡寸隱 (지스려누온 머즈는) 〈懺悔業障歌 3구〉
    나. ①祈以支白屋尸置內乎多 (비슬볼 두ᄂ오다) 〈禱千手觀音歌 4구〉
        ②吾隱去內如辭叱都 (나는 가ᄂ다 말ㅅ도) 〈祭亡妹歌 3구〉
    다. 爲內尸等焉國惡太平恨音叱如 (ᄒᆞᄂᆞᆯᄃᆞᆫ 나락 太平ᄒᆞᆫ音ㅅ따) 〈安民歌 10구〉

예문 (1)은 향가에서 '-臥/內[ᄂ]-'의 쓰임을 보여준 것이다. (1가)는 '제 탓으로 짓게 되는'의 뜻으로서 '-臥[ᄂ]-'는 관형사형에 쓰였다. 또한 사건시와 발화시가 일치하기에 '-臥-'가 현재 시제를 나타냄이 틀림없다. (1나)에서 보면 '-內[ᄂ]-'는 동사 어간에 직접 결합되어 중세국어의 '-ᄂ-'와 같이 현재 시제를 나타낸다. (1다)에서 보면 '-內[ᄂ]-'는 미래 시제의 '-올-'과 결합되어 쓰였는데 분포상에서 중세국어의 '-ᄂ-'와 완전히 대응되는 것은 아니다.

---

13) 김유범(2007:127)에서는 선어말어미 '-ᄂ-'가 '죽ᄂ니, 잡ᄂ니'와 같이 결코 매개 모음을 취하는 일이 없기에 동사 '놀다(飛)'의 어간에서 문법 형태화된 요소라는 가정을 해 볼 수 있다고 했다.

(2) 가. ①成造爲內臥乎亦在之 (成造ᄒᆞ누온여겨다) 〈慈寂禪師碑〉

②衆矣白賜臥乎 (衆의 ᄉᆞᆲᄋᆞ시누온)

③白臥乎味 (ᄉᆞᆲᄂᆞ온 맛)

나. 出納爲臥乎 (出納ᄒᆞ누온) 〈白巖寺帖文〉

예문 (2)에서 보면 이두 자료에서 현재 시제의 선어말어미 표기에 '-臥
[ᄂᆞ]-'를 썼다. 이 '-臥[ᄂᆞ]-'는 주체높임의 '-賜[시]-'와 객체높임의
'-白[ᄉᆞᆲ]-' 다음에 오고 거의 대부분 '-오/우-'와 동명사 어미의 결합체
인 '-乎[온]-'의 앞에 온다. 이 분포를 감안하여 이두 자료의 '-臥[ᄂᆞ]-'
를 15세기의 현재 시제의 선어말어미 '-ᄂᆞ-'에 해당한다고 할 수 있다.

(3) 가. 皇龍寺緣起法師爲內賜 (皇龍寺의 緣起法師 삼ᄂᆞ시) 〈新羅華
嚴經寫經造成期〉

나. 權爲成內在之 (권하여 일우겨다) 〈禪林寺鐘銘〉

예문 (3)에서 보면 '-內-'가 주체높임의 선어말어미 '-賜-', '-在-'의
앞에 온다. 일반적인 선어말어미의 결합 순서에 따르면 시제 표현의
선어말어미는 주체높임의 선어말어미 뒤에 오는데 '-內-'는 주체높임의
선어말어미 앞에 왔기에 '-內-'를 중세국어의 '-ᄂᆞ-'와 대응된다고 볼
수 없다.

15세기에 들어서는 이미 잘 알려진 바와 같이 서술어가 동사일 때는
선어말어미 '-ᄂᆞ-'에 의해 현재 시제가 실현되었고 서술어가 형용사나
서술격조사 '이다'일 때는 'Ø'로 실현되었다.

(4) 가. 네 어미 … 이제 惡趣예 이셔 至極 受苦ᄒᆞᄂᆞ다 [受苦ᄒᆞ-ᄂᆞ-다]
〈월석 21:53b〉

나. 안자 절웨요믈 시름ᄒᆞ고 져믄 ᄲᅳᆫ 머리옛 風病을 묻ᄂᆞ다 [묻-

ᄂᆞ-다]〈두시초 19:8b〉

다. 이 지븨 <u>사ᄂᆞᆫ</u> [살-ᄂᆞ-ᄋᆞᆫ→사-ᄂᆞᆫ] 얼우니며 아히며 現在 未來
百千歲中에 惡趣를 기리 여희리니〈월석 21:99a〉

(5) 가. 내 오늘 實로 無情호라[無情ᄒᆞ-Ø-오-라]〈월석 21:219a〉
나. 天眼ᄋᆞᆫ 하ᄂᆞᆯ <u>누니라</u>[눈-이-Ø-라]〈월석 1:7a〉

예문 (4)에서 서술어가 동사인 경우에 '-ᄂᆞ-'가 결합되어 현재 시제를
표현한다. 또한 (4가-나)에서 보면 동사 어간이 모음으로 끝나든, 자음으
로 끝나든 모두 '-ᄂᆞ-'가 결합된다. 그리고 (4다)에서 보면 관형화 구성
의 경우, 역시 서술어가 동사일 때 '-ᄂᆞᆫ'[-ᄂᆞ-ᄋᆞᆫ]으로 표현된다. (5)는
서술어가 형용사와 '이다'인 경우 'Ø'로 현재 시제가 표현됨을 나타낸다.
16세기에 현재 시제를 나타내는 '-ᄂᆞ-'의 서술형인 '-ᄂᆞ다'는 내포문
에서 어간이 모음 또는 'ᄅ'로 끝나는 경우에 한하여 '-ᄂᆞ다〉-ᆫ다'의
변화가 일어난다.

(6) 經에 니ᄅᆞ샤ᄃᆡ 無常 브리 한 世間ᄋᆞᆯ <u>ᄉᆞᆫ다</u> [ᄉᆞᆯ+ᄂᆞ다→ᄉᆞᆫ다]ᄒᆞ시며
ᄯᅩ 니ᄅᆞ샤ᄃᆡ 衆生의 苦로ᄋᆞᆫ 브리 四面에 흔 ᄢᅴ <u>븐ᄂᆞ다</u> ᄒᆞ시고 ᄯᅩ
니ᄅᆞ샤ᄃᆡ 한 煩惱賊이 常例 사ᄅᆞᆷ 주구믈 <u>엿ᄂᆞ다</u> ᄒᆞ시니〈선가해 50b〉

예문 (6)에서 보면 어간이 자음으로 끝나는 경우에는 변화가 일어나지
않지만, 이것이 모음이거나 'ᄅ'인 경우에는 '-ᄂᆞ-'의 모음이 줄어들고
'ᆫ'이 어간의 끝소리로 된다. 이런 변화는 내포문에서 먼저 일어난다.

(7) 가. 샹녯 말ᄉᆞ매 닐오ᄃᆡ 고디식ᄀᆞ니ᄂᆞᆫ 댱샹 잇고 섭섭ᄒᆞ니ᄂᆞᆫ 댱샹
<u>패ᄒᆞᆫ다</u> ᄒᆞᄂᆞ니라〈번노 下:42a-43b〉
나. 녯 사ᄅᆞ미 닐오ᄃᆡ ᄌᆞ셕 나하ᄉᆞ ᄀᆞᆺ 부모의 은혜를 <u>안다</u> ᄒᆞᄂᆞ니라

〈번박58a〉

다. 玄曄 ᄀᆞᄅ치신 일를 받ᄌᆞ와 청렴ᄒᆞ며 <u>조심ᄒᆞᆫ다</u> 호모로 사ᄅᆞ미
게 일쿨이더라 〈번소 9:52a〉

라. 사름이 괴롱호ᄃᆡ ᄂᆞ미 날 아로믈 구티 <u>아니ᄒᆞᆫ다</u> ᄒᆞ거늘 〈번소
9:54b〉

(7)은 16세기 초기, 내포문에서 어간이 모음이나 'ㄹ'로 끝나는 경우에
'-ᄂᆞ다〉-ㄴ다'의 변화를 보여준 것이다. 내포문에서 이 변화가 먼저 일어
난 것은 내포문이 주문장에 비해 약화 또는 축약이 일어나기 쉬운 환경이
기 때문이다. (이유기 2001:90)

그리하여 16세기 말기에 나온 《소학언해》, 《논어언해》, 《맹자언해》
등 문헌에서는 이러한 변화형을 많이 볼 수 있게 된다.

(8) 가. ①可히 비호기를 <u>즐긴다</u> 닐올디니라 〈소학 3:7b〉
　　②나ᄂᆞᆫ 드로니 君子ㅣ 즐음씰로 <u>아니ᄒᆞᆫ다</u> 호라 〈소학 4:41b〉
　　③이 아름다온 德을 됴히 <u>너긴다</u> ᄒᆞ야늘 〈소학 5:1b〉
　　④君子ㅣ … 편안ᄒᆞ고 펴ᄇᆞ리면 날로 <u>게으른다</u> ᄒᆞᄂᆞᆫ 말을 〈소
　　　학 5:86-87a〉
　　⑤엇디 가비야이 <u>ᄒᆞᆫ다</u> 니ᄅᆞᄂᆞ뇨 〈소학 6:104b〉
　나. ①뉘 닐오ᄃᆡ 鄹人의 子를 禮를 <u>안다</u> ᄒᆞ더뇨 〈논어초 1:24b〉
　　②늘금의 쟝ᄎᆞ 니르롬을 아디 <u>몯ᄒᆞᆫ다</u> 아니ᄒᆞ뇨 〈논어초
　　　2:20b〉
　　③二三子ᄂᆞᆫ 날로 써 <u>隱ᄒᆞᆫ다</u> ᄒᆞᄂᆞ냐 〈논어초 2:22a〉
　　④居ᄒᆞ야셔ᄂᆞᆫ 굴오ᄃᆡ 나를 아디 <u>몯ᄒᆞᆫ다</u> ᄒᆞᄂᆞ니 〈논어초 3:14a〉
　　⑤可히 學을 <u>好ᄒᆞᆫ다</u> 닐엄즉홀 ᄯᆞᄅᆞᆷ이니라 〈논어초 4:57a〉
　다. ①喪祭ᄂᆞᆫ 先祖를 <u>從ᄒᆞᆫ다</u> ᄒᆞ니 〈맹자해 5:5b〉
　　②百官과 族人이 다 닐어 굴오ᄃᆡ <u>안다</u> ᄒᆞ며 〈맹자해 5:7b〉
　　③下를 호ᄃᆡ 반ᄃᆞ시 天澤을 <u>因ᄒᆞᆫ다</u> ᄒᆞ니 〈맹자해 7:3b〉

④나는 西伯은 老者를 善養ㅎ다 드로라 〈맹자해 7:22b〉

⑤身이 天子ㅣ 되고 … 可히 親愛ㅎ다 니르랴 〈맹자해 9:12a-12b〉

예문 (7)-(8)에서 보면, '-ᄂ다〉-ㄴ다'의 변화가 16세기 초기부터 내포문에서 일어나기 시작하여 16세기 후기에 이르러서는 대체로 규칙적으로 고정되는 경향을 보이는 듯하다. 그러나 완전한 규칙으로 확립되지는 않았다.

(9) 가. 네 사르미 다 글ᄒᆞᄂ다 ᄒᆞᄂ 소리 나 〈번소 10:11a〉

나. 父母ㅣ 골오샤티 이 날을 잘 셤기ᄂ다 ᄒᆞ거시든 〈소학 2:17b〉

다. 대예셔 나ᄂ다 ᄒᆞ면 〈칠대 7〉

(9)에서 보면 내포문에 아직도 '-ᄂ다'의 형태를 유지하는 예문이 보인다. 그러나 16세기말의 《순천김씨언간》에서는 다음 (10)과 같이 주문장의 종결형식에서도 이 변화가 나타난 경우가 있다. 이러한 사실은 언간 자료가 보수성이 약하다는 사실 즉 언간 자료에 문법 형태 및 기타의 변화가 빨리 반영됨을 보여준다.

(10) 가. 수위도 보름끽 간다 〈청주 32:12〉

나. 아바니믄 쏘 치스원 나가 돈닌다 〈청주 37:3〉

다. 네 아바님도 … 대귀 왓다 ᄒᆞ다 〈청주 53:6〉

라. 나 도로 용시미 난다 〈청주 79:4〉

마. 싱일 디내고 여ᄃ래날 본여그로 가신다 〈청주 124:7〉

다음의 예문 (11)을 보면 17세기에는 주문장의 문장종결 위치에서도 '-ᄂ다〉-ㄴ다'의 변화가 거의 정착된 것을 알 수 있다.

(11) 가. 이 믈은 믈 잘 먹고 이 믈은 믈 먹기 쟉게 흐다 〈노걸해
    上:31b〉
    나. 네 아디 못흐다 〈박통해 上:31b〉
    다. 애 이 아히 쏘 ㄱ장 아디 못흐다 〈박통해 中:17b〉
    라. 月欄雨 月暈ᄒ면 비 온다 〈역어해 上:1b〉

그리고 17세기 문헌에서는 자음 뒤에 통합하는 '-ᄂᆞᆫ다'를 확인할 수
있는데, 이는 16세기에 보이지 않던 현상이다.

(12) 가. 믈을 ㄱ음알면 믈엣 거슬 먹ᄂᆞᆫ다 ᄒ니라 〈박통해 下:37b〉
    나. 이 믈이 쇠거름 ᄀᆞᆺ티 즈늑즈늑 것ᄂᆞᆫ다 〈노걸해 下:8b〉
    다. 얼굴은 복을 조차 옴ᄂᆞᆫ다 〈역어해 下:53a〉

'-ᄂᆞᆫ다'의 형성 과정은 허웅(1991:453)에서와 같이 유추 현상으로 설
명할 수 있다. 즉 모음 뒤에 쓰이는 '-ㄴ다'와의 형태적 통일성을 유지하
기 위해 자음 뒤의 '-ᄂᆞ다'는 '-ᄂᆞᆫ다'로 변화하였다. 이것은 결과적으로
자음 뒤에서는 '-ㄴ-'앞에 다시 '-ᄂᆞ-'가 중가되어 '-ᄂᆞᆫ-'이 되었던 것이
다. 다시 말해 '-ᄂᆞᆫ-'은 기능상에서 현재 시제를 나타내는 선어말어미로
서 '-ᄂᆞ-'와 구별되지 않지만, 중가형이다.
  이상에서 보다시피 16세기에 동사 어간이 모음인 경우에 '-ᄂᆞ다〉-ㄴ
다'의 변화를 입고, 17세기에는 동사 어간이 자음인 경우에 '-ᄂᆞ다〉-ᄂᆞᆫ
다'의 변화를 입어 형태적 통일은 어느 정도 잡혔다. 또한 18세기에 말에
'ᆞ'가 소실됨에 따라 '-ᄂᆞ-'형태는 다양한 변화 양상을 나타낸다.

(13) 가. 칼과 다못 몽동이를 가지고 와셔 나를 잡는다 〈마가전 1〉
    나. 任意(의미)로 듸겹ᄒ여 錄(록)의 가드친 者(쟈)와 갓치 ᄒ엿
      ᄂᆞ니라 〈마가전 1〉

다. 神(신)의 國(국)을 밧드는 者(주)는 시러금 드지 못ᄒᆞ느니라
〈마가전 1〉

예문 (13)에서 보면 18세기 말에 가서 'ㆍ'음이 없어짐에 따라, '-ᄂᆞᆫ다'
는 '-는다'로 바뀌고, 다른 활용형에 나타나는 '-ᄂᆞ-'도 '-나-, -느-'로
바뀌어 종결어미로 녹아 붙게 된다. 이러한 변화는 '-ᄂᆞ-'의 위치가 전체
체계상 불안정한 것으로 될 수밖에 없도록 하였고 '-ᄂᆞ-'에 의지하던
현재 시제의 실현은 그 기반을 잃어버릴 위기에 놓이게 된다.

또한 선어말어미 '-ᄂᆞ-'의 기능 약화가 근대국어 전기부터 나타나기
시작했다. 그 근거로 15-16세기에는 서술어가 동사인 경우에만 '-ᄂᆞ-'
가 결합되었지만 17, 18세기 문헌에서는 서술어가 형용사인 경우에도
'-ᄂᆞ-'가 쓰이는 현상이 보임을 들 수 있다.

(14) 가. 가히 흉년의 비고프디 아닌ᄂᆞ니라 〈구황 19a〉
　　나. 산사ᄌᆞ과 셔셤ᄌᆞ를 가ᄒᆞ여 머기면 역질이 드므ᄂᆞ니라 〈두창
　　　　20a〉
　　다. 그 빗치 빗나고 조하 가히 어엿브ᄂᆞ니 〈자초 12b〉
　　라. 例 네 父母의게 順티 아니ᄒᆞᄂᆞ 내 父母ㅣ 업ᄂᆞ이다 〈오전해
　　　　5:16a〉
　　마. 아름다오미 그지업ᄂᆞ이다 〈개첩 8:39a〉

(14가-다)에서 보면 17세기 문헌에서 선어말어미 '-ᄂᆞ-'가 형용사에
결합되어 있어 '-ᄂᆞ-'를 현재 시제의 표현으로 보기 어려운 점도 있다.
그리고 18세기에도 이러한 결합이 계속하여 나타난다. (14라-마)는 18세
기 자료에서 형용사 '없-'과 '-ᄂᆞ-'가 결합된 경우를 보여준 것이다.
형용사와 선어말어미 '-ᄂᆞ-'는 결합될 수 없기 때문에 선어말어미 '-ᄂᆞ-'
를 분석할 수 없고 종결어미 '-ᄂᆞ이다'로 분석된다.

또 다른 근거로 '-엇-'과 '-겟-'이 각각 과거와 미래를 표시하는 선어
말어미로 정착하면서 현재 시제를 표현하는 데에도 변화가 생겼다.[14]
기존에 현재 시제는 서술어가 동사일 경우 '-ᄂ-〉-ㄴ/ᄂᆫ-'을 통해 표현
되었는데, 과거와 미래 시제의 선어말어미가 '-엇-', '-겟-'으로 확립되
면서 현재 시제는 이들의 부재만으로도 표시될 수 있는 가능성이 생겼다.
그리고 선어말어미 '-더-', '-리-'는 '-ᄂ-'와 결합할 수 없었지만,
기원적으로 동사 '잇-'을 포함한 각각 '상태의 지속', '예측의 가능성'이라는
의미에서 출발한 '-엇-'과 '-겟-'은 선어말어미 '-ᄂ-'와 결합할 수 있었
다. 따라서 과거 시제의 '-엇-'이나 미래 시제의 '-겟-'과 결합한 '-ᄂ-〉-
ㄴ/ᄂᆫ-'는 현재 시제를 표현하는 것으로 해석하기 어렵게 되었다.

(15) 가. ①그렁져렁 이쩍가지 흔 번도 못 맛나셔 이런 정담 못ᄒ엿늬
    〈남원 16a〉
    ②小人이 일쯕 犯夜티 아니 ᄒ엿ᄂ이다 〈오전해 1:44b〉
  나. ①올희 이졔야 알깃네 즈네가 봉화지 ᄉᄂ 어린돌인가 이
    ᄉ람아 향늬에 죽갑 칠 푼 진 것 쥬고 가쇼 요ᄉ이 어려워
    못 견듸깃네 〈남원 37a〉
    ②쥬여 우리들을 구ᄒ쇼셔 빠져 죽겟ᄂ이다 〈성경 41b〉

예문 (15)에서 보면 선어말어미 '-엇-', '-겟-'에 종결어미 '-늬', '-ᄂ
이다'가 결합되었다. '-엇-'이 근대국어 후기에는 과거 시제를 표현한
것으로 볼 수 있기 때문에 '-엇-'과 함께 쓰인 '-늬', '-ᄂ이다'의 '-ᄂ-'
는 현재 시제를 담당하지 않는 것으로 보인다. 마찬가지로 미래 시제의

14) 근대국어 시기에 '-앗-'과 '-겟-'의 정착과 함께 기존의 시상 체계가 변화하게 된
  과정에 대해서는 최동주(2002)에서 자세히 다루었다. 또한 고영근(2007:379:434)
  에서도 근대국어 시기에 완료상의 일부가 과거 시제의 '-앗-'으로, 예정상이 미래
  시제 '-겟-'으로 변화하면서 기존의 서법 중심 체계에서 새롭게 서법과 시제 중심의
  체계로 바뀌게 되었다고 설명하였다. 그리고 이승희(2008:30-33)에서도 '-앗-',
  '-겟-'의 정착이 기존의 시제 체계에 변화를 가져온 데 대해서 간략하게 설명하였다.

'-겟-'과 함께 쓰인 '-늬', '-ᄂ이다'의 '-ᄂ-'도 현재 시제를 담당하지 않는 것으로 볼 수 있다. '-엇-', '-겟-'의 과거, 미래 시제의 확립은 결국 선어말어미 '-ᄂ-〉-ㄴ/ᄂ-'의 기능이 약화되는 결과를 가져왔다. 하지만 '-늬'는 기원적으로 '-ᄂ-'를 포함하고 있음으로 해서 주로 동사와만 결합하고 형용사와의 결합에서는 제약을 받고 있었다. 이러한 제약은 현대국어에 와서 거의 사라졌다.

이로서 선어말어미 '-ᄂ-'의 형태 변화와 기능 약화는 '-ᄂ-'로 하여금 하나의 독립된 형태소로서의 위치가 불안정하게 하였고, 청자높임의 '-이-'와 통합되어 '-습니다', '-습니까'의 구성소[15]인 '-니-'를 형성할 조건을 마련해주었다.

4.2.1.2 '-더-'의 형태 단순화와 기능 약화

'-더-'는 과거 시제 표현의 선어말어미로서 중세국어 시기는 물론이고 그 이전 시기의 향가나 이두 자료에도 나타났다.

향가와 이두 자료에서는 선어말어미 '-더-'를 '如'로 표기하였다.[16]

  (1) 가. 郎也持以支如賜烏隱 (郎이여 디니더시온) 〈讚耆婆郎歌 7구〉
      나. 懺爲如乎仁惡村業置 (懺ᄒ더온 머즌 業도) 〈普皆廻向歌 6구〉

(1가)는 '郎이 지니시던'의 뜻으로, 과거 시제의 선어말어미 '-더-'는 주체높임의 '-시-'에 선행하여 '-如賜[더시]-'의 통합순서를 보이는데

---

15) 이용(2003:55)에서는 문장 구성소란 분리적인 성격을 지니고 형성을 하는데 쓰인 문장 형성소와 대조적인 위치에 있는 것으로, 문장 구성소는 반드시 다른 어미를 뒤에 세우거나 앞에 세워야만 문장구성에 참여할 수 있는 것이라고 하였다. 그리고 문장 구성소에 속하는 대표적인 예로 현대국어 어말어미 '-습니다'의 '-니-', 연결어미 '-거늘', '-거든'의 '-거-' 등을 들 수 있다고 했다.

16) 이승재(1998:59), 박진호(1998:173),『국어의 시대별 변천 연구3-고대 국어』, 국립 국어연구원.

이것은 15세기의 '-더시-'와 같다. (1나)는 '懺悔하던 惡한 業도'의 뜻인데, 과거 시제의 선어말어미 '-더-'는 의도법의 어미 '-오-', 관형형 어미 '-ㄴ'에 선행한다.

(2) 가. 古石佛在(是)如賜乙重修爲 (古石佛이겨다시ᄂᆞᆯ 重修함)〈磨崖藥師座右銘〉
  나. 輔佐爲白如大臣等 (輔佐ᄒᆞᅀᆞᆸ던 대신들)〈尙書都官帖文〉
  다. 艱苦亦望白如乎事是去有等以 (艱苦하게 ᄇᆞ라ᅀᆞᆸ다온 일이 있었으므로)〈尙書都官帖文〉
  라. 矣亦中使內如乎在乙 (의여긔 ᄇᆞ리다온 견을)〈松廣寺奴婢文書〉
  마. 作法爲白如乎時亦中 (ᄒᆞᅀᆞᆸ다온 時여긔)〈白巖寺帖文〉

(2)에서 보면 이두 자료에서 과거 시제의 '-더-'를 '-如-'로 표기하였다. (2가)는 '古石佛이시었던 것을 다시 고침'의 뜻인데, 과거 시제의 '-如[더]-'는 주체높임의 '-賜[시]-'에 선행하여 15세기의 '-더시-'와 같은 결합 양상을 보인다. (2나)는 '輔佐하옵던 대신들'의 뜻으로서, 과거 시제의 '-如[더]-'에 관형형 어미 '-ㄴ'을 첨가하였다. (2다-마)는 각각 '간고하게 바라옵던 일이 있다', '나에게 부리던 바가 있거늘', '불법을 행하던 시절에'의 뜻인데. '-如乎-[다온]'은 과거 시제의 '-더-', 의도법의 '-오-', 관형형 어미 '-ㄴ'이 연결된 것으로 15세기의 '-던'에 해당한다.

15세기에 들어서서 선어말어미 '-더-'는 화자가 주어의 행위에 대해 경험한 것을 진술하는 과거 시제의 기능을 지녔는데 네 가지 형태로 실현되었다. 주어의 인칭에 따라, 1인칭일 경우에는 '-다-'로 실현되며, 그렇지 않을 경우에는 '-더-'로 실현되었다. 그리고 '이다', '아니다'와 미래 시제의 선어말어미 '-리-' 다음에는 인칭에 따라 각각 '-라-'와 '-러-'로 실현되었다.

(3) 가. ①버근 法王이시니 轉法을 조차 흐뎌시니이다 〈석상 24:37b〉

　　　①'내 롱담ᄒ다라 〈석상 6:24b〉

　　　②네 겨집 그려 가던다 〈월석 7:10a〉

　　　②'내 지븨 이셔 날마다 五百僧齋 ᄒ다라 〈월석 23:74a〉

　　나. ①六師ㅣ 무리 三億萬이러라 〈석상 6:28a〉

　　　①'내 지븨 이싫 저긔 舍衛國 사ᄅ미라니 〈월석 10:23b〉

　　　②本來 ᄇ라오미 아니러라 〈법화해 2:77a〉

　　　②'내 弟子ㅣ 아니라 ᄒ야시ᄂᆞᆯ 百萬億衆이 다 아라 듣ᄌᆞᄫᆞ니라
　　　　〈석상 23:11b〉

　　다. ①내 하 더러ᄫᅥ 사ᄅ미 몯 나ᅀᅡ가리러라 〈석상 24:50b〉

　　　②내 아랫 뉘예 이 經을 바다 디녀 닐그며 외오며 ᄂᆞᆷᄃᆞ려 니르
　　　　디 아니ᄒ더든 阿耨多羅三藐三菩提ᄅᆞᆯ 셜리 得디 몯ᄒ리러니
　　　　라 〈석상 19:34b〉

(3가)는 주어가 2, 3인칭일 때와 1인칭일 때 선어말어미 '-더-'와 '-다
-'가 대립하고 있음을 보여준다. (3나)에서 보면 '이다', '아니다'에 주어
가 3인칭인가, 1인칭인가에 따라 '-러-', '-라-'가 결합된다. (3다)는
미래 시제의 '-리-'에 과거 시제의 '-더-'가 결합됨을 보여준 것이다.
(3다)의 ①은 '냄새가 매우 더러워 사람이 못 나아가겠더라'의 뜻으로,
여기의 '-리러-'는 현대국어의 '-겠더-'와 비슷한 의미를 가진다. (3다)
의 ②는 '…빨리 得하지 못했을 것이다'의 뜻인데, 과거 추측의 의미를
가진다.

또한 예문 (3)에서는 현대국어와는 달리 주어가 화자 자신인 경우에도
'-더-'가 아무런 제약 없이 쓰였다는 점은 15세기 국어의 특징적인 모습
의 하나이다. 이러한 현상은 16세기에도 계속 나타난다.

(4) 가. ①뎌긔 흔 고라ᄆ리 이쇼ᄃᆡ 지조는 됴커니와 오직 뒷지페디더

라 〈번박 상:62b〉

① ′이러툿 ᄒ면 내 니건 히 셔울 잇다니 갑시 다 ᄒᆞᆫ가지로다
〈번노 上:9b〉

②우리 어버ᅀㅣ 다 모미 편안ᄒᆞ시던가 〈번박 상:51a〉

② ′내 요ᄉᆞ이 믈보기 어더셔 믈 ᄐᆞ디 몯ᄒᆞ다라 〈번박 상:37b〉

나. ①그 아비는 올히 나히 열 아호비오 글 지ᅀㅣ와 여러가짓 지죄
됴코 수 업슨 천량이러라 〈번박 상:46b〉

① ′내 나그내라니 오늘 졈그러 네 지븨 잘 ᄃᆡ 어더지이다 〈번노
上:47a〉

②公이 사ᄅᆞᆷ 브려 보니 과연 伯玉이러라 〈소학 4:30a〉

② ′내 뎌 소ᄂᆡ 아ᄉᆞ미라니 〈번노 下:1a〉

다. ①져제 됴흔 ᄆᆞᆯ 몬 어드리러라 〈번박 상:63a〉

②壽昌이 … 通判을 ᄒᆞ엿더니 … 누의를 더브러 와 사더니 두서
힛만애 어미 죽거늘 우러 ᄒᆞ마 눈이 멀리러라 〈번소 9:36a〉

(4)는 모두 16세기 문헌 자료인데, '-더-'와 '-다-'가 대립하고 있음과
'-러-, -라-'의 변이 조건도 15세기와 같음을 보여준다. 하지만 16세기
에는 과거 시제의 선어말어미 '-더-'의 이형태로 '-ᄃᆞ-'가 편지에 나타
나는데, 이에는 인칭대립이 보이지 않는다. (허웅 1989:334)

(5) 가. 아기밧ᄲᅢᆼ이 자ᄃᆞ니 [자-ᄃᆞ-니] 블 다혀 주라 ᄒᆞ니 〈언간 3〉

나. ᄂᆞ믜 누(무)명을 서너피롤 뼈쓰니 [ᄡᅳ-엇-ᄃᆞ-니] 〈언간 4〉

다. 슌홰 가ᄃᆞ니 [가-ᄃᆞ-니] 엇디 ᄒᆞᄂᆞᆫ고 〈언간 6〉

라. 오늘 계룰 ᄒᆞ옵도ᄯᆞᆫ가 [ᄒᆞ-옵-돗-ᄃᆞ-ㄴ-가] 더욱더욱 쳐챵
ᄒᆞ여 ᄒᆞᄂᆡ 〈언간 6〉

예문 (5가)는 주어가 일인칭인 경우이고, (5나-라)는 주어가 삼인칭인
경우이다. 하지만 서술어에는 모두 선어말어미 '-ᄃᆞ-'가 결합되어 과거

시제를 나타낸다.

17세기에 들어서는 의도법의 선어말어미 '-오/우-'의 소실로 인해 15-16세기에 '-오/우-'와 결합될 때 나타났던 '-다/라-' 형태는 찾아볼 수 없었다. 이것은 '-더-'의 형태로 단순화되어 가는 경향성을 보이기 시작한 것이다. 그러나 아직 '-더/러-', '-ᄃ-', '-드-' 이형태가 존재한다.17)

  (6) 가. ①이 흔 등엣 믈은 열 량 우흐로 폴리라 ᄒ더라 〈노걸해 上:8a〉
        ①'우리 여긔 ᄒ가지로 믈 깃ᄂᆫ가 ᄒ더니라 〈노걸해 上:33b〉
        ②즉제 오려 ᄒ더니 네 아직 나갓다가 흔 디위 기드려 다시
          오나라 〈노걸해 下:1a〉
        ②'이러ᄐᆺᄒ면 내 前年에 셔울 잇더니 갑시 다 ᄒ가지로다 〈노
          걸해 上:8b〉
    나. ①이 세 벗이 둘흔 믈 살 나그내오 ᄒ나흔 즈름이러라 〈노걸해
          下:7a〉
        ②나ᄂᆫ 나그내러니 오늘이 졈그러시니 네 집의 잘 ᄃᆡ를 어더지
          라 〈노걸해 上:42a〉
    다. 내 녜 갓가이 뫼ᅌᅡ와 奉引을 더러이ᅌᅩ오니 兵卒 내요미 整肅ᄒ
        야 可히 當치 못ᄒ리러라 〈두시중 3:60b〉
    라. ①이러ᅳᆺ시 ᄉᆞ졀을 조차 오ᄉᆞᆯ 닙드라 〈노걸해 下:46a〉
        ②내 일즙 드ᄅᆞ니 … 도로혀 님자 어듬이 샏ᄅᆞ다 ᄒ드라 〈노걸
          해 下:60a〉

(6가)에서 보면 주어가 삼인칭이든, 일인칭이든 서술어에 과거 시제의 '-더-'가 결합된다. (6나)에서도 마찬가지로 서술격조사 '이다'에 인칭 제한이 없이 선어말어미 '-러-'를 결합하였다. (6다)는 '-더-'가 미래 시제의 선어말어미 '-리-'와 결합할 때 '-러-'로 나타남을 보여준다.

---

17) 주경미(1990:42-43)에서는 근대국어에 나타나는 선어말어미 '-드-', '-ᄃ-'를 고려 시대의 선어말어미 '-ㅅ[드]-'와 관련지어 보려 했다.

(6라)는 선어말어미 '-더-'의 이형태인 '-드-', '-ᄃᆞ-'가 과거 시제의 기능을 실현함을 보여준 것인데, '-드-'는 현대국어에까지 '-더-'의 이형태로 존재하고, '-ᄃᆞ-'는 'ᄋᆞ'음의 소실과 함께 '-더-'에 합류되어 간다.[18] 18세기에는 17세기와 마찬가지로 '-더-'와 '-다-'의 대립이 소실되었다.[19] 그리고 '이다'의 뒤에서 '-러-'로 교체되기도 하지만, '-더-'로 실현되는 경우도 볼 수 있었다.

(7) 가. 환궤의 분요ᄒᆞᆫ 의ᄉᆞᄅᆞᆯ 니ᄌᆞᆯ 곳이러라 〈을병 2:27〉

　　 나. 흔 프ᄌᆞ의 드러가니 여러 층 텬반을 ᄆᆡ고 화긔를 만히 ᄲᅡ하시니 소견이 찬난ᄒᆞ고 아국의 흔히 나오ᄂᆞᆫ 긔명이러라 〈을병 2:94〉

　　 다. 혹 글ᄌᆞ ᄋᆞᄂᆞ 니 잇ᄂᆞᆫ가 히아려 말을 무ᄅᆞ매 다 무식ᄒᆞᆫ 인물이러라 〈을병2:120〉

　　 라. 일변 ᄲᅵ브며 일변 스러지니 이ᄂᆞᆫ 드믄 음식이러라 〈을병 2:32〉

(8) 가. 일변 먹으며 일변 가졍을 집어 주고 가졍이 ᄯᅩᄒᆞᆫ 집어다가 먹으니 무식ᄒᆞᆫ 일이더라 〈을병 3:41〉

　　 나. 그 일에 셩실ᄒᆞ미 아국 쟝인을 싱각ᄒᆞ매 실노 붓그럽고 ᄯᅩᄒᆞᆫ 드믄 귀경이더라 〈을병 3:90〉

　　 다. 내 엇디 모ᄅᆞ리오 ᄒᆞ고 ᄀᆞ장 감격ᄒᆞᄂᆞᆫ 긔식이더라 〈을병 4:81〉

　　 라. 등을 긔여 올나가 걸터 안즈니 의연이 큰 집 우희 아히 올나 안즌 모양이더라 〈을병 5:68〉

예문 (7)과 (8)에서 보면 동일한 문헌에서 '이다'에 '-러-'가 결합되기

18) 주경미(1990:42)에서는 근대국어 시기에 음운론적으로 'ᄋᆞ'와 'ᅡ'가 동일했기 때문에 '-다-'와 '-ᄃᆞ-'는 동일형태로 볼 수 있다고 했다. 그러나 '-ᄃᆞ-' 형태를 의도법의 선어말어미가 결합된 것으로 볼수 없다고 했다.

19) 18세기 문헌 자료에서 1인칭에서 '-다-'가 쓰인 예가 《어제내훈》에 있으나, 이것은 궁중에는 옛스런 표현이 남아 있었던 것으로 볼 수 있다. (허웅 1981나)

①네 놀며 즐겨홀 제ᄂᆞᆫ 내 희롱ᄒᆞ다니 〈어내훈 2:25〉

②妾이 ᄯᆞ生애 병이 업다니 〈어내훈 2:99〉

도 하고 '-더-'가 결합되기도 한다.

근대국어 시기에 들어서부터 선어말어미 '-더-'의 이형태들은 단순화의 방향으로 나가기 시작한다. 또한 '-더-'는 선어말어미 '-ㄴ-'처럼 형태적 변이가 심하여 그 기반을 잃어버릴 정도로 흔들리지는 않았지만, 상대적으로 기능의 약화가 나타났다.

왜냐하면 15세기에 '상태의 지속' 또는 '진행상'을 표시하던 '-어 잇-'이 이미 그 시기부터 '-엣->-엇-'과 같은 형태상의 변화를 보였거니와 이와 함께 의미 기능의 변화도 시작되어 근대국어 초기에는 기존의 의미 기능 외에 '완료상', 나아가 '과거 시제'까지도 표시하는 선어말어미로 발전하였기 때문이다.[20]

(9) 가. ①냥녀 눈이ᄂ 슈쳔현 사름이니 졍병 박대위의 체라 나히 계오
　　　　열 셜의 대위 당가 드러 안해 삼앗더니 〈동신렬 6:83b〉
　　　②우리 집 놈이 도적ᄒ다 ᄒ니 뎌 놈이 셩이 급ᄒ여 곳 입힐홈
　　　　ᄒ여 싸홧더니 〈박통해 下:16a〉
　　　③은바리ᄅᆯ 도적ᄒ야 가히ᄅᆯ 주엇더라 〈계축 上:45a〉
　　나. ①삼강을 다ᄒ고져 ᄒ되 ᄆᆞ음이 더옥 삭막ᄒ여 ᄲᅵ쳐 니ᄅᆞ디
　　　　못ᄒ엿더니 금일에 이에 ᄲᅵ쳣ᄂ니 경쟈의 문답홀 제 임의
　　　　닐넛더니 금일 어ᄂ 날고 내 나던 희예 이 윤월을 만낫더니
　　　　〈경문속 13a〉
　　　②궁즁이 와 견ᄒ되 ᄌᆞ긱이 궁즁의 드럿다 ᄒ야 혹 ᄀᆞᆯ오ᄃᆡ
　　　　철갑을 닙엇더라 ᄒ며 혹 ᄀᆞᆯ오ᄃᆡ 쟝검을 집헛더라 ᄒ야 〈명
　　　　의해 首上:47b〉
　　　③그젓긔 네 그거슬 내게 주마 ᄒ엿더니 엿희 엇지 보내지

---

20) 최동주(1995나: 128-129)에서는 '지속'의 의미가 약화되기 시작한 '-엇/어시-'가 17세기에 이르러 선어말어미로 된 것으로 보았다. 한편, 권재일(1998:92)에서는 17세기에 '-어 잇-'의 분포가 축소되었지만 상태의 지속상을 유지하여 현대국어로 이어졌고, '-엇-'은 분포가 확대되면서 완결법이라는 새로운 시제법을 생성하여 현대국어로 이어졌다고 했다.

아니ᄒᆞᄂᆞ다〈첩몽 1:19a〉

(9)는 선어말어미 '-엇-'과 '-더-'가 통합관계를 이루어 '-엇더-'로 나타난 예문들이다. (9가)는 17세기 문헌 자료인데, ①-③에서 보면 '아내를 삼다'는 사실, '싸우다'는 사실, '주다'는 사실은 선어말어미 '-엇-'에 의해 과거에 일어난 일임을 말해주고, 선어말어미 '-더-'에 의해 화자에게 과거에 인식된 사실이 현재까지 지속됨을 나타낸다. (9나)는 18세기 문헌 자료인데, ①에서 보면 '씻쳐 ᄂᆞᆯ디 못ᄒᆞ엿더니'는 과거에 발생한 일이다. 왜냐하면 뒤에 따른 '금일'에 '씻첫ᄂᆞ니'로부터 과거의 일임을 알 수 있다. 그리고 '널넛더니'라는 행위를 한 시점이 현재보다 과거라는 것을 '임의'라는 어휘로부터 알 수 있다. 또한 '만낫더니'는 '내 나던 ᄒᆡ'에 행해진 행위로서 명백한 과거이다. (9나)의 ②에서 보면 '쳘갑을 닙-'은 사실과 '쟝검을 집-'은 사실이 과거에 일어난 것임을 '-엇-'으로 표현하고 또한 과거에 발생한 이러한 일을 화자는 인식하고 청자에게 말을 할 때 '-더-'로 표현한 것이다. (9나)의 ③에서 보면 '그젓긔'가 '내 그거슬 주마'하고 말을 한 시점인데, '-엇-'에 의해 이 말은 과거에 했음을 나타내고 '-더-'에 의해 화자는 과거에 한 말을 인식하고 표현한다.

예문 (9가~나)의 '-엇더-' 형태에서 보이는 선어말어미의 기능은 각각 독자적인 영역을 가진다. '-엇-'은 '-엇-' 앞까지의 진술이 과거적인 사건임을 나타내며, '-더-'는 '-엇-'에 의해 과거적 사건으로 받아들여진 것을 화자가 인식하여 현재에 전해주는 것이다.

이렇듯 '이미 일어난 일', '과거의 상황'을 표현하던 '-더-'의 의미 기능이 약화된 것은 선어말어미 '-엇-'의 새로운 의미 기능—'과거 시제 표현'이 '-더-'의 의미 기능과 겹치는 부분이 있었기 때문이다. 따라서 과거를 표현하는 선어말어미로서 '-엇-'의 확립은 기존에 '-더-'가 담당하던 '과거 시제 표현'의 역할을 잠식하게 되었다. 따라서 '-더-'는 중세국어 시기와는 다른 양상을 보이기도 하면서 단순한 과거 시제의 기능보다는 회상적 의미를 지니는 것으로 변하여 현대국어에 이른다.[21]

4.2.1.3 '-리-'의 형태 변화와 기능 약화

선어말어미 '-리-'는 기원적으로 동명사형 어미 '-ㄹ'에 서술격조사 '-이-'가 결합된 요소였다고 추정되는 선어말어미이다. 고려 시대 석독 구결 자료들에 나타나는 'ㅋ[리]'는 하나의 독립된 선어말어미라기보다는 둘 이상의 요소들이 결합된 것이다. 반면, 향가에서는 차자 '理[리]'나 '里[리]'로 표기되었는데, 이는 하나의 독립된 선어말어미로 고려 시대 석독 구결의 'ㅋ[리]'와 비교해 본다면 보다 발전된 양상을 보이고 있다. (김유범 2007:150)

(1) 가. 獻乎理音如 (것거 바도림다) 〈獻花歌 4구〉
나. 奪叱良乙何如爲理古 (아사늘 엇디ᄒ릿고) 〈處容歌 8구〉
다. 西方念丁去賜里遣 (西方ᄭ장 가시리고) 〈願往生歌 2구〉
라. 不冬喜好尸置好理叱過 (안들 깃글 두오릿과) 〈隨喜功德歌 8구〉

(1가)는 향가에 나타나는 서술문의 예인데, '(꽃을) 꺾어 바치오리다'의 뜻으로, '-理[리]-'는 의도법의 '-乎[오]-'에 후행하고 청자높임의 '-音[이]-'에 선행한다. (1나-라)는 향가에 나타나는 의문문의 예인데, (1나)는 '빼앗은 것을 어찌하리오'의 뜻으로, '-理[리]-'는 용언 어간에 직접

---

21) 주경미(1990:102)에서는 중세국어 당시 '-더-'는 단순한 과거 시제로서만 쓰였고 회상의 기능은 부차적인 의미로 쓰였다고 했다. 현대국어로 오면서 '-더-'가 회상적 의미를 가지게 된 것은 바로 '-더-'가 담화상황을 요구하면서부터 인듯하다고 했다. 중세국어 시기에는 주어가 화자 자신인 경우에도 일반적인 서술에서 '-더-'를 썼지만, 현대국어로 오면서 반드시 화자와 청자가 전제되는 상황 즉 담화상황이 주어졌을 때, '-더-'를 쓴다고 했다.

결합되었다. (1다)는 '西方까지 가시리고'의 뜻으로, '-理[리]-'는 주체높임의 '-시-'에 후행한다. (1라)는 '기뻐함을 아니 두리이까'의 뜻으로서, 용언 어간에 직접 결합되었다. 예문 (1가-라)에서 '-理[리]-'는 장차 일어날 일을 추측하거나 의지적인 일을 실현하려고 할 때 나타나는 선어말어미로서 시간적으로는 미래와 관련을 맺는다.

15세기에 들어서서 선어말어미 '-리-'는 현대국어와는 비교할 수 없을 정도로 매우 넓은 분포를 보인다.

(2) 가. 아들 ᄯᆞ롤 求ᄒᆞ면 아들 ᄯᆞ롤 <u>得ᄒᆞ리라</u> 〈석상 9:23b〉

나. 佛은 … 얼구를 像ᄋᆞ로 아디 몯ᄒᆞᅀᆞᄫᆞ리니 〈월석 9:13b〉

다. 如來 아니 오라 涅槃애 <u>드르시리라</u> 〈월석 21:200b〉

라. 내 이제 分明히 너 ᄃᆞ려 <u>닐오리라</u> 〈월석 17:49a〉

마. 쟝ᄎᆞ 精持ᄅᆞᆯ <u>나토샤리라</u> 〈월석 17:78b〉

바. 내 모기 두어 둘히 어우러 精舍 밍ᄀᆞ라 부텻긔 <u>받ᄌᆞᄫᅩ리라</u>
〈석상 6:26a〉

(2)는 15세기 문헌 자료인데, 서술문에 나타나는 '-리-'의 쓰임을 보여준 것이다. (2가)에서 선어말어미 '-리-'는 어간에 직접 결합되었고 (2나-다)에서 '-리-'는 객체높임의 '-ᅀᆞᆸ-'과 주체높임의 '-시-'에 후행하였다. (2라-바)에서 보면 '-리-'는 의도법의 '-오-', '-시-+-오-', '-ᅀᆞᆸ-+-오-'에 후행하였다. (2가-다)에 쓰인 선어말어미 '-리-'는 미래 일어날 동작이나 상태를 추측하는 기능을 하고, (2라-바)에 쓰인 선어말어미 '-리-'는 의도법의 '-오-'와 함께 쓰여 미래에 대한 화자의 의도를 나타낸다.

(3) 가. 뉘 ᄯᆞ롤 글히야ᅀᅡ 며늘이 ᄃᆞ외야 <u>오리야</u> [오-리-야] 〈천강곡
14a〉

나. 구틔여 브즈런호믈 니저리야 [닞-어-리-야] 〈두시초
20:30a〉

다. 어루 크게 맛나다 아니 닐어리여 [닐-어-리-여] 〈금삼해
3:5a〉

라. 어듸썬 … 흔 부텻 일훔 念홀 쏙네 이런 功德 됴흔 利룰 어드리
오 [얻-으리-오] 〈석상 9:27b〉

마. 도로 보디 몯ᄒᆞᄂᆞ다 일훔ᄒᆞ려 [일훔ᄒᆞ-려] 〈능엄해 2:72b〉

바. 道이 至極흔 거슬 닐온 菩提니 므스거스로 道룰 사ᄆᆞ료 [사ᄆᆞ-
료] 〈월석 9:22b〉

예문 (3)은 의문문에 나타나는 '-리-'의 쓰임을 보여준다. (3가)에서
'-리-'는 어간에 직접 결합되었고, (3나)에서 '-리-'는 '-어-'에 후행하
였다. (3다-라)의 '-리여', '-리오'는 각각 (3마-바)와 같이 줄인 형태
'-려', '-료'로 나타나기도 한다. (3)에 나타난 선어말어미 '-리-'는 미래
에 일어날 일을 추측하는 것으로, 미래 시제를 표현한다.

(4) 가. ①一切 布施룰 ᄂᆞ미 ᄠᅳᆮ 거스디 아니ᄒᆞ거든 네 내 마룰 다 드를
따[듣-읋-다] 〈석상 6:8b〉

②엇던 幸ᄋᆞ로 아히들히 빈브르 머글고 [먹-읋-고] 〈두시초
15:56a〉

③두 사ᄅᆞᆷ 시러곰 님긊 겨틔 둘가[두-ㄹ-가] 몯홀가 [몯ᄒᆞ-
ㄹ-가] 〈두시초 25:10b〉

나. ①이 ᄀᆞᆮ흔 經典을 헐리 [헐-을-이] 이시며 〈법화해 2:163a〉

②이 法師品은 持經홇 [持經ᄒᆞ-ᇙ] 사ᄅᆞᄆᆞᆯ 브터 圓德을 나토시
니 〈월석 17:55a〉

③ᄆᆞ춤내 成佛 몯ᄒᆞ린 [몯ᄒᆞ-린] 젼ᄎᆞ로 니르디 몯ᄒᆞ리라 〈금
강해 43a〉

예문 (4가)에서 '-을-'(-읋-)은 의문어미 '-다, -고, -가'와 결합되어 미래에 일어날 일에 대한 의문을 나타내고 (4나)에서 보면 관형화 구성에서도 '-을'로 미래 시제를 실현하며, 또한 '-린'으로도 실현된다. 하지만 16세기에 들어서서 선어말어미 '-리-'는 형태에 있어서 큰 변화가 일어난다. 즉 '-리로-'가 '-ㄹ로-'로 바뀌고, 다시 '-로-'로 바뀌어 '-리-'의 흔적을 찾기 어렵게 되었다.

(5) 가. ①열두량 은곳 아니면 그를 사디 몯ᄒ리로다 [몯ᄒ-리-로-다] 〈번박 상:15a〉

②賜ᄂᆞᆫ 비로소 가히 더브러 詩를 니ᄅᆞ리로다 [니ᄅᆞ-리-로-다] 〈논어초 1:8b〉

③佛祖 大恩을 小分도 갑습디 몯ᄒᅟᅀᆞ오리로다 [몯ᄒ-습-리-로-다] 〈선가해 3a〉

나. ①이 四端을 두듸 스스로 能히 몯홀로다 [몯ᄒ-ㄹ-로-다] 〈맹자해 3:32b〉

②은 세 돈애 딩굴로다 [딩굴-ㄹ-로-다] 〈번박 상:16b〉

(6) 가. 이 두어 날 그 노믈 보디 몯ᄒ로다 [몯ᄒ-로-다] 〈번박 상:33b〉

나. 네 어듸 가 잇던다 이 두어 날 몯 보로다 [보-로-다] 〈번박 상:37b〉

다. 이제ᄂᆞᆫ 주거도 혼자셔 주그로다 [죽-으-로-다] 〈청주 36:7〉

라. 므슴 둘 듸 업서 내 큰 병이 나로다 [나-로-다] 〈청주 187:8〉

(5)-(6)은 16세기 선어말어미 '-리-'의 형태상의 변화를 보여주는 예문이다. (5)에서 보면 (가)의 ①, ②는 '-리로-'의 형태로 나타나지만 (나)의 ①, ②는 '-ㄹ로-'의 형태로 나타난다. (6)에서 보면 '-ㄹ로-'는 다시 '-로-'로 바뀌어 나타난다.

17세기에는 한걸음 더 나아가 '-ㄹ-'로 바뀐다. 즉 '-리-로- 〉 -ㄹ-로- 〉 (-로-) 〉 -ㄹ-'로 변화한다.

(7) 가. 對馬島主의 힘으로도 도로 보낼 일이 못 될다 [되-ㄹ-다] 〈첩
　　　 해초 8:8b〉
　　 나. 詔書 開讀흔 후의 高麗 짜히 갈다 [가-ㄹ-다] 〈박통해 上:9a〉

그 뿐만 아니라, 17세기에는 이러한 변화가 다른 활용 형태에까지
퍼져서 예문 (8)과 같이 '-리로송이다〉ㄹ로송이다〉-로송이다〉ㄹ송
이다'가 나타나고 18세기에는 예문 (9)와 같이 '-리랏다〉ㄹ랏다', '-리
로소냐〉ㄹ소냐'가 나타난다.

(8) 가. 能티 몯ᄒ리로송이다 [몯ᄒ-리-로-송이다] 〈논어초 1:21a〉
　　 나. ᄉᆞ스 ᄡᅥ시 아니오니 아모리 ᄒ여도 좃디 몯홀 일이로송이다
　　　 [일이-로-송이다] 〈첩해초 8:21a〉
　　 다. 이번 일은 니ᄅ도록 … 心低대로는 펴디 못홀송이다 [못ᄒ-ㄹ
　　　 -송이다] 〈첩해초 8:31b〉

(9) 가. ①을 장히 너겨 글오되, '쟝군곳 아니면 거의 셩디를 딕희디
　　　 못ᄒ리랏다 [못ᄒ-리-랏다]' ᄒ고 〈무목 181〉
　　　 ②한 째 셩으로 가ᄇ야이 보와 큰 일을 ᄒ마 그릇홀랏다 [그릇
　　　 ᄒ-ㄹ-랏다] 〈삼역 3:17b〉
　　 나. ①이 거시 몃 발고 츤 닐곱 발이라 네 알리로소냐 [알-리-로-
　　　 소냐] 〈박통해 上:14a〉
　　　 ②弄筆 葡萄 노릭ᄒ니 神仙을 부를소냐 [부르-ㄹ-소냐] 〈악학
　　　 449〉

위의 예문들에서 보면 '-리-'에 의지하고 있던 미래 시제 표현은 없어

지지 않았다. 위의 여러 가지 '-리-'의 흔적을 외형상 찾아보기 어렵게된 활용 형태들에서도 미래 시제의 표현은 분명히 나타난다. 하지만 여기에 미래 시제 표현의 형태가 재건되어야 할 계기가 나타나고 있는데, 이 틈에 나타난 것이 '-겟-'이다.

'-겟-'은 사동을 나타내는 통사적 구성 '-게 ᄒ-'의 완결법인 '-게 ᄒ엿-'에서 온 것인데, 이 통사적 구성도 물론 사동을 나타냈다. 하지만 후에는 그 의미가 '사동'과 '미래'의 두 가지로 분화되면서 '미래'의 뜻을 나타낼 때에는 형태마저 무너져 '-게엿-'이 되었고 다시 축약되어 '-겟-' 으로 되었다. 즉 '-게 ᄒ엿->-게엿->-겟-'의 변화를 거쳐 18세기 말에는 하나의 선어말어미로 정착하였다.

'예측 가능한, 혹은 예정된 상황이나 사건', 즉 미래의 일을 표시하는 '-겟-'의 의미 기능은 앞으로 다가올 일, 혹은 일어나리라 예측되는 미래의 상황을 표시하는 선어말어미 '-리-'의 기능과 중복되는 측면이 많았다. 이와 같이 생성된 '-겟-'은 '-리-'와 기능이 중복되자 형태, 분포, 기능에 있어서 약화된 '-리-'를 교체하여 미래 시제의 선어말어미로 자리를 굳히게 되었다.

이와 관련하여 1880년에 간행된 《한불자뎐》에서는 다음과 같은 동사 활용형을 보여준다.

(10) 안다 抱 안ᄂ다 안앗다 안겟다 안기다
　　　안다 知 안다 알앗다 알겟다
　　　안짜 座 안ᄂ다 안젓다 안겟다

《한불자뎐》에서 보면 미래 시제는 '-겟-'에 의해 표현됨을 나타낸다. 이는 최소한 19세기 후반에는 미래 시제가 '-겟-'으로 표현되는 것으로 인식되었음을 보여준다. 물론 이 시기까지도 미래 시제를 표현함에 있어서 '-리-'는 여전히 사용되고 있었다. 그러나 후기 근대국어 자료를 살펴보면 기존에 '-리-'가 쓰이던 자리에 '-겟-'이 쓰이는 경우가 점차 늘어남을 확인할 수 있다(이승희 2008:32).

보다시피 선어말어미 '-리-'는 형태가 불안정하게 되었을 뿐만 아니라 미래 시제 표현의 의미 기능이 약화되어 새로 등장한 선어말어미 '-겟-'에 대치된다.

4.2.2 청자높임의 선어말어미 '-이-'의 형태 변화와 기능 약화

중세국어 시기의 선어말어미 '-이-'는 화자가 청자에 대한 높임을 표현할 때 나타나는 문법 형태다. 중세국어 이전 시기의 향가에서는 비록 '-이-'에 해당하는 형태소를 명확히 찾을 수 없는 실정이지만 김완진(1980), 유창균(1994), 서정목(1997) 등에서 그 존재 가능성을 언급하였다.

(1) 가. 爲內尸等焉國惡太平恨音叱如 (ᄒᄂᆯᄃᆫ 나락 太平ᄒᄂᆷ따) 〈安民歌 10구〉
    나. 法界餘音玉只出隱伊音叱如支 (法界 나목 나님따) 〈懺悔業障歌4구〉
    다. 吾焉頓部叱逐好友伊音叱多 (나ᄂᆫ ᄇᄅᆺ 조초 벋뎜따) 〈常隨佛學歌4구〉

예문 (1)은 향가에 나타나는 서술문의 '音'의 쓰임을 보여준 것이다. 해독은 김완진(1980)을 따랐다. 유창균(1994)에서는 예문 (1가-다)에 나타나는 '音'의 소리 '-ㅁ-'이 청자높임을 실현하는 선어말어미라 하고 'ㅁ→ㅇ'으로 발달함을 주장하면서 '音'의 소리값 'ㅁ'이 중세국어에서 'ㅇ'

으로 변했다고 했다. 그리고 서정목(1997)에서도 '畐'이 어떤 음으로 실현
되는 형태소인지 분명하지는 않지만, 그 문법적 기능은 청자높임법일
가능성이 높다고 하였다. 그러면서 이 '畐'은 중세국어 '-이-'의 앞 시대
의 모습을 보여준다고 했다.

그리고 고려 후기 및 조선 초기의 구결 자료에서도 종결어미 '-多[다]'
의 앞에는 '-示己[시이]-', '-去是[거이]-', '-飛是[ᄂ이]-', '-入己[드
이]-', '-奴是[노이]-', '-利是[리이]-' '-士是[ᄉ이]-' 등이 쓰이는데
여기에서 '己', '是'도 청자높임의 표현을 위한 문법적 형태 '-이-'의 옛형
태이다. (김광수 2001:35)

이와 같이 중세국어 이전 시기부터 '-畐[이]-' 등 형태소의 개입으로
화자가 청자에 대한 높임의 의향을 실현하였다.

(2) 가. ①太子ᄅᆞᆯ 뵈더시니 모다 슬ᄫᅥᄃᆡ … 지븨 겨시면 輪王이 ᄃᆞ외시
리로소이다 ᄯᅩ 슬ᄫᅥᄃᆡ 香山ㅅ 阿私陁 仙人이 ᄃᆞ외이다 〈석상
3:1a〉
②王이 ᄯᅩ 尊者ᄭᅴ 닐오ᄃᆡ 如來 說法ᄒᆞ시며 ᄃᆞ니시던 ᄯᅡ호ᄒᆞᆯ ᄀᆞᆯ
쳐시든 供養ᄒᆞᅀᆞᄫᅡ지이다 〈석상 24:35b〉
③世尊하 우리 이 부텻 모ᄆᆞᆯ 보ᅀᆞᆸ고져 願ᄒᆞᅀᆞᆸ노이다 〈법화해
4:116a〉
④부텻 바ᄅᆞᆯ 向ᄒᆞ야 니ᄅᆞ샤ᄃᆡ 如來 소ᄂᆞᆯ 내 모매 다히샤 나ᄅᆞᆯ
便安케 ᄒᆞ쇼셔 이제 世尊ᄋᆞᆯ ᄆᆞᄌᆞ막 보ᅀᆞᄫᅩ니 측ᄒᆞᆫ ᄆᆞᅀᆞ미
업거이다 〈월석 10:8b〉
나. ①須達이 舍利弗 더브러 무로ᄃᆡ 世尊이 ᄒᆞᄅᆞ 몃 里ᄅᆞᆯ 녀시ᄂᆞ니
잇고 〈석상 6:23a〉
②世尊하 摩耶夫人이 엇던 功德을 닷ᄀᆞ시며엇던 因緣으로 如
來ᄅᆞᆯ 나ᄊᆞᄫᆞ시니잇고 〈석상 11:24b〉
③ᄯᅩ 多寶 如來ᄭᅴ 묻ᄌᆞ오샤ᄃᆡ … 오래 住ᄒᆞ시ᄂᆞ니잇가 아니잇
가 〈법화해 7:21b〉

④어딋던 ᄂᆞ미 奴婢 國王씌 <u>안기ᄉᆞᄫᆞ리잇고</u> 〈월석 20:88a〉

(2가)는 15세기 문헌 자료에 나타나는 서술문이고, (2나)는 의문문이다. (2가)에서 보면 상위자인 청자 '太子(①), 如來(②), 世尊(③), 부텨(④)'에 대한 화자의 높임의 의향을 '-이-'형태의 개입으로 나타냈다. (2나)에서 보면 상위자인 청자 '舍利弗(①), 世尊(②), 如來(③), 왕(④)'에 대한 높임을 나타내기 위해 '-잇-'이 개입되었다. 즉 청자에 대한 높임의 형태는 '-이-', '-잇-'이었다.

(3) 가. ①일 뭇고 <u>ᄒᆞ요이다</u> 〈번소 7:1b〉
   ②두리ᄉᆞ와 그르 열조은 주리 <u>아니이다</u> 〈번소 9:46b〉
   ③ᄌᆞ손의 옷과 밥의 스싀로 <u>유여ᄒᆞ리이다</u> 〈번소 8:20a〉
   ④아래 니ᄅᆞ던 그 빈혀 外郎 쎠슬ᄒᆞ여 인ᄂᆞᆫ 馮球의 겨집비
   사 머리예 고자 <u>잇더이다</u> 〈번소 10:17a〉
   나. 그 듕에 흔 손이 즉제 듸답ᄒᆞ여 닐오되 브즈런홈과 삼감과
   온화홈과ᄂᆞᆫ ᄒᆞ마 듣ᄌᆞ왓거니와 날회여 흔다 ᄒᆞᄂᆞᆫ 흔 ᄌᆞᄂᆞᆫ 내
   듣디 <u>몯ᄒᆞ엿당이다</u> 〈번소 9:53a〉
   다. ①비록 賁育ᄀᆞ티 힘 세유라 ᄒᆞ여도 잘 앗디 <u>몯ᄒᆞ리이다</u> 〈번소
   9:41a〉
   ②내 고젓긔 묻조오이다 浩의 ᄒᆞ욘 이리라 ᄒᆞ며 <u>니ᄅᆞ더이다</u>
   〈번소 9:46a〉
   ③모로매 돈ᄂᆞᆯ 칠십만을 바도려 <u>ᄒᆞᄂᆞ이다</u> 〈번소 10:15-16〉
   ④외요미 도원슈씌 <u>인ᄂᆞ니이다</u> 〈번소 9:26a〉
   다'. 엇뎨 唐虞 시절 나라 다ᄉᆞ리던 일를 법 받고져 <u>ᄒᆞ시ᄂᆞ니잇고</u>
   〈번소 9:39a〉

(3가-다)는 16세기 초의 문헌 자료인 《번역소학》(1518년)에 나타나는 서술문이고, (3다')는 의문문이다. (3가)에서 보면 15세기와 마찬가지로

청자높임의 선어말어미 '-이-'의 개입으로 청자에 대한 높임의 의향을 실현한다. 하지만 (3나)와 (3다-다′)에서 보면 '-이-'는 '-ㅇ이-', '-이/ 잇-'로 표기되어 있는 점이 (3가)와 부동하다. 하지만 이 두 형태는 청자에 대한 높임의 기능을 표현하는 데는 변화가 없다. 다만 'ㅇ'이 어두에서 줄어 없어지는 경향성을 반영할 뿐이다. 또한 'ㅇ'이 줄어 없어지는 경향은 후기 문헌에 강하게 나타난다.

(4) 가. 디답ᄒ야 ᄀᆞᆯ오ᄃᆡ <u>아니ᄒ얀노이다</u> 〈소학 4:6〉

　　나. ①冠과 ᄯᅴ ᄣᅵ지거든 짓믈 ᄲᅡ <u>시서징이다</u> 請ᄒ며 옷과 치매
　　　　ᄣᅵ지거든 짓믈 <u>ᄲᅡ아징이다</u> 〈소학 2:7〉

　　　　②ᄯᆞᆯ이 뵈라 와셔 請ᄒ야 ᄀᆞᆯ오ᄃᆡ 玉바치 ᄒᆞᆫ 빈혀롤 ᄑᆞ니 긔특고
　　　　공교로온디라 七十萬 돈을 바도려 <u>ᄒ뎡이다</u> 〈소학 6:114b〉

　　　　③ᄆᆞᄋᆞᆷ을 어글우쳐 구챠히 免홈은 臣의 願ᄒᆞᄂᆞᆫ 배 <u>아니닝이다</u>
　　　　〈소학 6:44a〉

　　　　④敢히 아득ᄒ고 어즐홈이 <u>아니롱이다</u> 〈소학 6:42b〉

　　나′. ①宣이 엇디 敢히 빙호디 아니ᄒ고 夫子ㅅ 門에 <u>의시렁잇고</u>
　　　　〈소학 4:22a〉

　　　　②가난ᄒ고 窮ᄒ야 의탁홀 ᄃᆡ 업슨 이어든 可히 두 번 남진
　　　　<u>븓트리잇가</u> <u>말링잇가</u> 〈소학 5:67b〉

　　다. ①슈尹이 그 쟝ᄎᆞ 免티 <u>몯ᄒ리러이다</u> 〈소학 4:52〉

　　　　②이러모로ᄡᅥ 우콰 아래 能히 서르 <u>굳ᄂᆞ니이다</u> 〈소학 4:53b〉

　　　　③애ᄃᆞᆯ고 能히 ᄌᆞ듕ᄒ리 <u>젹으니이다</u> 〈소학 4:48b〉

　　　　④일을 받드러 홈애 祭ᄒᆞᄂᆞᆫ ᄃᆞ시 홈은 仁홀 <u>법이니이다</u> 〈소학
　　　　4:34b〉

　　다′. ①엇디 敢히 빙호디 <u>아니ᄒ리잇고</u> 〈소학 4:21b〉

　　　　②블으시니 아니 可티 <u>아니ᄒ니잇가</u> 〈소학 4:50a〉

(4가), (4나), (4다)는 16세기 후반의 문헌 자료인 《소학언해》(1588년)

에 나타나는 서술문이고, (4나'), (4다')는 의문문이다. 어두에서 'ㅇ'이
소실되었다고는 하나 (4가)에서 보면 간혹 나타나는 예문도 있었다. (4
나)의 ①에서 보면 동일한 문장 안에 '-ㅇ이-' 형태가 나타나기도 하고
'-ㅇ이-' 형태가 나타나기도 한다. 그리고 (4나)의 ②-④에서는 '-ㅇ이
-' 형태가 나타난다. 비록 세 가지 표기('-ㅇ이-', '-이-', '-ㅇ이-')를
하고 있으나 그 소리는 한가지였다. 또한 (4다)에서 '-더이다', '-니이다'
등으로 나타나고 있는데 반해 (4나)에서 '-덩이다', '-닝이다' 등으로
되어 있으니 'ㅇ'의 동요는 상당한 시기 동안 일어나고 있었음을 알 수
있다. (4나')는 의문문인데, 의문문에서도 동일한 문장 안에 '-잇-' 형태
와 '-ㅇ잇-' 형태가 공존한다. 하지만 청자에 대한 높임을 나타냄에 있어
서는 동일한 기능을 하는 것으로 볼 수 있다. (4다)에서 보면 서술문에서
'-이-'형태로 나타나고, (4다')에서 보면 의문문에서 '-잇-' 형태로 나타
난다.

(5) 가. ①무틱 오르셔 흘리나 쉬시고 빈들토 도로 시과댜 問安ᄒ시링
　　　　이다 〈첩해초 5:18a〉
　　　②예까지 使者ㅣ 감격키 너기놓이다 〈첩해초 5:18b〉
　　　③御慇懃ᄒ신 말ᄉᆞᆷ 겻티 도로혀 붓그럽ᄉ왕이다 〈첩해초
　　　　6:11a〉
　　　④마죰 됴흔 順風에 옛ᄉᆞᆫ지 브튀시니 大慶이로송이다 〈첩해초
　　　　6:14a〉
　　나. ①이대도록 세치 아니 니르시다 엇디 얼현히 ᄒ링잇가 〈첩해초
　　　　5:25b〉
　　　②이 잔으란 브튀 다 자ᄋᆞ소 엇디 남기링잇가 〈첩해초 3:6a〉

(6) 가. ①무틱 오르셔 흘니라도 쉬시고 빈들도 도로시과쟈 問安ᄒ시
　　　　더이다 〈개첩 5:26a〉

②江戶로셔 使者ㅣ 예ᄭᆞ지 왇ᄂᆞ이다 〈개첩 7:19a〉

③慇懃ᄒᆞ신 인ᄉᆞ 도로혀 븟그럽ᄉᆞ와이다 〈개첩 6:15b〉

④마즘 됴흔 順風에 엗ᄀᆞ지 부트시니 大慶이로소이다 〈개첩 6:20a〉

나. ①이대도록 세치 니ᄅᆞ지 아니셔도 언지 얼현히 ᄒᆞ리잇가 〈개첩 5:37a〉

②이 잔으란 부ᄃᆡ 다 자ᄋᆞᆸ소 엇디 남기리잇가 〈개첩 3:7b〉

(5)-(6)는 17세기의 《첩해신어(초간본)》과 18세기의 《개수첩해신어(중간본)》에 나타난 일부 서술문과 의문문의 대조이다.

예문 (5)에서 보면 초간본은 16세기와 마찬가지로 '-ᅌ이-', '-ᅌ잇-'으로 청자에 대한 높임을 나타내는데, 다만 형태가 '-ᅌ이-', '-ᅌ잇-'으로 표기되었다는 점이 다를 뿐이다. 즉 16세기 말에 종성의 'ᅌ[ŋ]'은 그 음가를 'ㅇ'에 넘기고 문자는 소실되게 되었다. 하지만 예문 (6)에서 보면 중간본은 어말의 'ㅇ'이 없어지고 '-이-', '-잇-'형태로만 나타난다. 이로부터 15-16세기와 같은 '-이/잇-' 형태, 그리고 16세기에 산발적으로 나타났던 '-ᅌ이/-ᅌ잇-' 형태는 완전히 소실되었음을 알 수 있다.

(7) 가. ①궁인이 급히 날ᄃᆞ려 닐너 ᄀᆞᆯ오ᄃᆡ 뎡승이 방안흘 여어 보니 쇼인이 은피ᄒᆞ올 곳이 업ᄉᆞᆸᄂᆞᆫ 지라 드러가ᄋᆞᆸ셔 막ᄌᆞ오시기를 ᄇᆞᄅᆞᄂᆞ이다 〈명의해 首上:34b〉

②영묘겨오셔 ᄯᅩ 격노ᄒᆞ시기ᄅᆞᆯ … 어룬의 알ᄑᆡ셔ᄂᆞᆫ 견마도 수짓디 못ᄒᆞᄂᆞᆫᄃᆡ …(세손이) ᄃᆡ답ᄒᆞ시기ᄅᆞᆯ 감히 와셔 발명ᄒᆞ기로 그리ᄒᆞ엿ᄂᆞ이다 〈한중록 153〉

③(왕셰뎨 소에 ᄀᆞᆯᄋᆞ샤ᄃᆡ) … 신이 황공톄읍ᄒᆞ야 셕고ᄒᆞ고 죄ᄅᆞᆯ 기ᄃᆞ리ᄋᆞᆸᄂᆞ이다 〈천의해 1:21b〉

나. ①夫人이 老身을 블으시니 므슴 일이 잇ᄂᆞ니잇고 〈오전해 2:10b〉

②스스로 져리 말솜ᄒ오시고 나죵은 남을 타슬 삼으시니 아니
답답ᄒ오니잇가 〈한중록 196〉
③션왕긔 ᄒ되 이 무슨 일이며 이 엇던 쯧이오니잇가 싱각을
ᄒ오 마노라가 독노ᄒ엿습ᄂ니잇가 병환이 겨시오니잇가
〈한중록 459-460〉

(7)은 18세기 문헌 자료에 나타나는 서술문과 의문문의 일부 예문이다.
(7가-나)에서 보면 청자에 대한 높임은 '-이-', '-잇-' 형태로 나타낸다.
중세국어 시기와 다르다면 선어말어미 '-이-'형태가 '-이-'로 바뀐 것
제외하고도 기능이 변화된 '-습-'과 함께 '-습-~-이-'의 이중의 구조
로 청자에 대한 높임을 나타내는 형식이 나타난 것이다.

(8) 가. ①편지와 셔과를 가지고 드러왓습ᄂ다 〈당태종전 17a〉
②不過 暫時에 눈이 霏霏히 오옵ᄂ다 〈신심 2:17a〉
③만국 스룸 ᄒ나히 와 일봉 셔간을 드려달나 ᄒ옵기로 밧치옵
ᄂ다 〈쌍주(경판) 17a〉
나. ①싸혜셔 무엇이든지 풀면 하늘에셔도 풀니라 ᄒ셧스니 이
말솜을 다 알아듯겟습ᄂ까 〈경향 4:355〉
②그러나 로형쯰 리히 상관 업ᄂ 일을 구틱 말솜홀 것 잇습ᄂ가
〈만인계 104〉

(8)은 19세기부터 20세기 초에 이르는 사이의 문헌에 나타나는 서술문
과 의문문의 일부 예문이다. 청자높임의 선어말어미 '-이-', '-잇-'은
앞 형태소에 융합되어 청자에 대한 높임을 나타낸다. 18세기 말엽에
'잇'가 단모음화됨으로써 19세기의 '-ᄂ'에서는 '-이-'를 인식할수 없게
되었다. 또한 '-습ᄂ이다〉-습ᄂ다', '-습ᄂ잇가〉-습ᄂ가'의 변화는 '-
이-', '-잇-'이 형태소 자격을 잃어버렸음을 의미한다. '-이-'의 소실

과정에는 '-습-'이 중요한 역할을 한다. 17, 18세기에는 '-습-~-이-'의 구조에서 청자에 대한 높임을 표현하는 것은 의연히 '-이-'였다. 다시 말하면 '-습-'은 수의적인 결합 형태였는데, 19세기에 와서는 필수적인 것이 되면서, 종결어미 위치에서 청자높임법에 합류함으로써 '-이-'의 기능을 대치할 수 있게 되었다.

이상에서 'ㅇ'의 소실로 인한 청자높임어미 '-이-'의 형태 변화와 '-습-'의 청자높임법 합류에 의한 '-이-'의 기능 소실을 보여주었다. 'ㅇ'은 먼저 어두에서 음가를 잃고 종성위치에서만 쓰이다가 후엔 종성에서도 'ㅇ'에 음가를 넘겨주고 문자는 사라지게 된다. 'ㅇ'의 소실에 의한 '-이-' 형태 변화는 '-이/잇- 〉 -ㅇ이/잇- 〉-ㅇ이/잇- 〉 -이- 〉Ø'의 과정을 거쳤다. 선어말어미 '-이-'는 청자에 대한 높임을 나타내는 기능을 수행하였는데, '-습ᄂ이다〉-습니다', '-습ᄂ잇가〉-습닛가'의 재구조화를 거치면서 형태소 자격을 잃었고, 청자높임의 기능을 '-습-'에 넘기게 되었다.

4.3 '-습니다'류의 형성

중세국어의 높임 등급 형식인 'ᄒᄂ이다'체는 청자높임의 선어말어미 '-이-'가 '-이-'로 변화한 것 이외에는 근대국어에 이르기까지 별다른 큰 변화를 보이지 않았다. 하지만 중세국어 시기에 객체높임을 나타내던 선어말어미 '-습-'이 17세기 이후로는 청자에 대한 화자의 겸양까지도 표시하는 것으로 의미 기능이 확대되면서 결합 순서가 뒤로 이동하여 '-ᄂ이다', '-더이다', '-리이다' 등과 통합되는 현상이 나타났다. 또한 선어말어미 '-엇-', '-겟-'의 형성에 따라 새로운 시제 체계가 확립되면서 기존의 '-ᄂ-', '-더-' '-리-'는 시제 표현의 기능이 약화된다. 그리고 이들은 후행한 '-이-'와 일련의 음운, 형태론적 축약을 거쳐 융합됨으로써 최상위 등급 형태가 재구조화된다.

다시 말하면 최상위 등급 형태의 재구조화는 선어말어미 '-습-'의 기능 변화와 합류, '-이-'의 기능 약화, 시제 표현의 '-ᄂ-, -더-, -리-' 등 선어말어미 체계의 변화가 주요원인이다.

4.3.1 '-습니다, -습니까'의 형성

현대국어에서 최상위 등급의 형태인 '-습니다', '-습니까'는 청자에 대한 화자 겸양으로 기능이 변화된 '-습-'이 '-ᄂ이다', '-ᄂ잇가' 어미구조체와 결합되어 어말어미화됨으로써, 또한 일련의 음운, 형태론적 축약을 거쳐 형성된 것으로 볼 수 있다.

종결어미 '-ᄂ이다, -ᄂ잇가'에서 선어말어미 '-ᄂ-'와 '-이/잇-'은 오랜 세월 동안 항상 인접하여 나타난다. 또한 이들 형태소는 기존의 의미 기능이 약화되고 형태가 불안정하게 됨으로써 인접된 요소끼리 서로 의존할 수 밖에 없었다. 따라서 후에는 하나의 형태로 통합할 수 있게 되었다. 인접성의 원리에 의하면 '문법 형태의 역사적 변화는 인접적인 경우에 한정된다.'[22] 다시 말하면 둘 또는 그 이상의 문법 형태가 아무리 동시에 분포한다고 할지라도 인접된 경우가 아니라면 그것이 후에 하나의 형태로 변화할 가능성은 거의 없는 것이다.

아래에 먼저 '-습니다'의 형성 과정을 살펴보고, 다음에 '-습니까'의 형성 과정을 자세히 살펴보도록 하자.

(1) 가. 六師ㅣ 王ㅅ긔 술보ᄃᆡ 瞿曇이 弟子ㅣ 두리여 몯 <u>오ᄂ이다</u> 〈석상

---

22) 김영욱(1995:88)은 문법 형태의 역사적 변화는 인접적인 경우에 한정되는데 이것을 인접성의 원리라 했다.

6:29b〉

나. 王씌 닐오딕 밧긔 흔 쇼겨이 똑을 잘 <u>노ᄂ이다</u> 〈석상 24:52a〉

다. 釋迦牟尼佛이 多寶佛씌 ᄉᆞᆯᄫᅣ다 이 妙音菩薩이 보숩고져 <u>ᄒᆞ</u>
<u>ᄂ이다</u> 〈월석 18:81a〉

라. 阿難이 ᄉᆞᆯ오딕 ⋯ 내 보ᄉᆞᆸᄂ 젼ᄎ로 左右로 보ᅀᆞ오매 머리
제 <u>搖動ᄒᆞᄂ이다</u> 〈능엄해 1:110b〉

(2) 가. ①恭敬 ᄆᆞᅀᆞᄆᆞ로 ᄀᆞᆽ 道를 듣ᄌᆞᆸ고져 <u>ᄒᆞᅀᆞᄂ이다</u> 〈법화해
1:165b〉

②一切 衆生이 깃ᄉᆞ와 未曾有를 <u>讚歎ᄒᆞᅀᆞᄂ이다</u> 〈법화해
3:126a〉

나. ①그저긔 大稱王이 밧그로셔 드러 ᄉᆞᆯᄫᅣ다 世尊이 弟子 阿難
羅雲이 둘 더브르샤 虛空ᄋᆞ로 ᄒᆞ마 <u>오시ᄂ이다</u> 〈월석
10:8a〉

②부텻긔 ᄉᆞᆯ오딕 大威德世尊이 ⋯ 第一義諦를 펴 <u>부르시ᄂ이</u>
<u>다</u> 〈능엄해 4:2b〉

(3) 가. ①目連이 슬허 獄主ᄃᆞ려 무른대 對答호딕 ⋯ 그지 업시 주기던
사ᄅᆞ미니 이제 내 소내 와 <u>受苦ᄒᆞᄂᄂ이다</u> 〈월석 23:79b〉

②十方 諸衆生이 너비 다 饒益을 <u>닙ᄂᄂ이다</u> 〈법화해 3:109b〉

나. ①王이 드르시고 즉자히 南堀애 가샤 뎌 仙人을 보샤 禮數ᄒᆞ시
고 니ᄅᆞ샤다 ᄯᆞ를 두겨시다 듣고 婚姻을 <u>求ᄒᆞ노이다</u> 〈석상
11:28a〉

②諸佛을 보ᅀᆞ와 禮拜 供養ᄒᆞᅀᆞᆸ고져 <u>願ᄒᆞᅀᆞ노이다</u> 〈법화해
4:117b〉

(4) 가. 臣下ㅣ 對答ᄒᆞᅀᆞᄫᅩ딕 늘근 <u>사ᄅᆞ미니이다</u> 〈석상 3:16b〉

나. 바ᄛᆞᆯ ᄀᆞᅀᅢ 잇ᄂ 羯隨라 홀 새 우루미 부텻 목소리 져기 쎄즛ᄒᆞ
<u>ᅀᆞᄫᆞ니이다</u> 〈석상 24:20a〉

예문 (1)-(4)는 15세기 높임 등급을 나타내는 서술문이다. 이들에는 모두 선어말어미 '-이-'의 개입으로 청자에 대한 높임을 나타낸다. 이 시기 '-ᄂᆞ이다'의 각 문법 형태소는 자기의 고유한 기능을 확실히 수행하되, 그 계선이 흐려지는 일이 거의 없었다. 다시 말해 선어말어미 '-ᄂᆞ-'는 현재 시제 표현의 기능을 수행하고, '-이-'는 청자에 대한 높임의 의향을 실현하기 위해 나타나며, '-다'는 문장종결의 기능을 한다.

예문 (1)에서는 '-ᄂᆞ이다'가 어간에 직접 결합되었는데, '-ᄂᆞ이다'는 형용사와 서술격조사에 붙는 일이 별로 없고 동사에만 붙는 것이 일반이다. (2)에서 보면 '-ᄂᆞ이다'에 각각 객체높임의 '-ᄉᆞᆸ-'과 주체높임의 '-시-'가 선행한다. 특히 (2가)의 '-ᄉᆞᆸᄂᆞ이다' 통합체는 매우 중요한 것으로 이것이 현대국어의 '-습니다'와 흡사한 것은 주목되는 사실이다. (3)에서 보면 15세기 '-ᄂᆞ이다'는 함께 쓰이기는 하지만 그들은 독립적인 형태소인 것만큼 의존성이 상대적으로 약하여 그 사이에는 확정법의 '-니-'와 인칭법의 '-오-'와 같은 다른 선어말어미들이 끼여 들어갈 수 있었다. (4)에서 보면 확정법의 '-니-'에 '-이-'가 후행하였는데, '-이-'로써 청자에 대한 높임을 나타낸다.

16세기에도 15세기와 마찬가지로 선어말어미 '-이-'의 개입으로 높임 등급을 나타낸다. 하지만 '-ᄂᆞ이다'는 '-이-'의 'ㆁ'이 어두에서 소실됨으로써 후반에 가서 '-닝이다', '-ᄂᆞ이다' 형태로 바뀌게 된다.

(5) 가. ᄀᆞ장 공교ᄒᆞ야 모로매 돈ᄂᆞᆯ 칠십만을 바도려 ᄒᆞᄂᆞ이다 〈번소 10:16a〉

나. 恭敬 ᄆᆞᅀᆞᄆᆞ로 ᄀᆞᄌᆞ 道ᄅᆞᆯ 듣ᄌᆞᆸ고져 ᄒᆞᄉᆞᆸᄂᆞ이다 〈개법 1:52a〉

다. 如來ㅣ 샹녜 우릴 니ᄅᆞ샤ᄃᆡ 아ᄃᆞ리라 ᄒᆞ시ᄂᆞ니이다 〈개법 2:77b〉

라. 나도 … 松廣 等 處로 향ᄒᆞ야 향 ᄂᆞ리와 가노이다 〈번박 :8b〉

(6) 가. ①두 딕긔 은구어 각 스믈콤 ᄒ고 동휘 ᄒ나식 <u>보내시닝이다</u>
〈청주 64:2〉

②휘히 다서 <u>가닝이다</u> 〈청주 64:3〉

나. ①스므날 가라 니ᄅ니 아니 <u>가ᄂ이다</u> 〈언간 3〉

②天을 畏ᄒᄂ 者ᄂ 그 國을 保ᄒᄂ니이다 〈맹자해 2:9b〉

③반ᄃ시 어두움으로ᄡ 禮ᄅᆯ 廢티 아니ᄒᆞᆯ디라 이러모로ᄡ 안

<u>노이다</u> 〈소학 4:30a〉

예문 (5)-(6)은 16세기 높임 등급을 나타내는 서술문이다. 이들에는
모두 선어말어미 '-이-' 혹은 '-이-'의 개입으로 청자에 대한 높임을
나타낸다. (5가)에서 '-ᄂ이다'는 동사 어근에 직접 결합되었고, (5나)에
서는 객체높임의 '-ᄉᆞᆸ-'이 '-ᄂ이다'에 선행하였으며, (5다)에서는 주체
높임의 '-시-'가 '-ᄂ이다'에 선행하고, 확정법의 '-니-'가 '-ᄂ-'와
'-이-' 사이에 결합되었다. (5라)에서는 의도법의 '-오-'가 '-ᄂ-'와
'-이-' 사이에 결합되었다. 이렇게 보면 '-ᄂ이다'의 형태 및 그 결합관계
는 대체로 15세기와 같음을 알 수 있다. 하지만 변화가 없지는 않다.
(6가)에서 보면 '-닝이다'[23] 형태가 나타나고 (6나)에서는 '-ᄂ(니)이다,
ᄂ(오)이다' 형태가 나타났다.

17세기 이후로는 '-닝이다' 형태는 얼마 보이지 않고 '-ᄂ이다' 형태가
우세하여 나타난다. 또한 의도법의 '-오/우-'가 소실함으로써 '-ᄂ이다'
어미구조체 사이에 들어갈 수 있는 선어말어미는 확정법의 '-니-' 뿐이

---

23) 이현희(1982:152)에서는 '-ᄂ이다 〉 -닉이다 〉 -닝이다'의 과정을 거쳐 '-닝이다'
형태가 나타난 것으로 보고 있다. '-닉이다'는 15세기의 문헌 자료에도 나타났다.
예를 들면:
阿難 大衆이 다 슬오ᄃᆡ 소리 잇닉이다 〈능엄해 4:126b〉
이현희(1982:150)는 '-ᄂ이다 〉 -닉이다'를 'y 개재 현상'이라 부르면서 허웅(1963,
1975)과 고영근(1981)에서는 중세국어에서 이러한 변화 현상을 움라우트화 현상으로
취급한 데 대해 인정하기 어렵다고 했다. 왜냐하면 비록 위의 예문은 움라우트의
환경은 갖추고 있으나 '이'나 '의' 모음이 단모음화된 단계가 아니기 때문이라고 지적
했다.

다. 하여 '-ᄂ이다'와 '-ᄂ니이다'가 공존하여 쓰이게 되는데 '-ᄂ이다'의 쓰임이 훨씬 많았다.24) 뿐만 아니라 '-습-'의 기능이 화자 겸양으로 변화하게 되면서 결합 순서가 어말어미 쪽으로 이동하여 '-ᄂ이다'에 통합되기도 한다.

(7) 가. 아므 일 업시 건너시니 아름다와 ᄒᆞ닝이다 〈첩해초 1:10b〉
　　 나. 아모 일 업시 건너시니 아름다이 너기ᄂ이다 〈개첩 1:15a〉

(8) 가. ①이리 御意ᄒᆞ시니 감격히 너기옵ᄂ이다 〈첩해초 3:2a〉
　　　 ②이리 御意ᄒᆞ시니 感激히 너기ᄂ이다 〈개첩 3:2〉
　　 나. ①島中의셔도 그리 니르옵ᄂ니이다 〈첩해초 3:13a〉
　　　 ②島中의셔도 그리 니ᄅ ᄂ이다 〈개첩 3:17〉

(9) 가. ①니즌 ᄉᆞ이 업시 僉官들씌 니르고 잇습ᄂ이다 〈첩해초 2:17a〉
　　　 ②니즌 ᄉᆞ이 업시 僉官들께 니ᄅ고 잇습ᄂ이다 〈개첩 2:25b〉
　　 나. ①本意ᄅᆞᆯ 背ᄒᆞ도다 너기옵ᄂ이다 〈첩해초 3:2a〉
　　　 ②本意을 背ᄒᆞ연습ᄂ이다 〈개첩 3:2-3〉
　　 다. ①이 盞을 보쇼셔 하 젓소이 너기ᄋᆞ와 다 먹습ᄂ이다 〈첩해초 2:8a〉
　　　 ②이 盞을 보쇼셔 하 젇소이 너기오와 다 먹습ᄂ이다 〈개첩 2:11a〉
　　 라. ①약도 먹고 쓤도 ᄒᆞ여 이제ᄂᆞᆫ 됴화습ᄂ이다 〈첩해초 2:17b-18a〉
　　　 ②약도 먹고 쓤도 ᄒᆞ야 이제는 됴화습ᄂ이다 〈개첩 2:26b〉
　　 마. ①본듸 먹디 못ᄒᆞ옵것마ᄂᆞᆫ 다 먹습ᄂ이다 〈첩해초 3:6a〉
　　　 ②본듸 먹디 몯ᄒᆞ옵것마ᄂᆞᆫ 다 먹습ᄂ이다 〈개첩 3:8a〉

---

24) 문헌 자료를 검색한 결과, 17세기에 '-ᄂ니이다'는 11번 쓰였고, '-ᄂ이다'는 72번 쓰였다.

바. ①술을 一切 못ᄒᆞᆸ건마ᄂᆞᆫ 하 먹과댜 니르시니 그러ᄒᆞ온디
ᄀᆞ장 취ᄒᆞ오되 正根을 계요 출혀 안잣ᅀᆞᆸᄂᆞ이다 〈첩해초
3:18a-b〉

②술을 一切 먹지 몯ᄒᆞᆸ건마ᄂᆞᆫ 하 권ᄒᆞ시매 그러ᄒᆞᆫ지 ᄀᆞ장
醉ᄒᆞ여ᄉᆞ오되 계요 계요 氣向을 출혀 안잣ᅀᆞ오ᄂᆞ이다 〈개첩
3:23b-24a〉

사. ①니즌 ᄉᆞ이 업시 僉官들ᄭᅴ 니르고 잇ᅀᆞᆸᄂᆞ이다 〈첩해초
2:17a〉

②니즌 ᄉᆞ이 업시 僉官들ᄭᅴ 니ᄅᆞ고 읻ᅀᆞᆸᄂᆞ이다 〈개첩 2:25〉

(7)-(9)는 17세기와 18세기 국어를 반영한《첩해신어(초간본)》(1618년
원고 완성, 1676년 초간 간행)와《개수첩해신어(중간본)》(1748년 개수,
1781년 중간 개수본 조사)에 대한 대조이다. 이는 '-습니다'의 형성 과정
을 어느 정도 추론할 수 있게 해준다.

예문 (7)은 '-습-'이 결합되지 않은 '-닝이다', '-ᄂᆞ이다' 형태를 보여
준다. 이것은 16세기 후반에 나타났던 형태들과 같다. 예문 (8)에서 보면
초간본은 '-습-'을 결합시킨 '-ᅀᆞᆸᄂᆞ이다', '-ᄋᆞᆸᄂᆞ니이다'를 보여주지만
중간본은 '-습-'이 결합되지 않은 '-ᄂᆞ이다'를 보여준다. 다시 말해 화자
겸양으로 기능이 변화된 '-습-'과 '-ᄂᆞ이다' 어미구조체의 결합이 수의
적인 현상으로 보인다.[25] 또한 (8나)에서 보면 초간본에는 확정법의 '-니
-'가 결합되었지만, 중간본에는 '-니-'가 결합되어 있지 않다. '-ᄂᆞ이다'
와 '-ᄂᆞ니이다'는 구분되는 것인데 중간본이 편찬된 시대 즉 18세기에는
이미 '-니-'의 기능이 뚜렷이 드러나지 않아서 실수로 그것을 제외하는
결과가 나타났다(서정목 1988:118). 예문 (9)에서 보면 초간본과 중간본
에 모두 '-습-'이 통합되었다. 하지만 문법적 형태 '-습ᄂᆞ이다⇔습ᄂᆞ이

---

25) 이 시기 '-습-'이 결합된 '-습ᄂᆞ이다'와 '-습-'이 결합되지 않은 '-ᄂᆞ이다'는 청자에
대한 높임 등급에 있어서 차이를 보이지 않는다. 때문에 '수의적'이라는 용어를 사용한
것이다.

다'의 어음 동요 현상을 보인다. 이것은 '-습ᄂᆞ이다'에 일종의 'ㅣ'모음 동화가 일어나 '-습닉이다'로 되었던 것이다.26) 또 '-습닉이다'의 '-이-'는 그 기능을 앞쪽으로 넘겨주고 다만 무기능의 형태만 유지하고 있을 뿐이다. 이렇게 문법 기능은 없고 형태만 존재하는 과도기적인 상태에 처한 형태를 공형태라고 한다.27) 공형태 '-이-'는 앞형태소에 응축되어 소실될 위기에 처했다.

(10) 가. 신민 년젼의 한님학ᄉᆞ 셔텬홍과 졍혼ᄒᆞ옵기ᄂᆞᆫ 이샹ᄒᆞ온 일노
　　　말믜야마습닉다 〈쌍주(경판) 13b〉
　　나. 급히 단녀 드러오옵노라고 등의 쌈이 나셔 가렵습기의 긁노라
　　　ᄒᆞ오니 팔노 그놈을 근더려습닉다 〈남원 20b〉
　　다. 썩들이나 사먹게 ᄒᆞ실 거시니 딕기 먹을 것시 업습닉다 ᄒᆞ니
　　　… 너의게 잇는 썩이 얼마나 되너뇨 너의 가셔 보라 ᄒᆞ시니
　　　보고 와 엿ᄌᆞ오되 썩 다셧과 魚物(어물) 두울리 잇습닉다 ᄒᆞ니
　　　〈마가젼 1〉
　　라. 불과 일삭지닉에 완인이 되엿습기 그 감ᄉᆞ흠을 치하 ᄒᆞ옵닉다
　　　〈제국 1899.10.18〉
　　마. 신등을 탄디밧그로 버리심이라 쳐분만 바라옵닉다 〈제국
　　　1902.12.16〉

26) 서정목(1988:117-118)에 의하면 '-습-'이 '-ᄂᆞ이다'에 결합된 형태는 결합되지 않은 형태보다 더 후대의 것이다. 하지만 초간본에 '-습-'이 '-ᄂᆞ이다'에 결합된 형태가 주된 자료인데 비해, 중간본에는 '-습-'의 결합이 상대적으로 적은데, 다음과 같은 원인 때문이라고 했다. 즉 초간본은 동부 경남의 방언을 반영한 것으로서 그 때에 이미 '-습-'을 화자 겸양으로 사용하여 '-ᄂᆞ이다' 앞에 놓을 수 있게 변화하였고, /이/모음 역행동화도 일어나서 '-닝이다', '-닉이다'와 같은 형태가 나타났지만 중간본은 경북 방언을 반영한 것으로서 그 때 이 방언은 '-습-'이 객체높임이 아닌 화자 겸양으로 쓰이는 것을 거부하고 '-ᄂᆞ이- 〉 -닉이-'로의 /이/모음 역행동화가 일어나는 것을 거부하였기 때문이라고 했다.

27) 김영욱(1995:122)에서는 공형태는 정상적인 문법 형태가 변화한 것으로 음상은 존재하나 문법 기능은 상실한 것을 말한다고 했다. 그리고 이러한 공형태들은 문법 형태가 마땅히 준수해야 할 원리, 즉 일대일 대응의 원리를 어기고 있으므로 결국에는 국어사의 흐름 속에서 소실하게 된다고 했다.

바. 병 얼흠은 광고치 아니ᄒᆞ나 약은 만병에 신효ᄒᆞ옵ᄂᆞ이다 〈제국
1902.12.18〉

예문 (10)은 19세기의 판소리 자료 및 개화기 신문 자료에 나타나는
'-습ᄂᆞ이다'의 쓰임을 보여준 것이다. '-습ᄂᆞ이다'는 '-습ᄂᆞ이다'에서의 '이'
가 응축됨으로써 재구조화된 것이다. '-습ᄂᆞ이다 〉-습ᄂᆞ이다'의 변화는
공형태 '이'가 불안정하게 되어, 완전히 소실되는 과정을 보여준다. '-이
-'의 소실 과정에는 '-습-'이 중요한 역할을 한다. 종결형에서는 청자에
대한 화자 겸양의 기능과 청자높임의 기능이 분별되기 어렵기 때문에
'-습-'이 '-이-'의 기능을 보충하게 됨으로써 이와 같은 축약이 발생할
수 있었다. 또 '-습-'의 결합이 필수적인 것이 되면서 기존의 청자높임
선어말어미 '-이-'의 기능을 대신할 수 있게 되었다.

(11) 가. ①션빈ᄂᆞᆫ 젼곡을 능히 길거티 못ᄒᆞᄂᆞᆫ고로 아젼들흘 드렷습ᄂᆞ
이다 〈천의해 4:20b〉
②신의 아들이 귀향 도라온 후의 다만 홍샹간을 가 보앗습ᄂᆞ이
다 〈명의해 2:2b〉
③아직 셩관치 못 ᄒᆞ엿습고 길이 머오니 미쳐 득달치 못 ᄒᆞ엿
습ᄂᆞ이다 〈김원전 11b〉
나. ①황우 ᄒᆞᆫ 짝 일헛습ᄂᆞ이다 〈남원 24a〉
②편지와 셔과를 가지고 드러왓습ᄂᆞ이다 〈당태종전 17a〉
③III을 指點ᄒᆞ면 셰시가 된 거시라 갈으쳣습ᄂᆞ이다 〈신심
2:26a〉
다. 사룸을 좀 사귀려고 남의게 비위맛츄워 아쳠ᄒᆞᄂᆞᆫ 졸업을 ᄒᆞ엿
습ᄂᆞ이다 〈매일 1898.3〉

(12) 가. ①어셔 밧비 도라가셔 부친과 함ᄭᅴ 먹게습ᄂᆞ이다 〈심청전(경
판) 8a〉

②이 집이 지금은 苟且ㅎ나 兒孩들도 다 이러케 合力ㅎ야 일을 ㅎ니 수이 넉넉히 <u>지녁깃습ᄂ이다</u> 〈신심 1:18a〉

③내가 아츰에 쥬의 원흠을 베플고 <u>ᄇ라겟습ᄂ이다</u> 〈시편 3〉

나. ①쥬교씌셔 닙으신 옷이 과히 ᄂᄌ니 닙고 미사를 지내시면 교우들이 이샹히 <u>넉이겟습ᄂ다</u> 〈경향 3:110〉

②이제는 교우들이 외인들보다 그 법을 착실히 시힝홀 것인 줄을 <u>알겟습ᄂ다</u> 〈경향 4:276〉

③성교회에 들기로 작명ㅎ엿지오마는 아직 모로ᄂ 것을 당신 씌 <u>못겟습ᄂ다</u> 〈경향 4:300〉

다. 쥬ᄉ나 ᄒ나 식여 쥬시면 월은은 밧지 <u>안켓습네다</u> ᄒ고 〈매일 1898.3〉

예문 (11)은 선어말어미 '-엇-'이 각각 '-습ᄂ이다'와 '습ᄂ다/습ᄂ다'에 선행하여 결합된 것을 보여주고 예문 (12)는 선어말어미 '-겟-'이 각각 '-습ᄂ이다'와 '습ᄂ다/습네다'에 선행하여 결합된 것을 보여준다. 후기 근대국어 시기에 선어말어미 '-습-'에 선행하여 결합할 수 있는 '-엇-'과 '-겟-'이 각각 과거와 미래를 표시하는 선어말어미로 자리를 잡음으로써 이들의 부재(∅)로 현재를 표시할 수 있게 되었다. 다시 말해 시제의 관점에서 볼 때, 새로이 등장한 '-엇-'과 '-겟-'은 선어말어미 '-ᄂ-'가 지니고 있던 현재를 표현하는 기능을 약화시키는 결과를 초래하게 하였다. 따라서 기존의 '과거:-(습)더이다, 현재:-(습)ᄂ이다, 미래:-(오)리이다' 외에 새로운 시제 체계에 따른 '과거: -엇습ᄂ이다〉-엇습ᄂ다, 현재: -습ᄂ이다〉-습ᄂ다, 미래: -겟습ᄂ이다〉-겟습ᄂ다'가 나타났다. 그 결과 '-엇습ᄂ다', '-겟습ᄂ다'의 'ᄂ'에 포함된 현재 시제의 기능과 청자높임의 기능은 모두 약화되고 단지 높임 등급 서술형 종결어미의 일부로 화석화되었다. 이러한 일련의 변화를 바탕으로 '-습ᄂ이다〉-습ᄂ다'는 하나의 종결어미로 문법 형태화할 수 있었던 것이다.

그리고 예문 (11다)와 (12다)에서 보면 '-습늬다'와 '-습네다'가 19세기 자료들에서 '-습늬다'와 공존한다. 하지만 '-습늬다'표기가 절대적으로 우세한다.28) '-습늬다'와 '-습네다'는 예문 (13)에서 보다시피 19세기~20세기 교체기의 신문 자료, 신소설 자료에 주로 나타난다.29)

(13) 가. ①그 신문을 싱이 <u>간셥흐늬다</u> 〈매일 1898.3〉

   ②지금 신지 지팅흔것도 쯧밧그로 <u>아옵늬다</u> 〈매일 1898.3〉

   ③에그 별말슴을 다 <u>흐심늬다</u> 〈대한매일신보 02〉

나. ①쏘흔 오늘날 대한셔도 군함을 가지고 청국으로 발셔 건너

   <u>갓겟습네다</u> 〈협성 2〉

   ②일업시 잇스미 심심흐여 마을에나 <u>다님네다</u> 〈매일 1898.3〉

   ③다만 빗 속에서 물이 강 갓치 흐르도다 감사 감사 <u>감사흐네</u>

   <u>다</u> 〈신학 권4:531〉

(14) 가. 나리게셔도 무엇을 좀 사다가 잡습고 쥬무시면 죳케<u>습니다</u>

   〈혈의루 상:26〉

나. 마님마님 소인 갑동이 왓<u>습니다</u> 〈고목화 상:45〉

다. 쳔만의 말슴이오 일의셩불셩은 모로겟<u>습니다</u> 〈구마검 055〉

라. 하라버지 제 철 모르는 소견에는 불가흔 일이 만<u>습니다</u> 〈숑뢰

   금 39〉

마. 슛졔 병이나 들어 쥭엇스면 오히려 좀 낫겟<u>습니다</u> 〈목단화 85〉

바. 이것 보시오 셔울셔 편지가 왓<u>습니다</u> 〈두견성 상:5〉

---

28) '-습늬다' 47개, '-습늬다' 2개, '-습네다' 2개가 검색된다.

29) 19세기~20세기 교체기의 신문 자료, 신소설 자료에 나타나는 문법적 형태에는 '-습ㄴ늬이다'의 '-이-'가 융축된 '-습ㄴ늬다'가 있다. 이현희(1982), 서정목(1988)에서는 '-습ㄴ늬다>습늬다'의 변화 과정을 제시하고 있지만, '-습늬다'는 19세기 중반부터 나타나기 시작했기 때문에 '-습ㄴ늬다'의 후계형으로 보기 어려운 점이 있다. 그리고 '-습ㄴ늬이다'에서 '-ㄴ늬이-'는 '-ㄴ늬-'로의 축약은 가능해도, '-ㄴ늬-'에서 '-늬-'로의 축약은 상정하기 어렵다.

(14)에서 보면 신소설 자료에서 '-습니다(슴니다/습니다)' 표기로 모두 바뀐 모습이 확인된다. 신소설 자료에서 '-습늬다, -습늬다' 표기는 극히 드물게 나타난다. 그리고 아래의 (15)를 보면 '-습니다'의 표기는 20세기 10년대 자료에서 정착된다.

(15) 가. 에그 ᄌ졍이 벌셔 <u>지낫습니다</u> 〈목단화 2〉

　　나. 녜 가르치시는 ᄃ로 졍셩껏 <u>빗오깃습니다</u> 〈광악산 03〉

　　다. 숀의든 가방은 ᄃ쇼라든지 빗갈이 엇지면 그러케 쪽갓ᄒ셔
　　　　쌈박 <u>쇽앗습니다</u>그려 〈우중행인 208〉

　　라. 골목에셔 총 가지고 오난 것을 <u>보앗습니다</u> 〈도리원 020〉

이러한 사실로 미루어 '-습니다'의 '니'는 역사적으로 '-ᄂ-+-이'가 '-늬이'로 변한 뒤 '-늬-'로 응축되고 '-늬'로 변화하는 과정을 거쳐 형성된 것으로 볼 수 있다. 즉 '니'는 '-ᄂ이〉-늬이〉-늬〉-늬〉-니'의 변화 과정을 거친 통시적 융합형이다. 따라서 '-습니다'는 형성되기까지 '-습ᄂ이다〉-습늬이다〉-습늬다〉-습늬다〉-습니다'의 변화 과정을 거쳤다.

다음으로 '-습니까'의 형성 과정을 알아보기로 한다. 말하자면 '-습니까'의 형성 과정 및 형성 시기는 '-습니다'와 같다. 즉 화자 겸양으로 기능이 변화된 '-습-'이 '-ᄂ잇가'와 통합되고 일련의 형태, 음운론적 변화를 거쳐서 20세기 10년대에 정착되었다. 아래에 자세한 형성 과정을 살펴보도록 하자.

(16) 가. ①大師 ᄒ샨 일 아니면 뉘 혼 거시<u>잇고</u> 〈석상 11:27b〉

　　　　②그 이리 엇뎨<u>잇고</u> 〈월석 20:32b〉

　　　　③衆生이 그 數ㅣ 언매<u>잇고</u> 〈법화해 4:167a〉

　　나. ①모ᄃᆫ 緣塵과 ᄆᄉᄆᆫ 念慮왜 和合 아니<u>잇가</u> 〈능엄해 2:101a〉

②地獄이 定處ㅣ 잇ᄂ니잇가 또 自然이<u>잇가</u> 〈능엄해 8:78b〉

③이 行ᄒ시던 道ㅣ <u>잇가</u> 〈법화해 1:164b〉

(17) 가. ①엇던 功德을 닷ᄀ시관ᄃᆡ 能히 이 큰 神通力이 겨시며 엇던

三昧를 <u>行ᄒ시ᄂ잇고</u> 〈월석 18:75a〉

②王이 므슴 호려 <u>겨주시ᄂ니잇고</u> 〈석상 11:28a〉

나. ①世間ㅣ 이룰 어루 <u>ᄎ모시ᄂ니잇가</u> 衆生ᄋᆞᆯ 수비 濟度ᄒ시ᄂ

<u>잇가</u> 〈월석18:79b〉

②부톄 道場애 안ᄌ샤 得ᄒ샨 妙法을 이룰 니르고져 ᄒ시ᄂ니

<u>잇가</u> 〈법화해 1:88b〉

(18) 가. 이제 世尊ㅣ 브즈러니 讚歎ᄒ샤ᄆᆞᆯ <u>닙습ᄂ니잇고</u> 〈월석

21:50a〉

나. 엇던 因緣으로 이 祥瑞 겨샤 ⋯ 부텻 國界莊嚴을 다 <u>보습ᄂ니</u>

<u>잇고</u> 〈법화해 1:67a〉

예문 (16)−(18)은 15세기 높임 등급을 나타내는 의문문이다. 이들에는
모두 선어말어미 '−잇−'의 개입으로 청자에 대한 높임을 나타낸다. 그리
고 예문들을 살펴보면, 15세기 국어의 의문법 종결어미는 '−고'와 '−가'
둘인데, '−고'는 '의문사−의문법'에 쓰이고, '−가'는 '응/아니−의문법'에
사용된다. 따라서 15세기 높임 등급을 나타내는 의문문에서는 의문법
종결어미 '−고', '−가' 앞에 항상 청자높임의 선어말어미 '−잇−'이 통합되
어 청자에 대한 높임을 나타낸다.

예문 (16)에서 보면 '−잇−'은 서술격조사 '−이−' 뒤에 바로 통합되거
나, 서술격조사 자체가 모음으로 끝난 체언 뒤에서 삭제된 곳에서 체언
다음에 바로 통합되었다. 그 뒤의 '−고'와 '−가'는 의문법 종결어미이다.
이러한 '−이잇고', '−이잇가'와 같은 통합은 현대국어에서는 볼 수 없는
것으로 매우 특이하다. 예문 (17)에서 보면 '−잇고', '−잇가'에 현재 시제

의 '-ᄂ-' 혹은 '-ᄂ니-'가 선행하여 결합되었다. 그리고 예문 (18)에서 보면 '-잇고'에 객체높임의 '-ᄉᆞᆸ-', 현재 시제의 '-ᄂ-', 확정법의 '-니-'가 선행하여 결합되었다. '-ᄉᆞᆸᄂ니잇고'와 같은 형태소 통합체는 '-ᄉᆞᆸ-'이 화자 겸양으로 기능 변화를 일으키고 의문법 어미 '-고'가 '-가'에 흡수되면 현대국어의 '-습니까'와 표면상의 모습이 비슷하게 바뀔 수 있는 구성을 갖추고 있다.

(19) 가. ①녜 님굼미 忠國師ᄭᅴ 무로ᄃᆡ 엇뎨ᄒᆞ야든 부텨 <u>ᄃᆞ외ᄂ니잇고</u>
　　　　　　ᄒᆞ야ᄂᆞᆯ 술오ᄃᆡ 來日 주글 노미 <u>잇ᄂ니잇고</u> 〈칠대 21b〉
　　　　②僧이 趙州ᄭᅴ 무로ᄃᆡ 가히ᄂᆞᆫ 佛性이 <u>잇ᄂ니잇가</u> 업스니잇가
　　　　　〈몽산해 38b〉
　　 나. ①엇디ᄒᆞ면 民이 <u>服ᄒᆞᄂ닝잇고</u> 〈논어초 1:16a〉
　　　　②弟子ㅣ 뉘 學을 <u>好ᄒᆞᄂ닝잇고</u> 〈논어초 3:2-3a〉

　예문 (19)는 16세기 높임 등급을 나타내는 의문문이다. 이들에는 15세기와 마찬가지로 '-잇-'의 통합으로 청자에 대한 높임을 나타내고 '-고'나 '-가'로 문장을 끝맺는다. (19가)는 '-ᄂ니잇-'의 형태소 통합을 보이고, (19나)는 '-ᄂ닝잇-' 형태소 통합을 보인다.

(20) 가. ①샤부인을 향ᄒᆞ여 문왈 졊에 선대인이 쥬시든 옥환이 어ᄃᆡ
　　　　　　<u>잇ᄂ잇가</u> 〈사씨남정기〉[30]
　　　　②엇디 이런 말을 <u>ᄒᆞ시ᄂ니잇가</u> 〈계축 上:28a〉
　　 나. ①늙은 니관이 잇더니 당돌이 드러가 술오ᄃᆡ 스ᄉ일 심긔롤
　　　　　　<u>내ᅀᆞ시ᄂ니잇가</u> 〈계축 上:9a〉
　　　　②그리 흔갓 셜운 일만 싱각고 혬을 아니 <u>혜ᅀᆞ시ᄂ닝잇가</u> 〈언
　　　　　간 129〉

---

30) 김광수(2001:140)에서 예문 565를 인용한 것이다.

예문 (20)은 17세기 높임 등급을 나타내는 의문법이다. 어두에서 'ㆁ'음의 동요로 하여 '-ㄴ잇-'은 '-ㄴ잇-'으로, '-ㄴ니잇-'은 '-ㄴ니잇-'으로 나타나고, 어말에 쓰이던 /ㆁ/ 도 영향을 받아서 '-ㄴ닝잇-' 형태소 통합이 '-ㄴ닝잇-'으로 나타난다. 하지만 중세국어 시기와 마찬가지로 '-잇〉잇-'의 개입으로 청자에 대한 높임을 나타낸다. 그리고 17세기에는 '-습-'이 화자 겸양으로 기능을 바꿈으로 하여 (20나)에서와 같이 '-시-'를 사이에 두고 '-ㄴ니잇-', '-ㄴ닝잇-'과 결합하기도 한다.

(21) 가. ①이제 왕부듸인은 웃디 심홀경싁(心忽梗塞)ᄒ샤 셩의를 졍
　　　　치 못ᄒ시ᄂ잇가 〈완월 32:36a〉
　　　　②삼싱교 일로 칙하시나 부인의 그른 줄은 싱각디 못ᄒ시ᄂ니
　　　　잇가 〈빙빙뎐 124〉
　　나. ①몟 셰월이 되엿ᄉ오며 ᄉ미를 조ᄎ 니ᄋ의 잇습ᄂ니잇가
　　　　〈완월 30:11b〉
　　　　②홀노 이 두어 가지 일이 미진타 ᄒ읍ᄂ니잇가 〈조야 8:37b〉
　　　　③뉘 젼ᄒ를 위ᄒ여 이 계교를 드럿습ᄂ니잇가 〈계해 7b〉

예문 (21)은 18세기 높임 등급을 나타내는 의문문이다. 17세기와 별차이가 없이 선어말어미 '-잇-'의 개입으로 청자에 대한 높임을 나타낸다. (21가)는 '-ㄴ잇-', '-ㄴ니잇-' 통합을 보이고 (21나)는 '-ㄴ니잇-'에 화자 겸양의 '-습-'이 선행하여 결합되었음을 보여준다.

또한 이 시기에는 높임 등급의 의문을 나타내던 문법적 형태 '-잇고'의 분포가 대폭 줄어든 것이 특징적이다. 17세기까지 높임 등급의 의문법은 '-잇고', '-잇가' 두 형태에 의해 실현되었는데, 18세기에는 대부분 '-잇가'로 높임 등급 의문문을 나타냈다. 다시 말해 17세기부터 '-잇고'는 분포의 축소를 보이기 시작하여 18세기에 이르러서 기능이 약화되고 '-잇가'에 의한 높임 등급의 의문법이 확산되면서 문법적 형태의 단일화

과정을 겪고 있었다.[31)]

(22) 가. ①그 일이 쥬션 되기 신지 몃날이 던지 펴지 말여야 올습ᄂ잇
가 〈제국 1898.08.27〉
②그럿케 희고 아름다온 눈이 그 거믄 구름 속에서 나왓습ᄂ잇
가 〈신심 2:18a〉
③릭두형편이 어더케 되겟습ᄂ잇가 〈제국 1900.01.12〉
나. ①아가도 셩히 즈라옵ᄂ니잇가 〈징보 15a〉
②이 무슨 일이며 이 엇딘 뜻이오니잇가 싱각을 ᄒ오 마노라가
독노ᄒ엿습ᄂ니잇가 〈한중록 458〉
③엇지 다시 이런 줌임을 ᄆ겻습ᄂ니잇가 〈제국 1898.12.12〉

(23) 가. ①예수교란 말이 그 젼에 도모지 업섯습닉까 〈경향 2:187〉
②우리가 밋ᄂ 대로 그 사름이 구령홀 수 업ᄂ 줄을 우리가
밋ᄂ 연고지오 알아드르셧습닉까 〈경향 4:324〉
③무엇이든지 풀면 하늘에셔도 풀니라 ᄒ셧스니 이 말슴을
다 알아듯겟습닉까 〈경향 4:355〉
④그러나 로형씌 리히 상관 업ᄂ 일을 구틔 말슴홀 것 잇습닛
가 〈만인계 104〉
나. ①그 합당흔 사름을 엇어습ᄂ닛가 〈매일 1898.1〉
②쏘 엇지ᄒ야 녀인과 말슴ᄒ옵ᄂ닛가 〈신약 요4:27〉
③다른 사람은 슯허하던지 마든지 상관치 아니하는것이 조켓
삽나닛가 〈신학 권4:22〉

예문 (22)-(23)은 19세기 높임 등급을 나타내는 의문문이다. 예문

---

31) 석미영(2005:134)에서는 15세기 이후 17세기까지 'ᄒ쇼셔'체의 의문법 어미는 '-가',
'-고' 두 형이 공존했는데, 18세기에 '-가'형이 단독으로 의문법을 실현하게 된 것은
인칭 의문법 어미의 구별이 희미해졌기 때문이라 했으며 또한 '-고'와 '-가'의 대립이
미약해지면서 의문법 어미 '-가'가 '-고'의 기능까지 담당하는 것으로 해석된다고
했다.

(22)에서 보면 화자 겸양으로 기능이 변화된 '-습-'이 '-ᄂᆞ잇-', '-ᄂᆞ니잇-'에 통합되어 이중의 구조로 청자에 대한 높임을 나타낸다. 즉 '-습ᄂᆞ잇-'과 '-습ᄂᆞ니잇-'은 이 시기까지도 공존한다. 그리고 (22가)의 ①과 (22나)의 ①에서 보면 '-습ᄂᆞ잇-'과 '-습ᄂᆞ니잇-'은 어근에 직접 결합되었고, (22가)의 ②, ③과 (22나)의 ②, ③에서 보면 '-습ᄂᆞ잇-'과 '-습ᄂᆞ니잇-'은 과거 시제의 '-엇-'과 미래 시제의 '-겟-'에 후행하여 결합되었다. 이로써 선어말어미 '-ᄂᆞ-'는 원래의 현재 시제 기능을 잃고 '-잇가'에 통합되어 어말어미화 되었다.

예문 (23가)는 '-습ᄂᆡ까', '-습닛가'의 쓰임을 보여주는데 ①, ②에서 보면 과거 시제의 '-엇-'에 후행하였고, ③, ④에서 보면 미래 시제의 '-겟-'에 후행하였다. '-습ᄂᆡ까', '-습닛가'는 서술형의 '-습ᄂᆡ다'와 같은 시기에 형성된 것으로 '-습ᄂᆞ잇가〉-습ᄂᆡ까/습닛가'의 재구조화를 거쳤다. 다시 말하면 '-습ᄂᆞ잇가'는 'ㅣ'모음 역행동화로 '-습ᄂᆡ잇가'로 되고 'ㅣ'가 응축됨으로써 '-습ᄂᆡ까', '-습닛가'로 되었다. 또한 '-엇-', '-겟-'이 새로운 시제 어미로 자리를 잡음으로써 '-ᄂᆡ-'에 포함된 현재 시제의 '-ᄂᆞ-'는 그 기능을 잃었고, '-이-'도 '-습-'이 종결어미 위치에서 청자높임법에 합류함으로써 그 기능을 '-습-'에 넘겼다. (23나)는 '-습ᄂᆞ닛가'의 쓰임을 보여주는데, 이것은 '-습ᄂᆞ니잇가'의 '-이'가 응축되어 형성된 것이다. '-습ᄂᆞ닛가'는 (22가)의 '-습ᄂᆡ까', '-습닛가'와 개화기에 공존할 뿐만 아니라 아래의 (24)에서처럼 현대국어의 '-습니까' 바로 전 단계 형태인 '-습닛가'와도 공존한다. 때문에 '-습니까'는 '-습ᄂᆞ니잇가〉-습ᄂᆞ닛가'의 후계형이 아니라, '-습ᄂᆞ잇가〉-습ᄂᆡ까/습닛가'의 후계형이다.[32]

---

32) 이현희(1982)에서는 '-습ᄂᆞ닛가〉-습닛가〉-습니까'의 변화를 설정하고, 이것의 설명을 위해 '니'의 이형태로 '이'를 도입해 그 변화를 설명했다. 그리고 서정목(1988)에서도 같은 변화 과정을 가정하고 일종의 음운론적 축약을 거친 것으로 그 변화를 설명했다.

(24) 가. ①뎌돗은 엇지ᄒ야 <u>잡ᄂ닛가</u> 〈ᄌ유종 23〉

②모든 사물이 하공자의게 의심이 잇스니 본인인들 엇지ᄒᆯ

슈가 <u>잇삽나닛가</u> 〈도리원 041〉

③소녀가 틱에 드러가면 이러타시 어엿ᄒ게 힝셰ᄒᆯ 슈 <u>잇겟슙</u>

<u>나닛가</u> 〈공진회 083〉

나. 신문에 이왕 난 흉이 업셔지겟<u>슙닛가</u> 〈대한매일신보 02〉

다. ①에그 이지경 된 사롬이 무슨관계 <u>잇슴닛가</u> 〈고목화 上:9〉

②그게 무어시오 뉘편지야요 틱에셔 <u>왓슴닛가</u> 〈고목화 上:59〉

③닉가 자근 앗씨를 가르칠 자격이 되면 이 틱에 와셔 죵 노릇

하고 <u>잇기슴닛가</u> 〈혈의루 상:40〉

라. ①파혼ᄒᆫ 뒤에 틱 아다님과 우리쫄 쟝원(璋媛)이 년과 졍혼ᄒᆫ

일이 <u>업닛가</u> 〈금강문 178〉

②하셰ᄒ시던 젼날에야 비로소 오시지 <u>아니ᄒ얏슙닛가</u> 〈셜중

매 57〉

③이 ᄀᆺᄒᆫ 산즁에 폭도가 무엇ᄒ러 <u>오깃슙닛가</u> 〈금강문 158〉

(24)에서 보면 신소설 자료에서는 '-슙닉까', '-슙닛가'가 모두 '-슴닛

가', '-슙닛가'로 바뀌어 나타난다. (24나)에서 보면 개화기에는 '-슴닛

가'로 나타나고 (24다-라)에서 보면 신소설 자료에서 '-슴닛가', '-슙닛

가'는 하나의 종결어미로 통합되어 동사 어근에 직접 결합되기도 하고,

시제의 선어말어미 '-엇-', '-겟-'에 후행하여 결합되기도 한다.

이상의 사실로 미루어 보면 '-습니까'는 '-슙ᄂ잇가〉*-슙닉잇

가33)〉-슙닉까/슙닛가〉-슴닛가/-슙닛가'의 변화 과정을 거쳐 형성되

었다.

---

33) '*-슙닉잇가'에서 '*'표시는 문헌 자료에서 검색되지 않음을 나타낸다. 아래에 기타
'-습니다'류의 형성 과정에 나타나지 않는 형태 앞에도 '*'표시를 쓴다.

4.3.2 '-습디다, -습디까'의 형성

과거 시제의 선어말어미 '-더-'는 다양한 변화 양상을 보이다가 결국에는 '-더-'의 형태로 단순화되어 가고 인접성의 원리에 의해 기능이 약화된 '-이/잇-'과 통합된다. 따라서 청자에 대한 화자 겸양으로 기능이 변화된 '-습-'이 '-더이다', '-더잇가'와 결합되어 어말어미화 됨으로써, 또한 일련의 음운, 형태론적 축약을 거쳐 '-습디다', '-습디까'를 형성하였다.

아래에 먼저 '-습디다'의 형성 과정을 살펴보고, 다음에 '-습디까'의 형성 과정을 자세히 살펴보도록 하자.

(1) 가. ①즈믄 디위 블러도 맛골몷 사ᄅᆞ미 업더이다 〈월석 23:83b〉
　　　②그뒷 ᄯᆞ를 맛고져 ᄒᆞ더이다 〈석상 6:15a〉
　　　③내 後에 定에 나모미 처엄 ᄀᆞ더이다 〈능엄해 5:72b〉
　　나. ①녜 如來 … 安居ᄒᆞ실쩨도 내 그 中에 잇다이다 〈석상 24:44b〉
　　　②우리 닐오ᄃᆡ 本來 求ᄒᆞ논 ᄆᆞᅀᆞᆷ 업다이다 〈월석 13:37a〉
　　　③저ᄂᆞᆫ 뜯 願 업수미 ᄯᅩ 이 ᄀᆞ다이다 〈법화해 2:248a〉

(2) 가. 내 菩提樹 아래브터 涅槃ᄒᆞ시ᄃᆞ록 如來ᄭᅴ 여러 번 어즈리ᅀᆞᆸ다이다 〈월석 4:26a〉
　　나. 어마니미 … 지븨 겨샤 날마다 五百僧齋 ᄒᆞ시ᄃᆞᆺ더이다 〈월석 23:74b〉
　　다. 仁ᅀᅵᆫ者쟝ㅣ 世셰間간애 나거시든 悉실達딿ᄭᅴ 받ᄌᆞᄫᆞ라 ᄒᆞ시더이다 〈월석 25:36b〉

(3) 가. ①大王이 앗가ᄫᆞᆫ ᄠᅳ디 곧 업더시이다 〈월석 8:91b〉
　　　②一切 經藏ᄋᆞᆯ 阿耨達龍王이 다 가져 바ᄅᆞ로 드러가리니 그저

긔 佛法이 다 滅ᄒ리라 ᄒ더시이다 〈석상 23:36a〉

나. ①홍졍바지ᄃᆞᆯ히 길홀 몯 녀아 天神ᄉ긔 비더니이다 〈월석 4:50a〉

②乾闥婆ᄋᆡ 아ᄃᆞ리 놀애ᄅᆞᆯ 블라 七寶琴을 노더니이다 〈월석 21:190a〉

예문 (1)-(3)은 15세기 높임 등급을 나타내는 서술문이다. 이들에는 모두 선어말어미 '-이-'의 개입으로 청자에 대한 높임을 나타낸다. 이 시기 '-더이다'의 각 문법 형태소는 자기의 고유한 기능을 확실히 수행하되, 그 계선이 흐려지는 일이 거의 없었다. 다시 말해 선어말어미 '-더-'는 과거 시제 표현의 기능을 수행하고, '-이-'는 청자에 대한 높임의 의향을 실현하기 위해 나타나며, '-다'는 문장종결의 기능을 한다.

(1가)는 '-더이-'의 결합을 보이는 것인데, '-더이다'가 용언 어간에 직접 결합되었다. (1나)는 주어가 일인칭일 때, '-다이다'가 어근에 직접 결합됨을 보여준다. (2가)는 객체높임의 '-ᄉᆞᆸ-', 과거 시제의 '-다-', 청자높임의 '-이-'가 결합된 것으로, '-ᄉᆞᆸ디-'가 직접적으로 나올 수 있는 통합형을 보인다. (2나)에서 보면 감동-강조의 선어말어미 '-돗-'이 '-더이다'에 바로 선행했으며, (2다)에서 보면 주체높임의 '-시-'가 '-더이다'에 선행하였다. 그리고 (3)에서 보면 15세기 '-더이다'는 함께 쓰이기는 하지만 그들은 독립적인 형태소인 것만큼 의존성이 상대적으로 약하여 그 사이에는 다른 선어말어미들이 끼여 들어갈 수 있었다. 즉 '-더-'와 '-이-' 사이에 주체높임의 '-시-'와 확정법의 '-니-'가 결합되었다.

(4) 가. ①그 빈혀 外郎 ᄊᆑ슬ᄒᆞ여 인ᄂᆞᆫ 馮球의 겨집비 사 머리예 고자 잇더이다 ᄒᆞ여ᄂᆞᆯ 〈번소 10:17a〉

②우리 나히 ᄒᆞ마 늘글 ᄉᆞᆤ … ᄒᆞᆫ 念도 즐거운 ᄆᆞᅀᆞᄆᆞᆯ 아니

<u>내다이다</u> 〈개법 2:65b〉

나. ①내 고젓긔 묻조오이다 浩의 ᄒᆞ욘 이리라 ᄒᆞ며 <u>니ᄅᆞ더이다</u>
〈번소 9:46a〉

②그 겨지비 닐오딕 내 <u>슬허ᄒᆞ다이다</u> 〈장수경 39a〉

(5) 가. 民이 오히려 ᄡᅥ 小타 <u>하더니이다</u> 〈맹자해 2:7a〉

나. 내 어젯 바믹 일로 ᄒᆞ야 슬허 <u>우ᅀᆞᆸ다이다</u> 〈장수경 39a〉

(6) 가. ①브리여 겨신 딕 몰라 보ᅀᆞ오라 가디 몯ᄒᆞ야 <u>잇대이다</u> 〈번박
상:58b〉

②政이 <u>잇데이다</u> 〈논어초 3:41b〉

③복 지ᅀᆞᆫ 사ᄅᆞ미면 도로 하ᄂᆞᆯ 우히 가난다 <u>ᄒᆞ데이다</u> 〈장수경
11b〉

나. ①浩의 ᄒᆞᆫ 배라 <u>ᄒᆞ덩이다</u> 〈소학 6:42a〉

②바치 ᄒᆞᆫ 빈혀ᄅᆞᆯ ᄑᆞ니 긔특고 공교로온디라 七十萬 돈을 바도
려 <u>ᄒᆞ덩이다</u> 〈소학 6:114b〉

예문 (4)-(6)은 16세기 높임 등급을 나타내는 서술문이다. 이들에는
모두 선어말어미 '-이-' 혹은 '-이-'의 개입으로 청자에 대한 높임을
나타낸다. (4가)에서 보면 '-더이다', '-다이다'는 용언 어근에 직접 결합
되었지만 (4나)에서 보면 'ㅇ'음가가 초성에서 흔들리면서 '-더이다', '-
다이다' 형태로 나타나서 어근에 결합되기도 한다. (4가)의 ①과 (4나)의
①에서 보면 동일한 문헌에서 '-더이다'와 '-더이다'가 혼용되기도 한다.
(5)에서 보면 15세기와 마찬가지로 '-더-'와 '-이-' 사이에 확정법 선어
말어미 '-니-'가 들어가기도 하고 '-다이다'에 객체높임의 선어말어미
'-ᅀᆞᆸ-'이 선행하여 결합되기도 한다. 또한 16세기에는 예문 (6)에서와
같이 '-대이다', '-데이다', '-덩이다' 형태가 나타나는 것도 주목할 만하
다.34) 이런 형태들은 '-더이다'에 'ㅣ'모음이 개재되는 현상으로 볼 수

있는데 단순한 개재형이 아니라 '-이-'의 기능을 옮겨 받은 것이다. 따라서 '데이다'의 '-이-'는 공형태소로 남게 되어 소실될 위기에 처한다. 17세기 이후로는 '-데이다' 등 형태가 별로 나타나지 않고 공형태소 '-이-'가 웅축된 '-데다'가 나타남을 문헌 자료를 통해서 확인할 수 있다.

(7) 가. 덕을 감득ᄒ오미 혜아림 업다 ᄒ데다 〈권념 23b〉
　　 나. 아미타불팅을 셔벽에 걸고 불 셔고 아미타부을 졍셩으로 ᄒ데
　　　　 다 〈미타 21a〉

위의 예문 (4)-(7)을 종합해 보면 '-더이다〉-데이다〉-데다'의 변화 과정을 추론할 수 있다.

그리고 17세기 이후로는 의도법의 '-오/우-'가 소실함으로써 과거 시제의 '-더-'와 '-다-'의 대립도 소실되었다. 하여 '-더이다' 형태가 우세하여 나타날 뿐만 아니라 '-더이다' 어미구조체 사이에 들어갈 수 있는 선어말어미는 확정법의 '-니-' 뿐이다. 하여 '-더이다'와 '-더니이다'가 공존하여 쓰이게 되는데 '-더이다'의 쓰임이 훨씬 많았다.35) 또한 '-습-'의 기능이 화자 겸양으로 변화하게 되면서 결합 순서가 어말어미 쪽으로 이동하여 '-더이다', '-더니이다'에 통합되기도 한다.

(8) 가. ①눌을 위ᄒ여 비더니 대젼 죽으라 비더이다 〈서궁 42a〉
　　　　 ②대면 시녀 졍슌이 ᄀᄅ치더이다 〈서궁 68b〉
　　 나. ①졍니ᄅᆞᆯ 싱각ᄒ오니, 새로이 참측ᄒ오미 ᄀ이 업습더이다
　　　　 〈언간 141〉

---

34) 15세기에도 이와 같은 형태가 나타났다. 내 그런 ᄠ들 몰라 ᄒ댕다 〈석상 24:32a〉 허웅(2000:905)에서는 '-다이다'는 동화 작용으로 '-대이다'가 되고, 이것은 다시 '-댕다'로 줄여진다고 했다.
35) 문헌 자료를 검색한 결과, 17세기 이후에 '-더니이다'는 71번 쓰였고, '-더이다'는 764번 쓰였다.

②년호야 혼자 겨옵시니, 쳥티 못호오니, 굼굼호옵더이다 〈언
간 127〉

예문 (8)은 17세기 높임 등급을 나타내는 서술문이다. 청자에 대한
높임은 선어말어미 '-이-'의 개입으로 나타낸다. (8가)에서 보면 '-더이
-'가 어근에 직접 결합되었고, (8나)에서 보면 선어말어미 '-습-'과 '-더
이다'가 통합되어 용언의 어근에 결합되었다.

(9) 가. ①신이 님국훈 김항으로 더브러 계롤 호고 아젼 두어히 하계
　　　　되엿더니이다 〈천의해 4:15b〉
　　　②강셔(江西) 군수 김슌냥 을 블셔 주어 보닉엿더니이다 〈국조
　　　　45b〉
　　나. ①쇼졔 샹수를 무옴의 두지 아니샤 인간 셩심을 불구이 쳥호시
　　　　니 쇼비 감히 호란이 다언치 못호엿습더니이다 〈완월
　　　　47:23a〉
　　　②시긱을 늣추어 쇼즈를 기다리라 호엿습더니이다 〈완월
　　　　99:16b〉

(10) 가. ①두 셋 반만 씌고 醉티 아닌 놈을 만나니 죽도 아니코 쏘
　　　　　사도 아니호엿더이다 〈오전해 1:50a〉
　　　②다만 일인과 단긔로 왓더이다 〈무목 091〉
　　나. ①신이 일노 뼈 광렬두려 니르니 광렬이 깃븐 빗티 잇습더이다
　　　　〈천의해 4:8a〉
　　　②공수호되 후겸의 집의 윤양후와 윤태연이 왓닉호옵더이다
　　　　〈명의해 2:52b〉
　　　③醉호여 어렵기는 어렵수오나 요긔는 죡히 호올만 호옵더이
　　　　다 〈인어 1:10b〉
　　　④쏘흔 싸흘 갈히지 아니호여시니 그 가법이 그러호옵더이다

〈조야 9:1a〉

예문 (9)는 18세기 높임 등급을 나타내는 서술문이다. 예문 (9가)는 '-더니이-'가 선어말어미 '-엇-'에 후행하여 결합됨을 보이고 (9나)는 선어말어미 '-습-'과 '-더니이다'의 통합을 보여주는데, '-습-'에 과거 시제의 '-엇-'이 선행함으로써 '-더니이다'의 '-더-'를 과거 시제로 보기 어렵게 되었다. (10가)에서도 '-더이-'에 과거 시제의 '-엇-'이 선행하여 결합됨으로써 '-더-'의 기능이 약화된 것으로 볼 수 있다. (10나)는 선어말어미 '-습-'과 '-더이다'의 통합을 보여준다.

(11) 가. 딩긔는 북도셩을 직희러 갑습더이다 〈삼국지 3:03a〉
　　　나. 칭찬하례 ᄒᆞᆸᄂᆞᆫ 말슴이 스룸마다 마지 아니ᄒᆞ오니 너모 깃부옵더이다 〈징보 16a〉
　　　다. 빅가 져 나무입쳐럼 물에 ᄲᅵ이여 들어간다 ᄒᆞ시옵더이다 〈신심 2:23b〉

예문 (11)은 19세기 높임 등급을 나타내는 서술문이다. 이들에는 모두 선어말어미 '-이-'의 개입으로 청자에 대한 높임을 나타낸다. 그리고 예문에서 보면 화자 겸양으로 기능이 바뀐 '-습-'이 '-더이다' 어미구조체에 통합되었다.

(12) 가. 머리 싹근 나라이 업나 보옵데다 〈독립 1898.11.24〉
　　　나. 릭월 쵸싱즘 되리라 ᄒᆞ데다 〈제국 1898.09.24〉
　　　다. 나는 그런소리 드르면 화가 납데다 〈매일 1898.3〉
　　　라. 그 싀로난 우두법이 뎨일 됴습데다그려 〈매일 1898.3〉

(13) 가. 엇던 외인이 교우룔 보고 말ᄒᆞ기룰 셩교 아니ᄒᆞ여도 잘 살

수가 잇ᄉᆞᆸ데다 〈경향 2:76〉

나. 학문과 도리를 만히 공부ᄒᆞ고 뎨일 유명ᄒᆞᆫ 목ᄉᆞ들이 만ᄉᆞᆸ데다 〈경향 2:140〉

다. 이 셰샹 권셰 외에는 샹관치도 안코 졍신에 드러갈 수도 업ᄉᆞ니 이거시 더 이샹ᄒᆞᄋᆞᆸ데다 〈경향 2:227〉

라. 엇던 때에 보면 신공은 만히 ᄒᆞᄂᆞᆫ 교우가 힝위는 다른 사ᄅᆞᆷ만 못ᄒᆞᄋᆞᆸ데다 〈경향 3:51〉

예문 (12)–(13)은 19세기~20세기 교체기에 신문, 신소설 자료에 나타나는 '–ᄉᆞᆸ데다'의 쓰임을 보여주는데 '–ᄉᆞᆸ데다'는 '–ᄉᆞᆸ더이다'가 재구조화되어 형성된 것이다. 그리고 '–ᄋᆞᆸ데다'의 '–ᄋᆞ–'가 줄어드는 것은 'ᄉᆞᆸ데다~ᄋᆞᆸ데다'의 교체가 완성된 후에 일어난 것으로 볼 수 있다. 왜냐하면 'ㅂ'만으로는 '–ᄉᆞᆸ–'의 존재가 명료하지 않기 때문에 'ᄋᆞᆸ~ㅂ'의 변화가 바로 나타나지 못했기 때문이다.

또한 '–ᄉᆞᆸ더이다〉–ᄉᆞᆸ데다'의 변화는 '–ᄉᆞᆸ–'이 '–이–'의 기능을 대신할 수 있게 되면서 청자높임의 '–이–'가 형태소 자격을 잃어 버렸음을 의미할 뿐만 아니라 '–데–'에 포함되었던 '–더–'도 과거 시제의 기능을 잃어버렸음도 의미한다.

그리고 '–ᄉᆞᆸᄂᆞ이다〉–ᄉᆞᆸᄂᆡ다'와 시제에 있어서 대립하던 '–ᄉᆞᆸ더이다〉–ᄉᆞᆸ데다'의 변화는 한번에 이루어진 것이 아니라 중간에 한 단계를 더 거쳤다. 이현희(1982)에서는 '–더–'의 이형태 '–ᄃᆞ–, –드–'가 근대국어 자료에 나타나는 것을 고려하여 '–ᄉᆞᆸ더이다〉–ᄉᆞᆸᄃᆡ이다〉–ᄉᆞᆸᄃᆡ다'의 변화 과정을 설명하기도 했다. 그렇다면 '–ᄉᆞᆸᄃᆡ이다'나 '–ᄉᆞᆸᄃᆡ다'의 표기도 나타날 수 있는데 이런 형태는 확인되는 것이 없다.

본고에서는 '–습디다'가 '–ᄉᆞᆸ더이다〉–ᄉᆞᆸ데이다〉–ᄉᆞᆸ데다'의 변화 과정을 거쳐 형성된 것으로 보고자 한다. 그런데 일종의 'ㅣ'모음 동화에 의한 '–ᄉᆞᆸ데이다'도 자료에서 확인되지 않는다. 그러나 '–ᄉᆞᆸ–'이 결합되지 않은 '-데이다'가 존재하므로 '-습-'이 결합된 '-습데이다'도 존재했을 가능성이 있다. 왜냐하면 17, 18세기에는 '-습데'(그지업서 ᄒ옵데 〈첩해초 3:4b〉, 空失ᄒ면 앗갑습데 〈인어 5:19b〉)와 같은 형태가 자료에 나타나기도 하므로 '-습데이다'의 존재 가능성을 상정해 볼 수 있게 하기 때문이다.

(14) 가. ①또 아모리 친ᄒᆫ터이라도 무이슬 좀 먹어야 ᄒ여 줄 모양
입듸다 〈제국 1901.06.17〉
②오늘 본즉 셔울 사름들이 엇더케 부지ᄒ야 사는지 춤 불샹들
ᄒ옵듸다 〈대한매일신보 03〉
③내 어제 엇던 연셜을 드르니 춤 사름이 되랴면 ᄒᆫ 번식 변ᄒ
여야 ᄒ다 효듸다 〈경향신문 1:4〉
나. ①그 안에는 늬를 씌물고 수절ᄒ다기에 감안이 눈치를 모닛가
듐처럼 풀기가 어렵겟습듸다 〈고목화 上:12〉
②교근 속에서 우름 쇼리가 납듸다 〈귀의성 上:26〉
③근일에ᄂ 음긔가 성ᄒ야 그 러ᄒᆫ지 녀편네들이 ᄒᆫ 일도
만습듸다 〈계명성 08〉
④뎌 사름은 뎌홀 도리를 다 힛습듸다 〈구마검 060〉
⑤그듸 말솜은 안이 ᄒ셧나 봅듸다 〈빈상셜 007〉
⑥인간에 죄 지은 사름들을 다 슬펴셔 벌을 주깃다 ᄒ십듸다
〈은세계 091〉
⑦뎌도 어셔 나셔 어머님 억긔가 압흐지 안토록 ᄒ깃다고 늘
말효듸다 〈두견성 상:117〉

예문 (14)는 20세기 초의 신문, 신소설 자료에 나타난 '-습듸다'의 쓰임을 보여준다. '-습듸다'는 '-습데다'와 나타난 시기가 비슷하지만 '-습듸다'는 주로 20세기 초의 신소설 자료에 나타나는 것으로서 19세기~20세기 교체기의 신문, 신소설 자료에 나타나는 '-습데다'보다 분포

가 더 넓다.36) 그렇지만 '-습데이다'를 고려할 때 '-습데다'와 '-습듸다'의 순서를 바꿀 수는 없다.

(15) 가. 서울은 참 나쁜 뎁디다그려 〈약한자의 슬픔 341〉
　　나. 남의 일가티 생각할 수 업습디다 〈표본실의 청개구리 108〉
　　다. 그런데 영철이가 나갈 때에 이것을 오시거든 드려달라고 합디다 〈환희 068〉
　　라. 갑자기 저편 아래에서 재재하는 소리가 납디다 〈광염소나타 131〉
　　마. 어머니는 눈을 흘기십디다 〈조광 046〉
　　바. 무슨 글을 써 놓고 없어졌다고, 꼭 잡아야 하겠다고 야단을 합디다 〈젊은 그들 144〉

'-습디다' 및 '-습디다'는 'ㆍ'표기가 유지되는 20세기 초 자료에서 전혀 확인되지 않으며 (15)에서와 같이 20세기 20년대부터의 자료에서 다수 확인된다. 즉 '-습디다'는 '-습니다' 보다 조금 더 늦은 시기에 확인된다.

이러한 사실로 미루어 '-습디다'의 '디'는 역사적으로 '-더-+-이-'가 '-데이-'로 변한 뒤 '-데-'로 응축되고 '-듸'로 변화하는 과정을 거쳐 형성된 것으로 볼 수 있다. 즉 '디'는 '-더이〉-데이〉-데-〉-듸〉-디'의 변화 과정을 거친 통시적 융합형이다. 따라서 '-습디다'는 형성되기까지 '-습더이다〉*-습데이다〉-습데다〉-습듸다〉-습디다'의 변화 과정을 거쳤다.37)

────────────

36) '-습듸다'는 신소설 자료에서 362개 검색되고, '-습데다'는 신소설 자료에서 198개 검색된다.
37) 이현희(1982)에서는 '-더-'의 이형태로 '-ᄃᆞ-' 내지 '-드-'가 있고 '-니-'의 이형태로 '-이-'를 가정하여 '-습더니다〉습드니다〉습듸다〉-습디다'의 변화과정을 제시하였다. 물론 이현희(1982)에서도 '-습더이다'에서 '-습디다'가 형성되었다고 보는 것이 설명하기 더 쉽다는 해석도 동시에 기술하였다. 한편, 정언학(2006:327)에서는

다음에 '-습디까'의 형성 과정을 알아보기로 한다. 말하자면 '-습디까'의 형성 과정 및 형성 시기는 '-습디다'와 같다. 화자 겸양으로 기능이 변화된 '-습-'이 '-더(니)잇가'와 38)통합되고 일련의 형태, 음운론적 변화를 거쳐서 20세기 20년대에 정착되었다. 아래에 자세한 형성 과정을 살펴보도록 하자.

중세국어에서 청자에 대한 높임을 나타내는 의문문은 선어말어미 '-잇-'과 의문법 어미 '-고', '-가'의 통합에 의해 실현되는 것임을 이미 앞에서 말한 바가 있다. 그리고 이외에도 선어말어미 '-니-', '-리-'를 '-잇-'에 앞세우는 것이 일반적인 질서였다. 뿐만 아니라 또 하나 주목되는 형태소 통합체는 '-니-' 앞에 다시 과거 시제의 선어말어미 '-더-'가 통합된 (16), (17)과 같은 예문이다.

(16) 가. 스승닚 어마니미 이에 잇다 ᄒ야 뉘 니르더니잇고 〈월석 23:84b〉
    나. 世尊하 ᄉ지 녜ᄀ티 世間애 겨시더니잇가 〈법화해 6:150a〉

(17) 가. 祿을 班ᄒ욤은 엇디 ᄒ더니잇고 〈맹자해 10:7a〉
    나. 昭公이 禮를 아ᄅᆞ시더니잇가 〈논어초 2:24b〉

예문 (16)은 15세기 청자에 대한 높임을 나타내는 의문문인데, (16가)는 '-더니잇고'의 형태소 통합을 보이고 (16나)는 '-더니잇가'의 형태소 통합을 보인다. 예문 (17)은 16세기 청자에 대한 높임을 나타내는 의문문인데, 이 시기 어두에서 /ᅌ/음의 동요로 하여 '-잇-'은 '-잇-'으로 나타나게 되어 '-더니잇고', '-더니잇가'의 통합을 보인다.

'-습더니이다〉-습더니다'는 '-습더이다〉-습데다〉-습듸다〉-습디다'의 모든 형식과 공존하기에 '-습더니이다'의 변화로 '-습디다'가 형성되었다고 볼 수 없다고 했다.
38) '-더(니)잇가'로 표기한 것은 '-습더니잇가'는 문헌 자료에서 검색되지만 '습더잇가'는 문헌 자료에 검색되지 않기 때문이다.

(18) 가. 궁듕이 진동ᄒ니 통곡ᄒ며 박동냥은 알기나 <u>아더니잇가</u> 〈계축 上:21a〉

　　나. 뉘셔 그리 <u>니르ᅌᅳ더니잇가</u> 〈계축 上:35a〉

예문 (18)은 17세기 청자에 대한 높임을 나타내는 의문문인데, (18가)에서 보면 중세국어 시기와 마찬가지로 '-더니잇가'의 통합을 보인다. '-더니잇가'는 용언 어간에 직접 결합되었다. (18나)는 현대국어의 '-습디까'와 직접적으로 연결될 수 있는 '-습더니잇가'와 같은 선어말어미들의 통합체를 보여준다. 다시 말해 '-습디까'는 '-더-' 앞에 '-습-'이 화자 겸양의 의미로 바뀌어 통합되고 거기에 다시 청자높임의 선어말어미 '-잇-'이 통합된 다음 의문법 어미 '-가'가 통합된 것으로 이해할 수 있다.

(19) 가. ①내 오시긔 댱가갈 제 무어시라 <u>ᄒ더니잇가</u> 〈빙빙뎐 104〉
　　　②뎐해 이 길 가시기를 뉘 <u>권ᄒ더니잇고</u> 〈무목 073〉
　　나. ①소이 병이 잇다 ᄒ더니 지금은 <u>나앗더니잇가</u> 〈완월 55:7a〉
　　　②쇼뎨 당쵸붓터 가도와 두쇼셔 아니 <u>ᄒ엿더니잇가</u> 〈완월 114:9b〉
　　　③샹원일이 어딕 <u>머럿더니잇가</u> 〈완월 133:22b〉

예문 (19)는 18세기 청자에 대한 높임을 나타내는 의문문인데, (19가)에서 보면 '-더니잇가', '-더니잇고' 형태소 통합체는 용언 어간에 직접 결합되었다. 그러나 (19나)에서 보면 '-엇-'이 과거 시제 표현의 선어말어미로 자리 잡게 되면서 용언 어간과 '-더니잇가', '-더니잇고' 형태소 통합체 사이에 '-엇-'이 결합되는 양상을 보인다. 또한 '-앗더-'의 통합은 '-더-'의 과거 시제 기능의 약화를 초래하게 된다. 그리고 이 시기에는 의문법 어미 '-고'와 '-가'의 대립이 미약해져서 (19가)의 ①, (19나)의

③에서 볼 수 있다시피 의문사가 쓰인 의문법에도 '-가'가 결합되었다.

(20) 가. ①뉘 알니오 한미 거즛 놀나 골오딕 슉향이 <u>죽엇더니잇가</u> 〈슉
　　　　향전 중:06a〉
　　　　②그리ᄒ오면 ᄋᄌ의 일홈이 무어시며 몃 슐이나 <u>되엿더니잇</u>
　　　　<u>고</u> 〈현수문전 중:06b〉
　　나. ①도련님 슈쳥은 엇더ᄒ옵더니잇가 〈남원 41a〉
　　　　②무어시라 <u>ᄒ오시옵더니잇가</u> 〈한중록 196〉

예문 (20)은 19세기 높임 등급을 나타내는 의문문이다. (20가)에서
보면 용언 어간에 '-엇-', 그리고 '-더니잇가', '-더니잇고'가 결합되었
다. (20나)는 선어말어미 '-습-'과 '-더니잇가'의 통합을 보인다.

(21) 가. ①주무왕의 읍강과 당퇴종의 장손 황후 갓흔 이가 몃치ᄂ <u>되더</u>
　　　　<u>닛가</u> 〈계명성 39〉
　　　　②텬하의 경기가 이 셩산 보덤 나흔 딕가 몃 곳이나 <u>잇더닛가</u>
　　　　〈셩산명경 5〉
　　　　③그 부인이 최암의 힝동을 <u>알더닛가</u> 〈지환당 091〉
　　나. ①의원도 낫는다고 말ᄒ지 <u>안습더닛가</u> 〈두견성 상:108〉
　　　　②그 집도 넉넉지 못흔 집인딕 여러 식솔이 그러케 오릭 의탁
　　　　홀 슈가 <u>잇습더닛가</u> 〈두견성 하:86〉
　　　　③그릭 늬 ᄉ촌이 무슨 말을 <u>ᄒ옵더닛가</u> 〈화세계 143〉
　　　　④그릭 그 사람이 어딕로 <u>가옵더닛가</u> 〈쌍옥적 26〉

(22) 가. ①어셔 <u>왓답듯가</u> 〈목단화 31〉
　　　　②에그 듯고말구 늬가 언졔는 거즛말을 <u>ᄒ듯가</u> 〈치악산 하:41〉
　　　　③이 촌 즁에셔 그보담 더 잘ᄒᄂ 사람이 누가 잇스며 또 칙이
　　　　그를 엇지 <u>ᄒ얏답듯가</u> 〈만인계 22〉

④그러면 경긔의를 <u>입엇습딋가</u> 〈비행선 107〉

⑤그러나 륙칠일 동안은 어딕를 <u>가셧습딋가</u> 〈비행선 189〉

나. ①우리 샹놈의 집이라고 그런 법이 엇의 <u>잇답딋가</u> 〈치악산
하:71〉

②닉가 웨 만류ᄒ지 안이ᄒ옵딋가 〈치악산 하:113〉

③그래 가슴이 싹씀 <u>옵딋가</u> 〈무정 112〉

예문 (21)은 20세기 초, 신소설에 나타난 '-이-' 응축형 '-더닛가',
'-습더닛가'의 쓰임을 보여준다. 그리고 (22)는 '-습디까'의 전 단계형인
'-습딋가', '-습딋가'의 쓰임을 보여준다. 예문 (21)-(22)에서 보면 신소
설 자료에 주로 나타나는 '-습더닛가'와 '-습딋가', '-습딋가'는 공존한
다. 이러한 공존은 '-습더닛가'의 변화로 '-습딋가 〉-습디까'가 형성되
었다는 기존 견해의 성립을 어렵게 만든다.[39] 하여 본고에서는 서술형이
'-습더이다〉-습데이다〉-습데다' 변화 과정을 보인 것과 비슷하게 의문
형도 '-습더잇가〉-습데잇가〉-습뎃가'의 변화 과정을 보이다가 20세기
초의 신소설에서부터 '-습뎃가〉-습딋가'로 나타나기 시작하여 20세기
20년대에 '-습디까'로 정착한 것으로 보고자 한다. 그러나 정언학
(2006:327)에서 지적한 바와 같이 '-습더잇가, -습데잇가, -습뎃가'는
문헌 자료에서 확인되는 것이 없다. 하지만 서술형이 '-ᄒ더이다〉-ᄒ데
이다〉-ᄒ데다'의 변화를 겪은 것을 고려하면 의문형도 '-ᄒ더잇가〉-ᄒ
데잇가〉-ᄒ뎃가'를 상정할수 있다. 따라서 '-습더잇가〉-습데잇가〉-습
뎃가'의 변화 과정도 고려될 수 있다. 그리고 '-습더잇가'와 시제 대립을
보이는 '-습ᄂ잇가'가 존재한 것을 고려하면 '-습더잇가'도 존재했을 가
능성이 있다. 또 허웅(2000:495)에서는 '물음법은 때매김을 동반하는

---

39) 정언학(2006:327)에서는 이현희(1982)에서 '-니-'의 이형태로 '-이-'를 설정하여
'-더니- 〉 -데-'의 변화를 상정한 데 대해 이는 무리하게 'ㄴ' 탈락을 가정한 것으로,
음운론적인 설명이 어렵게 된다고 지적하였다.

것이 원칙이라 할 수 있다'고 했다. 이로써 '-습더잇가'의 존재를 상정하는 것은 무리가 아니다.

'-습더잇가'는 'ㅣ'모음 역행동화를 거쳐 '-습데잇가'로 된다. '-습데잇가'는 '이'모음이 응축됨으로써 '-습뎃가'로 된다. '-습더잇가〉-습뎃가'의 재구조화는 '-뎃-'에 포함된 과거 시제의 선어말어미 '-더-'를 인식할 수 없게 할 뿐만 아니라, '-습-'에 의해 기능이 대치된 청자높임의 '-이-'를 인식할 수 없게 한다. 또 '-습뎃가'는 음운 변화를 거쳐 개화기 신소설 자료에 다수 나타나는 '-습딋가'로 된다. 그리고 아래의 (23)은 '-습딋가〉-습디까'의 변화를 보여준다.

(23) 가. 그것이 과연인지 거짓말인지 알고 싶어서 '누가 <u>그럽디까?</u>'
　　　하고 물었다 〈환희 112〉
　　나. '창호는 언제 <u>온답디까?</u>' 〈석공조합대표 064〉
　　다. 아까두 꽤-니 킬킬거리지 <u>않습디까</u> 〈조광 078〉
　　라. 왜 합당치가 <u>안습디까</u> 〈조광 080〉

예문 (23)에서 보면 '-습디까'는 '-습니다', '-습니까'보다는 좀 늦은 시기인 20세기 20년대 자료에서 정착된다. '-까'로 표기되는 이 형태는 중세국어의 '-고', '-가' 대립이 중화되어 '-가'로 나타난 것이고 된소리 요소는 그 앞의 형태소 '-잇-'의 /ㅅ/이 가진 것이다.

이상의 사실로 미루어 보면 '-습디까'는 '*-습더잇가 〉 *-습데잇가 〉 *-습뎃가 〉 -습딋가 〉 -습디까'의 변화 과정을 거쳐 형성되었다.

4.3.3 '-사오/(으)오리다, -사오/(으)오리까'의 형성

미래 시제의 선어말어미 '-리-'는 '-ᄂ-, -더-'에 비해 중세국어부터 비교적 명료한 기능을 지니고 있었다. 현대국어로 오면서 '-ㄹ-'로 변화하고 '-겠-'에 의해 대치되었지만 아직도 일부 기능은 명맥을 유지하고 있다. '-리-'는 객체높임의 선어말어미 '-숩-' 및 그 후대형 '-사오-'와 '-오-', 청자높임의 선어말어미 '-이/잇-'과 오랜 세월 동안 함께 쓰이면서 통합되어 현대국어에서도 청자에 대한 높임을 나타낸다.

아래에 먼저 '-사오리다', '-(으)오리다'의 형성 과정을 살펴보고 다음에 '-사오리까', '-(으)오리까'의 형성 과정을 살펴보기로 하자.

(1) 가. 비록 아ᅀᅡ도 도로 녜 ᄀᆞᆮᄒᆞ야 ᄆᆞᅀᆞ미 便安ᄒᆞ리이다 〈석상 9:22a〉
나. 涅槃ᄋᆞᆯ 닷가ᅀᅡ 苦樂ᄋᆞᆯ 기리 여희리이다 〈석상 11:3a〉
다. 使者 ᄃᆞ려 닐오ᄃᆡ 내 王ᄭᅴ 가리이다 〈석상 24:33b〉
라. 攻德이 ᄀᆞᇫ 업스리이다 〈월석 7:60b〉
마. 往生偈ㅣ 외오시면 헌 오시 암ᄀᆞᆯ며 골픈 ᄇᆡ도 브르리이다 〈월석 8:83a〉

(2) 가. ①太子ㅣ 부톄 ᄃᆞ외시면 聖王ㄱ 子孫이 그츠시리이다 〈석상 3:10b〉
②당다이 부톄 ᄃᆞ외시리이다 〈월석 11:3b〉
③父뿡母뭏를 사ᄅᆞᅀᆞ바 어루 니르리 가시리이다 〈월석 20:112b〉
나. ①오직 大愛道ㅣᅀᅡ 기ᄅᆞᅀᆞᄫᆞ리이다 〈석상 3:3a〉
②부텻 마ᄅᆞᆯ 듣ᄌᆞᄫᆞ면 能히 恭敬ᄒᆞ야 信ᄒᆞᅀᆞᄫᆞ리이다 〈월석 11:106a〉
다. ①蜜多羅ㅣ ᄉᆞᆯ보ᄃᆡ 그리 호리이다 〈석상 3:7b〉
②내 心行ᄋᆞᆯ 좃디 아니ᄒᆞ야 … 여러가짓 모딘 ᄆᆞᅀᆞᄆᆞᆯ 내디 아니호리이다 〈법화해 7:150a〉
③내 盡情호리이다 〈삼강도 忠:33〉

라. ①蜜多羅ㅣ 對答ᄒᆞᅀᆞᆸ보ᄃᆡ 梵書 佉留書로 ᄀᆞᄅᆞ치ᅀᆞᆸ보리이다
　　〈석상 3:8b〉
　　②須達이 슬ᄫᅩᄃᆡ 내 어루 이르ᅀᆞᆸ보리이다 〈석상 6:22a〉
　　③절ᄒᆞ야 닐오ᄃᆡ 주구므로 恩惠 갑ᅀᆞᆸ보리이다 〈삼강 忠:31〉

(3) 가. 나ᄂᆞᆫ … 바리 알ᄑᆞᆯ쎠 길흘 몯 녀리로소이다 〈월석 8:94a〉
　　나. 부톄 날 爲ᄒᆞ샤 大乘法을 니르시리라ᅀᆞ이다 〈법화해 2:231b〉
　　다. 如來도 後에 반ᄃᆞ기 煩惱ᄒᆞ시리샤ᅀᆞ이다 〈원각해 상1-1:10b〉

예문 (1)-(3)은 15세기 높임 등급을 나타내는 서술문이다. 이들에는
모두 선어말어미 '-이-'의 개입으로 청자에 대한 높임을 나타낸다. 이
시기 '-리이다'의 각 문법 형태소는 자기의 고유한 기능을 확실히 수행하
되, 그 계선이 흐려지는 일이 거의 없었다. 다시 말해 선어말어미 '-리-'
는 미래 시제 표현의 기능을 수행하고, '-이-'는 청자에 대한 높임을
나타나며, '-다'는 문장종결의 기능을 한다.
　(1)에서 보면 '-리이다'는 다른 선어말어미가 없이 용언 어간에 직접
결합되었다. (2)를 보면 '-리이다'에 선행하는 선어말어미는 주체높임의
'-시-'(2가), 객체높임의 '-ᅀᆞᆸ-'(2나), 의도법의 '-오-'(2다), 또는 이 둘
이 다 통합된 '-ᅀᆞᄫᅩ-'(2라)임이 확인된다. (3)을 보면 강조의 선어말어미
'-도-', '-다-', '-샤-', '-ᅀᆞ-' 가 '-리-'와 '-이-' 사이에 들어간다.40)
　16세기에도 15세기와 마찬가지로 선어말어미 '-이-'의 개입으로 높임
등급을 나타낸다. 하지만 '-리이다'는 '-이-'의 'ㅇ'이 어두에서 소실됨으

---

40) 권재일 (1998:168)에서는 15세기의 강조법은 16, 17, 18세기에도 대체로 이어지지만
　　그 이후 형태가 허물어지면서 현대국어에 이르는 동안 접속어미나 의향어미의 일부로
　　흡수되어 소멸하고 말았다고 했다.
　　강조법의 선어말어미는 '-리이다' 사이에 들어갈 수 있는 형태들이지만 현대국어에서
　　높임 등급을 나타내는 '-사오리다, -(으)오리다'의 형성 과정에는 영향을 별로 미치
　　지 못하고, 18세기 이후로는 사라지는 등 원인으로 하여 본고에서는 아래에 강조법의
　　선어말어미 개입을 다루지 않기로 한다.

로써 '-리이다', '-링이다' 형태로 바뀌게 된다.

(4) 가. 기픈 산으로 향ᄒ야 므ᇫ 고텨 닷그라 가리이다 〈번박 상:37a〉
　　나. 信에 밋디 아니ᄒ면 이에 니르디 아니호리이다 〈몽산해 1a〉
　　다. 無量衆이 能ᄒ여 法을 恭敬ᄒᅀᆞ와 信ᄒᅀᆞ오리이다 〈개법
　　　　1:55a〉

(5) 가. 잘 앗디 몯ᄒ리이다 〈번소 9:41a〉
　　나. 이제 王이 百姓으로 더블어 ᄒᆞᆫ가지로 樂ᄒ시면 王ᄒ시리이다
　　　　〈맹자해 2:6a〉
　　다. 可히 히여곰 勇이 잇고 ᄯᅩ 方을 알게 호리이다 〈논어초 3:14b〉
　　라. 주구므로 은혜 갑ᄉᆞ오리이다 〈삼강 忠:31a〉

(6) 가. 당당이 내죵내 효도ᄒ링이다 〈삼강 忠:29a〉
　　나. 오직 감당티 몯홀가 젓ᄉᆞᆸ거니와 敢히 命을 닛디 아니호링이다
　　　　〈소학 2:46b〉

예문 (4)-(6)은 16세기 높임 등급을 나타내는 서술문이다. 이들에는
모두 선어말어미 '-이-' 혹은 '-이-'의 개입으로 청자에 대한 높임을
나타낸다.
(4)는 15세기와 마찬가지로 '-리이다' 형태를 보인다. (4가)는 '-리이
다'가 용언 어간에 결합된 것을 보이고 (4나)는 의도법의 '-오-'가 '-리이
다'에 선행함을 보이며 (4다)는 객체높임의 '-ᅀᆞ오-'가 '-리이다'에 선행
함을 보여준다. 이미 이 시기 '-ᅀᆞᇦ-, -ᅀᆞ보-'는 '-ᅀᆞ오-'로 나타나기
시작한다. 즉 '-ᅀᆞᇦ리이다, -ᅀᆞ보리이다 〉-ᅀᆞ오리이다'의 형태 변화를
보인다.
예문 (5)는 어두에서 /ㅇ/음의 동요로 하여 '-리이다'가 '-리이다'로

나타남을 보여준다. (5가)에서 보면 '-리이다'는 어근에 결합되었고, (5나)에서 보면 주체높임의 '-시-'가 '-리이다'에 선행한다. 그리고 (5다)에서는 의도법의 '-오-'가 '-리이다'에 선행하며 (5라)에서 보면 객체높임의 '-ᄉᆞᆸ-, -ᄉᆞ보-'가 '-리이다'에 선행한다. 이 시기 '-ᄉᆞᆸ-, -ᄉᆞ보-'가 '-ᄉᆞ오-'로 되어 '-ᄉᆞᆸ리이다, -ᄉᆞ보리이다 〉 -ᄉᆞ오리이다' 의 변화가 나타난다.

예문 (6)은 '-링이다' 형태를 보여주는데 (6가)에서 보면 '-링이다'는 용언 어간에 결합되었고 (6나)에서 보면 의도법의 '-오-'가 '-링이다'에 선행한다.

'-링이다'는 17세기 이후에도 계속 나타나는데, 17세기에는 '-이-'가 응축된 '-링다'가 나타나기도 한다.

(7) 가. 怠티 말며 荒티 말면 四夷도 來ᄒᆞ야 王ᄒᆞ리이다 〈서전 1:25a〉
  나. 보실 일이 업ᄉᆞ니 결연이 못 가시리이다 〈계축 上:6a〉
  다. 俊乂를 招ᄒᆞ야 庶位예 列ᄒᆞ리이다 〈서전 2:66a〉
  라. 이 盞으란 御意 ᄀᆞ티 다 먹ᄉᆞ오리이다 〈첩해초 3:11b〉
  마. ᄒᆞ고져 ᄒᆞ시ᄂᆞᆫ 대로 일을 다 ᄒᆞ오리이다 〈서궁 24a〉

(8) 가. 증을 샹고ᄒᆞ야 약을 ᄡᅳᆫ 즉 그릇 홈이 업스링이다 〈마경해 下:58b〉
  나. 대신이 엿ᄌᆞ오디 … ᄇᆞ라ᄂᆞᆫ 거슬 맛당이 일티 못ᄒᆞ시링이다 〈인조대왕 행장 51a〉[41]
  다. 만일 완급호미 이시면 가히 ᄡᅥ 스스로 결단호링이다 〈동신렬 4:85b〉
  라. 나도 모 심기웁고 타작ᄒᆞᄋᆞᆫ 휘면 낫ᄌᆞ와 뵈오링이다 〈달성 140:10〉

---

41) 김정수(1984:58)에서 예문 (40-1)을 인용한 것이다.

(9) 가. 군을 주어셔 가게 ㅎ시면 반ᄃ시 내 ᄯ툴 다시 <u>가지링다</u> 〈동신 충 1:13b〉

나. 보셩 힝츠ᄂ 당시 사동매 아니 와시니 오면 <u>긔별ㅎ링다</u> 〈달성 3:6〉

다. 이적 바회 가셔 몬 바다 와시니 후의 바다 <u>보내오링다</u> 〈달성 47:11〉

예문 (7)-(8)은 17세기 높임 등급을 나타내는 서술문이다. (7)-(8)에 서 보면 16세기와 마찬가지로 '-리이다', '-링이다'는 용언 어간에 직접 결합되기도 하고, 주체높임의 '-시-'에 후행하기도 하며, 의도법의 '-오 -'에 후행하기도 한다.[42] 또한 (7마)와 (8라)에서 보면 '-오리이다', '-오 링이다'가 나타나는데 이것은 'ᅀᆞᄫᆞ, ᅀᆞᄫᅩ〉ᅀᆞ오〉ᄋᆞ오〉오'의 변화 과정을 거쳐 형성된 화자 겸양의 '-오-'와 '-리이다', '-링이다'가 통합된 것이 다. (9)는 '-링이다'에서 '-이-'가 응축된 '-링다' 형태를 보여준 것인데, 청자높임의 '-이-'가 응축됨으로써 높임 등급이 좀 떨어진다. 하지만 여전히 용언 어간에 결합되기도 하고 화자 겸양의 '-오-'에 후행하기도 한다. 이 형태는 17세기 이후에는 별로 나타나지 않는다.

(10) 가. ①이 蓋으란 御意ㄱ티 다 <u>먹스오리이다</u> 〈개첩 3:15b〉

②맛당이 닌광으로 ㅎ여금 명ㅎ시믈 밧들어 ᄒᆞᆫ번 우ᄋ시믈 <u>돕스오리이다</u> 〈완월 36:29a〉

③졔언스 당샹을 쵸명ㅎ야 ㅎ야곰 수리의 젼의ㅎ게 ᄒᆞᆨ 반ᄃ 시 유익홀 배 <u>잇스오리이다</u> 〈조야 42:15a〉

나. ①ᄯᅩᄒᆞᆫ 가히 명ᄒᆞᆯ 디 나아가 스스로 <u>평안ᄒᆞ오리이다</u> 〈천의해 1:45a〉

---

42) 17세기에 의도법이 약화되어서 선어말어미 '-오/우-'가 결합된 형태들이 아주 적게 나타난다. 하지만 의도법의 선어말어미 '-오/우-'가 결합된 형태가 자료에 없는 것은 아니다.

②신이 맛당히 죵두지미히 귀귀ᄯ라 입으로 브르오리이다
〈속명의해 2:8b〉
③혼 이틀 ᄉ이예 快差ᄒ시오리이다 〈인어 10:12b〉

(11) 가. 이리 막고 아니 내여 보내읍시면 사디 못 ᄒ오리다 〈계축
上:30a〉
나. 발원문 외오ᄂ 사ᄅ은 다 극낙셰계 가오리다 〈염불 28a〉
다. ᄌ궁겨오셔 불안ᄒ오셔 ᄒ시ᄂ지라 모친 말ᄉᄃ로 ᄒ오리다
〈계해 27b〉

예문 (10)은 18세기 '-습-'의 후대형인 '-ᄉ오-, -오-'가 '-리이다'에
통합되어 쓰임을 보인다. 대체로 17세기의 쓰임과 같아 보이나 변화가
없지는 않다. (11)을 보면 청자높임의 '-이-'가 응축된 형태도 나타나기
시작한다.

'-ᄉ오리이다', '-오리이다'에서 청자높임의 '-이-'가 응축된 '-ᄉ오
리다'는 같은 유형의 '-이-'응축형 '-습ᄂ다', '-습데다'와 평행하게, 개
화기 이전에도 확인되지만 주로 개화기에 많이 확인된다.

(12) 가. 신담 왈 몽쥐 이러 ᄒ오니 금일 죠흔 경ᄉ 잇ᄉ오리다 〈장경전
16a〉
나. 누가 명실부인으로 ᄃ우홀가 ᄒ실 어룬도 잇ᄉ오리다마ᄂ
〈홍도화 71〉
다. 이게 무슴 말ᄉ이오 셜마 이 지시지 아니 ᄒ얏ᄉ오리다 〈만인
계 73〉
라. 이 몸이 죽ᄉ와라도 풀을 ᄆ져 은혜를 갑ᄉ오리다 〈쇼양뎡
066〉
마. 오ᄂ 셜원을 ᄒ여 쥬시면 ᄅ일은 ᄯ님의 병이 낫ᄉ오리다 〈금
강문 87〉

(13) 가. 현힝ᄒᄂᆞ 신식으로 말ᄉᆞᆷᄒᆞ오리다 〈독립 1897.5.4〉

나. 연죠금을 큰 광통교 아릭 죠션 은힝소로 보닉시면 청쳡을 보
닉오리다 〈제국 1898.08.23〉

다. 사름이 먹으면 긔어히 즉차ᄒᆞ오리다 〈제국 1902.08.15〉

라. 어마님 손을 붓잡고 뭇춤이 업ᄂᆞᆫ 본향에로 뫼시고 가오리다
〈경향 2:23〉

마. 져것이ᄂᆞ 살여 쥬시면 장ᄒᆞ에 죽은 넉시라도 결초보은을 ᄒᆞ오
리다 〈고목화 下:86〉

(14) 가. 그 주막에 가 수싴을 ᄒᆞ야보시면 갈딕업시 잡으오리다 〈비파
셩 167〉

나. 우리 상감마마의 명복(冥福)을 빌다가 착한 마음으로 죽으오
리다 〈금삼의피 304〉

예문 (12)-(13)을 보면 '-ㅅ오리이다', '-오리이다'의 '-이-'가 응축된
'-ㅅ오리다', '-오리다'는 주로 19세기말~20세기 초의 신문, 신소설 자
료에 나타난다. 그리고 (14)에서 보면 20세기 10년대 이후에는 매개
모음 '-으-'를 지닌 '-으오리다'로 재분석된다.

이상의 사실로 미루어 볼 때 '-ㅅ오리다, -(으)오리다'는 아래와 같은
절차를 거쳐 형성된 것으로 볼 수 있다.

(15) 가. -ㅅᄫᅵ리이다, -ㅅ보리이다 〉 -ㅅ오리이다 〉 -ㅅ오리다 〉
-사오리다

나. -ᅀᄫᅵ리이다, -ᅀ보리이다 〉 -ᅀ오리이다 〉 -오리이다 〉
-오리다 〉 -(으)오리다

하지만 '-사오리다', '-(으)오리다'는 '-ᄉᆞᆸ-+-(ᄂᆞ, 더, 리)-+-이다'
의 구성으로부터 형성된 '-습니다'류 중에서 '-습니다', '-습디다' 보다

덜 생산적인 통합형으로 발달되었다. 다시 말해 '-습ㄴ이다'나 '-습더이다'에서 발달하여 형성된 '-습니다', '-습디다'는 현대국어에서 형용사, 서술격조사에까지 쓰임이 확대되었지만 '-사오리이다/사오리다'나 '-오리이다/오리다'는 문어체에만 일부 남아있을 뿐이며, 의미도 약간 다르게 느껴진다.[43]

다음으로 '-사오리까/-(으)오리까'의 형성을 알아보기로 한다. 말하자면 '-사오리까/-(으)오리까'의 형성 과정 및 형성 시기는 '-사오리다/-(으)오리다'와 같다. 즉 화자 겸양으로 기능이 변화된 '-습-'이 '-리잇가'와 통합되고 일련의 형태, 음운론적 변화를 거쳐서 '-사오리까/-(으)오리까'를 형성하였다.

(16) 가. ①世尊하 ᄒᆞ다가 善男子 善女人이 이 法華經 듣고 隨喜홀 사ᄅᆞ
　　　　미 언맛 福을 得ᄒᆞ리잇고 〈월석 17:44b〉
　　　②엇뎨 이 내 眞性인들 알리잇고 〈능엄해 2:39a〉
　　나. ①大士하 이 南閻浮提 衆生이 … 여러 善因 지ᅀᆞ매 니를면
　　　　이 命終ᄒᆞᆫ 사ᄅᆞ미 큰 利益과 解脫을 得ᄒᆞ리잇가 몯ᄒᆞ리잇가
　　　　〈월석 21:107b〉
　　　②始終이 ᄀᆞᆮ실ᄊᆡ 功臣이 忠心이니 傳祚萬世예 功이 그츠리
　　　　잇가 〈용가 79〉

(17) 가. ①엇뎨 … 諸佛이 功德을 니ᄅᆞ샤도 오히려 다 몯ᄒᆞ시리잇고
　　　　〈월석 21:157a〉

---

43) 윤용선(2006:367)에서는 '-사오리다', '-(으)오리다'가 생산적인 어미구조체로 발달되지 못한 이유에 대해 아래와 같이 설명하였다. 현대국어로 오면서 '-리-'는 '-ㄹ-'로 변화하고 '-겠-'에 의해 대치되었지만 그 명료한 기능으로 하여 '-습-'과 '-이-' 사이 형태들의 축약을 방해하게 되어 '-ᄉᆞ오리이다'와 같이 '이'가 남아있게 되고 대립을 이룰 때 'ᄉᆞ오'는 여전히 화자 겸양의 기능이 강하게 느껴지며 연결어미의 경우에도 'ᄉᆞ오'는 '소'로 축약되지 않고 '사오'로 남아있으며 '-습-'도 '삽'으로 바뀐다고 했다. 따라서 청자높임과 합류하기 어려운 환경에서는 형태적 독립성을 유지하는 방향으로 변화했다고 했다.

②므슷 일로 弟子익 恩惠를 <u>가프시리잇고</u> 〈월석 23:86a〉
　나. ①石壁이 … 百仞虛空애 <u>느리시리잇가</u> 〈용가 31〉
　　②龍이 싸호아 四七將이 일우려니 오라 흔들 <u>오시리잇가</u> 〈용
　　가 69〉

(18) 가. 山中에 므슴 粮食을 먹고 道理를 <u>빈호리잇고</u> 〈월석 23:77b〉
　나. 현마 七寶로 쑤며도 됴타 <u>호리잇가</u> 〈천강곡 44a〉

(19) 가. 王의 술보디 太子는 하ᄂᆞᆶ 스스이어시니 내 어드리 <u>ᄀᆞᄅ치ᅀᆞᄫ</u>
　　<u>리잇고</u> 〈석상 3:10a〉
　나. 어루 뎌 比뼁丘쿻를 <u>보ᅀᆞᄫ리잇가</u> 〈월석 25:118b〉
　다. 부텻 法이 精微ᄒᆞ야 져믄 아히 어느 <u>듣ᄌᆞᄫ리잇고</u> 〈석상
　　6:11a〉

예문 (16)-(19)는 15세기 높임 등급을 나타내는 의문문인데, 선어말어
미 '-잇-'의 개입으로 청자에 대한 높임을 나타낸다. 의문법 어미 '-고'는
의문사가 동반된 의문문에 쓰이고, '-가'는 의문사가 동반되지 않는,
'응/아니'의문문 즉 판정의문문에 쓰였다. 15세기에는 이런 구분이 엄격
히 지켜졌다.
　(16)에서 보면 '-리잇고'와 '-리잇가'는 용언 어간에 직접 결합되었고,
(17)에서 보면 '-리잇고'와 '-리잇가'는 주체높임의 '-시-'에 후행한다.
그리고 (18)에서 보면 '-리잇고'와 '-리잇가'는 의도법의 '-오-'에 후행
하는데, 의문문의 특징과 관련되어 의도법의 '-오-'가 개재된 어형은
많지 않다. (19)를 보면 '-리잇고'와 '-리잇가'에 선행하는 선어말어미는
객체높임의 '-습-', 의도법의 '-오-', 또는 이들이 통합된 형태임이 확인
된다.

(20) 가. 형님이 니르디 아니ᄒ면 ᄯᅩ 엇디 <u>알리잇고</u> 〈번박 상:14a〉

나. 三軍을 行ᄒ시면 누를 더브러 <u>ᄒ시리잇고</u> 〈논어초 2:17a〉

다. 엇뎨 ᄒ야ᅀᅡ 부모의 은늘 <u>갑ᄉ오리잇고</u> 〈은중경 22a〉

라. 셕휘 닐오디 엇뎨 <u>뵈ᅀᅩ오리잇고</u> 아비 닐오디 딘환공이 왕ᄢᅵ
고이ᅀᅩ오미 이시니 〈동신충:3a〉

(21) 가. 싱심이나 <u>그러ᄒ리잇가</u> 형님하 〈번박 상:58b〉

나. 美흔 玉이 … 韞ᄒ야 <u>藏ᄒ링잇가</u> 〈논어초 2:44a〉

다. 가난ᄒ고 窮ᄒ야 의탁홀 디 업ᄉ 이어든 可히 두 번 남진
<u>븓트리잇가 말링잇가</u> 〈소학 5:67b〉

예문 (20)-(21)은 16세기 높임 등급을 나타내는 의문문이다. 16세기부
터 어두의 /ㅇ/이 동요되어 '-리잇고', '-리잇가'는 '-리잇고', '-리잇가'
혹은 '-링잇고', '-링잇가'로 형태 변화를 일으킨다. 하지만 (20)을 보면
15세기와 마찬가지로 '-리잇고'는 동사 어근에 바로 후행하고(20가),
주체높임의 '-시-'에도 후행하며(20나), 또한 객체높임의 '-ᅀᅳ-'에도
후행한다(20다-라). 다만 '-ᅀᅳ-'의 이형태가 변화를 일으킴으로써 '-리
잇고'와의 통합에서 다른 양상을 보이기도 한다. 즉 '-ᅀᆞ봉, -ᅀᆞ보 〉
-ᅀᆞ오', '-ᅀᆞ봉, -ᅀᆞ보 〉 -ᅀᆞ오 〉 -ᅀᆞ오'로 됨으로써 '-ᅀᆞ봉리잇고,
-ᅀᆞ보리잇고〉 -ᅀᆞ오리잇고', '-ᅀᆞ봉리잇고, -ᅀᆞ보리잇고 〉 -ᅀᆞ오리잇
고'로 나타난다. 그리고 (21)에서 보면 용언 어간에 다른 선어말어미
없이 '-리잇가', '-링잇가'가 바로 결합되었다.

(22) 가. 엇디 ᄎᆞ마 ᄇᆞ리고 <u>가리잇고</u> 〈동신충 1:46b〉

나. 相公이 긔걸ᄒ쇼셔 엇디 <u>지으리잇고</u> 〈박통해 下:12a〉

다. 이 잔으란 브디 다 자ᅌᆞ소 엇디 <u>남기링잇가</u> 〈첩해초 3:5b〉

라. ᄒ얌즉 홀만 ᄒ 일이오면 엇디 얼현이 <u>ᄒ링잇가</u> 〈첩해초

5:22a〉

(23) 가. 우리 이룰 禮예 <u>삼스오리잇가</u> 〈첩해초 3:8b〉

나. 몬졔는 창망 듕 덧업시 둔녀 오오니, 그 째 심회야 어이 내내
<u>덕스오리잇가</u> 〈언간 146〉

다. 니믜 너브샨 (은택)을 (차생)에 <u>갑스오링잇가</u> 〈양금 22〉[44]

라. 머이시 귀ᄒᆞ오며 앗가온 거시 <u>잇스오링잇가마ᄂᆞ</u> 〈언간 129〉

(24) 가. 망극 ᄀᆞ이 업ᄉᆞᆸ기야 어딕다가 <u>니ᄅᆞ오리잇가마ᄂᆞ</u> 〈계축
上:30b〉

나. ᄉᆞ연은 즈시 아와ᄉᆞ오니, 얼현이 <u>ᄒᆞ오리잇가</u> 〈언간 143〉

다. 그 ᄢᅴᄂᆞ 병이 됴홀 일도 잇ᄉᆞ올 쩌시니 아니 <u>뵈오링잇가</u> 〈첩
해초 2:6a〉

라. 실로 내 동ᄉᆡᆼ인들 ᄆᆞ음의 이대도록 못 니치ᄋᆞᆸ고 셞ᄉᆞ오면,
<u>어이ᄒᆞ오링잇가</u> 〈언간 129〉

예문 (22)-(24)는 17세기 높임 등급을 나타내는 의문문이다. 16세기와
마찬가지로 선어말어미 '-잇-'의 개입으로 청자에 대한 높임을 나타낸
다. (22)에서 보면 용언 어간에 '-리잇고', '-링잇가'가 통합되었다. 그리
고 (23)에서 보면 화자 겸양의 '-ᄉᆞ오-'는 '-리잇가', '-링잇가'에 선행하
여 결합되었고 (24)에서 보면 화자 겸양의 '-오-'는 '-리잇가', '-링잇가'
에 선행하여 결합되었다. 여기에서 화자 겸양의 '-오-'는 '-ᅀᆞᆸ〉, -ᅀᆞ보
〉-ᅀᆞ오 〉-ᄋᆞ오 〉-오-'의 변화 과정을 거쳐서 형성된 것이다.

또한 위의 예문들을 살펴보면 의문사의 유무에 따른 '고-의문법'과
'가-의문법'으로 나눌 수 있는데 이는 15세기부터 일반적으로 나타나는
현상이다. 그러나 (22다-라), (23나), (23라), (24가), (24라)에서 볼
수 있듯이, 이 시기에는 '가-의문법'에도 의문사가 동반되면서 반어적인

---

44) 김정수(1984:39)에서 예문 (16-1)을 인용한 것이다.

의미가 강하게 드러나는 의문을 형성한다. 즉 17세기부터 의문법 어미 '-고'와 '-가'의 대립이 미약해지기 시작한다.

(25) 가. ①명종흔 사름미 큰 니익과 하탈을 <u>득흐릿가</u> <u>몯흐릿가</u> 〈지장

　　　　　해 中:17b〉

　　　②이번니야 현마 아니 <u>의루릿가</u> 〈완월 45:2b〉

　　나. ①쇄신(碎身) 분골(粉骨)흐오나 엇지 텬은을 <u>갑스오릿가</u> 〈완

　　　　월 1:36a〉

　　　②엇지 성교을 <u>위월흐오릿가</u> 〈완월 2:34a〉

　　다. ①엇지 무익지통(無益之痛)을 과히 허여 왕모와 야야의 우려

　　　　를 <u>돕스오릿고마ᄂᆞ</u> 〈완월 2:26a〉

　　　②그 고집이 은마 <u>오릭오릿고</u> 〈완월 35:38b〉

예문 (25)는 18세기 높임 등급을 나타내는 의문문이다. (25가)에서 보면 '-리잇가'의 '-이-'는 응축되어 '-릿가'로 나타난다. 이 '-릿가'는 다른 선어말어미가 없이 바로 어근에 결합되었다. (25나-다)에서 보면 화자 겸양의 '-스오-/-오-'와 '-릿가/-릿고'가 통합되었다. 또한 이 시기에 의문법 어미 '-고'와 '-가'의 대립이 희미해져서 (25나)에서 볼 수 있는 바와 같이 의문법 어미 '-가'는 의문사 '엇지'가 동반된 의문문에도 나타나서 그 범위를 넓혀가고 있었으며 점점 보편화 경향을 띠게 된다.

(26) 가. 신이 무슴 공이 <u>잇스오릿가</u> 〈쌍주(경판) 31b〉

　　나. 이는 폐하의 성덕이라 엇지 신의 공이 <u>잇스오릿가</u> 〈장경전

　　　　21a〉

　　다. 길 모로ᄂᆞᆫ 사름이 가다가 잘못 들 길이 <u>업스오릿가</u> 〈텬로 25a〉

　　라. 엇지 나라히 흥왕흐며 늠의 슈모를 <u>막스오릿가</u> 〈제국

1898.10.27〉

마. 엇지 오ᄂᆞᆯ날 불궤ᄒᆞᆫ ᄆᆞᄋᆞᆷ 두기를 뜻ᄒᆞ엿ᄉᆞ오릿가 〈매일 1898.2〉

바. 엇지 여긔ᄭᆞ지 왓ᄉᆞ오릿가 〈경향 1:86〉

사. 신통ᄒᆞ다 이러ᄒᆞᆫ ᄌᆡ조가 엇지 잇ᄉᆞ오릿가 〈신학 권5:152〉

(27) 가. 죵적이 발각ᄒᆞ여 노야의 힐문ᄒᆞ시믈 당ᄒᆞ오니 엇지 긔망ᄒᆞ오릿가 〈쌍주(경판) 31a〉

나. ᄃᆡ부인 타실 거슬 엇지 타오릿가 〈남원 28b〉

다. 쟝ᄎᆞᆺ 어ᄃᆡ로 가오릿가 〈쥬년 64b〉

라. 온 죠뎡의 당ᄒᆞᆫ 욕이니 오히려 참아 말 ᄒᆞ오릿가 〈매일 1898.1〉

마. 황상 씌옵셔 일기 용익을 두시면나라의 젼곡와 군ᄉᆞ의 허마 권세를 당당ᄒᆞ오릿가 〈제국 1902.12.03〉

바. 엇지 이 신문을 사보지 아니ᄒᆞ오릿가 〈대한매일신보 04〉

사. 엇지 부ᄃᆡ 죽으려 ᄒᆞ오릿가마ᄂᆞᆫ 〈기해일기 90b〉

예문 (26)-(27)은 19세기 높임 등급을 나타내는 의문문이다. 예문에서 보면 의문법 어미 '-가'가 통합된 '-ᄉᆞ오릿가, -오릿가'는 주로 고전소설 및 개화기 신문류에 다수 나타나서 두 의문법 가운데 '가-의문법'으로의 단일화 경향이 뚜렷이 나타난다.

(28) 가. 더 엇지 먹ᄉᆞ오릿고 〈소셩전 9〉

나. ᄃᆡ인이 지극히 무르시니 엇지 은휘ᄒᆞ오릿고 〈소대성전 04b〉

(29) 가. 엇지 원방 ᄇᆡᆨ셩이 님금을 보고야 밋ᄉᆞ오리ᄭᅡ 〈경향 3:288〉

나. 더구나 누구를 ᄀᆞᄅᆞ쳣ᄉᆞ오리ᄭᅡ 〈경향 3:391〉

다. 쥬를 위ᄒᆞ야 죽ᄂᆞᆫ 의리ᄅᆞᆯ 안지 여러 ᄒᆡ가 되오니 엇지 감히

지만호오리짜 〈경향 1:208〉

라. 엇지 붓그럽지 아니며 그 무셔운 형벌을 두리지 <u>아니호오리</u>
짜 〈경향2:128〉

예문 (28)-(29)는 20세기 초의 문헌 자료인데, (28)에서 보면 의문법
어미 '-고'가 통합된 '-ㅅ오릿고, -오릿고'는 19세기 이후에도 좀 나타나
는데 이는 전 시기의 잔존형으로 이해할 수 있다. (29)에서 '-ㅅ오리짜,
-오리짜'는 현대국어의 의고적 문어체인 '-사오리까, -(으)오리까'의
전 단계 모습을 투명하게 보여준다. 그러나 개화기까지 자음으로 끝나는
어간 뒤에서 매개 모음을 지닌 '-(으)오릿가'로 해석될 수 있는 예문은
찾기 어렵다.

이상의 사실로 미루어 볼 때 '-사오리까, -(으)오리까'는 아래와 같은
절차를 거쳐 형성된 것으로 볼 수 있다.

(30) 가. -ㅅᄫ리잇가, -ㅅ보리잇가 〉 -ㅅ오리잇가 〉 -ㅅ오릿가 〉
-사오리까

나. -ᅀᄫ리잇가, -ᅀ보리잇가 〉 -ᅀ오리잇가 〉 -ᄋ오리잇가 〉
-오릿가 〉 -오리까 〉 -(으)오리까

4.3.4 '-(으)ㅂ시다', '-((으)시)ㅂ시오'의 형성

현대국어에서 청유법의 높임 등급 형태는 종결어미 '-(으)ㅂ시다'로
실현된다.

(1) 가. ①이제 그만 일어 서도록 <u>합시다</u>[45]
②우리도 이제 책 좀 <u>읽읍시다</u>

---

45) 서정목(1988:137)에서 예문 (70)을 인용한 것이다.

나. ①이 소는 그들한테 {*팔읍시다, 팝시다}
②이제 그만 {*울읍시다, 웁시다}

(1가)에서 보면 청유문의 경우에 용언 어간이 모음으로 끝날 때에는 '-ㅂ시다'로 나타나고, 자음으로 끝날 때에는 '-읍시다'로 나타나서 '읍~ ㅂ'의 교체를 보인다. 이것은 서술문, 의문문에서 '습~ㅂ'의 교체를 보이는 것과 표면상에서 다른 모습을 드러낸다. (1나)에서 보면 용언 어간 말음이 'ㄹ'로 끝날 때 '-읍-'을 선택하지 않고 '-ㅂ-'을 선택한다. 다시 말하면 '-읍-'은 단순히 모음으로 시작되는 형태가 아니라 중세국어의 '-습-'과 관련되어 앞의 'ㄹ'을 탈락시키는 능력을 가진 형태라고 볼 수 있다.

중세국어 시기에 높임 등급의 청유형인 '-사이다'가 있었는데, 객체높임의 '-습-'과 통합되는 양상을 보이기도 한다. 하지만 근대국어 시기에 들어서서는 '-습-'이 '-읍-'으로 형태 변화를 일으킴과 동시에 기능이 화자 겸양으로 바뀌어 어말어미 쪽으로 위치이동을 하게 되면서 어미구조체인 '-사이다'에 통합되는 경우가 자주 나타난다. 다시 말해 현대국어에서 높임 등급의 형태인 '-(으)ㅂ시다'는 청자에 대한 화자 겸양으로 기능이 변화된 '-습-'이 '-사이다' 어미구조체와 통합되어 어말어미화됨으로써, 또한 일련의 음운, 형태론적 축약을 거쳐 형성된 것으로 볼 수 있다.

그리고 명령문의 어미 '-((으)시)ㅂ시오'는 청유문의 어미 '-(으)ㅂ시다'의 형성에 영향을 입으면서 발생한 어미로 보인다.

아래에 먼저 '-(으)ㅂ시다'의 형성을 살펴보고 다음에 '-((으)시)ㅂ시오'의 형성을 살펴보도록 하자.

(2) 가. 그제 淨居天이 虛空애 와 太子ᄭᅴ 술보ᄃᆡ 가사이다 〈석상

3:26b〉

나. 子息의 일훔을 아비 이시며 어미 이샤 一定ᄒ사이다 〈월석 8:83a〉

다. 淨土애 ᄒ듸 가 나사이다 〈월석 8:100b〉

라. 나싫 저긔 吉慶 드윈 祥瑞 하시란듸 일후믈 薩婆悉達이라 ᄒᅀᆞᇦ사이다 〈석상 3:3a〉

예문 (2)는 15세기 높임 등급을 나타내는 청유문이다. (2가-다)에서 보면 '-사이다'는 용언 어간에 다른 선어말어미 없이 바로 결합되었고, (2라)에서 보면 객체높임의 '-ᅀᆞᇦ-'과 '-사이다'가 통합되었다.

(3) 가. 우리 모다 흠쯰 가새이다 〈번박 상:9a〉

나. ᄀ쟝 아름다이 너기닝이다 ᄒ마 도라가샹이다 〈첩해초 6:5b〉

다. 공쥬 대군 둥의 샹덕 ᄒ니로 듀뎐가문의 명 ᄒ사이다 〈계축 上:15a〉

라. 대군 뫼온 김샹궁을 겟ᄂ인이 잡아내여 더옥 울고 아니 뫼셔 내니 하옥ᄒ라 ᄒ신다 ᄒ니 아모리 달내여 나가사이다 〈계축 上:35b〉

(4) 가. ᄂ일 나죄란 入舘ᄒ여 보ᅀᆸ새이다 〈첩해초 1:21a〉

나. ᄀ쟝 됴쏘오니 그리 ᄒᅀᆸ싸이다 〈첩해초 3:10a〉

다. 보션 신고 웃옷 닙고 날 조차 나가ᅀᆸ사이다 〈계축 上:35a〉

라. 내 몬져 셔면 날만 내고 다 아니 나오실 거시니 나 보는 듸셔 가ᅀᆸ사이다 ᄒ시더라 〈계축 上:36a〉

(3가-나)는 16세기 높임 등급을 나타내는 청유문인데, (3가)에서 보면 15세기의 '-사이다'에 ㅣ'모음 역행동화가 일어나서 '-새이다'로 나타났고, (3나)에서 보면 용언 어간에 '-샹이다'가 결합된 형태가 나타났다.

(3다-라)는 17세기 높임 등급을 나타내는 청유문인데, /ㅇ/이 어두에서 흔들림으로써 중세국어의 '-사이다'가 '-사이다'로 나타난다. 그리고 (4)도 17세기 높임 등급을 나타내는 청유문인데, 이 시기에는 선어말어미 '-숩-'이 '-옵-'으로 형태 변화를 일으켰고, 또한 기능이 화자 겸양으로 변화함으로써 위치이동을 하여 '-새이다', '-사이다' 등과 통합하게 된다.

(5) 가. 來日 드러오시면 酒饌을 쟝만ᄒᆞ여 終日토록 <u>盡醉ᄒᆞ옵사이다</u>
 〈인어 2:4b〉
 나. ᄀᆞ장 됴쓰오니 그리 <u>ᄒᆞ옵새이다</u> 〈개첩 3:13a〉
 다. 짐 믹기 어려올가 시보오니 얼현이 마옵쇼셔 다시 <u>보옵새이다</u>
 〈개첩 10下:12b〉

(6) 가. ᄎᆞ마 믹야 가지 못홀쎠시니 그저 <u>가새다</u> 〈미타 21a〉
 나. 내 몸 주근 후면 … 인년ᄒᆞ야셔 ᄒᆞᆫ 가지로 셔방 극낙셰계로 <u>가옵새다</u> 〈미타 35b〉
 다. 부모와 일문들 오라 ᄒᆞ야 차반를 이밧고 <u>가옵새다</u> 〈염불 19a〉
 라. 남무아미타불 어셔어셔 <u>가옵싀다</u> 〈전설인 18b〉

예문 (5)-(6)은 18세기 높임 등급을 나타내는 청유문이다. (5)는 17세기와 마찬가지로 화자 겸양의 '-옵-'이 '-사이다', '-새이다'와 통합됨을 보여준다. (6가)를 보면 '-새이다'에서 '-이-'가 응축된 '-새다'가 용언 어간에 통합되었다. 이로써 '-새다'는 '-사이다 〉 -새이다 〉 -새다'의 과정을 거쳐서 형성된 것임을 추론할 수 있다. 그리고 (6나-라)는 화자 겸양의 '-오-'와 '-ㅂ새다', '-ㅂ싀다'의 통합을 보여준다. 18세기에는 '힝션흡싀 〈심청전〉 등과 같은 '-ㅂ싀' 청유형 어미도 나타났다.

(7) 가. ①그것 츰 이샹ᄒᆞ고 밋기 어려운 말이오 다시 <u>의론흡새다</u> 〈경

향 3:68〉

②이제는 다른 성경의 말슴을 <u>봅새다</u> 〈경향 3:484〉

③이 시딕의 됴흔 일과 됴치 못흔 일을 싱각ᄒ여 <u>봅새다</u> 〈경향 4:205〉

나. ①우리와 홈ᄭᅴ 지극히 놉흐신 이의게 영화를 <u>돌니옵세다</u> 〈신학 권1:22〉

②우리 청년은 성신 밧기를 힘써 <u>봅세다</u> 〈신학 권3:536〉

③잠시 머리를 숙이고 <u>긔도홉세다</u> 〈경세종 15〉

④닉일 그 어룬 오거든 그딕로 허락ᄒ여 <u>보닉십세다</u> 〈행락도 12〉

다. 옷 흔 벌을 <u>삽싀다</u> 돈 업서 못 사겟다 돈을 취ᄒ여 <u>삽싀다</u> 〈경향 3:110〉

'ㅂ새다'는 18세기에도 나타났었지만, (7가)에서처럼 'ㅂ새다'는 주로 개화기 자료에서 많이 확인된다. (7나)는 종결어미 위치에서 청자높임에 합류한 'ㅂ'과 '세다'의 통합을 보여주는데 '세다'도 청유형 '사이다'가 'ㅣ'모음 동화 현상을 일으킨 후 또 '이'가 응축되어 형성된 일종의 형태로 볼 수 있다. 즉 '세다'의 '세'는 '사이다 〉 새이다 〉 새다'의 변화 과정에서 '새다 〉 세다'의 변화가 추가되면서 형성된 것이다.[46] 그리고 (7다)는 'ㅂ'과 '싀다'의 통합을 보여준다. 이런 형태는 18세기에도 존재하였다.

이상의 (6)(7)로부터 'ㅂ새다'와 'ㅂ싀다'는 비슷한 시기에 존재했으며, 이들은 '새다 〉 세다'의 변화와 함께 이들에 'ㅂ'이 통합된 형태인 'ㅂ새다/ㅂ싀다'는 'ㅂ세다'로 나타난다.

---

46) 정언학(2006:335)에서는 청유형의 '세'도 '사이다 〉 새이다 〉 새다'의 변화 과정에서 '다'가 절단되고 '새 〉 세'의 변화가 추가되면서 형성된 것이라고 지적하였다.

(8) 가. 오늘날 우리게 일용홀 량식을 <u>주옵시다</u> 〈훈아 22b〉

　　나. 흉을 이긔지 못ᄒ여 나왓ᄉ오니 흔번 드러 <u>보옵시다</u> 〈대한매
　　　　일신보 01〉

　　다. 셩신이 우리 ᄆᆞᆷ 문에 드러오신 후에 젼도를 <u>시쟉흡시다</u> 〈신
　　　　학 권2:150〉

　　라. 우리 서로 닛지 <u>마옵시다</u> 〈경향 2:36〉

　　마. 어머니 이리로 어셔 오시오 아바지를 <u>붓듭시다</u> 〈고목화 上:28〉

　　바. ᄂ와갓치 슐집에ᄂ <u>가십시다</u> 〈귀의셩 下:66〉

예문 (8)은 20세기 초에 신문, 신소설 자료에 나타난 '-ㅂ시다'의 '-ㅂ
새다/-ㅂᄾ이다 〉 -ㅂ세다 〉 -ㅂ시다'의 변화 과정을 보여준다.[47] (8가-
나)를 보면 '-옵시다'가 용언 어근에 바로 결합되었고, (8다)를 보면 '-ㅂ
시다'가 어근에 결합되었으며, (8라-마)에서 보면 '-옵시다/-ㅂ시다'는
용언 어간의 말음 'ㄹ'을 탈락시키고 어간에 결합하였다. 그리고 (8바)에
서 보면 용언 어간에 주체높임의 '-시-', '-ㅂ시다'가 통합되었다.
이상의 사실로 미루어 볼 때 '-(으)ㅂ시다'는 아래와 같은 절차를 거쳐
형성된 것으로 볼 수 있다.

(9) -옵사이다 〉 -옵새이다 〉 -옵새다/-옵ᄾ이다 〉 -옵세다 〉 -옵시다
　　〉 -(으)ㅂ시다[48]

다음으로 명령형 어미 '-((으)시)ㅂ시오'의 형성에 대해 알아보기로

---

47) '-옵시다' 형태는 18세기 문헌 자료와 19세기 중반의 판소리 자료에서도 확인된다.
　　近間의 <u>新舊交龜</u>ᄒ옵시다 ᄒ오니 〈인어 1:7a〉
　　ᄉ람 오면 ᄒ지 마시 <u>그리합시다</u> 〈신재효판소리사설 1〉 (정언학 2006:336 예문 (15))
48) 이현희(1982)는 높임 등급 청유형은 '-옵ᄉ이다〉-옵ᄾ이다〉-옵ᄾ이다/옵의다〉-옵
　　시다'의 변화 과정을 거쳐 형성된 것이라고 지적하였다. 이에 대해 정언학(2006:368)
　　에서는 '-ᄾ이〉-의〉시'의 변화는 흔히 볼 수 있는 현상이므로 '-옵시다'의 형성을 설명
　　하기 용이하다고 했다. 비록 음운론적 설명은 용이하지만 '-옵ᄾ이다, -옵ᄾ이다, -옵
　　의다'는 실제 자료에서 검색되는 것이 전혀 없거나 매우 드물다.

한다. 명령형 어미 '-((으)시)ㅂ시오'는 청유형 어미 '((으)시)ㅂ시다'의 형성에 영향을 받으며 발생한 어미로 볼 수 있다.

이미 서정목(1988:142-145)에서 청유형 어미와 명령형 어미를 인접성의 관점에서 '-((으)시)ㅂ시오'의 형성 문제를 설명한 바가 있다. 즉 '-((으)시)ㅂ시오'는 동사 어간과 문말 형태소 사이에 주체높임의 '-(으)시-', 화자 겸양의 '-ㅂ-', 청유형의 '-사-', 청자높임의 '-(으)이-'가 융합되어 이루어졌다고 보았다. 그리고 문말 형태인 '-오'는 근대국어 시기에 이루어진, '-습'에 연원을 두는 'ᄒ오'체 어미로 파악하였다.

윤용선(2006:368-369)에서는 '읍시-오'의 통합체일 가능성이 있는 것으로 보았다. '-오/ᄉ오/ᄌ오'가 아니라 '-읍-'이 선택된 것은 '-습ᄂ다' 등의 설명형과 의문형의 류형에 영향을 받은 것이며, 명령형으로 재구조화된 것은 '읍쇼셔' 때문에 '-읍시오'를 같은 계열로 인식하게 된 것이라고 하였다.

정언학(2006:336-337)에서도 명령형 '-((으)시)ㅂ시오'는 청유형 '-((으)시)ㅂ시다'의 형성에 영향을 받으면서 발생한 어미로 보았다. '-((으)시)ㅂ시오'는 청유형의 '-ㅂ시다'가 형성된 후에, 'ᄒ(시)오' 명령형 어미의 분포 확대와 함께, '-ㅂ시다'의 '-다' 대신 명령형 어미 '-오'를 통합시키게 되면서 형성된 것이라고 했다.

본고에서도 명령형 '-((으)시)ㅂ시오'의 형성을 청유형 '-((으)시)ㅂ시다'의 형성과 연관시켜 보고자 한다.

청유형 어미 '-((으)시$_1$)ㅂ시$_2$오'에서 '-시$_1$-'은 주체에 대한 높임을 나타낸다. 그리고 '-시$_2$-'는 청유법의 '-사-'와 청자높임의 '-이-'가 융합된 형태이다. '-ㅂ-'은 종결어미 위치에서 청자높임에 합류된 중세국어의 '-습-'의 이형태이고, '-오'는 '-습'에 연원을 두는 'ᄒ오'체 어미이다.

근대국어 시기에 '-오/-소'는 종결어미로 재구조화하였다. 그리고 'ᄒ오'체 명령형 어미는 그 분포를 넓혀가 '-((으)시)ㅂ시-'에 통합되었다.

(10) 가. ①이리 사오나이 구오니 또 더 믜이게 ᄒ여숩다 <u>근심이읍</u> 〈언
간 149〉

②봉산 가신 편지는 보옵고 편안이 가신다 ᄒ오니 깃브오며
예는 아직 <u>무스ᄒ요</u> 밧바 이만 〈언간 139〉

나. ①아므리커나 나 ᄒ는 대로 <u>ᄒ소</u> 〈첩해초 7:7b〉

②前規예 잇는 일이니 判事네 잘 <u>드르시소</u> 〈첩해초 2:9b〉

③뎌 늘그니 짐 프러 나를 <u>주오</u> 〈경민중 41a〉

④請菜 안쥬 <u>자오</u> 〈역어 上:60a〉

(11) 가. 옵나외 <u>옵시오</u> 옵쇼셔 〈한불 56〉

나. 명령 <u>ᄒ시오</u> ᄒ오 ᄒ여라 〈국문 10a〉

다. 진실한 ᄆᆞᆷ으로 죄 사유ᄒ심을 간절이 <u>구ᄒ옵시오</u> 〈신학
권4:332〉

라. 졍셩껏 힛셔 드릴 터이니 아모 념려를 <u>마십시오</u> 〈치악산 하:13〉

(10가)는 17세기 언간 자료에 선어말어미 '-옵/-숩' 이하의 형태가
절단되고 '-옵/-숩'만으로 문장을 종결하는 형식이 나타나기 시작했음
을 보여준다. (10나)는 '-옵/-숩'으로부터 발달한 형태 '-오/-소'가 종결
어미로 쓰였음을 보여준다. (11)에서 보면 '-((으)시)ㅂ시'에 명령형 어미
'-오'가 통합되었다.[49]

이상의 사실로 미루어 보면 명령법 어미 '-((으)시)ㅂ시오'는 청유법
어미 '-((으)시)ㅂ시다'의 발생과 '-오'의 분포의 확대화 함께 형성된 것으
로 볼 수 있다.

---

49) 서정목(1988:144-145)에서 청유법의 형태가 명령법에 쓰인 이유에 대해서 상세히
언급하였다.

4.4 요약

본 장에서는 '-습니다'류의 형성 과정을 살펴보았는데, 이는 새로운 형태의 산생이라기보다 '-ᄉᆞᆸ-'의 합류에 따른 기존 형태의 재구조화이다. 이런 재구조화에 의해 구조적 모습이 바뀜으로써 최상위 등급 형태인 '-습니다'류가 형성된 것이다. 최상위 등급의 재구조화는 음운 변화, '-ᄉᆞᆸ-'의 기능 변화와 합류, 그리고 인접어미의 기능 약화 등이 주요원인이다.

음운의 변화는 음운 변화에 머물지 않고 형태나 기능까지도 유기적인 관련을 갖는다. '-ᄉᆞᆸ-' 및 그 이형태들의 공통된 음절핵인 'ㆍ'가 소실되어 다른 모음들로 대치됨으로써 '-ᄉᆞᆸ-'의 이형태들은 더욱 다양해졌고, 또한 'ㆍ'가 소실되어 이중모음이 단모음화됨으로써 '-ᄂᆡ-' 등 'ㅣ'모음 개재 형태가 하나의 종결어미로 굳어지는데 도움이 될 수 있었다. 그리고 '-ᅀᆞᆸ-' 등도 'ㅿ'의 소실로 하여 'ᅀᆞᆸ〉ᅌᆞᆸ〉ㅂ'의 형태상의 변화를 겪었을 뿐만 아니라 나중에는 종결어미 위치에서 청자높임법에 합류하여 '-ㅂ니다'류 형태를 이루는데 가담한다.

'-ᄉᆞᆸ-'에 인접한 선어말어미 중에 '-습니다'류의 형성에 관련되는 것은 시제의 선어말어미 '-ᄂᆞ/더/리-'와 청자높임의 '-이/잇-'이다. 선어말어미 '-ᄂᆞ/더/리-'는 다양한 형태 변화를 겪으면서 이들에 기대고 있던 시제 체계가 불안정성을 느끼게 하였다. 또한 이때 새롭게 생성된 선어말어미 '-엇-', '-겟-'이 각각 과거와 미래를 표현하는 선어말어미로 자리 잡으면서 '-더-', '-리-'와 의미 기능상에서 겹치는 부분이 많았다. 하여 나중에는 이들이 담당하던 과거, 미래 시제 표현의 기능을 잠식하게 되었고, '-엇-', '-겟-'의 '부재'로도 현재 시제를 표현할 수 있게 되었다. 그리고 청자높임의 선어말어미 '-이-'는 'ㆁ'이 어두에서 음가를 잃음으로써 '-ᅌᅵ- 〉 -ㆁ이- 〉 -이-'의 형태 변화를 거친 것 이외에는 근대국어에 이르기까지 별다른 큰 변화를 보이지 않았다. 다만 17세기 이후로는 '-습-'이 청자에 대한 화자 겸양까지도 표시하는 것으로 기능이 확대되면서 '-습-~-이-'와 같은 이중의 구조로 청자에 대한 높임을 나타내기 시작했다. 그리고 19세기에 들어서서는 청자에 대한 화자의 겸양을 표시하는 '-습-'의 결합이 필수적인 것이 되면서 이것이 기존의 청자높임 선어말어미 '-이-'의 기능을 대신할 수 있게 되었다. 다시 말해 '-습ᄂ이다〉-습ᄂ이다', '-습더이다〉-습데다' 등의 '-ᄂ이-', '-데-' 등에 포함된 '-이-'의 청자높임 기능이 약화되었다. 그리고 근대국어 시기에 '-이-'는 자주 생략하게 됨으로써 '-ᄂ이' 등 종결형에 포함된 'ㅣ'의 기능부담량이 한계를 넘어서게 되어 기존의 청자높임 기능이 약화되게 된다. 이들은 기능이 변화되어 어말어미 쪽으로 이동한 '-습-'과 융합된다.

이상의 '-습-'의 기능 변화와 합류, 인접어미 '-ᄂ/더/리-', '-이-'의 형태 변화 및 기능 약화는 '-습니다'류를 형성할 수 있는 필요한 조건을 제공하였다. 다시 말하면 '-ᄂ/더/리-'와 '-이다/-잇가'는 의미 기능이 약화되고 형태가 불안정하게 되면서 인접성의 원리에 의해 하나의 형태로 통합될 가능성을 지니게 되었다. 이때 기능이 변화되어 결합 순서가 뒤로 밀린 '-습-'이 '-ᄂ이다/-ᄂ잇가', '-더이다/-더잇가', '-리이다/-리잇가'의 어미구조체와 통합되어 어말어미화됨으로써, 또한 일련의 음운 변화를 거쳐 서술형 어미와 의문형 어미로 재구조화된다. 그리고 청유형 어미는 기능이 변화된 '-습-'이 '-사이다' 어미구조체와 통합되어 형성된 것이다. 명령형 어미는 청유형 어미의 형성에 영향을 받으면서 'ᄒ오'체 어미의 분포 확대와 함께 청유형에 '-오'를 통합시키게 되면서 형성된 것이다. '-습니다'류의 형성 과정을 정리하면 아래와 같다.

(1) -습ᄂ이다 〉 -습ᄂ이다 〉 -습ᄂ다 〉 -습ᄂ다 〉 -습니다
(2) -습ᄂ잇가 〉 *-습ᄂ잇가 〉 -습ᄂ까/습ᄂ가 〉 -습닛가/-습닛가
(3) -습더이다 〉 *-습데이다 〉 -습데다 〉 -습듸다 〉 -습디다

(4) *-습더잇가 〉 *-습데잇가 〉 *-습뎃가 〉 -습딋가 〉 -습디까

(5) 가. -ᄉᆞᆸ리이다, -ᄉᆞ보리이다 〉 -ᄉᆞ오리이다 〉 -ᄉᆞ오리다 〉 -사오리다

　　 나. -ᄉᆞᆸ리이다, -ᄉᆞ보리이다 〉 -ᄉᆞ오리이다 〉 -오리이다 〉 -오리다 〉 -(으)오리다

(6) 가. -ᄉᆞᆸ리잇가, -ᄉᆞ보리잇가 〉 -ᄉᆞ오리잇가 〉 -ᄉᆞ오릿가 〉 -사오리까

　　 나. -ᄉᆞᆸ리잇가, -ᄉᆞ보리잇가 〉 -ᄉᆞ오리잇가 〉 -ᄋᆞ오리잇가 〉 -오릿가 〉 -오리까 〉 -(으)오리까

(7) -ᅌᆞᆸ사이다 〉 -ᅌᆞᆸ새이다 〉 -ᅌᆞᆸ새다/-ᅌᆞᆸ싀다 〉 -ᅌᆞᆸ세다 〉 -ᅌᆞᆸ시다 〉 -((으)시)ㅂ시다

(8) -ᅌᆞᆸ사이다 〉 -ᅌᆞᆸ새이다 〉 -ᅌᆞᆸ새다/-ᅌᆞᆸ싀다 〉 -ᅌᆞᆸ세다 〉 -ᅌᆞᆸ시오 〉 -((으)시)ㅂ시오

제5장

새로운 종결형태의 형성과
청자높임법 등급의 분화

제5장 새로운 종결형태의 형성과 청자높임법 등급의 분화

문법적 형태에 의한 우리말 높임법은 중세국어의 주체높임법, 객체높임법, 청자높임법의 질서정연한 3대 체계에서 현대국어의 주체높임법과 청자높임법의 체계로 변화한다. 이 과정에서 다양한 높임 등급이 정착함으로써 청자높임법은 다원적 체계로 확대되는 양상을 보인다.

이러한 체계 변화는 형태론적 변화에서 유발된 것이다. 새로운 등급에 대한 요구를 충족시키기 위해 새로운 형태가 발생한 것이 아니라, 새롭게 형성된 형태가 기존의 형태와 경쟁하는 과정에서 등급의 정착과 분화로 이어진 것이다.[1) 또한 이러한 새로운 형태가 출현할 수 있는 것은 문말형식절단 규칙의 확대, '-습-'의 기능 변화와 합류, '-이-'의 약화, 시제 체계의 변화 등 현상에 의해서이다.

아래에 먼저 새로운 종결형태의 형성을 살펴보고 다음 새로운 종결형태의 출현에 따른 청자높임법 등급의 분화를 살펴보기로 하자.

5.1 새로운 종결형태의 형성

중세국어에서 현대국어로 오면서 청자높임법 형태의 큰 변화는 높임 등급 형태의 재구조화 즉 '-습니다'류의 형성뿐만 아니라 중간 등급의 청자높임을 나타내는 형태가 다양하게 발달한다는 점이다. 말하자면 16세기 'ᄒᆞᆫ이'체, 17세기 'ᄒᆞᆸᄂᆞ이'체, 'ᄒᆞᆸ'체, 18세기의 'ᄒᆞ오'체, 19세기의

---

1) 윤용선(2006:348)에서는 체계의 변화와 형태의 출현 사이의 영향 관계는 일방적일 수 없다고 했다. 그리고 어떤 단계에 있어서는 체계의 요구가 형태의 출현과 변화를 촉구하기도 하는데 다만 언어 형식으로서의 대우법의 변화를 단계적인 과정으로 파악할 경우, 형태의 출현 단계가 앞선다는 것을 강조할 수 있다고 했다.

'히'체 등이 이에 해당한다.[2)]

아래에 중간 등급을 표현하는 새로운 종결형태의 형성에 대해 알아보기로 하자.

5.1.1 '-(읍)늬 〉 -(읍)네'의 형성

16세기에 새롭게 등장한 중간 등급 형태인 'ᄒᆞ늬'체는 15세기에 중간 등급을 담당하던 형태인 'ᄒᆞ닝다'체를 대치한 것으로서, 서술형의 경우 '-늬, -데, -리, -새' 등의 다양한 종결 형태를 보여준다. 이러한 종결형태의 기원에 대해서는 여러 견해가 제시되었는데, 대체로 (1)에서 제시한 것과 같은 절차를 거쳐 형성된 것으로 설명하고 있다.[3)]

(1) 가. -ᄂᆞ이다 〉 -늬이다 〉 -늬
    나. -더이다 〉 -데이다 〉 -데
    다. -리이다 〉 -리이다 〉 -리
    라. -사이다 〉 -새이다 〉 -새

(1)에서 보면 '-ᄂᆞ이다, -더이다, -리이다, -사이다'는 'ㅣ'모음 개재 현상에 따라 '-늬이다, -데이다, -리이다, -새이다'가 된 연후에 문말의 '-이다'가 절단되어 '-늬, -데, -리, -새'가 형성되었다. '-늬이다, -데이다, -리이다, -새이다'에서 '-이다'의 절단이 가능한 것은 '-늬, -데,

---

2) 본고에서는 이승희(2007)를 따라 등급 명칭으로 '높임', '중간높임', '안높임'을 사용하고, 등급 형식에 대한 명칭으로 기존의 명령형 대신 평서형을 사용하되, 현재 시제의 선어말어미 '-ᄂᆞ-'가 결합된 형태인 'ᄒᆞᄂᆞ이다, ᄒᆞ닝다, ᄒᆞ늬, ᄒᆞ늬다' 등을 대표형으로 사용하기로 한다. 그리고 '-체'라는 하나의 명칭 아래에 동일한 등급을 표시하는 데 사용된 서로 다른 형태소들을 묶어 'ᄒᆞᄂᆞ이다'체, 'ᄒᆞ닝다'체, 'ᄒᆞ늬'체, 'ᄒᆡ'체로 부르기로 한다.

3) 황문환(2002)에서는 '-ᄂᆞ이다 〉 -닝다 〉 -닌다 〉 -늬'의 변화 과정을 거쳐 'ᄒᆞ늬'체가 형성된 것으로 보고 있다.

-리, -새'의 'ㅣ'가 '-이-'의 존재를 보완하고 있기 때문이다. 다시 말해 문말형식절단에 의해 비록 청자높임의 기능을 수행하던 '-이-'가 '-다'와 함께 절단되었지만 '-이-'가 수행하던 문법기능은 선행요소에 융합되었기 때문이다.

이런 '-늬, -데, -리' 등에 대해 공시적인 관점에서는 이들을 개별적인 종결어미로 보는 견해와 선어말어미 '-ᄂ-, -더-, -리-'와 종결어미 '-이-'가 결합한 것으로 보는 견해로 나뉘어있다.[4] 본고에서는 선어말어미 '-ᄂ-, -더-, -리-'가 생산적으로 쓰였다는 점을 근거로 '-늬, -데, -리' 등이 발생 당시에는 각각 선어말어미 '-ᄂ-, -더-, -리-'와 종결어미 '-이'의 결합이었지만 후에는 하나의 종결어미로 굳어져 가서 '-늬, -데, -리' 등에 포함되던 시제의 기능과 청자높임의 기능을 인식할 수 없게 되었다고 본다.

또한 '-늬'는 동사에, 현재 시제인 경우에만 결합한다. 그런데 근대국어 후기에 시제 체계 내에 새로운 선어말어미 '-엇-', '-겟-'이 자리 잡게 되면서 'ᄒ늬'체의 종결어미에 변화가 나타나게 되었다.

변화의 단초는 이미 16세기 편지글에서부터 나타나기 시작했다. 'ᄒ늬'체에서 동사의 과거 시제로, '-더-'가 포함된 '-데'외에 '-엇-'이 결합된 '-엇늬'가 나타났다.

(2) 가. ①예 인ᄂ 므를 모리 줄 거시니 모리 가라 ᄒ늬 〈청주 1:1〉
    ② 쏘 두 지븨 죠희 열 권식 가늬 〈청주 64:6〉
  나. ①ᄂ미 집도 그러ᄒ데 〈청주 158:6〉
    ②제 미련ᄒ 일란 혜디 몯ᄒ고 자내를 계워ᄒ데 〈청주 161:1〉
  나'. ①나ᄂ 집 근심 계워 수이 늘게 되연늬 〈청주 20:9〉

---

4) 렴광호(1998) 등에서는 개별적인 종결어미로 취급하는 견해를 취하고 허웅(1989), 장윤희(2002) 등에서는 종결어미 '-이'의 분석 가능성을 언급하고 선어말어미와 종결어미 '-이'로 보는 견해를 취한다.

②이 글히ᄂ 쓰려 ᄒ엿더니 보내시도쇠 강복셩이도 <u>ᄒ연ᄂ</u> 〈청주 2:8〉

다. ①내라 몃날 잇다가 <u>가리</u> 〈청주 70:3〉

②바조옷 ᄂ일 드듸게 되면 내 가 긔걸ᄒ고 <u>오리</u> 〈청주 130:6〉

(2가)에서 보면 '-ᄂ'는 동사 어간에 결합되어 현재 시제를 표현하고 (2나)에서 보면 '-데'가 용언 어간에 결합되어 과거 시제를 표현하며 (2다)에서 보면 '-리'가 동사 어간에 결합되어 미래 시제를 표현한다. 하지만 (2나)에서 보면 '-엇-'이 '-ᄂ'에 결합되어 과거 시제를 표현하기도 한다. 하여 'ᄒᄂ'체의 시제에 따른 형태는 '과거: ᄒ데/ᄒ엿ᄂ, 현재: ᄒ(옵)ᄂ, 미래: ᄒ리'로 나타났다.

(3) 가. ①슈라나 먹어도 마시 업슬가 일ᄏᄅ며, 또 슈이 볼 일만 기드리고 <u>잇ᄂ</u> 〈언간 37〉

②아기네 약애나 쓸가 <u>ᄒᄂ</u> 〈언간 136〉

나. ①우리ᄂ 御陰을 뼈 無事히 왓습거니와 빈 흔 쳑이 쩌뎟ᄉ오니 글로 ᄒ여 <u>근심ᄒ옵ᄂ</u> 〈첩해초 1:11a〉

②긔우로 고기 아니 먹던 거시라 아니 <u>먹습ᄂ</u> 〈계축 下:32b〉

(4) 가. ①브듸 ᄆᄋ음을 진뎡ᄒ여 수이 셩ᄒ여 낫다가 겨울노나 ᄂ려와 돈녀가소 냥집도 오랴 <u>ᄒ데</u> 〈창계 11〉[5]

②견의ᄂ 처음으로 보옵고 그지업서 <u>ᄒ옵데</u> 〈첩해초 3:4b〉

③奇特흔 相指를 다 잘 ᄒ더라 기리시니 우리 듯기도 더옥 <u>깃브옵데</u> 〈첩해초 3:27b〉

나. ①두굿거온 샹도 보디 못ᄒᄂ 줄을 애들며 녜 일을 싱각하니, 더옥 가지 가지 굿버 <u>디내엿ᄂ</u> 〈언간 35〉

②기듕의도 놀래 브르든 若衆들희 연고 업기를 <u>견위ᄒ엿습ᄂ</u>

---

5) 이승희(2008:42)에서 예문 (11ㄱ)을 인용한것이다.

〈첩해초 9:5b〉

③어버의 긔별 모르니 안부 어더 드르랴 왓습니 〈계축 下:32a〉

(5) 가. ㅎ믈며 近年 以來 년ㅎ여 木花 사오나와 公木의 大切히 되야시
　　　 믄 자니네도 아르심 겨시리 〈첩해초 4:12a〉
　　 나. 千 年이나 가도록 오래 볼 양으로 ㅎ셰야 아롬답스오리 〈첩해
　　　 초 3:14b〉
　　 다. 자니도 單字를 써 보내옵소 글란 그리 ㅎ오리 〈첩해초 1:26a〉

예문 (3)-(5)는 17세기 시제에 따른 'ㅎ(옵)니'체의 쓰임을 보여주었는
데, 16세기 편지글에 나타난 것과 같이 '과거: ㅎ데/ㅎ엿니, 현재: ㅎ니,
미래: ㅎ리'로 나타났다.

(3가)는 'ㅎ니'체의 쓰임을 보여준 예인데 '-니'가 동사 어간에 직접
결합되어 현재 시제를 표현한다. (3나)는 'ㅎ옵니'체의 쓰임을 보여주는
예인데 용언 어간과 '-니' 사이에 화자 겸양의 '-옵-'이 결합되어 현재
시제를 표현한다. 물론 현재 시제의 표현은 '-니'에 포함된 선어말어미
'-ᄂ-'가 나타내는 것이다. 그리고 'ㅎ옵니'체는 '-니'와 화자 겸양의 '-옵
-'이 통합된 것으로 이해할 수 있다. 다시 말해 'ㅎ니'체가 체계 내에
고정된 후에 화자 겸양의 '-옵-'이 통합되어 'ㅎ니'체보다 약간 높은 등급
을 나타낸다.[6] (4가)에서 보면 용언 어간에 '-(옵)데'가 결합되어 과거
시제를 표현한다. 뿐만 아니라 (4나)에서처럼 이 시기에 선어말어미 '-엇
-'이 'ㅎ(옵)니'체에 결합되어 과거 시제를 표현하기도 한다. 그리고 (5)에
서 보면 용언 어간에 '-(스오/오)리'가 결합되어 미래 시제를 표현한다.

---

6) 윤용선(2006:363)에서는 '습니'류는 '-니'와 화자 겸양의 '-습-'이 통합된 것으로 보
아야지 '습ᄂ이다'의 'ㅣ'개재형 '습니이다'에서 '이다'가 절단된 것으로 보기 어렵다고
했다. 왜냐하면 절단으로 보면 '습ᄂ이다'와 'ᄂ이다'가 동등한 등급을 나타내는 현실과
어긋나기 때문이라고 했다. 또한 '습ᄂ이다'에서 어미구조체 '-ᄂ이다'가 절단되어 형
성된 종결어미 '-습'과 배치된다는 문제점도 발생한다고 했다.

(6) 가. ①자닉 일홈은 무어시라 니룩는고 싱각ᄒ여 禮ᄒ홀 제 슬오려
　　　 ᄒᄂᆡ 〈개첩 7:12a〉

　　　②不得己 失約을 ᄒ엿ᄉ오니 애들니 너기읍ᄂᆡ 〈인어 3:15b〉

　　 나. ①즉금모양 인신이나 릭셰 과보 명ᄒ 거슨 삼도 고보 명타ᄒ데
　　　 〈전설 권:5a〉

　　　②重價를 주고 어든 거시라도 눔이 달나 ᄒ여 주ᄂ 거슨 앗갑지
　　　 아니 ᄒ오되 不關ᄒ 거시라도 空失ᄒ면 앗갑ᄉ데 〈인어
　　　 5:19b〉

　　 나'. ①죵시 아니 오시기의 하 답답ᄒ여 이리 드러왓ᄉᆡ 〈인어
　　　 1:4a〉

　　　②수이 도라가 觀親이나 ᄒ옵고 다시 나오게 ᄒ엿ᄉᆡ 〈인어
　　　 1:15b〉

　　 다. ①즁싱들히 싱수홀 제 내 말을 신슈ᄒ야 버서나디 몯ᄒ리 〈지
　　　 장해 中:27a〉

　　　②혹 그 사룸이 醉ᄒ 김의 憤ᄒ여 酒戰을 시작ᄒ쟉시면 아모도
　　　 당ᄒ리ᄂ 업ᄉ오리 〈인어 1:4b〉

　　 다'. ①아마도 고이ᄒ니 ᄌᄂᆡᄂ 됴히 살계ᄒ엿ᄂᆡ 〈한중록 260〉

　　　②ᄌᄂᆡ가 아모커나 무셥고 흉한 사룸이로식 … 심슐을 알계ᄂᆡ
　　　 〈한중록 260〉

　예문 (6)은 18세기 시제에 따른 'ᄒ(옵)ᄂᆡ'체의 쓰임을 보여준다. (6가)
는 동사 어간에 '-(옵)ᄂᆡ'가 결합되어 현재 시제를 나타내고 (6나)는 용언
어간에 '-(옵)데'가 결합되어 과거 시제를 표현하며 (6나')는 '-엇(습)ᄂᆡ'
가 용언 어간에 결합되어 과거 시제를 표현한다. (6다)에서 보면 16-17세
기와 마찬가지로 '-(ᄉ오)리'가 용언 어간에 결합되어 미래 시제를 표현
한다. 또한 (6다')에서 보면 18세기에 선어말어미 '-겟-'이 성립되면서
미래 시제 형태로 'ᄒ리'외에 'ᄒ겟ᄂᆡ'가 나타나기 시작했다.

　그리고 '-ᄂᆡ'가 형용사에 결합되어 나타나는 예문은 많지 않지만, 아래

의 (7)에서 볼 수 있는 바와 같이 형용사 '업-, 요란ᄒ-'에 '-뉘'가 결합되어 나타나기도 한다.

(7) 가. 내 ᄀ슴 쓰리 만져 보소 슬 ᄒ 점이 바히 <u>업뉘</u> 〈악학 814〉
　　나. 창질 고통 그디 업고 저픈 ᄆᄋᆷ 싱젼 이셔 편ᄒ 날이 젼혀
　　　　<u>업뉘</u> 〈전설인:9a〉
　　다. 이날 외당의 졔긱이 모다 신뉘(新來)브ᄅᄂ 소리 ᄌ못 <u>요란ᄒ</u>
　　　　<u>뉘</u> 〈완월 139:10b〉

이 시기에 선어말어미 '-엇-', '-겟-'과 '-뉘'의 결합뿐만 아니라, 형용사에도 '-뉘'가 결합되어 나타나는 것은 '-뉘'에 포함된 '-ᄂ-'의 기능 약화를 보여줄 뿐만 아니라 '-뉘'가 하나의 종결어미로 굳어지기 시작했음을 보여준다.

(8) 가. ①밋고 바라던 일 이졔ᄂ 홀 일 <u>업네</u> 〈남원 38b〉
　　　　②장갈이가 술잔 믿드노라고 다 드려스니 뉴리 호박도 이졔
　　　　　<u>업슙뉘</u> 〈흥부전 08b〉
　　나. ①이쩍가지 ᄒ 번도 못 맛나셔 이런 졍담 <u>못ᄒ엿뉘</u> 〈남원 16a〉
　　　　②드러가셔 뒷도릭롤 잘 치소 늙은 몸의 팔ᄌ 조케 <u>되엿네</u>
　　　　　〈남원 5:36a〉
　　다. ①ᄌ란 ᄌ식 밥 달ᄂ니 참ᄋ 셜워 <u>못살깃뉘</u> 〈흥부전 02a〉
　　　　②향뉘에 죽갑 칠 푼 진 것 쥬고 가쇼 요ᄉ이 어려워 못 <u>견딕깃</u>
　　　　　네 〈남원 4:37a〉
　　　　③그 말딕로 그 산쇼의 뫼셧더니 이졔야 산음인 쥴 황연이
　　　　　<u>씬닷기네</u> 〈남원 1:36a〉

예문 (8)은 19세기 시제 체계에 따른 'ᄒ뉘'체의 쓰임을 보여준다. 'ᄒᄋᆸ 뉘'체는 18세기 말까지도 나타났지만, 19세기에 들어서면서 그 분포가

현저히 축소되었다. 하지만 'ᄒᆞᄋᆞᆸᄂᆡ'체가 완전히 사라진 것은 아니어서 (8가)의 ②에서 볼 수 있듯이 19세기의 일부 문헌에서는 'ᄒᆞᄋᆞᆸᄂᆡ'가 사용된 것을 찾아볼 수도 있다.

그리고 (8나)에서 보면 과거 시제에서 '-데' 대신 '-엇ᄂᆡ'가 쓰이고, (8다)에서 보면 미래 시제에서 '-리' 대신 '-겟ᄂᆡ'가 쓰이게 되면서 '-ᄂᆡ'에 포함된 '-ᄂᆞ-'는 현재를 표현한다는 본래의 역할을 상실하게 되었다. 그와 함께 종결어미 '-ᄂᆡ〉-네'는 본래 현재를 표현하는 선어말어미 '-ᄂᆞ-'를 포함하고 있다는 기원과는 상관없는 하나의 평서형 종결어미로 변화하였다.

19세기의 '-ᄂᆡ'가 하나의 종결어미로 확립되었다고 해도, 이 시기까지 종결어미 '-ᄂᆡ'는 기원적으로 '-ᄂᆞ-'를 포함하고 있음으로 해서 주로 동사와만 결합하고 형용사와는 잘 결합하지 않는다는 제약을 지니고 있었다. 하지만 현대국어에 와서는 이런 제약이 사라지어 '하네'체의 평서형 종결어미가 용언의 부류에 상관없이 '-네'로 통일되었다.

이상에서 보면 '-ᄂᆡ'는 '-ᄂᆞ이다'가 'ㅣ'모음 개재현상에 따라 '-ᄂᆡ이다'가 된 후에 문말의 '-이다'가 절단된 것이다. 그리고 '-ᄂᆡ'가 종결어미 체계 내에 자리 잡게 되면서 화자 겸양으로 기능이 바뀐 '-ᄉᆞᆸ-'이 통합되어 '-ᄋᆞᆸᄂᆡ'가 되는데, 이 형태는 18세기 중반부터 쇠퇴해지기 시작하여 19세기에 들어서서는 별로 잘 쓰이지 않고 다른 형태에 의해 대치된다.

또한 선어말어미 '-엇-'과 '-겟-'이 각각 과거 시제 표현과 미래 시제 표현의 기능을 담당하게 되면서 'ᄒᆞᄂᆡ'체 종결어미는 변화를 일으키게 된다. 즉 19세기에 이르러서 기존의 '과거: ᄒᆞ데/ᄒᆞ엿ᄂᆡ, 현재: ᄒᆞᄂᆡ, 미래: ᄒᆞ리'가 '과거: ᄒᆞ엿ᄂᆡ, 현재: ᄒᆞᄂᆡ, 미래: ᄒᆞ겟ᄂᆡ'로 나타난다.[7] 하여 '-ᄂᆡ'에 포함된 '-ᄂᆞ-'의 기능이 불분명해지게 되고 '-ᄂᆡ〉-네'는

---

7) 물론 19세기 말의 자료에서도 이전 시기와 같은 '과거: -데, 현재: -네, 미래: -리'의 대립을 보이는 예를 찾아볼 수 있다.

하나의 평서형 종결어미로 자리를 굳혀가게 된다.

5.1.2 '-습 〉 -오'의 형성

위에서 이미 말했다시피 'ᄒᆞᆸᄂᆡ'체는 18세기 중반부터 쇠퇴해지기 시작해서 19세기에 들어서서 거의 사라졌다. 이승희(2007:227)에 의하면 이런 'ᄒᆞᆸᄂᆡ'체를 대신한 것은 새로 등장한 등급 형식인 'ᄒᆞ오'체였다. 'ᄒᆞ오'체의 형성에 대해서는 여러 견해가 제기되었는데, 이들 모두 'ᄒᆞ오'체 종결어미가 기원적으로 '-습-'과 관련되었다고 보는 점은 공통된다. 그러나 구체적인 변화 과정에 대한 설명에서는 차이가 있다. 크게는 서술형, 의문형의 종결어미 '-오/소'와 명령형 종결어미 '-오/소'의 기원을 동일하다고 보는지 아니면 다르다고 보는지에 따라, 또한 'ᄒᆞ오'체의 종결어미가 'ᄒᆞᄂᆡ'체에서 기원하였다고 보는지 아니면 'ᄒᆞᄂᆞ이다'체에서 기원하였다고 보는지에 따라 견해가 나뉜다.

이기갑(1978)에서는 'ᄒᆞ오'체의 평서형, 의문형, 명령형 종결어미가 모두 'ᄒᆞᄂᆡ'체의 명령형 종결어미인 '-소'의 기능이 확대되어 나타난 것이라고 보았다. 그에 비해 최명옥(1976)에서는 평서형, 의문형과 명령형 종결어미의 기원을 다르게 보았는데, 명령형의 '-소'는 선어말어미에서 기원한 것이나 평서형, 의문형의 '-오/소'는 선어말어미 '-습/숩-'이 포함된 'ᄒᆞᄂᆡ'체의 '-ᄉᆞ외/외'에서 간략화 과정을 거쳐 형성된 것으로 보았다. 또한 서정목(1993)에서는 평서형, 의문형의 '-오/소'는 '-습-'이 결합된 'ᄒᆞᄂᆞ이다'체의 '-오/소이다', '-오/소잇가'와 같은 형식에서 후행형식이 절단된 것으로 보았고, 명령형 종결어미는 '-오/소'가 아니라 '-으소'로 파악하였는데, 이것이 '-으쇼셔'에서 기원한 것으로 추정하였다.[8]

---

8) 'ᄒᆞ오'체의 형성에 대한 기존의 연구 성과에 대한 정리는 이승희 (2007:208)를 따랐다.

본고에서도 'ᄒᆞ오'체의 종결어미 '-오/소'의 기원에 대해서는 대체로 17세기 언간 자료에 나타난 'ᄒᆞᆸ'체와 관련이 있는 것으로 보고자 한다. 또한 'ᄒᆞ오'체의 '-오/소'와 16세기의 'ᄒᆞᄂᆡ'체의 명령법 종결어미 '-소'는 별개의 것으로 보고자 한다.9)

(1) 가. 아ᄆᆞ리나 수이 젼ᄒᆞᆸ샴을 하ᄂᆞ님ᄭᅴ <u>비ᄋᆞᆸ노이다</u> 이후의 긔별 알 이리 어려우이다 이 사ᄅᆞᆷ이 올라 ᄒᆞ니 답쟝 ᄌᆞ시 <u>ᄒᆞᆸ</u> 〈달성 99:11-13〉

나. 금월이ᄅᆞᆯ 말고 향월이ᄅᆞᆯ <u>보냅</u> 약 머길 줄이나 ᄌᆞ셰 니ᄅᆞ라 <u>ᄒᆞᆸ쇼셔</u> 〈달성 162:8〉

다. 내 ᄇᆞᄅᆞᆸ기 긔운 편안ᄒᆞᆸ심과 아ᄆᆞ려나 됴히 디답ᄒᆞ쇼셔 … 할미ᄭᅴ 안부ᄒᆞ시고 아ᄆᆞ려나 됴케 디답ᄒᆞ심 <u>ᄇᆞ라노이다</u> ᄒᆞ쇼셔 그지 업ᄉᆞ와 이만 <u>ᄒᆞᆸ</u> 〈달성 156:9-12〉

라. 지금 사ᄅᆞᆷ을 몯 보내와 밤낫 그로 근심ᄒᆞ올 <u>ᄹᅩᆫ입</u> 쇽졀 업ᄉᆞ와 <u>웁노이다</u> 〈달성 159:4〉

(1가-라)는 17세기 언간 자료인데, (1가-나)에서는 명령문 어미로 사용된 'ᄒᆞᆸ'체, (1다-라)에서는 서술문 어미로 사용된 'ᄒᆞᆸ'체를 확인할 수 있다. (1)은 딸이 어머니에게 한 편지인데, 'ᄒᆞᆸ'체는 'ᄒᆞᄂᆡ다'체와 함께 쓰이거나 'ᄒᆞᄂᆡ다'체가 쓰일 상황에 사용되었으므로, 'ᄒᆞᆸ'체는 '-습-'을 포함한 'ᄒᆞᄂᆡ다'체 종결형에서 '-습-' 뒤의 어미구조체가 탈락하여 형성된 것으로 보인다. 즉 (1가-나)의 'ᄒᆞᆸ, 보냅'에서는 '-쇼셔'가 절단되었고, (1다-라)의 'ᄒᆞᆸ, ᄹᅩᆫ입'에서는 '-노이다'가 절단되었다.

17세기 이전의 언간 자료에서는 '-이-'를 포함한 종결어미가 절단되었으나 17세기 이후의 언간 자료에 보이는 절단현상은 선어말어미 '-ᄂᆞ-',

---

9) 근거에 대해서는 이승희(2007:209)를 참조.

'-니-'가 포함된 어미구조체가 절단되며, 남은 형식이 'ㅣ'모음을 지니고 있지 않다는 점이 전대의 절단현상과 다르다. 하지만 절단현상은 회복 가능한 문말 형태가 생략되는 현상으로서 기능적으로 중복되거나 잉여적인 부분이 생략됨으로써 절단된 요소를 추측할 수 있고 일정 부분 이상은 절단할 수 없다는 한계도 존재했다(윤용선 2006:357). 때문에 '-습/웁' 이하의 형태가 생략되었다 해도 'ㅎㄴ이다'체와 함께 쓰이는 '-습/웁'은 뒤의 형태가 전제되어 청자에게 인식된다. 이때의 '-습/웁'은 화자 겸양 의 기능을 지니는 것으로서 종결형에 있어서는 청자높임의 기능을 보충할 수가 있었다.[10]

또한 17세기 언간 자료에 선어말어미 '-습/웁' 이하의 형태가 절단되고 '-습/웁'만으로 문장을 종결하는 형태가 나타나기 시작했기 때문에 이러한 종결형태로부터 새로운 종결어미가 생겨났을 가능성이 생겼다. 다시 말해 'ㅎ웁ㄴ이다, ㅎ웁ㄴ잇가, ㅎ웁쇼서'에서 어미구조체가 탈락하여 형성된 'ㅎ웁'체는 'ㅎ오'체 어미 등장의 계기가 된다.

이와 관련하여 이승희(2007:211)에서는 17세기 말 《역어류해》(1690)에 나타난 '請乾 술 다 자웁 〈역어해 上: 59b〉'과 '請茶 안쥬 자오 〈역어해 上: 60a〉'의 예를 들어 종결어미 '-웁'으로부터 시작된 '-웁 〉 -옵 〉 -오'의 변화 가능성을 제시해주었다.

18세기 중반에 등장한 'ㅎ오'체 종결어미는 음운론적 환경에 따라 교체

---

10) 윤용선(2006:364)에서는 '-ㄴ-', '-니-' 등을 포함한 어미구조체가 절단할 수 있는 것은 '-ㄴ-', '-니-'의 기능 소실에 따른 독립성이 약화되었기 때문이며, '-습-'의 기능이 화자 겸양으로 굳어짐으로써 종결형에 있어서는 청자높임의 기능을 보충할 수 있었기 때문이라고 했다. 한편, 장요한(2004:146-147)에서는 'ㅎㄴ이다'체와 혼 용된 'ㅎ웁'체를 놓고 볼 때, 청자에 대한 높임은 생략된 '-이-'가 담당하고, '-습'은 단순히 화자 겸양의 기능을 담당하는 것이라고 했다. 또한 이때의 '-습-'은 청자에 대한 일정한 존대의 등급을 형성하는 데 관련되는 것이 아니라 화자의 겸양의도에 따라 매우 유동적이고 임의적으로 선택되는 것으로서 청자를 더 높여 주는 기능보다 는 그저 정중한 느낌을 더해주는 기능을 하는 것이므로, 결국 이 때의 '-습'은 완전한 종결형이 아니라고 했다.

를 보이는데 자음 뒤에서는 '-소', 모음 뒤에서는 '-오'로 교체된다.

(2) 가. 그러치 <u>아니ᄒ오</u> … 토교를 ᄉ랑ᄒ고 션비를 쳔디ᄒ면 청문이
   <u>엇터켓소</u> 〈일동 1:26b〉
   나. 문ᄉ들과 명무 군관 죽을 죄 잇사오니 ᄉ획ᄒ여 <u>쳐치ᄒ오</u> 〈일
   동 4:14b〉

예문 (2)는 'ᄒ오'체가 등장하는 초기 문헌인 《일동장유가》(1764)에
나타나는 자료이다. 보면 '아니ᄒ-', '쳐치ᄒ-'와 같이 용언 어간이 모음
으로 끝난 환경에서는 '-오'가 선택되고 '엇터겟-'과 같이 앞형태소가
자음으로 끝난 환경에서는 '-소'가 선택된다.

그리고 'ᄒ오'체는 《한중록》이나 《남원고사》 등과 같이 구어체가 많이
반영된 문헌에 나타난다.

(3) 가. 어이 뭇디 아니ᄒ시는 사름 죽이오신 말을 ᄒ야 <u>겨오시오</u> 스스
   로 져리 말ᄉᄒ오시고 나죵은 남을 타슬 삼으시니 아니 <u>답답ᄒ</u>
   <u>오니잇가</u> ᄒ니 〈한중록 196〉
   나. 그 밧 상업ᄉ 일이 만ᄒ니 져러홀 디가 어딕 <u>이스리잇가</u> 이젼을
   싱각ᄒ여 <u>보오</u> 〈한중록 398〉
   다. 구리기동의 쇠를 달화 지지려거든 지지시고 셕탄의 불을 픠워
   구으려거든 <u>구옵쇼셔</u> 조롱 말고 어셔 밧비 <u>죽여쥬오</u> 〈남원
   5:32b〉
   라. 홀 길도 업고 또 이제 유명무실 아니라 홀 길도 <u>업소이다</u> …
   홀 길도 업 고 또 졍녕이 녀염ᄉ리 못홀 지어미라 홀 길도
   <u>업소</u> 〈남원 3:22b-23b〉

예문 (3)에서 보면 '겨오시-', '보-'와 같이 앞형태소가 모음으로 끝난
경우에는 '-오'가 통합되었고, '업-'과 같이 앞형태소가 자음으로 끝난

경우에는 '-소'가 통합되었다. 또한 위의 예문에서 보면 'ᄒᆞ오'체는 'ᄒᆞᄂᆞ이다'체와 함께 쓰이고 있는데, 이는 17세기 언간 자료에 나타난 'ᄒᆞᇝ'체가 'ᄒᆞᄂᆞ이다'체와 함께 쓰이는 것과 같다. 또 예문 (1)의 '-ᄉᆞᆸ/ᇝ' 종결형과 같은 현상을 보이는 것으로 이 두 형태가 긴밀하게 연관되어 있음을 알 수 있다.[11] 그리고 (3)에 나타난 'ᄒᆞ오'체의 쓰임은 화자가 상위자인 청자에 대해 쓰고 있음으로 하여 높임 등급인 'ᄒᆞᄂᆞ이다'체와 함께 쓰일 수 있었다. 하여 'ᄒᆞᄂᆞ이다'체와 함께 쓰인 'ᄒᆞ오'체는 현대국어에서의 쓰임과 다소 부동함을 나타낸다.

(4) 가. ①소신 왓소 왓소 ᄒᆞ여도 모르시니 〈한중록 166〉

②만일 큰 야단이 날 터히면 마노라가 어ᄂᆞ 지경이 <u>되시계소</u> 〈한중록 406〉

③과연 <u>다힝ᄒᆞ오</u> 우리 집의셔 식인 일노 죄명이 지듕ᄒᆞ기 그 집의셔 날을 원망을 오죽히 홀가 <u>보오</u> 〈한중록 408〉

나. ①어마니 이 밤듕에 ᄯᅩ 웨 왓소 밤이나 계발 평안히 <u>쉬시오</u> 〈남원 5:4a〉

②말슘 간졀ᄒᆞ오시나 분부 시힝 <u>못ᄒᆞ깃쇼</u> 〈남원 1:26a〉

③잇고 그 말 듯기 <u>슬소</u> 그말 <u>그만ᄒᆞ오</u> 죽을 밧긔 홀 일 <u>업쇼</u> 〈남원 5:28a〉

(5) 가. 셔울 방이 칩고 의복이 쳘의 맛초지 못ᄒᆞ니 한고와 외모의 누가 <u>오죽ᄒᆞ시ᇝ</u> 〈언간 補30〉

나. 집안들은 다 무양 깃브ᇝ 신집은 지금 잇ᄉᆞᆫ는 듸 픠ᄒᆞ기 <u>너무ᄒᆞ 엿ᄉᆞᇝ</u> 〈언간 193〉

다. 도모지 욕주가리가 나셔 못 견듸깃스니 그런 기ᄌᆞ식드리 어듸

---

11) 장요한(2004:149)에 의하면 'ᄒᆞᄂᆞ이다'체와 함께 나타난 'ᄒᆞ오'체도 불완전한 종결형으로서 청자에 대한 대우는 생략된 '-(으)이-'가 하는 것이라고 했다. 다시 말하면 'ᄒᆞᄂᆞ이다'체와 함께 쓰인 'ᄒᆞ오'는 생략으로 인한 불완전한 종결형이기 때문에 '-오/소'가 청자높임의 기능을 수행하지 않는다고 보았다.

잇깃숩 그 모양으로 지ᄂ다가는 음디가 양디되는 날은 일시에
우리 손에 … 〈삼션긔 7-9〉[12]

예문 (4)에서 보면 'ᄒ오'체는 'ᄒ옵'체와 마찬가지로 평서형, 명령형,
의문형에 두루 나타나며 '-오/소'에 선행하는 선어말어미는 주체높임의
'-시-', 그리고 근대국어 시기에 새롭게 자리 잡은 시제의 선어말어미
'-엇-', '-겟-'이다. 그리고 예문 (5)에서 보면 '-습/옵'에 선행할 수
있는 선어말어미도 주체높임의 '-시-', 시제의 '-엇-', '-겟-'이다.
하지만 '-습/옵'만으로 문장이 종결되는 형태에는 시제의 선어말어미
'-ᄂ-', '-더-', '-리-'가 결합된 예문을 찾아볼 수 없다. 왜냐하면 'ᄒ옵'
체의 형성과 관련하여 '-습-' 이하의 어미구조체인 '-ᄂ이다', '-더이
다', '-리이다'가 생략되었기 때문이다. 그 대신 근대국어 시기에 새로운
선어말어미로 자리 잡은 '-엇-', '-겟-'이 '-습/옵'과 결합되어 '-엇습',
'-겟습'과 같은 결합 양상을 보였다. 이와 같은 종결형 '-습/옵'의 시제
선어말어미와의 결합 양상은 여기에서 기원한 종결어미 '-오/소'에도
그대로 이어진다. 하여 종결어미 '-오/소'는 기존에 시간을 표시하는
기능을 했던 선어말어미 '-ᄂ-, -더-, -리-'와 결합한 예를 보이지
않고, 그 대신 (4)에서 볼 수 있듯이, 새롭게 선어말어미로 자리 잡게
된 '-엇-', '-겟-'과 결합하여 '-엇소', '-겟소'와 같은 형태가 등장한다.
또한 '-엇-'과 '-겟-'이 과거와 미래를 표시하는 선어말어미로 정착하
면서 '현재'는 별도의 선어말어미 없이 이들의 '부재'만으로도 표시할
수 있게 되었기 때문에 선어말어미 '-ᄂ-'와 결합할 수 없었던 종결형
'-습/옵'이나 종결어미 '-오/소'도 현재 시간을 표현하는 것이 가능해졌
다(이승희 2008:37). 때문에 선어말어미 '-습-'에서 기원한 새로운 종결
어미 '-오/소'가 명령형은 물론이고 서술형과 의문형의 종결어미로도

---

12) 장요한 (2004:140)에서 예문 (4가)를 인용한 것이다.

정착할 수 있었다.

이를 정리하자면, '-오/소' 뒤에 다른 선어말어미가 나타나지 않는 점이 '-습/옵'과 같다는 점, 그리고 '-오/소'와 '-습/옵'의 쓰임이 거의 같다는 점을 통해서 '-오/소'는 선어말어미 '-습-'에 기원을 두고 있으며 '-습-' 이하의 문법 형태소가 생략되어 형성되었음을 알 수 있다. 하지만 일부 자료의 '-오/소'는 '-습-' 이하의 문법 형태소가 생략된 후 음운 변화를 거쳐 형성된 것으로 볼 수 없는 것이 있다.

(6) 가. 니도령 니른 말이 우리 단두리 ᄒᆞᄂᆞ 일을 알 니가 뉘 <u>잇스리오</u>
〈남원 08b〉

나. 말셰 난시나 잇ᄂᆞ 일이니 금연 흔심ᄒᆞ야 아니 날 싱곡이 업스니
닉나 모ᄅᆞ고 시븐 <u>ᄆᆞ음이오</u> 〈언간 205〉

다. 民을 爲 홀 진ᄃᆡ 맛당이 그 心을 <u>둘거시오</u> 〈국소 21a〉

(6가)는 '이도령'이 '방자'에게 하는 말로써, 화자가 청자를 낮추기는 하되 아주 낮추지 않는 형태로 이해되는 예문이고, (6나-다)도 청자를 낮추지 아니하고 다소 높이는 정도로 이해되는 예문이다. (6)의 'ᄒᆞ오'체는 모두 상위자인 화자가 하위자인 청자에게 쓰고 있는 것으로서 'ᄒᆞᄂᆞ이다'체와 함께 쓰이지 않는, 현대국어의 'ᄒᆞ오'체와 같은 쓰임을 보여준다. 여기서 '-오/소'는 청자높임의 완전한 종결어미로 굳어져서 'ᄒᆞ오'체가 청자높임의 등급 체계에 정착하기 시작하였음을 알 수 있다.

완전한 종결어미로 굳어진 'ᄒᆞ오'체는 더 이상 'ᄒᆞᄂᆞ이다'체와 함께 사용되지 않는다. 또한 'ᄒᆞᄂᆞ이다'체 보다 낮은 등급의 'ᄒᆞ오'체와 함께 쓰이는 '-습/옵' 종결형이 쓰인 예문을 찾아볼 수 있다.

(7) 가. 이 여듧 ᄌᆞᄂᆞ 엽붓침이 업고 경셔언희를 보아도 분명 제 몸 붓침을 ᄒᆞ엿시니 <u>짐작ᄒᆞ오</u> 한문 글ᄌᆞ도 획수를 ᄀᆞ감ᄒᆞ야 변졔

호엿기로 그 리치를 좃츠 호엿시니 <u>짐작호시웁</u> 〈국문 6b〉

나. 오늘늘이야 비로소 셰놈의 젼졍을 판단호고 왓스니 즈시 드러
<u>보오</u> … 제 어듸셔 나셔 그런 비단즙물이 어셔 나리라하고
이제 붓터 어린 아 희가 긴 부리를 놀릴가 <u>보옵</u> 〈삼셜긔
28–30〉13)

(7)에서 보면 '호ᄂ이다'체보다 낮은 등급의 '호오'체와 '-습/옵' 종결형
은 함께 쓰이고 있다. 따라서 이때의 '-습/옵' 종결형도 '호오'체와 같이
'호ᄂ이다'체보다 낮은 등급을 나타낸다. 다시 말해 '-습/옵'은 완전한
종결어미로 굳어졌다.

하지만 현대국어에서는 '하오'체만 쓰이고 '-습/옵' 종결형은 쓰이지
않는다. 이는 형태소들의 단일화 현상과 관련된 것으로 추정된다. 형태적
으로 기능적으로 동일한 성격을 가진 '호오'와 '-습/옵' 종결형은 종결형
으로 부담이 적은 '-오'가 그 쓰임이 확장되면서 점차 '-습/옵' 종결형은
사라지게 되었다(장요한 2004:154).

5.1.3 '-어/어요', '-지/지요'의 형성

19세기에 이르러 '히'체의 종결어미로 볼 수 있는 '-어, -지' 등이
나타난다. 이미 18세기에 '-지'(또는 '-제')로 끝난 문장이 보이기는 하지
만, 두루 나타난 것은 아래의 예문(1)과 같은 19세기 후기의 고대소설
자료에서이다(권재일 1998:70).

(1) 가. 무엇이 <u>북그러워</u>
　　나. 어듸 갓다 인제 <u>와</u>
　　다. 제 아히 <u>일싀이졔</u> … 그 아히 미우 <u>어여쑤졔</u> … 저러흔 어여쑨

13) 장요한(2004:142)에서 예문 (5나)를 인용한 것이다.

아히보고 돈 두푼도 주엇제[14)

(2) 가. 산이어든 도라오고 물이어든 건너오지 〈춘향전 31a〉
　　나. 춘향이 정절잇다 ᄒ더니 본관 슈청드러 농창흔다 ᄒ니 그러흘
　　　 시 분명흔지 〈춘향전 28a〉
　　다. 어시 ᄃᆡ답ᄒᆞᄃᆡ 집으로 가지 〈남원 5:14a〉
　　라. 셩엣장 다랏시면 응당 츠지 〈남원 4:28b〉

예문 (1)과 (2)에서 보면 '-어', '-지'는 용언 어간에 직접 결합되어
청자에 대한 높임을 표시하지 않는 반말 등급의 '히'체이다. '히'체는 연결
어미 이하가 탈락하여 형성된 것으로 이전까지의 형태론적 기제와는
성격이 다르다. 16세기에 등장한 'ᄒᆡ'체는 '-이-'를 포함한 종결어미가
절단되어 형성된 것이고, 17세기에 등장한 'ᄒᆞᆸ'체는 '-ᄂᆞ-', '-니-'
등 선어말어미가 포함된 어미구조체가 절단되어 형성된 것이며, 19세기
의 '히'체는 연결어미 '-어', '-지' 이하의 통사구성이 절단되어 형성된
것이다.
　그리고 여기에 '-요'가 통합된 '-어요', '-지요' 등으로 표시되는 반말
높임 등급의 '히요'체가 나타나서 '-어요'와 '-어', '-지요'와 '-지'로 대립
하여 현대국어에 이른다.[15)

(3) 가. 츈향이 그제야 ᄋᆞᆨ고 그러ᄒᆞ면 우에 울기는 더욱 조치오 …
　　　 내 셰간 다 가지고 삿갓가마 틱고 도련님 짜라가지오 〈춘향전
　　　 16b〉
　　나. 우리게셔 가져간 강아지 요ᄉᆞ이는 믹오 컷지오 〈남원 3:15a〉

───────────────

14) (1가-다)는 권재일(1998:70)의 예문 (55)를 인용한 것이다.
15) '히요'체는 높임 등급에 해당하지만 '-어요', '-지요'의 형성은 '히'체의 '-어', '-지'의
　　형성과 관련된 것이기에 설명의 편리를 위해서 중간 등급 형태의 형성 과정에 함께
　　다루었다.

다. 이 ᄉᄯ오 공ᄉᄂ 잘ᄒᄂ지 못ᄒᄂ지 모로거니와 참나무 휘온
　　 듯 ᄒ니 엇더타 ᅙᆞᆯ지오 〈남원 5:17a〉
라. 원님의 욕심이 엇던지 모로거니와 미젼목포를 다 고미레질ᄒ
　　 여 드리니 엇더ᅙᆞᆯ지오 〈남원 5:17b〉
마. 춘향이오 죽어요 엇지ᄒᄒ여 죽어요 〈남원 3:20a〉

예문 (3)은 19세기 중반의 고전소설에 나타나는 '-지요', '-어요'의 쓰임
을 보여주는데, '-지요', '-어요'는 서술문과 의문문에 두루 나타난다.
그리고 (1)-(3)에서 보면 'ᅙᆞ'체와 'ᅙᆞ요'체는《남원고사》나《춘향전》과
같은 일부 문헌에서만 나타나는데, 이것은 'ᅙᆞ'체와 'ᅙᆞ요'체가 새로운
형태인데다 구어체로 주로 쓰였기 때문이라고 볼 수 있다. 또한 고전소설
에는 '-어'와 '-어요'의 예문은 잘 보이지 않고 주로 '-지'와 '-지요'가
나타난다.

(4) 가. ①이왕 독립 협회에 연셜도 만히 잇서스니 만히 드르시려니와
　　　　 별 뜻 업지오 〈독립 1897.1.9〉
　　　 ②ᄂ라ᄂ 양반님네가 다 망ᄒᆞ야 노셧지오 〈혈의루 상:27〉
　　　 ③길이ᄂ 알아야 잠간 갓다가ᄂ 오지요 〈고목화 上:38〉
　　　 ④게도 제구멍이 아니면 드러가지 아니ᄒᆞᆫ다 ᄒᄂ 속담이 잇소
　　　　 참 그러ᄒ지오 〈금슈 034〉
　　 나. ①싱각지 아니 ᄒ고 알 슈 업다 ᄒᄂ 거시 무슴 연고인지오
　　　　 〈독립 1897.4.1〉
　　　 ②그 관계가 엇지 즁ᄒᆞ오며 그 직책이 엇지 큰지 아시ᄂ지오
　　　　 〈독립 1897.5.4〉
　　　 ③여보 어졔 댁에 사ᄅᆞ ᄒ나 보닛지오 〈귀의성 上:45〉
　　　 ④늬가 그쳐럼 말ᄒᆞᆯ거슨 아니올시다마ᄂ 남의 일갓치 안소구
　　　　 려 어졔밤 일를 알고ᄂ 오셧ᄂ지요 〈귀의성 上:60〉

(5) 가. ①공정흔 말을 흐기도 흐고 듯기도 흐랴면 독립 협회에 불가불
　　　　갈슈밧긔 업셔요 〈독립 1898.9.23〉
　　　②졔 어미 아비도 잘 들 잇는지 궁금도흐고 보고 십어요 〈고목
　　　　화 上:38〉
　　나. ①조션 풍속딕로 말흐자 흐시면셔 아희를 보고 희라 흐시기가
　　　　셔먹셔먹하셔요 〈혈의루 상:71〉
　　　②보기는 누가 보아요 이 밤즁에 그런 걱정은 죠곰도 마옵시오
　　　　〈빈상셜 027〉

예문 (4)–(5)는 19세기 말~20세기 초의 문헌에 나타나는 '–지요',
'–어요'의 쓰임을 보여주는데, (4가)와 (5가)에서 보면 '–요'는 서술을
나타내는 어미 '–지'와 '–어' 다음에 쓰였으며, (4나)와 (5나)에서 보면
'–요'는 의문을 나타내는 어미 '–지'와 '–어' 다음에 쓰였다. 이들에서
보면 '–지' 다음에 쓰인 '–요'는 '–오'로 표기하는 경우도 많았다.
　그리고 20세기 10년대에 들어서서는 '–요'의 분포는 훨씬 넓어져서
예문 (6)에서 볼 수 있듯이 '–가, –나' 다음에도 붙었고, 이음문의 선행절
다음에도 붙었다.

(6) 가. ①나는 이것이 무슨 팔즈인가요 〈강상촌 076〉
　　　②로 슈작은 흐는 듯십으되 아모 소리는 업스니 웬일인가요
　　　　〈비행선 97〉
　　나. ①셔판셔 대감끠셔 다른 즈데는 또 업나요 〈구의산 上:83〉
　　　②면 멧시에나 오나요 〈재봉춘 84〉
　　다. ①리졍위 령감이 좀 싱각을 돌니셔야 홀 터인데요 엇덜넌지오
　　　　〈두견성 하:53〉
　　　②량식은 됸살 멧말 감즈 두어 셤뿐인데요 (참) 오릭될 일은
　　　　무엇잇소 〈금의쟁성 017〉

(6)은 20세기 10년대의 자료인데, (6가-나)에서 보면 의문법의 경우 예문 (4)-(5)와 달리 '-가', '-나' 다음에도 '-요'가 붙었고, (6다)에서 보면 이음문의 선행절에도 쓰이게 되어 '-요'의 분포가 넓어졌음을 확인할 수 있다.

이와 같이 '-요'는 '-지'와 '-어' 다음에 쓰이다가, 다시 서술과 의문어미 전체로 번져갔으며, 분포가 더 넓어지면서 이음법 등에도 쓰이게 된 것으로 보인다.16)

'-요'의 분포가 넓어지는 과정에서 '-요'의 기원에 대해 몇 가지 견해가 있다. 서정목(1993)에서는 '-으오'에서 그 연원을 찾으려 했고, 김용경 (1999)에서는 '-요'의 기원만을 별도로 논의하지는 않았지만, 19세기 이전 청자높임을 실현하던 '-오/소/쇼'와 관련 지어 설명하고자 하였다. 이 두 가지 설은 조사 '-요'가 어미 '-오/소/쇼'에서 발달한 것으로 추정했다는 점에서 공통점이 있다. 특히 김용경(1999)에서는 조사 '-요'를 의문형 어미 '-리오/리요'와 연결어미 '-이오/이요'와 함께 다룸으로써 '-요'의 생성이 어미에서 비롯된 것이라는 가정을 하고 있다.17) 그리고 허재영 (2008)에서는 '문법화의 방향성 문제'와 '-요'의 분포를 들어 '-오' 기원설의 문제점을 제기하였고, 연결어미 '-이오'가 단순한 연결어미일 뿐 높임의 기능과 무관하다는 점을 제기하여 연결어미 '-이오' 기원설에 이의를 제기하였다. 그러면서 '-요'는 서술격조사 '이다'의 활용형인 '이

---

16) 허재영(2008:481)에서는 연대가 뚜렷한 문헌의 경우 '-요'는 '-지' 다음에 쓰이다가 차츰 '-어'로, 다시 서술과 의문어미 전체로 번져간 것으로 추정한다고 했다. 즉 1890 년대에는 '-지오/지요'형태가 나타났고, 1900년대에는 '-지오/-지요', '-어요'형태가 나타났으며 1910년대 초기에는 '-지오/지요', '-어요/아요/야요', '-나요', '-가요'가 나타났다고 했다. 하지만 '-지' 뒤에 먼저 '-요'가 결합되었는지, '-어'뒤에 먼저 '-요'가 결합되었는지는, 어느 것이 먼저라고 결단 내리기 어렵다. 왜냐하면 19세기 중반의 고전소설 자료에 이미 '-지요'와 '-어요'가 모두 나타났기 때문에 선후순서를 결정하는 것은 쉽지 않다. 다만 '-지오/지요'는 상대적으로 많이 나타났고, '-어요'는 상대적으로 적게 나타나는데 이것은 문헌상의 차이로 보인다.

17) '-요'의 기원에 대한 선행연구는 허재영(2008:485)를 따라 정리한 것이다.

오'의 변이형에서 발생한 것이라는 추정을 하였다.[18]

본고에서도 허재영(2008)의 견해에 동의하며, '-요'는 서술격조사 '이다'의 활용형인 '이오'가 '-요'로 융합되어 발생한 것으로 보고자 한다. 다시 말하면 서술격조사 '-이다'의 '-이-'에 'ᄒ오'체의 종결어미 '-오'가 결합될 경우 '-이오〉-오, -요'의 형태로 융합되어 새로운 조사를 만들어냈다.

즉 19세기 중반의 고전소설에 나타나는 '-지오'는 어미 '-지' 뒤에 서술격조사 '-이오'가 결합한 형태로 볼 수 있고, 19세기 말의 《독립신문》 등에 나타나는 '-지오'는 '-지'뒤에 조사화된 '-오, -요'가 결합된 형태로 볼 수 있다. '-요'는 그 쓰임이 확대됨에 따라 '-지', '-어'를 제외한 기타 의문법 어미 '-가', '-나' 등에도 자유롭게 결합되었고, 이음문 등에서 나타나게 되었다.

또한 이와 같은 'ᄒ'체와 'ᄒ요'체의 성립에 관련하여 문말형식절단 규칙과 같은 형태론적 기제, 음운 변화 등 요인이 작용하였을 뿐만 아니라 시제 체계의 변화도 하나의 요인으로 작용하였다. 말하자면 본래 연결어미의 경우는 '-(으)니'와 같은 몇몇 어미를 제외하면 선어말어미 '-ᄂ-', '-더-', '-리-'와의 결합이 제약되었다. 하지만 근대국어 시기에 새롭게 시제 표현의 선어말어미로 자리 잡게 된 '-엇-', '-겟-'은 본래 동사 '잇-'을 포함하고 있었기 때문에 다양한 연결어미와 자유롭게 결합할 수 있었다.

(7) 가. ①즉시 ᄒ나흘 너여 <u>왓시되</u> 되쇼는 큰 뒤웅 갓고 죠희를 비졉ᄒ
　　　야 ᄆ든 거시라 〈을병 9:123〉
　　　②사룸을 의론ᄒ면 자조 ᄆᆺ춤이 잇다 <u>ᄒ겟시되</u> 쥬의 뜻을 의론
　　　ᄒ면 ᄒ 번 사룸의 ᄆᆞ음에 나시매 ᄒᆞᆼ샹 머무르고져 ᄒ시는고
　　　로 ᄆᆺ춤이 업슴이라 〈성경 55a-b〉

---

18) 허재영(2008:488)에서는 각주 8에 '-요'가 서술격조사의 활용형인 '이오'의 변이형에서 발생한 것이라는 추정은 김용경(1999)의 논리와도 크게 배치되는 것이 아니라고 밝혔다.

나. ①이 곳의 일지군을 <u>민복ᄒ엿스면</u> 비록 용병ᄒ나 엇지 버셔나
　　　리오 〈삼국지 2:02b〉
　　②정부의셔 디쥬를 불너야 <u>ᄒ겟스면</u> 부르ᄂᆞ뇨 〈경향 4:284〉

다. ①제 힝니를 다 <u>옴겨 왓고</u> 임의 됴흔 쥬인을 뎡ᄒᆞ야시며 〈빙빙
　　　면 031〉
　　②나는 그리로 가야 <u>평안ᄒ겟고</u> 만일 쟝망셩으로 도라가면
　　　내가 거긔셔 망홀 거시오 〈텬로 45b〉

라. ①샹은도 아니 쓰기로 <u>뎡ᄒ엿거든</u> 졍관의 드러 샹ᄉ단 엇기를
　　　내 엇디 구ᄒ리오 〈을병 5:25〉
　　②내 안헤 계심을 밋으라 밋지 <u>아니ᄒ겟거든</u> 힝ᄒᄂ 일을 인ᄒᆞ
　　　야 나를 밋으라 〈신약 요14:11〉

마. ①발셔 몃몃 셰월이 <u>되엿스며</u> 닌광이 어듸가 죽은 쥴 모르ᄂ
　　　거슬 들먹여 ᄂᆡ여 ᄯᅩ 잡셜을 ᄒ려 ᄒ시ᄂ니잇가 〈완월
　　　21:16b〉
　　②제국을 다공평이 빌녀쥬어야 홀터이니 삼쳔리 강산이 몃죠
　　　각이나 <u>뇨겟스며</u> … 셰계각국이 다 토디를 ᄇᆞᆰ고 대한과
　　　통상약됴를 쳥홀터이니 〈협셩1〉

바. ①비록 난호여 댱부 비ᄌ <u>되엿스나</u> 셕일 동반을 각각 틱ᄉᆞᆼ(老
　　　上)의 여군을 셥긔올 졔 〈완월 17:27a〉
　　②즁역 ᄒ기도 황모와 <u>갓겟스나</u> 최동학 지슈ᄒ엿슬시에 식비
　　　를 도와쥰고로 죄일등만 감ᄒᆞ야 즁역 십오년에 쳐ᄒ엿더라
　　　〈매일 1898.2〉

　예문 (7)은 선어말어미 '-엇-'과 '-겟-'이 각각 연결어미 '-(으)되,
-(으)면, -고, -거든, -며, -(으)나'에 통합된 결합 양상을 보여준다.
연결형에서 '-엇-'이 과거를, '-겟-'이 미래를 표현할 수 있게 되면 이들
이 결합되지 않는 형태는 현재를 표현하는 것으로 재해석될 수 있다.
　따라서 선어말어미 '-엇-', '-겟-'의 등장은 문장종결형에서뿐만 아

니라 연결형에서도 시제의 대립이 나타나게 하는 변화를 가져오게 했다. 때문에 '-어', '-지' 등의 연결어미가 종결어미로 변화하는 것도 가능하게 되었다. 이승희(2008:40)에 의하면 '-거든'과 같이 현대국어의 반말에 포함된, 연결어미에서 기원한 종결어미는 모두 이러한 시제 체계의 성립 을 토대로 등장하게 된 것이라고 했다.

이를 정리하자면, '-엇-', '-겟-'의 확립을 통해 성립된 새로운 시제 체계를 기반으로 하여 문말형식절단 규칙의 확대와 더불어 연결어미 '-어', '-지' 이하의 통사적 구성이 절단됨으로써 '히'체 종결어미가 형성 되었고, 여기에 '-이오 〉 -요'가 통합되어 '히요'체가 형성되었다.

5.2 청자높임법 등급의 분화

주체높임법이나 객체높임법은 관련 형태소의 결합유무에 따라 의미가 결정되는 이원적 체계로 구성되는데 비해, 청자높임법은 화자가 청자를 어느 정도로 높이느냐에 따라 그 높임의 정도성이 단계적으로 구분되는 다원적 체계로 이루어진다는 점에서 위의 두 높임법과는 다소 구별되는 특성을 지니고 있다. 이러한 특성으로 인해 주체높임법이나 중세국어의 객체높임법은 '-시-'나 '-습-'이라는 형태소의 실현여부에 따라 높임의 의미가 도출되느냐 아니냐를 따지지만 청자높임법에 대해서는 각 등급을 담당하는 종결어미에 의해 해당하는 등급의 의미를 따진다.

아래에 각 세기 별로 청자높임법의 변화를 살펴보도록 하자.

5.2.1 15세기 청자높임법의 등급

15세기 청자높임법을 현대국어와 비교할 때 가장 두드러진 특징은 선어말어미에 의해서도 청자높임이 표시되었다는 점이다. 또한 그 역할의 비중이 종결어미에 비해 결코 적지 않았다. 종결어미로만 청자높임이 표시되는 것은 명령문뿐이다. 15세기에 청자높임의 선어말어미로는 주로 '-이-'가 언급되지만 이 시기에는 '-ㅇ-'도 존재하였다. 비록 '-이-'와 '-ㅇ-'은 높임의 정도에 있어서는 차이가 있으나 청자높임을 표시한다는 점에서는 동일하다.

따라서 15세기 국어의 청자높임법 등급은 셋으로 나뉜다. 그것은 '높임(-이-)', '중간높임(-ㅇ-)', '안높임(-∅-)'이다.

(1) 가. 法音을 너피실씨 雜色衆鳥룰 <u>내시니이다</u> [내-시-니-이-다]
　　　〈월석 7:59a〉

　　나. 衆生이 福田이 드욀씨 쥬이라 <u>ᄒᆞᄂᆞ닝다</u> [ᄒᆞ-ᄂᆞ-니-ㅇ-다]
　　　〈석상 6:19a〉

　　다. 世尊이… 큰 法義룰 퍼러 <u>ᄒᆞ시ᄂᆞ다</u> [ᄒᆞ-시-ᄂᆞ-∅-다]〈식상 13:26b〉

(2) 가. 世尊하 … 이 法華經 듣고 隨喜흔 사ᄅᆞ미 福을 언매나 <u>得ᄒᆞ리잇고</u>[得ᄒᆞ-리-잇-고]〈석상19:1a〉

　　나. 그딋 아바니미 <u>잇ᄂᆞ닛가</u> [잇-ᄂᆞ-니-ㅅ-가]〈석상 6:14b〉

　　다. 네 어듸 이셔 趙州 <u>본다</u> [보-ㄴ-∅-다]〈몽산해 53b〉

(3) 가. 聖母하 願흔든 <u>드르쇼셔</u> [들-으-쇼셔]〈월석 21:38a〉

　　나. 엇뎨 부톄라 ᄒᆞᄂᆞ닛가 그 ᄠᅳ들 <u>닐어쎠</u> [닐-어쎠]〈석상 6:16b〉

　　다. 나ᄆᆞᆫ 다ᄉᆞᆺ 이룰 <u>견주라</u> [견주-라]〈능엄해 3:4a〉

(4) 가. 일후믈 <u>一定ᄒᆞ사이다</u> [一定ᄒᆞ-사-이-다]〈월석 8:98〉

　　나. 사ᄅᆞ미 ᄂᆞᆷᄃᆞ려 닐오ᄃᆡ 經이 이쇼ᄃᆡ 일후미 法華ㅣ니 흔ᄃᆡ 가 <u>듣겨</u>[듣-겨] ᄒᆞ야든 〈석상 19:6a-b〉

(1)~(3)은 각각 15세기 서술문, 의문문, 명령문에서 나타나는 청자높임 세 등급의 예이다. (1)에서 보면 서술문에서는 청자높임법의 선어말어미 '-이-'에 의해 높임을 실현하고, '-ㅇ-'에 의해 중간높임을 실현하며 '-∅-'에 의해 안높임을 실현한다. (2)에서 보면 의문문에서는 청자높임의 선어말어미 '-잇-'에 의해 청자에 대한 높임을 나타내고, '-ㅅ-'에 의해 중간높임을 나타내며, '-∅-'에 의해 안높임을 나타낸다. (3)에서 보면 명령어미 '-쇼셔'에 의해 청자에 대한 높임의 의향을 실현하고 '-어쎠'로 청자에 대한 중간높임을 실현하며, '-라'에 의해 청자에 대한 안높임을 나타낸다. (3가)의 '聖母하'에 나타난 호격조사 '-하'도 청자높임을 실현한다. (4)에서 보면 청유법의 청자높임은 두 등급으로만 실현되는데, 청유어미 '-져, -져라'가 '안높임' 등급이고 '-사이-'가 '높임'의 등급이다.

아래의 (5)는 15세기 서술문, 의문문, 명령문, 청유문에서 각각 청자높임법상으로 대립을 보이는 형태를 정리한 것이다.

(5) 15세기 청자높임법 체계

	평서문	의문문	명령문	청유문
높임	ᄒᆞᄂᆞ이다	ᄒᆞᄂᆞ니잇가	ᄒᆞ쇼셔	ᄒᆞ사이다
중간높임	ᄒᆞ닝다	ᄒᆞᄂᆞ닛가	ᄒᆞ야쎠	∅
안높임	ᄒᆞᄂᆞ다	ᄒᆞᄂᆞ니아/ᄒᆞᄂᆞᆫ다	ᄒᆞ라	ᄒᆞ져

(5)에서 보면 높임 등급의 'ᄒᆞᄂᆞ이다'체는 'ᄒᆞᄂᆞ이다, ᄒᆞᄂᆞ니잇가, ᄒᆞ쇼셔, ᄒᆞ사이다' 등 형태들로 표시되고 중간높임 등급의 'ᄒᆞ닝다'체는 'ᄒᆞ닝다, ᄒᆞᄂᆞ닛가, ᄒᆞ야쎠, ∅' 등 형태들로 표시되며 안높임 등급의 'ᄒᆞᄂᆞ다'체는 'ᄒᆞᄂᆞ다, ᄒᆞᄂᆞ니아/ᄒᆞᄂᆞᆫ다, ᄒᆞ라, ᄒᆞ져' 등 형태들로 표시된다.

그런데 15세기 청자높임법의 등급 체계에서 문제가 되는 것은 'ᄒᆞ닝다' 체에 대한 부동한 견해와 시가문의 '-리, -니', 그리고 의문형의 '-리,

−니'에 대한 처리이다.

'ᄒᆞ닝다'체의 예는 그리 많지 않아, 독자적인 높임 등급을 담당하는지 확언하기 어렵지만, 안병희(1965)이후 일반적으로 중간 등급을 담당하는 것으로 보고 있다.19) 다시 말해 '그듸'와 호응하며, 'ᄒᆞᄂᆞ이다'와는 구분되므로 공시적으로는 화자와 청자의 상하 차이가 크지 않은 대화에 사용되는 별개의 등급으로 봐도 문제가 될 것이 없다고 본다.

(6) 須達: 婚姻 위ᄒᆞ야 아ᅀᆞ미 오나ᄃᆞᆫ 이바도려 <u>ᄒᆞ노닛가</u>

須達: 그리 아니라 부텨와 즁과를 請ᄒᆞᅀᆞ보려 <u>ᄒᆞ닝다</u>

須達: 엇뎨 부톄라 <u>ᄒᆞᄂᆞ닛가</u> 그 ᄠᅳ들 닐어쎠

護彌: 그듸ᄂᆞᆫ 아니 <u>듣ᄌᆞᄫᅢᆻ더시닛가</u> 淨飯王 아ᄃᆞ님 悉達이라 ᄒᆞ샤리 … 光明이 世界를 ᄉᆞ뭇 비취샤 三世옛 이를 아ᄅᆞ실ᄊᆡ 부톄시다 <u>ᄒᆞᄂᆞ닝다</u> 〈석상 6:16a-19a〉

(7) 가. ᄀᆞ장 <u>툐힝다</u> 져근덛 <u>기드리라</u> 나라홀 夫人 太子 맛디고 닐웨 디나면 <u>나소리라</u> 〈월석 20:35a〉

나. 어드러셔 <u>오시니잇가</u> 므스글 얻고져 ᄒᆞ야 흔 발로 셔 겨시니 …이 白象은 우리 아바니미 날 ᄀᆞ티 ᄉᆞ랑ᄒᆞ시ᄂᆞ니 그듸낼 <u>몯 나소려다</u> 그듸내옷 나ᅀᆞ면 내 아바닚 ᄠᅳ들 일흐며 ᄒᆞ다가 이 象ㅅ 다ᄉᆞ로 <u>내티시리라</u> 〈월석 20:64b-65a〉

예문 (6)은 신분과 지위가 높은 두 사람 사이에 오가는 대화인데, 여기서는 서로 대방에게 'ᄒᆞ닝다'체를 사용하고 있다. 또한 '그듸'와 호응하고 있어 'ᄒᆞᄂᆞ이다'체보다 좀 낮은 등급으로 볼 수 있다. 하지만 예문 (7)에서 'ᄒᆞ닝다'체는 'ᄒᆞᄂᆞ이다'체와 'ᄒᆞᄂᆞ다'체와 함께 쓰이고 있어 어느 등급

---

19) 허웅(2000)이나 양영희(2001)에서는 'ᄒᆞ닝다'체를 'ᄒᆞᄂᆞ이다'체의 변이형 정도로 보고 있다. 형태론적 측면만을 고려한다면 평서문과 의문문의 'ᄒᆞ닝다'체는 'ᄒᆞᄂᆞ이다'체에서 변화되어 나온 형태일 것이다.

에 속하는지 확언하기 어려운 점도 없지 않다. 그런데 'ᄒᆞ닝다'체가 때로는 'ᄒᆞᄂᆞ이다'체, 때로는 'ᄒᆞᄂᆞ다'체와 함께 쓰일 수 있는 사실은 바로 '중간 등급'이기에 두 등급 사이를 오갈 수 있다고 해석할 수 있다. 다시 말하면 화자가 청자높임법 체계의 양극에 자리 잡은 높임 등급과 안높임 등급을 동일하게 청자에게 사용하기는 어렵지만 중간 등급일 경우 바로 위의 등급이나 아래의 등급과 함께 사용될 가능성이 좀 더 열려 있다.

다음 시가문에 나타나는 '-리', '-니'와 산문에 나타나는 의문형의 '-리', '-니'에 대해 알아보기로 하자.

《용비어천가》, 《월인천강지곡》에 나타나는 '-리, -니'와 《월인석보》에 나타나는 '-리, -니'는 모두 'ㅣ'로 끝난다는 형태적 공통점이 있다. 이들은 문말형식절단 규칙의 형태론적 기제에 의해 '-리이다', '-니이다'에서 '-이다'가 절단되어 형성된 것이다. '-리, -니'에서 'ㅣ'의 존재가 청자높임의 '-이-'존재를 암시할 수 있기에 이런 절단현상이 발생할 수 있었던 것이다. 하지만 동일한 형성 절차를 거친 시가문의 '-리, -니'와 산문의 '-리, -니'는 높임 등급이 균등하지 않다.

시가문의 '-리, -니'는 높임 등급인 'ᄒᆞᄂᆞ이다'체와 같이 쓰이거나 'ᄒᆞᄂᆞ이다'체가 쓰일 상황에 쓰이는 것으로 높임의 정도는 'ᄒᆞᄂᆞ이다'체와 거의 같다.

(8) 가. ①天命을 疑心ᄒᆞ실씨 꾸므로 뵈아시니 놀애를 브르리 하ᄃᆡ
　　　 天命을 모ᄅᆞ실씨 꾸므로 알외시니 〈용가 13〉
　　　②聖孫이 一怒ᄒᆞ시니 六百年 天下ㅣ 洛陽애 올ᄆᆞ니이다 聖子ㅣ
　　　 三讓이시나 五百年 나라히 漢陽애 올ᄆᆞ니이다 〈용가 14〉

　　 나. ①혀근 션비를 보시고 御座애 니르시니 敬儒之心이 엇더ᄒᆞ시
　　　 니 늘근 션비를 보시고 禮貌로 ᄭᅮ르시니 右文之德이 엇더ᄒᆞ
　　　 시니 〈용가 82〉

②夫를 하늘히 니즈샤 功德을 國人도 숣거니 漢人 ᄆᆞᅀᆞ미 <u>엇더</u>
ᄒᆞ리잇고 하늘히 獨夫를 ᄇᆞ리샤 功德을 漢人도 숣거니 國人
ᄆᆞᅀᆞ미 <u>엇더ᄒᆞ리잇고</u> 〈용가 72〉

(9) 가. 讖口ㅣ 만ᄒᆞ야 罪 ᄒᆞ마 일리러니 功臣을 살아 <u>救ᄒᆞ시니</u> 工巧ᄒᆞᆫ
하리 甚ᄒᆞ야 貝錦을 일우려커든 이 ᄠᅳ들 닛디 <u>마ᄅᆞ쇼셔</u> 〈용가
123〉
나. 性與天合ᄒᆞ샤ᄃᆡ 思不如學이라 ᄒᆞ샤 儒生을 <u>親近ᄒᆞ시니이다</u>
小人이 固寵호리라 不可令閑이라커든 이 ᄠᅳ들 닛디 <u>마ᄅᆞ쇼셔</u>
〈용가 122〉

예문 (8)은 구체적인 청자를 상정하기보다 시적 화자가 독자에게 말하
는 것으로 볼 수 있다. (8가)에서 보면 서술문에서 '-니'종결형이 나타난
바로 뒤의 시가에는 '-니이다'가 등장하고 있고, (8나)에서 보면 의문문
에서도 '엇더ᄒᆞ시니'와 '엇더ᄒᆞ리잇고'가 함께 나타난다. 또한 (9)는 '이
ᄠᅳ들 닛디 마ᄅᆞ쇼셔'로 끝나는 이른바 '勿忘章'의 일부로 구체적인 청자로
서 '임금'을 상정할 수 있는 부분인데, (9가)에서는 '救ᄒᆞ시니', (9나)에서
는 '親近ᄒᆞ시니이다'가 각각 쓰였음을 볼 수 있다. 이런 예문들을 통해
볼 때, 종결형태 '-니, -리'는 '-니이다, -리이다'와 비슷한 등급의 청자
높임법을 나타낸다.
《월인천강지곡》에서도 이와 유사한 상황을 확인할 수 있다.

(10) 가. ①摩耶ㅅ 꿈 안해 右脇으로 드르시니 밧ᄀᆞᆺ 그르메 瑠璃 ᄀᆞᆮ더시
니 淨飯이 무러시ᄂᆞᆯ 占者ㅣ 判ᄒᆞᅀᆞᆸ보ᄃᆡ 聖子ㅣ 나샤 正覺
<u>일우시리</u> 〈천강곡 6a-6b〉
②釋種이 슬ᄡᅦᆸ보ᄃᆡ 太子ㅣ 出家ᄒᆞ시면子孫이 <u>그츠리이다</u> 〈천강
곡 13b-14a〉
나. ᄆᆞᅀᆞᆷᄋᆞ란 아니 닷고 오ᄉᆞ로 빗오ᄆᆞᆯ 이룰사 붓그리다니 현마

七寶로 꾸며도 됴타 <u>호리잇가</u> 法엣 오시사 眞實ㅅ <u>오시니</u> 〈천
강곡 44a〉

(10가)의 ①은 占者가 마야부인의 꿈에 대한 해몽을 淨飯王에게 아뢰는
장면으로, 신하나 백성이 왕에게 아뢸 때에는 당연히 높임의 '흐ㄴ이다'체
가 쓰여야 하는데 '일우시리'가 사용되었다. (10가)의 ②를 보면 왕족들이
淨飯王에게 말하는 장면에서 '그츠리이다'와 같이 '흐ㄴ이다'체가 사용되
었음을 볼 수 있다. 그리고 (10나)에서 보면 '호리잇가'와 '오시니'가 함께
나타났다.

하지만《月印釋譜》등에서 간혹 나타나는 의문문의 종결형 '-리, -니'
는 일반적인 대화장면에서 나타나고 있을 뿐만 아니라 사용상황도 앞에
서 살펴본 평서문과 의문문 종결형 '-리, - 니'와 차이를 보인다.

(11) 가. ①俱夷 또 묻ㅈ봉샤ᄃᆡ 부텻긔 받ㅈ바 므슴호려 <u>흐시ᄂ니</u> 善慧
　　　對答흐샤ᄃᆡ 一切 種種 智慧를 일워 衆生ᄋᆞᆯ 濟渡코져 <u>흐노라</u>
　　　… 俱夷 너기샤ᄃᆡ … 니ᄅ샤ᄃᆡ 내 이 고ᄌᆞᆯ 나소리니 願흐ᄃᆞᆫ
　　　내 生生애 <u>그딋</u> 가시 <u>ᄃᆞ외아지라</u> 〈월석1:10b-11b〉
　　　②여듧 玉女ㅣ 黃金 시를 뷔어늘 太子ㅣ 무로ᄃᆡ <u>그듸 엇더니시</u>
　　　<u>니</u> 對答호ᄃᆡ 나ᄂᆞᆫ 龍王ㅅ 안ᄭᆞᆷ 자본 <u>죠이로라</u> 〈월석 22:44b〉
　　　③그 ᄯᆞ리 닐오ᄃᆡ <u>그듸</u> ᄀᆞ장 어린 <u>사ᄅᆞ미로다</u> 엇뎨 이런 마ᄅᆞᆯ
　　　흐시ᄂ니 波羅㮈王 善友太子ᄂᆞᆫ 바ᄅᆞ래 드러가 몯 도라왯ᄂ
　　　니 <u>그듸 엇뎨 기로라</u> 흐시ᄂ니 〈월석 22:58a-58b〉
　　나. 太子ㅣ (婆羅門ᄃᆞ려) 닐오ᄃᆡ 엇뎨 아니 더브러 <u>가시ᄂ니</u> …
　　　그듸 ᄃᆞ려 가면 내 <u>깃구렁다</u> 〈월석20:85a〉

(11가)는 '-리, -니' 의문문이 '흐ᄂ다'체와 함께 쓰인 경우를 보여주는
것이다. (11가)의 ①에서 보면 구이는 선혜에게 '-리, -니' 의문문이나

'ᄒᆞᄂᆞ다'체를 사용하였고, 선혜는 구이에게 'ᄒᆞᄂᆞ다'체를 사용하였다. 또한 '-리, -니' 의문문에 주체높임의 '-시-'가 결합되어 있는데, 이는 '-리, -니' 의문문이 'ᄒᆞᄂᆞ다'체보다 좀 더 높은 높임 등급을 표시함을 말해준다. (11가)의 ②에서 보면 태자가 옥녀들에게 2인칭 대명사 '그듸'와 의문형 '-니'를 사용하였고, 선어말어미 '-시-'가 '-리, -니' 의문문에 결합되어 상위자가 하위자에게 사용하는 전형적인 '-ᄒᆞᄂᆞ다'체의 사용상황과는 차이가 있다. (11가)의 ③에서 보면 자신의 정체를 밝히는 선우태자에게 공주는 'ᄒᆞᄂᆞ다'체와 '-니' 의문문을 사용하고 있는데, '-니' 의문문에는 주체높임의 '-시-'가 결합되어 있기 때문에 (11가)의 ①, ②와 같이 'ᄒᆞᄂᆞ다'체보다 좀 더 높임 등급을 나타낸다고 볼 수 있다. 게다가 이들 의문문의 주어가 2인칭, 즉 청자인 상황에서 주체높임의 선어말어미 '-시-'가 결합되었다는 점은 화자가 청자에 대해 적극적인 높임은 아닐지라도 최소한 단순한 '높이지 않음'의 등급은 아니라는 것을 말해준다. 따라서 '-리, -니' 의문문은 'ᄒᆞᄂᆞ다'체보다 한 단계 높은 'ᄒᆞ닁다'체와 같은 중간 등급에 속한다.

그리고 (11나)에서 보면 태자가 婆羅門에게 말하는 장면인데, 태자는 '-니' 의문문과 함께 'ᄒᆞ닁다'체를 함께 사용하였다. 이 예문에서는 2인칭 대명사 '그듸'가 쓰였고, '-니' 의문문에 선어말어미 '-시-'가 결합되었다. 그런데 이승희 (2007:58)에 의하면 '-리, -니' 의문문이 'ᄒᆞ닁다'체보다는 'ᄒᆞᄂᆞ다'체와 함께 쓰인 예가 더 많다고 했다.

시가문의 '-리, -니' 종결형이 높임 등급에 해당하고 산문의 '-리, -니'가 중간높임 등급에 해당하는 문제에 대해 윤용선(2006:358)에서는 문말형식절단 현상은 시가문에서 산문으로 확대되었는데 이것은 문체적 현상이 문법적 현상으로 확대되는 것으로 이해할 수 있다고 했다. 그리고 문체적 현상일 때는 기존의 속성을 대부분 유지하고 표현적 가치만 바뀔 뿐이지만, 문법체계에 편입되면 기존 형태와의 관계에 의해 적용범위나 기능이 제한을 받게 되는 것으로 보인다고 했다. 또 시가문의 '-리', '-니'는 문체적 현상이고 의문문의 '-리', '-니'는 구어로 들어와 문법적 현상으로 정착된 것으로 구분해 볼 수 있다고 했다. 그런데 유독 의문문에서만 '-리', '-니'가 문법체계에 들어온 것은 의문법의 종결어미는 대부분 '-리', '-니'가 선행하기에 이런 형태론적 특성으로 인해 '-리', '-니'만이 의문법 종결어미로 추정되었다고 했다. 이러한 문체적 원인, 형태론적 원인, 그리고 위에서 서술한 사용상황의 원인 등으로 하여 시가문의 '-리, -니'는 높임 등급을 나타내고 산문의 '-리, -니'는 중간 등급을 나타냈다.

이상의 논의를 바탕으로 15세기의 청자높임법 체계를 다음과 같이 설정한다.

〈표1〉 15세기 청자높임법의 등급 체계

등급	등급 형식	
높임	ᄒᆞᄂᆞ이다	-리, -니 (시가문)
중간높임	ᄒᆞᄂᆞᆼ다	-리, -니 (의문문 종결형태)
안높임	ᄒᆞᄂᆞ다	

5.2.2 16세기 청자높임법의 등급

16세기의 주요변화는 중간 등급이 확고히 굳어지고 '-리, -니'의 등급이 낮아진 것이다. 15세기의 중간 등급 형식인 'ᄒᆞᄂᆞᆼ다'체는 16세기에 들어서서 뚜렷한 변화를 보이고 평서문에서 'ᄒᆞᄂᆡ'체가 그 자리를 대신하게 되었다. 만일 'ᄒᆞᄂᆞᆼ다'체를 'ᄒᆞᄂᆡ'체와 분리하면 16세기의 청자높임법은 4등급 체계가 될 수 있지만, 실제 사용에 있어 이 둘은 차이를 보이지 않으므로 16세기도 3등급 체계라 할 수 있다. 의문문에서는 간접의문의

'-ㄴ가'형이 직접의문으로 쓰이면서 중간 등급을 나타내게 되었다. '-ㄴ
가'형의 직접의문 합류는 '-리, -니' 등급의 하강에 영향을 준다. 명령문
에서는 '-소'가 새로이 나타나 'ᄒ야쎠'형을 대신하기 시작한다.
아래에 16세기 청자높임법의 체계를 자세히 살펴보기로 하자.

(1) 가. ①슌인니 (아버지에게) 닐우듸 만경이 세 샹ㅅ 송장 몯ᄒ여
단양의셔 무그며 이제 곽원진 ᄀ튼 사름이 업스니 니를 듸
업세라 ᄒ더이다 〈이륜 42b〉
②그 듕에 ᄒ 손이 즉제 뒤답ᄒ여 (參政 張觀에게)닐오듸 …
날회여 ᄒ다 ᄒᄂ는 ᄒ 주는 내 듣디 몯ᄒ엿당이다 〈번소
9:53a〉
③져믄 님굼 도아 인 그릇 맛다슈믄 비록 賁育ᄀ티 힘 세유라
ᄒ여도 잘 앗디 몯ᄒ리이다 〈번소 9:41a〉
나. 범식기 댱원빅과 본향애 갈 제 닐우듸 훗 두 히예 도라 디나갈
제 그듸 어머님 뵈ᅀᆞ오링다 〈이륜 33a〉
다. ᄯᅩ 엇찌 ᄃᆞ려가ᄂ니 … 어버이 되어 어렵다 〈청주 61〉

(2) 가. ①령공이 ᄂᆞ미게 할여 나가거든 그리 홀 거시잇가 〈이륜 39a〉
②窮ᄒ야 의탁홀 듸 업슨 이어든 可히 두 번 남진 븓트리잇가
말링잇가 〈소학 5:67b〉
나. 어늬 이 祖師 西來ᄒ샨 ᄠᅳ디닛고 〈선가해 12a〉
다. 듕엄미 (아들에게) 닐우듸 엇디 밀 시론 비룰 주디 아니ᄒ다
〈이륜 42b〉

(3) 가. 太子ㅣ 님금쯰 뵈ᅀᆞ와 슬오듸 高允은 … 崔浩의게 앗기인 거시
니 高允의 주글 죄란 노ᄒ쇼셔 〈번소 9:45b〉
나. 이쳔니 눈 금고 안졋거늘 두울히 뫼셔 셧더니 ᄭᅵ여 닐우듸
그디내 그저 겨시더니 오늘리 졈그니 가 쉬어샤 〈이륜 47a〉
다. 太子ㅣ 高允 더브러 닐오듸 드러가 님금쯰 뵈소아 내 그듸를

288 한국어 높임법의 역사적 변화

ㄱ른츄리니 만일에 님금이 므르시거든 안즉 내 닐온 대로 <u>호라</u>
〈번소 9:44a〉

(4) 가. 우리 모다 홈의 <u>가새이다</u> 〈번박 상:9a〉
　　 나. 너옷 사고져 커든 우리 <u>의논ᄒᆞ져</u> 〈번노 下:21b〉

(1)-(3)은 각각 16세기 서술문, 의문문, 명령문에서 나타나는 청자높임 세 등급의 예이다. (1)에서 보면 15세기와 마찬가지로 서술문에서는 '-ᅌᅵ-'의 개입으로 청자에 대한 높임을, '-ᇰ-'으로 중간높임을, 'Ø'으로 안높임을 나타낸다. 다만 16세기에는 /ᅌ/이 어두에서 흔들림에 따라 청자높임의 선어말어미 '-ᅌᅵ-'는 '-ᇰ이-', '-ᅌᅵ-'와 같은 변이형으로 나타나기도 한다. 하지만 청자에 대한 높임을 나타냄에 있어서는 변화가 없다. (2)에서 보면 의문문에서도 '-잇-', '-ᇰ잇-', '-잇-'의 개입으로 청자에 대한 높임을, '-ㅅ-'으로 중간높임을, 'Ø'으로 안높임을 나타낸다. (3)에서 보면 명령문에서는 '-쇼셔'에 의해 청자에 대한 높임을 나타내고, '-어쎠'로 청자에 대한 중간높임을 나타내며, '-라'에 의해 청자에 대한 안높임을 나타낸다. (4)에서 보면 청유법의 청자높임은 두 등급으로만 실현되는데, '-새이-'로 청자에 대한 높임을 나타내고, '-져'로 청자에 대한 안높임을 나타낸다.

16세기 청자높임법의 등급 체계 및 등급 형식은 15세기와 별반 차이가 없어 보인다. 그런데 16세기 문헌 자료들을 자세히 살펴보면 변화 또한 없지 않다. 높임 등급과 안높임 등급의 경우는 의미 기능의 측면에서나 등급 형식의 형태적 측면에서 확실히 15세기와 큰 차이가 드러나지 않지만, 그에 비해 중간 등급은 형태적 측면에서 큰 변화를 겪게 되는데, 중간 등급 형식인 'ᄒᆞᅌᅵ다'체가 뚜렷한 쇠퇴를 보이고 'ᄒᆞ니'체가 그 자리를 대신하게 된다.

'ㅎᄂ이'체는 'ㅎᄂ이다'체에서 청자높임 선어말어미 '-이-'의 영향으로 앞에 위치한 선어말어미에 'ㅣ'모음 개재현상이 일어난 후, 선어말어미 '-이-'와 종결어미 '-다'가 생략되어 형성된 것이다. 나아가서 이러한 형태적 생략이 의미적 측면에서 'ㅎᄂ이'체가 'ㅎᄂ이다'체보다 한 등급 아래이다.[20]

그런데 'ㅎᄂ이다'체보다 한 등급 아래인 'ㅎᄂ이'체와 'ㅎ닝다'체에 대해서 학자들의 견해는 크게 둘로 나뉜다. 하나는 'ㅎᄂ이'체가 기존의 'ㅎ닝다' 체와 'ㅎᄂ다'체의 중간에 위치한 등급으로 보아 16세기 청자높임법 체계를 4등급 체계로 보는 견해이고, 다른 하나는 16세기에 이미 'ㅎ닝다'체는 사라지고 'ㅎᄂ이'체로 교체되었다고 보아 16세기 청자높임법 체계를 3등급 체계로 보는 견해이다.[21]

본고에서는 16세기 초반에 'ㅎ닝다'체가 존재했으며, 그 높임 성격 또한 15세기의 것과 같으며, 점차 'ㅎᄂ이'체에 의해 대치되었다고 보고자 한다.

(5) 가. 그디내 그저 겨시더니 오늘리 졈그니 가 쉬어샤 〈이륜 47a〉
나. 션븨돌와 흔 쥬인네 잇더니 흔 션븨 병ᄒᄋᆞ여 주글 제 은늘 니면 니 주며 닐우디 … 그디 이 은늘 날 송장애 쓰고 남거든 그듸 가졋셔 〈이륜 38a〉

---

20) 김영욱(1995:152)에서는 공손한 표현일수록 간접적이면서 어형도 길어지는 것이 상대높임의 일반적 특징이라고 기술하였고, 이영경(1992:28)에서는 'ㅎᄂ이'체가 공손법 등급은 선어말어미 '-으이-'의 흔적인 '-ㅣ'모음에 의존하고, 그 의미 및 기능은 'ㅣ'와 결합된 선어말어미에 전적으로 의존한다고 하였다. 황문환(2002:201)에서 'ㅎ쇼셔'체는 '-이-'개재형, 'ㅎᄋᆞ여라'체는 '-이-'부재형, 'ㅎ소'체는 '-이-' 축약형이라는 형태적 특징을 지닌다고 설명했다.

21) 16세기 청자높임법을 4등급 체계로 보는 견해로는 허웅(1989), 장윤희(2002) 등이 있고, 3등급 체계로 보는 견해로는 이기갑(1978), 황문환(2002), 이승희(2007) 등이 있다.

예문 (5)에서 보면 모두 2인칭 대명사 '그디'와 함께 쓰였고, 특히 (5가)에서는 의문문의 종결형태 '-니'가 쓰여 15세기의 'ᄒᆞ닝다'체와 같다. 이로써 적어도 16세기 초반까지 'ᄒᆞ닝다'체가 존재했다고 볼 수 있다.

또한 이승희(2007:103)에서는 'ᄒᆞ니'체가 사용된 상황이나 대화참여자 사이의 관계를 'ᄒᆞ닝다'체의 그것과 비교하여 보면 이 둘이 상당한 공통점을 지녔다고 했다. 따라서 'ᄒᆞ닝다'체와 'ᄒᆞ니'체 둘 다 16세기 청자높임법 체계에서 중간 등급을 나타내는 등급 형식으로 취급하고 중간 등급의 등급 형식을 'ᄒᆞ닝다'체→'ᄒᆞ니'체 혹은 'ᄒᆞ닝다'체/'ᄒᆞ니'체로 보았다. 이에 대해 예를 들면 아래의 (6)과 같다.

(6) 가. ①유무 보고 편안히 뫼ᅌᅪ 계시니 깃거ᄒᆞ뇌 우리도 더옥 무ᄉ
　　　히 뫼ᅌᅪ 인뇌 〈언간 4〉
　　　②어제 그딋 마를 드르니 ᄆᆞᄉ매 來往ᄒᆞ야 닛디 몯ᄒᆞ리로쇵다
　　　〈내훈 2하:37a〉
　　나. ①萬事의 두로 ᄭᅳ리시믈 미들 ᄯᄛᄋᆞᆷ이옵도쇠 … 미들 일은 뫼
　　　ᄀᆞᆺᄌᆞᆯ 거시니 ᄆᆞ음 브티시믈 미더습니 〈첩해초 1:4a-b〉
　　　②護彌 닐오ᄃᆡ 그리 아닝다 須達이 또 무로ᄃᆡ 婚姻 위ᄒᆞ야
　　　아ᄉᆞ미오나ᄃᆞᆫ 이바도려 ᄒᆞ노닛가 … 護彌 닐오ᄃᆡ 그리 아니
　　　라 부텨와 즁과를 請ᄒᆞᅀᆞᆸ보려 ᄒᆞ닝다 〈석상 6:16a〉
　　다. ①대군 아기시는 … 마마 보새 ᄒᆞ시다가 못ᄒᆞ야 누의님이나
　　　보새 ᄒᆞ시고 하 애를 뻐 셜워 우ᄅᆞ시니 〈서궁 27b〉
　　　②太子ㅣ (婆羅門에게) 닐오ᄃᆡ 엇뎨 아니 더브러 가시ᄂᆞ니 …
　　　그듸 ᄃᆞ려 가면 내 깃구릥다 〈월석 20:85a〉

(6)은 서술문에서 'ᄒᆞ니'체와 'ᄒᆞ닝다'체가 같은 사용상황에 쓰인 것을 보여준 것이다. 즉 (6가)는 부부 사이에, (6나)는 사회적 지위가 동등한 대신 사이에, (6다)는 왕자와 대신(상궁, 婆羅門)사이에 각각 'ᄒᆞ니'체와

'ᄒᆞ닝다'체가 쓰였다.22)

그리고 16세기 문헌을 보면 'ᄒᆞ닉'체 의문형 종결어미에 '-ㄴ가/고, ㄹ가/고'가 포함되는데, 이것은 간접의문문의 종결어미였던 '-ㄴ가/고, -ㄹ가/고'에서 기원한 것이다.23) 또한 '-ㄴ가/고, -ㄹ가/고'는 직접의문문에서 한편으로는 'ᄒᆞᄂ다'체와 함께 쓰였고, 다른 한편으로는 'ᄒᆞ닉'체와 함께 쓰였다.

> (7) 가. 큰형님 네 어드러로셔브터 온다 … 네 이 둜 그믐쯰 北京의
>   갈가 가디 몯홀가 〈번노 上:2a〉
> 나. 요ᄉᆞ이ᄂᆞ 임히 집다히 긔별 몯 드ᄅᆞ니 엇디곰 뫼셔 이시며
>   오늘 졔를 ᄒᆞ옵도쏜가 더욱 쳐창ᄒᆞ여 ᄒᆞ닉 〈언간 6〉

(7가)를 보면 '-ㄹ가'는 안높임 등급의 'ᄒᆞᄂ다'체와 함께 쓰였고, (7나)를 보면 '-ㄴ가'는 중간높임 등급의 'ᄒᆞ닉'체와 함께 쓰였다. 이런 정황에서 '-ㄴ가, -ㄹ가'를 'ᄒᆞ닉'체에 포함시킨 원인은 이승희(2007:108)에서 상세히 설명하였다. 즉 'ᄒᆞᄂ다'체의 경우는 이미 '-ㄴ다, -ㄹ다'나 '-냐/뇨', '-랴/료'와 같은 의문형 종결어미가 존재하고 있는 상황이므로 '-ㄴ가, -ㄹ가'가 자리 잡을 여지가 별로 없다. 때문에 'ᄒᆞ닉'체는 '-ㄴ가', '-ㄹ가'가 의문형 종결어미로 정착하기에 더 좋은 환경을 제공하였다.

'-ㄴ가, -ㄹ가'가 중간 등급의 'ᄒᆞ닉'체 의문형 종결어미로 자리 잡게 되면서 15세기 중간 등급의 청자높임을 표시하던 의문문의 종결형태 '-리, -니'가 높임 등급이 낮아졌다.

> (8) 가. 요ᄉᆞ이ᄂᆞ 긔오니 엇더ᄒᆞ니 동싱들도 다 ᄂᆞ려 오고 셔방님도

---

22) 16세기의 'ᄒᆞ닉'체는 제한된 영역-가족 사이의 편지글에서만 쓰였다. 'ᄒᆞ닝다'체 사용 상황과의 광범위한 비교를 위해 17세기 'ᄒᆞ닉'체의 쓰임도 포함시켰다.
23) 안병희(1965), 이현희(1982나), 이승희(2007) 등을 참조.

나가다 ᄒ니 더 <u>근심ᄒ노라</u> 〈청주 58:2〉

나. 내 거복히여 영화늘 몯 보고 <u>주그리로다</u> 긋부니디 엇디ᄒ리
〈청주 15:5〉

다. 뿔도 내 미자 업서 계오 구러 쓰거니와 아ᄆ리 ᄒ다 엇디 보낼
겨규룰 <u>ᄒ리</u> … 내 졍신 업고 긔온 아니ᄭ오면 스디 몯ᄒ니
ᄌ시 <u>몯ᄒ노라</u> 〈청주 33:1-2〉

(8)은 부모가 딸에게 보낸 편지인데, 의문문 종결형태 '-리, -니'가
'ᄒᄂ다'체와 함께 쓰였다.

16세기 이후에 나타나는 '-리, -니' 종결형도 (8)에서와 같이 'ᄒᄂ다/
ᄒ다'체와 함께 나타나서, 안높임 등급에 해당하는 것으로 취급할 수
있다.

(9) 가. 화친ᄒᄂ 일이 엇더ᄒ여 <u>가ᄂ니</u> 사ᄅᆷ이 쟝ᄎᆺ <u>죽으리로다</u> 〈산
성 75〉

나. 네 <u>닐으라</u> 뉘 <u>나으니</u> 〈역어보 61a〉

다. 니도령 말이 아니 뵈단 말이 언인 <u>말이니</u> 원시를 <u>몯ᄒᄂ냐</u> 청홍
을 <u>모로ᄂ냐</u>나 보ᄂ 듸로 ᄌ셔히 <u>보아라</u> 〈남원 1:15b-16a〉

또 하나 더 언급할 것은 이 시기에 새로운 명령형 종결어미에 '-소'
등이 등장하는데, 이에 대해서는 '-ᄉᆸ-'에서 기원한 것으로 보는 주장과
'-쇼셔'에서 '셔'가 삭제된 것이라는 주장이 있다.[24]

'쇼셔' 기원설은 청자높임의 요소가 생략된다는 점에서는 'ᄒᄂ'체의

---

24) 전자에는 장경희(1977), 이기갑(1978), 김정수(1984), 허웅(1989), 김영욱(1995) 등
이 있고, 후자에는 서정목(1987), 장윤희(2002) 등이 있다. 이외에도 최명옥(1976)에
서는 별도의 선어말어미에서 기원한 것으로 보았고, 임홍빈(1985)에서는 청유형의
'-사-'와 관련된 것으로 보았으며, 윤용선(2006)에서는 '-ᄉ-'에 '(으)이다'가 통합
된 'ᄉ이다'에서 변화한 '-소이다'에서 '-이다'가 절단된 것으로 볼 수 있는 가능성을
제시하였다.

문말형식절단과 유사한 일면을 보이나, 형태론적 절차가 다르다. 또 '쇼'가 문증되지 않고 '쇼〉소'의 단모음화를 설명하기 어렵다는 문제점이 있다. 문헌 사실에 가장 충실한 것은 '-습-' 기원설로서 'ᄉᆞᄫᅵ쇼셔〉ᄉᆞ오쇼셔〉ᄉᆞ오〉소'와 같은 단계를 밟는 것으로 본다. 그러나 이도 문제가 없는 것은 아니다. 우선 중간형으로 볼 수 있는 'ᄉᆞ오'의 예가 문증되지 않으며, '소, 조, 소'의 이형태가 '-소'로 단일화되는 과정도 문제로 남는다. 또한 명백히 '-습-'에서 기원한 것으로 보이는 18세기의 '-오/소'와의 관계도 설명해야 하는 부담이 있다. 또 17세기의 'ᄒᆞᆸ소'와 같이 '-습-'이 다시 통합되는 형태도 설명하기 곤란하다. 17세기 이후 '-습-'에서 기원한 종결어미 '-ᄉᆞᆸ'과 '-오/소'에는 '-습-'이 통합되는 일이 없기 때문이다.

이렇듯 '-소'의 기원설을 둘러싸고 그 형성 과정에 대해서는 현재 만족할 만한 답을 찾기 어려운 상태이다. 하지만 명령형의 종결어미 '-소'의 사용상황 즉 대화에 참여한 사람들 사이의 관계 혹은 대화상황으로부터 중간 등급에 해당하는 어미임을 보여준다. 또 한 문장 내에서 중간 등급의 'ᄒᆞ닉'체와 함께 쓰이는 것은 '-소'가 중간 등급의 명령형 종결어미임을 확신하게 한다.

(10) 가. 동싱님네끠 대되 요ᄉᆞ이 엇디 겨신고 긔별 몰라 분별ᄒᆞᆸ뇌
　　　　우리ᄂᆞᆫ 대되 무ᄉᆞ히 되니와 인뇌 … 다 츠려 보내소 밧바 이만
　　　　〈청주 53:21-28〉
　　나. 강셔방손딕 가ᄂᆞᆫ 즌디히롤 엇디 그리 차망되게 ᄒᆞ여 보내시ᄂᆞᆫ
　　　　고 샹빅지 밧망의 잇더니 그롤 보내소 〈청주 2:5〉
　　다. 나도 이버닉 가려 ᄒᆞ다가 무죵 쳔티 아녀 몯개 뉴셔방 등의
　　　　약 각 스므 복식 지어 가닉 즉시 뎐ᄒᆞ소 〈언간 4〉

(10가)에서는 '동싱님네끠'란 단어를 보아 화자가 청자보다 손위인 것

으로 생각되지만 안높임 등급의 'ㅎㄴ다'체 대신 'ㅎㄴㅣ'체를 사용하였다. (10나–다)는 남편이 아내에게 쓴 편지인데 여기서도 'ㅎㄴㅣ'체를 사용하여 청자이자 수신자인 아내를 단순히 하위자로 대우하지 않고 어느 정도 대등한 관계로 인정해주었다. 또한 (10)에서 보면 평서형의 '–뇌, –ㄴㅣ'와 의문형의 '–ㄴ고'는 모두 'ㅎㄴㅣ'체에 속하는 종결어미들로서 이들과 한 문장 안에 쓰인 '–소'도 중간 등급의 'ㅎㄴㅣ'체인 것이다.

이상의 논의를 바탕으로 16세기의 청자높임법 체계를 다음과 같이 설정한다.

〈표2〉 16세기 청자높임법의 등급체계

등급	등급 형식	
높임	ㅎㄴ이다	
중간높임	ㅎㄴ잉다→ㅎㄴㅣ	
안높임	ㅎㄴ다	–리, –니 (의문문 종결형태)

5.2.3 17세기 청자높임법의 등급

17세기의 청자높임법 체계는 16세기 후반에 성립된 3등급 체계, 즉 높임 등급의 'ㅎㄴ이다'체와 중간 등급의 'ㅎㄴㅣ'체, 안높임 등급의 'ㅎㄴ다' 체로 구성된 체계의 연장선상에 있다. 또한 17세기에 들어서면서 선어말 어미 '–습–'의 기능 변화가 본격적으로 나타나는데 이 변화가 청자높임 법에도 어느 정도 영향을 미치게 된다. 따라서 이 시기 청자높임법은 4등급 체계로 정착되기 시작한다. 하지만 17세기 청자높임법의 등급 체계에 대해서는 견해가 일치하지 않다. 김정수(1984)는 'ㅎㅇㅂㄴ이다, ㅎㄴ이다, ㅎㅇㅂㄴㅣ, ㅎㄴㅣ, ㅎㄴ다'의 5등급으로 보고 있고, 이기갑(1978), 이영경(1992), 황문환(2002)은 'ㅎㄴ이다, ㅎㄴㅣ, ㅎㄴ다'의 3등급으로 보고 있다. 장경희(1977), 이승희(2007)는 4등급으로 보고 있다. 이러한 차이는 '호옵닉'체에 대한 해석이 다르기 때문이다.

아래에 17세기 청자높임법 등급의 변화를 살펴보기로 하자.

17세기의 '-습-'은 객체높임의 쓰임을 유지하는 부분이 있었지만 그래도 많은 부분이 화자 겸양의 기능으로 바뀌었다. 또한 기능의 변화에 따라 위치가 종결어미 쪽으로 이동함으로써 청자높임의 표현 형식들과 더욱 가깝게 쓰여 그들과 관련성이 높아졌다. 또한 청자에 대한 화자의 겸양을 표시한 결과 청자에 대한 간접적인 높임을 나타내는 효과를 가져오게 된다.

먼저 '-습-'이 변화되어 높임 등급 형식인 '호ᄂ이다'체와의 통합이 청자높임법의 등급에 어떤 영향을 가져오는지 보기로 한다.

(1) 가. 나는 당시 숨 니어 <u>인노이다</u> 이리 제믈 출와 보내시니 내의 아름답고 고마오믈 ᄀ이 업서 <u>호노이다</u> 일로 제믈호려 <u>호노이</u> 다 게도 제ᄉ호시먀 이리 ᄎ려 보내시니 안심치 <u>몯히야이다</u> 아마도 긔후 편호시믈 ᄀ업시 <u>브라노이다</u> 〈달성 62:5-9〉

나. 우리는 덕분 대되 무ᄉ 있<u>습노이다</u> 임싱원님 이른 그런 놀랍ᄉ 온 일 <u>업ᄉ오이다</u> 아ᄆ려나 거즛(?) 일로 무ᄉ호길(?) <u>브라노</u> <u>이다</u> … 아ᄆ려나 대되 평안호옵샴 <u>브라옵노이다</u> 〈달성 154:4-9〉

(1가-나)는 모두 안사돈 사이에 주고받은 편지로, 높임 등급의 '호ᄂ이다'체가 사용되었다. 그런데 (1가)에는 '-습-'이 결합되지 않은 '호ᄂ이다'체가 쓰인 반면 (1나)에는 '호ᄂ이다'체에 '-습-'이 결합된 경우와 결합되지 않은 경우가 함께 나타나고 있다. 특히 (1나)에 '브라노이다'와 '브라옵노이다'가 공존하고 있음을 볼 때, 선어말어미 '-습-'의 결합여부가 청자높임 등급의 차이로 연결되지는 않음을 알 수 있다.

이로써 'ㅎᄂ이다'체의 경우, 여기에 선어말어미 '-습-'이 통합된 'ㅎᆸ
ᄂ이다'는 'ㅎᄂ이다'에 비해 화자의 겸양이 더 표시되지만 이 시기의
'-습-'은 'ㅎᄂ이다'와 수의적인 결합관계에 있음으로 하여 이러한 차이
는 청자높임법 등급의 차이에까지는 미치지 못했다는 결론을 내릴 수
있다.

그에 비해 'ㅎ니'체의 경우는 하나의 발화 안에서 선어말어미 '-습-'이
결합한 형태와 결합하지 않은 형태가 함께 사용된 예가 잘 나타나지
않는다. 17세기의 'ㅎ니'체는 '-습-'의 결합여부에 따라 사용상황이 다르
다. 가장 큰 차이는 'ㅎ니'가 16세기 이후로 주로 상위자인 화자가 하위자
인 청자에게, 혹은 화자가 자신과 비슷한 신분과 지위를 지닌 청자에게
말할 때 사용된 데 반해, 'ㅎᆸ니'는 화자가 자신보다 상위자인 청자에게
말할 때도 사용되었다는 데 있다.

(2) 가. 동궁이 계신을 도라보아 ᄀᆞᆯ오샤ᄃᆡ 자니네로 ᄒᆞ여 우리 집이
　　　다 죽게 <u>되엿니</u> ᄒᆞ시니 〈산성 80〉
　　나. 대군 아기시ᄂᆞᆫ … 마마 <u>보ᄉᆡ</u> ᄒᆞ시다가 못ᄒᆞ야 누의님이나 <u>보ᄉᆡ</u>
　　　ᄒᆞ시고 〈서궁 27b〉

(3) 가. 가히 웃고 니ᄅᆞᄃᆡ 앗가 말은 웃노라 말이어니와 사라 겨시다가
　　　우리 되ᄂᆞᆫ 양을 보려 ᄒᆞ신다 ᄒᆞ니 <u>올흔가</u> ᄒᆞ니 (변상궁이)ᄃᆡ답
　　　ᄒᆞᄃᆡ 사ᄅᆞᆷ의 ᄆᆞᄋᆞᆷ은 다 ᄒᆞᆫ 가지라 나ᄂᆞᆫ 듯디 못ᄒᆞᆫ <u>말이로쇠</u>
　　　〈서궁 65a〉
　　나. (일본 代官이 조선 判事에게) 보낼 짐을 출혀 보와 다시 긔별을
　　　<u>ᄉᆞᆲᄉᆞ오리</u> 아직 公木을 드려 <u>주ᅌᅮᆸ소</u>. (조선 判事가 일본 代官에
　　　게)그리 <u>ᄒᆞᅌᅮᆸ소</u> 註進ᄒᆞᆯ 거시니 빗 갈 ᄠᅢ예 아ᄆᆞ 빗라 ᄒᆞ여 ᄌᆞ셰
　　　뎌거 <u>보내ᅌᅮᆸ소</u> 〈첩해초 4:9b〉

(4) 가. 일변으로 대군 뫼신 ᄂᆡ인이 (영창대군을)달내딕 사나흘만 피접

나갓다가 올 거시니 보션 신고 웃옷 닙고 날 조차 가ᆞᆸ새 ᄒᆞ니

(영창대군이 나인에게)니ᄅᆞ시틱 날을 죄인이라 ᄒᆞ고 죄인 나드

ᄂᆞᆫ 문으로 내여 가려 ᄒᆞ니 죄인이 보션 신고 웃옷 닙어 ᄡᆞ

틱 <u>업다</u> ᄒᆞ셔늘 〈서궁 26a〉

나. (나인이 영창대군에게) 뉘 <u>니ᄅᆞᆸ던고</u> 〈서궁 26a〉

(2가)에서는 세자가 대신들에게 2인칭 대명사 '자ᄂᆡ네'와 함께 'ᄒᆞᄂᆡ'체
를 사용한 것으로 나타난다. (2나)는 영창대군이 상궁 및 내관들에게
울며 보채는 장면인데, 여기에도 'ᄒᆞᄂᆡ'체의 청유문이 사용되었다. (3가-
나)는 신분이 비슷한 사람들 사이에서 'ᄒᆞᄂᆡ'체가 사용된 것이다. 즉 상궁
과 상궁 사이, 대신과 대신 사이에 'ᄒᆞ(ᆸ)ᄂᆡ'체가 사용되었다.25) 그리고
(4가-나)에서 보면 영창대군을 돌보는 나인들이 최상층 신분인 영창대
군에게 'ᄒᆞᆸᄂᆡ'체를 사용하였다. 신분차이가 명백한 상황에서 하위자가
상위자에게 'ᄒᆞᆸᄂᆡ'를 사용하였다는 것은 'ᄒᆞᄂᆡ'체에 '-ᄉᆞᆸ-'이 결합된
'ᄒᆞᆸᄂᆡ'가 기존의 'ᄒᆞᄂᆡ'체와는 사용상황에 있어서, 나아가 청자높임법
등급상으로 차이가 있을 가능성을 보여준다.

다시 말하면 'ᄒᆞᆸᄂᆡ'가 단순히 'ᄒᆞᄂᆡ'체에 화자 겸양의 의미를 더한
것에 그치지 않고, 'ᄒᆞᄂᆡ'체보다 좀 더 높은 정도의 청자높임을 표시하는
방향으로 발전하였음을 시사한다. 'ᄒᆞᆸᄂᆡ'체는 'ᄒᆞᄂᆡ'에 '-ᄉᆞᆸ-'이 통합된
것으로 화자 겸양의 기능 때문에 높임 정도가 약간 높아진 것이다. 높임
정도의 차이가 형태 통합에 의해 얻어진 효과이고, 하나의 형태가 아니므
로 등급이 고정되었다고 보기 어렵다. 'ᄒᆞᆸᄂᆡ'체는 청자높임법의 이원적

---

25) 이승희(2007:194)에서는 부부나 동료 상궁들, 본국의 관리와 외국 사신 사이에서는
'ᄒᆞᄂᆡ'체에 '-ᄉᆞᆸ-'을 결합시킬 것인가의 여부가 화자의 의도나 상황에 따라 결정된다
고 했다. 그리고 실제로《서궁일기》에서는 직급이 같은 상궁들 사이에 '-ᄉᆞᆸ-'이 결합
되지 않은 형태가 주로 쓰인 반면,《첩해신어》에서는 서로 비슷한 지위인 양국의
외교관리들이 서로 '-ᄉᆞᆸ-'이 결합된 형태를 사용하고 있어서 차이를 보인다고 했다.

체계가 해체된 후에 다시 안정적인 사원적 체계로 가는 과정에서 일시적으로 그 기능을 담당했던 것이다.

한편 17세기 언간 자료에서는 동사 어간에 '-숩'이 결합된 것만으로 문장이 종결되는 현상이 있었다.

(5) 가. 거번 ᄀᆞ즈올가 나는 기ᄃᆞ리도 <u>아니ᄒᆞᇢᄂᆞ이다</u> 믭다 ᄒᆞ오실수록 이리 사오나이 구오니 ᄯᅩ 더 믜이게 ᄒᆞ여숩다 <u>근심이ᇢ</u> 〈언간 149〉

나. 할미시ᄭᅴ 힝츠 평안히 뫼와 가시온가 아ᇢ고져 ᄒᆞ오며 나는 아직 계유 <u>잇숩ᄂᆞ이다</u> 옥영이는 한강의 능히 ᄲᅡ디 <u>아니ᄒᆞ온가 ᄒᆞᇢ</u> 〈언간 補8〉

(5가)에서는 왕비가 시고모인 공주에게 보낸 편지에 '아니ᄒᆞᇢᄂᆞ이다'와 함께 '근심이ᇢ'이 사용되었다. 그리고 (5나)의 손자가 조모에게 보낸 편지에는 '잇숩ᄂᆞ이다'와 함께 '아니ᄒᆞ온가 ᄒᆞᇢ'이 사용되었다. 이와 같이 왕비가 시고모에게, 그리고 손자가 할머니에게 말하는 상황에서는 높임 등급이 아닌 다른 등급이 쓰일 가능성이 거의 없었다. 따라서 종결형태 '-숩'은 'ᄒᆞᄂᆞ이다'체에 선어말어미 '-숩-'이 결합한 'ᄒᆞᇢᄂᆞ이다' 등에서 '-숩-' 이하가 생략된 것으로서, 최소한 17세기에는 'ᄒᆞᄂᆞ이다'체와 같은 정도의 청자높임법 등급에 속하는 것이다. 편지 등의 제한된 영역에만 사용되므로 높임 등급의 분화로까지는 이어지지 못했던 것으로 보인다.

17세기 'ᄒᆞᇢ'류는 초기에는 주로 평서문에 쓰였지만, 18~19세기에는 의문문, 명령문에도 쓰였다.

(6) 가. 오늘 셕후의 바다 보고 년ᄒᆞ여 대되 무ᄉᆞ이 지내신다 ᄒᆞ니 <u>깃브ᇢ</u> 셔즁ᄉᆞ의는 <u>쳐연ᄒᆞᇢ</u> … 과연 복쟈의 말 ᄀᆞᄐᆞᆫ들 엇지ᄒᆞ ᇢ … 진시 다 밧드면 죠홀 듯 <u>시브ᇢ</u> 윤셔방의게도 그리 <u>긔별</u>

ᄒᆞᄋᆞᆸ 〈이봉환언간〉[26]

나. 세간은 뉘가 잡고 거긔 모양 등을 보시니 엇더ᄒᆞᄋᆞᆸ 실노 념녀 노히지 아니ᄒᆞ오며 츈복 경각의 문포 두엇 필을 어더ᄉᆞ오니 엇지ᄒᆞ야 입ᄉᆞ오면 죠흘고 게셔ᄂᆞᆫ 업고 도라 의논ᄒᆞᆯ 길 업ᄉᆞ오니 엇지면 조흘지 답답ᄒᆞᆫ 일 만ᄉᆞ오니 민망ᄒᆞᄋᆞᆸ ᄌᆞ시 긔별ᄒᆞᄋᆞᆸ 〈김정희언간〉[27]

(6가)는 18세기 '-ᄉᆞᆸ'종결형이 쓰인 예문인데, '깃브ᄋᆞᆸ, 쳐연ᄒᆞᄋᆞᆸ, 시브ᄋᆞᆸ'은 서술형의 예이고, '엇지ᄒᆞᄋᆞᆸ'은 의문문의 예이며, '긔별ᄒᆞᄋᆞᆸ'은 명령형의 예이다. (6나)는 19세기 '-ᄉᆞᆸ'종결형이 쓰인 예인데, '민망ᄒᆞᄋᆞᆸ'은 서술형, '엇더ᄒᆞᄋᆞᆸ'은 의문형, '긔별ᄒᆞᄋᆞᆸ'은 명령형의 예이다.

또한 18, 19세기에도 '-ᄉᆞᆸ'은 'ᄒᆞᄂᆞ이다'체와 함께 쓰이거나 혹은 일반적으로 'ᄒᆞᄂᆞ이다'체가 쓰일 만한 상황에서 사용되고 있으므로 청자높임법의 높임 등급에 해당하는 형식으로 볼 수 있다. 그러나 '-ᄉᆞᆸ'종결형은 19세기말, 20세기 초에 들어서면서 편지와 함께 신문의 공고 등에 쓰이는 등 제한된 범위에서 사용되었고 구어에는 사용되지 않았다. 그리고 20세기 초 이후에는 다른 종결어미에 의해 대치되고 말았다.

이상의 논의를 바탕으로 17세기의 청자높임법 체계를 다음과 같이 설정한다.

〈표3〉 17세기 청자높임법의 등급 체계

등급	등급 형식	
높임	ᄒᆞᄂᆞ이다	-ᄉᆞᆸ
중간높임	ᄒᆞᄋᆞᆸᄂᆡ	
	ᄒᆞᄂᆡ	
안높임	ᄒᆞᆫ다	-리, -니 (의문문 종결형태)

26) 황문환(1999:119)에서 예문 (6a)를 인용한 것이다.

27) 황문환(1999:119)에서 예문 (6b)를 인용한 것이다.

5.2.4 18세기 청자높임법의 등급

18세기에 들어 청자높임법은 4등급 체계로 정착한다. 이에는 새로운 형태 'ᄒᆞ오'체가 출현하여 통합체적 성격인 'ᄒᆞᆸ닉'를 대신한 것이 크게 작용한다. 따라서 18세기의 청자높임법 체계에서는 'ᄒᆞ오'체의 등장과 함께 중간 등급이 기존의 'ᄒᆞ닉'체와 새로운 'ᄒᆞ오'체로 분화되었다고 할 수 있다.

아래에 18세기 청자높임법 등급 체계 및 등급 형식의 변화를 살펴보기로 하자.

이 시기 청자높임법 체계에서 가장 두드러진 특징이 바로 'ᄒᆞ오'체의 등장이다. 'ᄒᆞ오'체는 화자가 자신보다 지위가 높은 청자에게도 사용할 수 있는 등급 형식으로서 'ᄒᆞ닉이다'체와 함께 쓰일 정도의 청자높임을 표시한다.

(1) 가. 그러치 아니ᄒᆞ오 … 토교롤 ᄉᆞ랑ᄒᆞ고 션비롤 쳔딕ᄒᆞ면 청문이
　　　 엇터겟소 … ᄒᆞ딕ᄒᆞ고 가ᄂᆞ이다 〈일동 1:26b〉
　　 나. 또 고셩이 ᄃᆞ려 오윤남이 네게 가 문복ᄒᆞ더냐 윤남이ᄂᆞᆫ 듯도
　　　 못ᄒᆞ고 대군 팔지 엇더 ᄒᆞ니 문복ᄒᆞ더이다 ᄒᆞ니 네 그릇 아랏다
　　　 님별좌 아녀 아녀 오윤남이롤 별좌라 ᄒᆞ니 오별좨랏다 ᄒᆞ니
　　　 업서이다 오가 아녀 님별좨라 ᄒᆞᆸ데 〈서궁 17a〉[28]

(1가)를 보면 서기(書記)의 직분을 맡은 김인겸이 상위자인 통신사에게 이야기할 때, 'ᄒᆞ닉이다'체와 함께 'ᄒᆞ오'체를 사용하고 있다. (1나)에서는 심문을 받는 점쟁이가 심문관에게 'ᄒᆞ닉이다'체와 함께 'ᄒᆞᆸ닉'체도 사용하였다. 다시 말하면 (1가-나)는 화자가 자신보다 상위자인 청자에게

---

28) 예문 (1나)와 아래의 (1나)에서는 모두 17세기의 문헌 자료를 예로 들었는데, 그것은 17세기 'ᄒᆞᆸ닉'체의 연장선 위에 있는 'ᄒᆞ오'체의 사용상황을 제시하기 위해서이다.

'ᄒᆞᄂ이다'체 대신 '-ᄉᆞᆸ-'이 통합된 'ᄒᆞᆸᄂᆡ'체를 사용하거나 'ᄒᆞ오'체를 사용할 수 있음을 보여준다.

(2) 가. 싱각ᄒᆞ여 보시오 … 만일 큰 야단이 날 터히면 마노라가 어ᄂᆞ
　　　 지경이 되시게소 … 어미와 외가를 니간ᄒᆞ랴 하던 줄 엇디
　　　 싱각ᄒᆞ여실가 보오니잇가 〈한중록 406〉
　　 나. 이제 오ᄂᆞ 법도 잇건마ᄂᆞ 밤이 드러 뵈디 몯ᄒᆞ니 힝혀 아모
　　　 ᄃᆡ 븟터도 東萊 釜山浦예 술와 方方 彼此의 ᄎᆞᄌᆞ올 거시니
　　　 근심 마ᄋᆞ소/ 얼현이 마르시고 ᄂᆡ일 부부 ᄎᆞᄌᆞ쇼셔/그리 ᄒᆞ올
　　　 거시니 ᄆᆞᄋᆞᆷ 편히 녀기ᄋᆞ소 正官은 뉘시온고/나ᄂᆞ 都船 이ᄂᆞ
　　　 二船 뎌ᄂᆞ 封進이ᄋᆞ도쇠 〈첩해초1: ㅍㅍㅍ14b-015b〉

(2가-나)에서 보면 친족 관계라든가 사회적 지위 등으로 인해 대화참여자들 사이의 상하 격차가 'ᄒᆞᄂ이나'체에 비해 크지 않은 상황에서 'ᄒᆞ오'체 혹은 'ᄒᆞᆸᄂᆡ'체가 사용되었다. (2가)는 혜경궁 홍씨가 왕이 된 아들에게 이야기할 때, 'ᄒᆞᄂ이다'체와 함께 'ᄒᆞ오'체를 사용한 것이고, (2나)는 객인 일본도선주가 주인인 동래부사와 이야기할 때, 'ᄒᆞᄂ이다' 체와 함께 'ᄒᆞᆸᄂᆡ'체도 사용한 것이다.

하여 'ᄒᆞ오'체와 'ᄒᆞᆸᄂᆡ'체는 사용상황에 있어서 대체로 일치하여 같은 등급의 청자높임을 나타낸다. 또한 형성 과정을 놓고 볼 때, 'ᄒᆞᆸᄂᆡ'체와 'ᄒᆞ오'체 모두 문말형식절단 현상에 의해 형성된 형태라는 점은 공통된다. 하지만 절단된 어미구조체의 범위는 부동하다. 즉 'ᄒᆞᆸᄂᆡ'체는 '-이다'가 절단되었지만 'ᄒᆞ오'체는 절단범위가 확대되어 '-ᄂ이다' 등 어미구조체가 절단되었다. 'ᄒᆞᆸᄂᆡ'체의 '-ᄉᆞᆸ-'은 화자 겸양의 의미를 지니고 있어 간접적으로 청자높임의 효과를 내지만 선어말어미 '-ᄉᆞᆸ-'에 기원을 둔 'ᄒᆞ오'체는 완전한 청자높임의 기능을 지닌 것은 아니더라도 청자높임법에 합류하는 최초의 형태를 보여준 것으로 'ᄒᆞ오'체는 탈락하는 어미구조

체의 범위가 'ᄒᆞᆸᄂᆡ'체보다 확대되었다. 즉 '-ᄉᆞᆸ-'의 기능이 청자높임법에 근접했느냐에 따라 탈락하는 어미구조체의 범위가 확대된 점이 다를 뿐이다. 또한 'ᄒᆞᆸᄂᆡ'체가 단일 형태가 아닌 통합체였다는 점도 이런 대치를 가능하게 만들었다.

그런데 'ᄒᆞ오'체의 등장이 곧 새로운 청자높임 등급의 등장을 의미하는 것은 아니다. 18세기 중반에 'ᄒᆞ오'체가 등장한 이후에도 'ᄒᆞᆸᄂᆡ'체는 여전히 나타났다.

(3) 가. 부듸 設宴을 ᄒᆞ쟈 ᄒᆞ시면 아모 제 되올 줄 모로올너니 正官이
　　　특별이 싱각ᄒᆞ시고 권도로 ᄒᆞ여 주마 ᄒᆞ시니 이런 感激ᄒᆞᆫ 일은
　　　업ᄉᆞ외 〈인어 4:3b〉
　　나. 重價를 주고 어든 거시라도 ᄂᆞᆷ이 달나 ᄒᆞ여 주ᄂᆞᆫ 거슨 앗갑지
　　　아니 ᄒᆞ오되 不關ᄒᆞᆫ 거시라도 空失ᄒᆞ면 앗갑ᄉᆞᆸ데 〈인어
　　　5:19b〉

(3)은 조선의 관리와 일본 사신들 사이에 오가는 대화에서 'ᄒᆞᆸᄂᆡ'체를 사용한 것이다. 이처럼 'ᄒᆞᆸᄂᆡ'의 예는 18세기 말까지도 여전히 나타나지만 19세기에 들어서면 현저히 빈도가 낮아진다(이승희 2007:229).

그리고 'ᄒᆞᆸᄂᆡ'체, 'ᄒᆞ오'체보다 낮은 등급인 'ᄒᆞᄂᆡ'체의 쓰임은 대체로 17세기와 같았다.

(4) 가. (세자가 최상궁에게) ᄌᆞᄂᆡ 감히 말을 ᄒᆞᆯ가 시브고 물너가소
　　　ᄒᆞ시니 〈한중록 152〉
　　나. ᄂᆡ 임의 치죄ᄒᆞ고 틱거를 ᄒᆞ여시니 장슈를 다토아셔 과거ᄒᆞᆫ거
　　　조 말고 ᄂᆡ 말을 시힝ᄒᆞ소 〈일동 1:28a〉
　　다. 젼 사룸은 바다던디 우리 소견 그와 달라 ᄒᆞ나토 못 바드니
　　　오활타 웃디 마소 〈일동 2:36a〉

라. ᄌᆞ닉는 못 ᄉᆡᆼ각ᄒᆞ닉 질지이심ᄒᆞ야 졈졈 어려오니 날은 폐ᄒᆞ고
세손은 효쟝셰ᄌᆞ의 양ᄌᆞ를 삼으면 엇디홀가본고 〈한중록 230〉

(4가)는 보모 최상궁과 세자의 대화인데, 신분상 상위자인 세자는 하위
자인 보모 상궁에게 'ᄒᆞ닉'체를 써서 다소 대우해주었다. (4나)는 상관인
통신사가 서기(書記)인 김인겸에게 'ᄒᆞ닉'체를 사용한 것이다. 직위의
상하 차이가 분명하기 때문에 상관이 부하에게 안높임의 'ᄒᆞᆫ다'체를 사용
하는 것도 가능하지만, 부하에 대한 다소 높임을 나타내기 위해 중간
등급인 'ᄒᆞ닉'체를 사용한 것이다. (4다)는 역관과 김인겸의 대화인데,
화자와 청자의 직위 자체가 큰 차이를 보이지 않는다. 이런 경우에도
'ᄒᆞ닉'체는 서로에게 사용될 수 있었다. (4라)는 남편인 사도세자가 아내
인 혜경궁 홍씨에게 'ᄒᆞ닉'체를 사용한 예문을 보인 것인데, 이처럼 남편
이 아내에게 중간 등급인 'ᄒᆞ닉'체를 사용하는 것은 16세기 이래로 계속
나타나는 보편적인 양상이다. 이로써 'ᄒᆞ닉'체는 일반적으로 화자가 청자
보다 신분이나 친족 관계, 사회적 지위 등에 있어서 상위자이지만 청자의
나이, 지위 등으로 인해 화자와 청자의 상하 격차가 좁혀질 여지가 있는
경우에 사용되었음을 알 수 있다. 그리고 화자와 청자가 같은 신분, 비슷
한 지위의 동료인 경우에도 'ᄒᆞ닉'체가 사용될 수 있었다. 'ᄒᆞ닉'체의 이러
한 사용상황은 18세기에도 'ᄒᆞ닉'체가 이전 시기와 다름없는 중간 등급을
나타냄을 보여준다. 앞에서도 말했다시피 'ᄒᆞ닉'체에 '-습-'이 통합된
'ᄒᆞᆸ닉'체, '-습-'에 기원을 둔 'ᄒᆞ오'체는 하위자인 화자가 상위자인
청자에게 사용하는 것으로서 'ᄒᆞ닉이다'체와 함께 쓰일 정도의 청자높임
을 표시한다. 또한 'ᄒᆞ닉'체보다는 좀 더 높은 등급에 속하는 형식이다.
중간 등급이 둘로 나뉜 데 대해, 이승희(2007)에서는 'ᄒᆞᆸ닉'체와 'ᄒᆞ오'
체가 기존의 높임 등급과 중간 등급 사이에 걸쳐진 새로운 영역, 새로운
중간 등급을 확보한 것이지, 기존에 중간 등급이 차지하던 영역이 둘로

나뉘게 된 것이 아니라고 했다.

이상의 논의를 바탕으로 18세기의 청자높임법 체계를 다음과 같이
설정한다.

〈표4〉 18세기 청자높임법의 등급 체계

등급	등급 형식	
높임	ᄒᆞᄂᆞ이다	-습
중간높임	ᄒᆞ읍ᄂᆞᆫ→ᄒᆞ오	
	ᄒᆞᄂᆞᆫ	
안높임	ᄒᆞᆫ다	-리, -니 (의문문 종결형태)

5.2.5 19세기-20세기 초 청자높임법의 등급

19세기의 주요변화는 15세기 이후로 의미 기능이나 형태에서 큰 변화
가 없었던 높임 등급의 'ᄒᆞ읍ᄂᆞ이다'가 재구조화되고, 'ᄒᆞ오'체가 등급
체계 내에 정착하며, 무엇보다도 가장 큰 변화로는 '히'체와 '히요'체가
등장한 것이다.

아래에 19세기 청자높임법의 등급 체계를 살펴보도록 하자.

높임 등급의 'ᄒᆞᄂᆞ이다'체는 15세기 이후로 그리 큰 변화를 보이지
않았다. 17세기 이후로는 '-습-'의 기능 변화 및 위치이동으로 하여
'ᄒᆞᄂᆞ이다'체에 '-습-'이 통합된 'ᄒᆞ읍ᄂᆞ이다'체가 등장하였다. 하지만
선어말어미 '-습-'은 수의적인 결합으로서 'ᄒᆞᄂᆞ이다'와 'ᄒᆞ읍ᄂᆞ이다'는
등급 체계상 뚜렷한 차이를 보이지 않았다. 18세기에도 'ᄒᆞ읍ᄂᆞ이다'는
'ᄒᆞᄂᆞ이다'와 공존했고[29), 19세기에 들어서는 'ᄒᆞ읍ᄂᆞ이다'가 우세해지
고[30) 이는 다시 '읍ᄂᆞ다'로 재구조화한다.[31)

---

29) 이승희(2007:257)에 의하면 18세기의 간본에는 대체로 'ᄒᆞᄂᆞ이다'의 빈도가 더 높고
한글 편지와 《인어대방》 등 일부 간본에는 'ᄒᆞ읍ᄂᆞ이다'의 빈도가 더 높다고 했다.

(1) 가. 쇼인니 가셔 문안ᄒ옵과 자셔한 말ᄉᆞᆷ을 살블너지 하쳑허옵시
기를 바린옵네다 〈언간 補35〉

나. 남원부ᄉ 말을 마오 탐지어ᄉ 무도ᄒᆞ여 빅셩이 소롤 일코 고관
ᄒ니 냥쳑을 불너드려 원고의게 분부ᄒᆞ되/ 너ᄂ 소가 몃필인다
/되답ᄒᆞ되 황우 ᄒᆞᆫ 필 암소 ᄒᆞᆫ 필 다만 두 필 잇습더니 황우
ᄒᆞᆫ짝 일헛습ᄂ이다 /또 무ᄅ되 져 도젹놈 너ᄂ 소가 몃필이니/
되답ᄒᆞ되 소인은 젹빈ᄒᆞ와 ᄒᆞᆫ 필도 업ᄂ이다 〈남원 24a〉

다. 門徒: … 썩들이나 사먹게 ᄒ실 거시니 되기 먹을 것시 업습ᄂ이다
耶蘇: 너의 가 먹을 것슬 쥬라
門徒: 우리 二百金(이빅금)을 가지고 가셔 썩을 사셔 먹일리잇가
耶蘇: 너의게 잇는 썩이 얼마나 되너뇨
門徒: 썩 다셧과 魚物(어물) 두울리 잇습ᄂ이다 〈마가젼 1〉

라. 쇼인의 쳐 한시 홀연 득병ᄒᆞ와 죽ᄉ오ᄆ이 어린 ᄌᆞ식이 이셔
쥬야 호곡ᄒᆞ며 어미를 ᄎᆞᄌᆞ달나 ᄒᆞ며 봇치오ᄆ이 … ᄌᆞ원 낙죵ᄒ
여 편지와 셔과를 가지고 드러왓습ᄂ이다/ 염왕이 듯고 불상이
너겨 왈 연즉 네 쳐 한시을 보고져 ᄒᄂᆞᆫ다/ 츈영 왈 비록 보고시
부오나 엇지 ᄇ라올잇가/ 왕이 최 판관을 명ᄒᆞ여 ᄉᆞᄌᆞ로 ᄒᆞ여
곰 니츈영의 쳐를 불너 오라 〈당태종젼17a〉

(1가-나)는 천민 계층과 사대부 계층의 대화로, (1가)는 종이 상전에게
'-습네다'를 사용하여 상전에 대한 높임을 나타내고, (1나)는 두 백성이
'-습ᄂ이다', '-ᄂ이다'를 사용하여 남원부사에 대한 높임을 나타낸다. (1
다)는 문도(門徒)와 예수(耶蘇)의 대화인데, 문도(門徒)는 '-습ᄂ이다/습ᄂ이
다', '-잇가'로 예수(耶蘇)에 대한 높임을 나타낸다. (1라)는 니츈영과

---

30) 이승희(2007:258)에 의하면 《뎐로력뎡》(1894), 《國民小學讀本》(1895) 등에는 'ᄒᄂ
이다'가 주로 나타나는 반면, 《訂正隣語大方》(1882), 《新訂尋常小學》(1896) 등에는
'ᄒ옵ᄂ이다/ᄒ옵ᄂ이다'가 주로 나타난다고 했다.

31) 최상위 등급의 재구조화에 대해서는 이미 4장에서 설명하였기에 여기에서는 생략하
도록 한다.

염왕의 대화인데, 니츈영은 '-습'니다', '-잇가'로 염왕에 대한 높임을 나타낸다.

'-습'니다/슴'니다'는 기존의 'ᄒᄂ이다'체와 함께 동일한 청자에 쓰이는 것이기에 재구조화된 '-습'니다/슴'니다'도 'ᄒᄂ이다'체에 속한다. 비록 '습'ᄂ이다〉-습'니다'는 '-습-'과 '-이-'의 소실을 의미하지만 새로운 형태의 출현이 아니기 때문에 등급 분화로 이어지지는 않는다. 일반적으로 축약에 의한 형태 변화는 등급이 낮아지기는 하지만 등급이 달라질 정도의 차이를 보이지 않는다.

그리고 18세기 중반에 등장한 'ᄒ오'체는 19세기에 들어 'ᄒ읍니'체를 밀어내고 중간 등급을 대표하게 되는데, 'ᄒ오'체와 그 상하 등급과의 계선이 현대국어와 같이 엄격히 구별되는 것은 아니었다.[32]

(2) 가. 어마니 이 밤듕에 또 왜 <u>왓소</u> 밤이나 졔발 평안이 <u>쉬시오</u> 〈남원 5:4a〉

나. 소녀 셩은 김이오 일홈은 츈향이오 나흔 <u>이팔이로쇼이다</u> 말숨 간졀ᄒ오시나 분부 시힝 못ᄒ깃쇼 〈남원 1:26a〉

다. 우리네가 냥반을 ᄃᆡ졉 아니ᄒ고 뉘가 흔단 <u>말이온잇가</u> … <u>여보오</u> 본관 긱담 말고 여차셩연의 풍월귀나 <u>ᄒ옵시다</u> 〈남원 5:23b〉

라. 어어 <u>보시오</u> 時針ᄂ 조고마치 도라 갓스나 刻針은 大端히 먼저 <u>도라갓소</u> 〈신심 2:52b〉

라'. 이계 나ᄂ 時針 보ᄂ 法을 잘 <u>빅왓습나이다</u> 〈신심 2:26b〉

(2가)는 춘향이 어머니에게 'ᄒ오'체를 사용한 것인데, 친족 관계에서 상하 차이가 분명히 큰 경우에도 'ᄒ오'체가 사용되었음을 말해준다. (2

---

32) 이에 대해서는 이현희(1982:143-163), 성기철(2007:173-195), 이승희(2007) 의 논문을 참조하였다.

나)는 기생인 춘향이 사대부 제자인 이 도령에게 'ᄒᄂ이다'체와 'ᄒ오'체를 함께 사용한 것인데, 평민 이하 신분의 사람이 자신보다 신분이 높은 사대부에 대해 'ᄒ오'체를 사용하고 있는 것은 'ᄒ오'체의 사용상황이 그만큼 넓었음을 보여준다. (2다)는 운봉수령이 자기와 같은 사대부에 속하는 변 사또에게 'ᄒᄂ이다'체와 'ᄒ오'체를 함께 사용한 것이다. (2라-라')는 동생이 형에게 'ᄒ오'체를 'ᄒᄂ이다'체와 함께 사용한 것이다.

예문에서 보면 'ᄒ오'체는 친족 관계나 사회적 지위, 신분에서 상하 차이가 분명히 큰 경우에도 사용되었다. 하지만 'ᄒᄂ이다'체와도 어느 정도 공통되는 부분이 있어 대화참여자들 사이의 상하 격차가 좁혀질 수 있는 상황이다.

(3) 가. ᄌᄂᄂ 못 싱각ᄒᄂ 질지이심ᄒ야 졈졈 어려오니 날은 폐ᄒ고
　　　 셰손은 효쟝셰ᄌ의 양ᄌ를 삼으면 엇ᄂ홀가본고 … 두고 보소
　　　 ᄌᄂᄂ 귀ᄒ여 ᄒ니 〈한중록 230〉
　나. 심봉ᄉ 짐쟉 놀나 쌩덕어미 손을 줍고 잘못 ᄒᆞᆺᄂ 잘못 ᄒᆞᆺᄂ
　　　 노와 마쇼 노와 마쇼 〈심청가〉33)
　다. 쟈ᄂ … 죵샤 태평케 ᄒ소 ᄌ픔이 튱담질실ᄒ시ᄃ 고집은 장ᄒ
　　　 시니 그리 아소 해가 밧고엿기 안부 알고져 좀 덕ᄂ 이 편지도
　　　 몃번 눈 감고 쉬여 가며 벗ᄂ 〈언간 205〉

(3가)는 남편인 사도세자가 아내인 혜경궁 홍씨에게, (3나)는 신분상 비슷한 신봉사가 뺑덕 어미에게, (3다)는 왕후가 사위에게 'ᄒᄂ'체와 'ᄒ오'체를 함께 사용한 것이다. 예문에서 보면 'ᄒᄂ'체는 그 이전 시기와 형태나 기능면에서 큰 변화가 없다. 즉 사회적 지위에 있어서 상위자인 화자가 하위자인 청자에게 사용하거나 화자와 청자가 사회적 지위에 있어서 비슷한 사람들끼리 사용하고 있었다. 다만 'ᄒ오'체와 함께 쓰인

---

33) 성기철(2007:440)의 예문 (23)을 인용.

것은 19세기에 이르러 높임 등급상 구별된 모습을 보이되 아직은 완벽한 분리상태에는 이른 것이 아니기 때문이다.

그리고 'ᄒᆞᆫ' 체에는 명령형 종결어미 '-게'가 새롭게 나타나서 '-소'를 대신하기 시작했다.34) '-게'의 기원에 대해서 본고에서는 이승희(2007: 255-257)에서 제시한 사동의 의미를 갖지 않는 '-게 ᄒᆞ소, -게 ᄒᆞ여라, -게 ᄒᆞ라'의 구성에서 후행성분 'ᄒᆞ'가 생략된 것으로 보고자 한다. 따라서 '-게'의 등장으로 하여 기존의 'ᄒᆞ오'체와 'ᄒᆞᆫ'체의 명령형 종결어미는 '-오/소 : -소'의 대립에서 '-오/소 : -게'의 대립으로 변화하였고, 이는 두 등급 형식의 차별성을 더욱 분명히 해주었다.35)

(4) 가. 니낭쳥 요 산드러진 맛 보게 그 말 더욱 조희 〈남원 3:24b〉
    나. 자늬 보게 져게 쥰향일셰 〈열여춘향슈졀가 하:8b〉36)
    다. 잇고 셔울집아 졍신차리게 잇고 불상하여라 〈열여춘향슈졀가 하:15a〉37)

(4가)는 변 사또가 낭쳥에게, (4나)는 변 사또가 회계 생원에게, (4다)는 기생들이 춘향에게 'ᄒᆞᆫ'체를 사용한 것이다. 화자인 상위자가 청자인 하위자에게 사용하거나 신분상에서 비슷한 사람들끼리 사용한 것으로서 'ᄒᆞᆫ'체의 기타 종결어미와 같은 기능을 한다.

또한 아래의 예문 (5)에서 보면 'ᄒᆞᆫ'체는 'ᄒᆞ오'체와 'ᄒᆞᆫ다'체와 함께

---

34) 이승희(2007:279)에 의하면 새로운 형태인 '-게'는 《남원고사》나 《열여춘향슈졀가》에 예가 드물게 보일 뿐이라고 했다. 그리고 명령형 종결어미의 경우에 새로운 형태인 '-게' 보다는 여전히 기존의 '-소'가 주로 쓰이고 있었다고 했다.

35) 19세기에 들어서서 형성된 '-게', '희'는 연결어미 이하의 통사적 구성이 절단된 것이다. 이렇게 보면 '희'체에 해당될 '-게'가 비교적 빨리 'ᄒᆞᆫ'체에 편입된 것은 'ᄒᆞ오'체의 '-오/소'와 'ᄒᆞᆫ'체의 '-소'가 형태적, 기능적 변별성이 적었던 체계 내적 사정 때문이다.

36) 이승희(2007:279)에서 (19ㄴ)를 인용한 것이다.

37) 이승희(2007:279)에서 (19ㄷ)를 인용한 것이다.

동일한 청자에게 사용되기도 한다.

(5) 혼 늙은 농뷔 닉다라 말니ᄂ 이 스람들라 그리 마라 풍편의 얼ᄂ
   드르니 어ᄉ 써단 말이 이시니 이 스람 괄시 마소 그도 과히 밍물은
   아니기로세 〈남원 319〉38)

'ᄒᆞ오'체와 'ᄒᆞᄂ이다'체가 함께 쓰이거나, 'ᄒᆞ오'체와 'ᄒᆞ니'체가 함께
쓰이거나, 'ᄒᆞ니'체와 'ᄒᆞ오'체, '혼다'체가 함께 쓰이는 현상은 현재와
달리 한 등급의 종결형이 하나의 특정 등급에만 쓰인 것이 아니고 인접한
등급에도 함께 쓰일 수 있음을 말해준다. 또한 이 시기의 등급 체계가
현대국어와 같이 엄격성이 적었음도 의미한다.

또한 이전 시기와 비교할 때 19세기 청자높임법 체계의 두드러진 변화
는 바로 '-어', '-지' 등으로 표시되는 반말 등급의 '히'체와 여기에 '-요'
가 통합된 '-어요', '-지요' 등으로 표시되는 반말높임 등급의 '히요'체가
자리 잡게 된 것이다.

'히'체와 '히요'체의 등급 설정에 있어서는 일원적 계열로 보는 입장과
이원적 계열로 보는 입장으로 갈린다.39) '히'체는 연결어미 이하가 탈락
하여 형성된 것으로 19세기 이전에 '-ᄂ-', '-니-' 등을 포함한 어미구조
체가 탈락되는 것과 성격이 다르다. 이 점은 '히'체가 독자적 표현적
가치를 가졌을 가능성을 제시해준다. 또 '히'체는 다른 등급 형식과 함께
쓰이는 빈도가 유달리 높다.40) 본고에서는 '히'체의 이런 성격과 현대국

---

38) 성기철(2007:440)의 예문 (21)을 인용.
39) 현대국어의 청자높임법을 이익섭(1974)는 일원적 계열로, 성기철(1985)는 이원적 계
   열로 파악하고 있다. 이기갑은(1978)는 19세기의 청자높임법을 일원적 계열로 정리하
   고 있다. 이승희(2007)도 기본적으로 일원적 계열의 입장이다.
40) 이승희(2007:288)에서는 '히'체와 '히요'체가 다른 등급 형식과 함께 쓰이는 빈도가
   유난히 높은 것은 이들이 근본적으로 연결어미에서 기원한 '반말'로서 기존의 종결어
   미와 일치하지 않기 때문에 폭넓은 사용범위를 지닌다고 해석하였다.

어와의 관련성을 중시해 이원적 계열로 보고자 한다.

(6) 가. 어사: 져 농부 여보시요 검은 소로 논을 가니 컴컴흐지 <u>아니흔지</u>
　　　 농부: 그러키에 볏 다랏지오
　　　 어사: 볏 다라시면 응당 <u>더우려니</u>
　　　 농부: 덥기에 셩엣장 다랏지오
　　　 어사: 셩엣장 다랏시면 응당 <u>츠지</u>
　　　 농부: 츠기에 쇠게 양지머리 잇지오
　　　 농부: 우슈온 직식 다 보깃다 어더먹는 비렁방이 녀셕이 반말
　　　　　 지거리가 웬 일인고 〈남원 4:28b〉
　　 나. 월매: 셔방님 어듸로 가랴 흐오
　　　　 어사: 집으로 <u>가지</u> 〈남원 4:17〉

(6가)에서 종결형 '-지', '-(리)니' 등을 두고 이른 '반말'은 형태나 용법에서 요즘의 반말과 별로 다름이 없어 보인다. 등급상의 특별한 명칭을 별도로 가진 것을 고려하면 '흐오'체나 '흐늬'체의 종결형과는 구별되는 것임을 알 수 있다.

또한 (6가-나)에서 보면 '희'체의 화자는 양반인 어사/이 도령이고 청자는 농부, 월매 등 사대부보다 하위 계층의 인물들이다. 비록 사대부와 평민 혹은 기생이라는 신분의 차이가 있지만 어사/이 도령의 나이가 많지 않은데다가 현재 걸인 행색을 하고 있는 상황으로서 사회적 지위도 매우 낮다는 점이 나이 많은 상대에게 '흔다'체를 사용하지 않고 반말 등급의 형식인 '희'체를 사용하게 한 것이다. 또 상대방도 '흐늬이다'체로 응대하기 보다는 '희요'체나 '흐오'체로 응대한다. 이런 상황은 상위자인 화자가 하위자인 청자를 낮추지 않고 다소 대우해주는 '흐늬'체와의 연관성을 생각해 볼 수 있게 한다.

(7) 가. 쏘 흔 놈 니다르며 ㅎᄂᆞᆫ 말이 에라 에라 그만 <u>두라</u> 모양 거록ㅎ
옵시다 쥬계 츄러ㅎ면 냥반이 <u>아닌가</u> 웨들 그리구노 냥반 ᄃᆡ겹
<u>아니로셰</u> 〈남원 4:22b〉

나. 비렁방이도 눈이 <u>잇지</u> 집 몰골 보와ㅎ니 무어슬 쥬리라고 어두
온ᄃᆡ <u>드러왓노</u> 옥에 갓친 쌀 먹이ᄌᆞ고 쥭 <u>ᄊᆞ리옵ᄂᆡ</u> 다른 ᄃᆡ나
가셔 <u>보소</u> 〈남원 4:36b〉

(7가)에서 보면 '힌'체의 '－ㄴ가'41)가 '흔다'체의 '－라', 'ㅎᄂᆡ'체의 '－로
셰'와 함께 쓰였고, (7나)에서 보면 '－지'가 '흔다'체의 종결형 '－노', 'ㅎᄂᆡ'
체의 '－ᄂᆡ'외에 'ㅎ오'체의 '－소'와 함께 쓰였다.

따라서 '힌'체의 등급상의 특성은 '흔다'체, 'ㅎᄂᆡ'체, 그리고 제한적인
'ㅎ오'체까지 넓게 병용되기도 했음을 볼 수도 있다. 하지만 주로 '흔다'체
와 'ㅎᄂᆡ'체에 공통으로 쓰였던 반말 등급이었다.

다음으로 '힌'체에 '－요'가 통합된 '－지요(오)', '－어요(오)'의 '힌요'체
가 사용된 예를 살펴보도록 한다.

(8) 가. 나ᄂᆞᆫ ᄂᆡ 셰간 다 가지고 삿갓가마 타고 도련님 뒤흘 <u>ᄯᅡ라가지오</u>
〈남원 2:25a〉

나. 그러면 어더 <u>드리지오</u> 이 밤의 무삼 일 옛가지 ᄆᆡ셔 <u>왓소</u> 〈남원
5:4a〉

다. ᄉᆞᄯᅩ 분부ㅎᄃᆡ 츈향이 불너 ᄃᆡ령흔다 두 놈이 쏨박쏨박ㅎ며
알외ᄃᆡ <u>츈향이오</u> <u>쥭어오</u> 엇지ㅎ여 <u>쥭어오</u> 〈남원 3:20a〉

(8가)는 춘향과 이 도령의 대화인데, 춘향은 신분상 상위자인 이 도령
에게 '힌요'체를 사용하였고, (8나)는 춘향과 어머니 월매의 대화인데,
춘향은 친족 관계에서 상위자인 어머니에게 '힌요'체와 'ㅎ오'체를 함께

---

41) 성기철(2007:444)에 의하면 '－ㄴ가'를 'ㅎᄂᆡ'체로 해석할 수 있을지 모르지만, 선행
종결형을 함께 고려할 때 반말로 해석함이 온당하다고 했다.

사용하였으며, (8다)는 사회 직위상에서 상위자인 사또와 하위자인 패두의 대화인데, 관속인 패두는 사또에게 '히요'체를 사용하였다. 우선 이때의 상황은 화자와 청자의 관계가 상하로 구별되기는 하지만 여러 요인에 의해 격차가 좁혀질 여지가 있는 것으로, '히요'체는 'ᄒᆞ오'체의 사용상황이 같음을 보아낼 수 있다. 동일한 청자에 대해 'ᄒᆞ오'체와 '히요'체를 함께 쓸 수 있는 것도 이런 점을 말해준다. 하지만 (8다)에서 보면 관속인 패두는 관리인 사또에게 응당 'ᄒᆞᄂᆞ이다'체로 대답을 해야 하는데, '히요'체가 쓰인 것을 보면 '히요'체가 'ᄒᆞᄂᆞ이다'체도 근접한 형식임을 알 수 있다. 이로써 '히요'체는 주로 'ᄒᆞ오'체와 함께 쓰이거나, 'ᄒᆞ오'체가 쓰일 상황에 쓰이며, 간혹 'ᄒᆞᄂᆞ이다'체에도 쓰일 수 있을 가능성을 제시해준다.

이상의 논의를 바탕으로 19세기의 청자높임법 체계를 다음과 같이 설정한다.

〈표5〉 19세기-20세기 초 청자높임법의 등급 체계

등급	등급 형식1	등급 형식2
높임	ᄒᆞᄂᆞ이다→ᄒᆞᆸᄂᆞ이다→ᄒᆞᆸ니다	히요
중간높임(1)	ᄒᆞ오	
중간높임(2)	ᄒᆞᄂᆡ	히
안높임	ᄒᆞᆫ다	

5.3 요약

본 장에서는 새로운 종결형태의 출현에 따른 청자높임법 등급 형식의 변화 및 등급 체계의 변화를 살펴보았다.

새로운 종결형태의 출현에는 특히 '-숩-'의 기능 변화가 깊이 관여하는데, '-습-'과 관련된 요소는 '화자와 청자'의 관계로 바뀜으로써 청자높임의 형식이 영향을 입고 그에 따라 다양한 형태가 출현한다. 또한 문말형식절단 현상에 의해 기능적으로 잉여적인 부분이 생략되는데, 생략 범위는 후대로 갈수록 확장되는 양상을 보인다. 다시 말해 중세국어 시기에는 '-이-'를 포함한 종결어미가 절단되나, 17세기부터는 '-ㄴ/더/리-', '-니-'의 선어말어미가 포함된 어미구조체가 절단되며, 19세기에 들어서는 후행하는 통사적 구성이 절단된다. 그리고 '-ㄴ/더/리-'의 기능 약화와 새로운 선어말어미 '-엇-', '-겟-'의 산생으로 하여 시제 체계에 변화가 생기는데, 이러한 시제 체계의 변화도 새로운 종결형태의 형성에 하나의 요인으로 작용한다. '-엇-', '-겟-'은 문말형식이 절단된 '-늬' 등 종결형에 선행하여 결합됨으로써 '-엇늬', '-겟늬'와 같은 형태가 나타난다. 따라서 종결어미 '-늬〉-네'는 본래 현재를 표시하는 선어말어미 '-ㄴ-'를 포함하고 있나는 기원과는 상관없는, 하나의 종결어미로 변화한다. 선어말어미 '-습-'에 기원을 둔 명령형 종결어미 '-오/소'도 '-엇-', '-겟-'과 결합됨으로써 '-엇소-', '-겟소-'와 같은 형태가 나타난다. 따라서 '-엇-', '-겟-'이 결합되지 않은 '-오/소'도 현재 시제 표현이 가능해졌다. 때문에 '-오/소'는 명령형은 물론이고 서술형과 의문형의 종결어미로 정착할 수 있었다. 그리고 '-엇-', '-겟-'문장종결형에서 뿐만 아니라 다양한 연결어미에서도 시제 대립이 나타날 수 있게 함으로써 연결어미가 종결어미로 변화하는 것이 가능하게 하였다. 따라서 반말의 '-어/지', 반말높임 '-어요/지요'가 형성되었다.

새로운 종결형태의 형성에 따른 청자높임법 체계의 분화와 확대는 주로 중간 등급의 변화이다. 15세기부터 20세기 초까지의 청자높임 등급의 변화를 보이면 아래와 같다.

〈표6〉 15세기-20세기 초의 청자높임법의 등급 체계

세기	등급	등급 형식	
15세기	높임	ᄒᆞᄂᆞ이다	-리, -니(시가문)
	중간높임	ᄒᆞᅌᅵ다	-리, -니(의문문 종결형태)
	안높임	ᄒᆞᄂᆞ다	
16세기	높임	ᄒᆞᄂᆞ이다	
	중간높임	ᄒᆞᅌᅵ다→ᄒᆞᅌᅵ	
	안높임	ᄒᆞᄂᆞ다	-리, -니(의문문 종결형태)
17세기	높임	ᄒᆞᄂᆞ이다	-습
	중간높임	ᄒᆞᆸᅌᅵ / ᄒᆞᅌᅵ	
	안높임	ᄒᆞᆫ다	-리, -니(의문문 종결형태)
18세기	높임	ᄒᆞᄂᆞ이다	
	중간높임	ᄒᆞᆸᅌᅵ→ᄒᆞ오 / ᄒᆞᅌᅵ	
	안높임	ᄒᆞᆫ다	-리, -니(의문문 종결형태)
19세기-20세기 초	높임	ᄒᆞᄂᆞ이다→ᄒᆞᆸᅌᅵ다	히요
	중간높임(1)	ᄒᆞ오	
	중간높임(2)	ᄒᆞᅌᅵ	히
	안높임	ᄒᆞᆫ다	

제**6**장

결론

제6장 결론

본고는 고대로부터 20세기 초에 이르는 사이의 우리말 문헌을 중심으로 문법적 형태에 의한 높임 표현에 국한하여 높임법의 역사적 변화 과정 즉 '-숩-'에 의한 객체높임법의 소실과 '-숩-'의 합류에 따른 '-습니다'류 형태의 형성 및 중간 등급 형태의 출현 그리고 이에 따른 청자높임법 체계의 다원화 과정을 밝혔다. 본고에서는 '-숩-'의 변화 및 합류 과정에 대한 종합적이고 계통적인 고찰을 위해 문헌학적 연구 방법을 도입하였고, 공시적 연구의 기초 위에서 통시적인 고찰을 진행하였다.

제2장에서는 먼저 15세기 높임법 체계에 대해 서술하고 다음 15세기 객체높임어미 '-숩-'에 대해 검토를 진행하였다.

15세기에는 '-시-' 등에 의해 실현되는 주체높임법, '-숩-' 등에 의해 실현되는 객체높임법, '-이-' 등에 의해 실현되는 청자높임법이 있었다. '-숩-', '-시-', '-이-'는 형태론적으로 서로 확실히 별개였으며, '-숩-'이 선어말어미들 가운데서 어간에 가장 먼저 결합한 것에 반해 '-이-'는 가장 나중에 결합하였다. '-숩-'이 어간에 가장 먼저 결합될 수 있는 것은 고대국어 시기에 '사뢰다'는 의미를 지닌 동사 '白[숣]-'의 어휘적 의미가 약화되어 문법 형태화함으로써 형성된 것이기 때문이다. 이렇게 문법 형태화하여 형성된 '-숩-'은 화자가 주체의 입장에 서서 주체가 목적어, 부사어 등으로 나타나는 통사적 성분 그리고 명시되지는 않았지만 문맥을 통해 분명하게 인식할 수 있는 객체에 해당하는 비통사적 성분을 대접해야 한다고 파악할 때 나타나는 형태소이다. 15세기의 '-숩-'은 그 이전 시기의 단일형 '-숣-'이 아닌, 음운론적 환경에 따라 규칙적으로 교체되는 다양한 이형태를 가지고 있었다.

제3장에서는 15세기 이후 '-숩-'의 변화에 대해 살펴보았는데, 크게

세 부분으로 나누어 볼 수 있다. 즉 '-습-'의 기능 변화, 기능 변화에 따른 결합 양상의 변화, '-습-'의 이형태의 변화로 나누어 매 세기 별로 논술하였다.

16세기부터 20세기 초에 이르는 사이의 '-습-'의 변화를 관찰한 결과, 선어말어미 '-습-'의 기능이 변화된 주요원인은 '주체=화자, 객체=청자'의 담화상황이 일반화되면서 객체의 모호성이 심화된 것이다. '-습-'의 기능은 16세기 후반부터 화자 겸양의 단초를 보이기 시작해서 17, 18세기에는 이미 상당한 쓰임에서 화자 겸양을 나타냈고 19세기에는 '-습-'의 기능이 더욱 분화되어 종결어미 위치에서 청자높임법에 합류하기도 한다. '-습-'은 기능이 변화됨에 따라 후접성의 원리를 어기고 뒤로 이동할 뿐만 아니라 통사적 구성으로부터 발달한 '-엇-', '-겟-'의 등장으로 하여 또 뒤로 밀리게 된다. 그리고 '-습-'은 'ㅸ', 'ㅿ', 'ㆍ'의 소실로 인해 디욱 다양해졌는데, '-습-'류와 '-ㅇㅂ-'류는 비종결어미 위치에서는 화자 겸양의 기능을 나타내고 종결어미 위치에서는 청자높임에 합류된다. 하지만 '-줍-'류는 '묻다', '받다', '엳다' 등 특정한 어휘에만 한정되어 이들 어간에 객체높임의 의미를 더하는 접사가 되었다. 다시 말해 '-습-'의 이형태 목록에서 벗어나 독립했다. 이는 현대국어에서 '-습니다', '-읍니다' 등은 존재하지만 '-줍니다' 등은 존재하지 않는다는 사실에서도 방증된다.

제4장에서는 '-습니다'류 형태로의 합류 과정을 살펴보았는데, 이는 새로운 형태의 산생이라기보다 '-습-'의 합류에 따른 기존 형태의 재구조화이다. 이런 재구조화에 의해 구조적 모습이 바뀜으로써 최상위 등급 형태인 '-습니다'류가 형성되었다. 최상위 등급의 재구조화는 음운 변화, '-습-'의 기능 변화와 합류, 그리고 인접어미 '-ㄴ/더/리-'와 '-이-'의 기능 약화 등이 주요원인이다.

기능이 변화되어 결합 순서가 뒤로 밀린 '-습-'은 '-ㄴㅇ이다/-ㄴㅇ잇가',

'-더이다/-더잇가', '-리이다/-리잇가'의 어미구조체와 통합하여 어말어미화 됨으로써, 또한 일련의 음운 변화를 거쳐 서술형 어미와 의문형어미로 재구조화된다. 그리고 청유형 어미는 기능이 변화된 '-습-'이 '-사이다' 어미구조체와 통합되어 형성된 것이다. 명령형 어미는 청유형어미의 형성에 영향을 받으면서 'ᄒᆞ오'체 어미의 분포 확대와 함께 청유형에 '-오'를 통합시키게 되면서 형성된 것이다. '-습니다'류의 형성 과정을 정리하면 아래와 같다.

(1) -ᄉᆞᆸᄂᆞ이다 〉 -ᄉᆞᆸᄂᆡ이다 〉 -ᄉᆞᆸᄂᆡ다 〉 -ᄉᆞᆸ늬다 〉 -ᄉᆞᆸ니다
(2) -ᄉᆞᆸᄂᆞ잇가 〉 *-ᄉᆞᆸᄂᆡ잇가 〉 -ᄉᆞᆸᄂᆡ까/ᄉᆞᆸᄂᆡᆺ가 〉 -ᄉᆞᆷ닛가/-ᄉᆞᆸ닛가
(3) -ᄉᆞᆸ더이다 〉 *-ᄉᆞᆸ데이다 〉 -ᄉᆞᆸ데다 〉 -ᄉᆞᆸ듸다 〉 -ᄉᆞᆸ디다
(4) *-ᄉᆞᆸ더잇가 〉 *-ᄉᆞᆸ데잇가 〉 *-ᄉᆞᆸ뎃가 〉 -ᄉᆞᆸ뒷가 〉 -ᄉᆞᆸ디까
(5) 가. -ᄉᆞᆸᄫᅵ리이다, -ᄉᆞᆸ보리이다 〉 -ᄉᆞ오리이다 〉 -ᄉᆞ오리다 〉 -사오리다
    나. -ᅀᆞᆸᄫᅵ리이다, -ᅀᆞᆸ보리이다 〉 -ᅀᆞ오리이다 〉 -오리이다 〉 -오리다 〉 -(으)오리다
(6) 가. -ᄉᆞᆸᄫᅵ리잇가, -ᄉᆞᆸ보리잇가 〉 -ᄉᆞ오리잇가 〉 -ᄉᆞ오릿가 〉 -사오리까
    나. -ᅀᆞᆸᄫᅵ리잇가, -ᅀᆞᆸ보리잇가 〉 -ᅀᆞ오리잇가 〉 -ᅌᆞ오리잇가 〉 -오릿가 〉 -오리까 〉 -(으)오리까
(7) -ᄋᆞᆸ사이다 〉 -ᄋᆞᆸ새이다 〉 -ᄋᆞᆸ새다/-ᄋᆞᆸᄉᆡ다 〉 -ᄋᆞᆸ세다 〉 -ᄋᆞᆸ시다 〉 -(으)ㅂ시다
(8) -ᄋᆞᆸ사이다 〉 -ᄋᆞᆸ새이다 〉 -ᄋᆞᆸ새다/-ᄋᆞᆸᄉᆡ다 〉 -ᄋᆞᆸ세다 〉 -ᄋᆞᆸ시오 〉 -((으)시)ㅂ시오

제5장에서는 새로운 종결형태의 출현에 따른 청자높임법 등급 형식의 변화 및 등급 체계의 변화를 살펴보았다. 청자높임법은 새로운 종결형태의 출현에 의해 체계가 분화된다.

새로운 종결형태의 출현에는 특히 '-습-'의 기능 변화가 깊이 관여하는데, '-습-'이 관여하는 요소가 '화자와 청자'의 관계로 바뀜으로써 청자 높임법의 형식이 영향을 입고 그에 따라 다양한 종결형태가 출현한다. 또한 문말형식절단 현상에 의해 기능적으로 잉여적인 부분이 생략되는데, 생략 범위는 후대로 갈수록 확장되는 양상을 보인다. 다시 말해 중세국어 시기에는 '-이-'를 포함한 종결어미가 절단되나, 17세기부터는 '-ㄴ/더/리-', '-니-'의 선어말어미가 포함된 어미구조체가 절단되며, 19세기에 들어서는 후행하는 통사적 구성이 절단된다. 그리고 '-ㄴ/더/리-'의 기능 약화 및 새로운 선어말어미 '-엇-', '-겟-'의 등장으로 인해 시제 체계에도 변화가 생기는데, 시제 체계의 변화도 새로운 종결형태의 형성에 하나의 요인으로 작용한다. 새로운 종결형태의 형성에 따른 청자 높임법 체계의 분화와 확대는 주로 중간 등급의 변화이다. 15세기 'ᄒᆞᇰ다'체에 의해 표현되는 중간 등급은 16세기에 들어서 'ᄒᆞᆫ니'체로 대신되게 된다. 그리고 17세기에는 '-습-'의 기능 변화로 말미암아 'ᄒᆞᆸ니'체가 등장하여 'ᄒᆞᆫ니'체 보다 좀 높은 등급 형식을 이루어 4등급 체계로 변해가기 시작한다. 하지만 18세기 중반에 등장한 'ᄒᆞ오'체는 'ᄒᆞᆸ니'체를 대치하여 'ᄒᆞᆫ이다'체보다는 좀 낮은, 'ᄒᆞᆫ니'체보다는 좀 높은 등급을 차지하게 된다. 19세기에 들어서는 최상위 등급 형태가 'ᄒᆞᆸ니이다〉ᄒᆞᆸ니다'로 재구조화되었고, 'ᄒᆞ오'체가 정착하였으며, '히'체에 의한 반말 표현 형식과 '히요'체의 반말 높임 형식이 나타났다.

본고에서는 이상의 논의를 통해 문법 형태의 형성, 소실의 과정은 점진적이고 장기적이며 언어를 구성한 요소인 음운, 형태, 기능, 통사 등 측면의 변화가 서로 별개가 아니고 얽혀 있으며 그 얽힘의 관계란 구체적으로 음운의 변화가 형태의 변화를 선도하고, 기능의 변화가 통사, 형태적인 변화를 선도하는 것임을 밝혔다. 그리고 새로운 형태의 출현은 필연코 체계의 변화를 수반함을 밝혔다.

참고문헌

강규선(1991), 20世紀 初期 國語의 敬語法 硏究, 『人文科學論集』10, 청주대학교
　　인문과학연구소, 3-19.

강창석(1987), 국어 경어법의 본질적 의미, 『울산어문논집』3, 울산대학교 국문과,
　　31-54.

고영근(1967), 『國語文法』.

고영근(1974), 現代國語의 尊卑法에 대한 硏究, 『語學硏究』10-2, 서울대학교,
　　66-91.

고영근(1989), 『國語形態論硏究』, 서울대학교 출판부.

고영근(2002), 『표준 중세국어문법』, 집문당.

고영근(2007), 『한국어의 시제ㆍ서법ㆍ동작상』, 태학사.

고영진(1997), 『한국어의 문법화 과정-풀이씨의 경우-』, 국학자료원.

구본관(1996), 중세 국어 형태, 『국어의 시대별 변천 연구1-중세 국어』, 국립국어
　　연구원, 56-113.

권재일(1998), 『한국어 문법사』, 박이정.

김광수(2001), 『조선어 계칭의 역사적 고찰』, 역락.

김동언(1999), 개화기 국어 형태, 『국어의 시대별 변천 연구4-개화기 국어』, 국립
　　국어연구원, 61-114.

김동식(1984), 객체 높임법 {-숩-}에 대한 검토, 『관악어문연구』9, 서울대학교
　　국어국문학과, 81-99.

김민수(1994), 『현대의 국어연구사』(1945-1992), 서광학술자료.

김석득(1968), 한국어 尊待形의 擴大構造, 『人文科學』20, 연세대학교 인문과학연
　　구소, 43-64.

김석득(1977), 더 낮춤법과 더 높임법, 『언어와 언어학』5, 한국외국어대학교.

김석득(1987), 굴곡 가지의 높임법 (존대법) 최소형 형성론, 『동방학지』, 연세대학
　　교 국학연구원, 167-189.

김성규(1996), 중세 국어 음운, 『국어의 시대별 변천 연구2-중세 국어』, 국립국어
　　연구원, 7-55.

김성수(1989), 현재 시제의 무표항과 의미 기능, 『한글』204, 한글학회, 39-70.

김수태(2009), '-습니다'류의 융합에 대하여, 『우리말연구』25, 우리말학회,

217-242.

김승곤(1996), 『한국어 토씨와 씨끝의 연구사』, 박이정.

김영욱(1995), 『문법형태의 역사적 연구-변화의 이론과 실제』, 박이정.

김영욱(1997), 『문법형태의 연구방법-중세국어를 중심으로-』, 박이정.

김영인(2002), 한국어의 높임법 체계, 『돈암어문학』15, 돈암어문학회, 125-147.

김영인(2003), 어휘적 보충법과 형태론적 높임법의 관련성 연구 - 18세기 한국어를 중심으로, 『돈암어문학』16, 돈암어문학회, 167-197.

김영황(1997), 『조선어사』, 김일성종합대학 출판사.

김완진(1980), 『鄕歌解讀法研究』, 서울대학교 출판부.

김완진(2000), 『향가와 고려가요』, 서울대학교 출판부.

김용경(1999), 상대높임법에서 [+높임]의 분화 과정에 대한 연구 - 19, 20세기를 중심으로, 『건국어문학』(제23·24합집), 건국어문학회, 317-340.

김용범(1991), 존대법의 형식론적 접근, 『애산학보』11, 애산학회, 141-167.

김유범(2007), 『국어 문법형태소의 역사적 이해』, 박이정.

김의수(2000), 대우 표시 어휘의 史的인 연구, 『한국어학』11, 한국어학회, 185-212.

김일근(1991), 『諺簡의 研究』, 건국대학교 출판부.

김정수(1984), 『17세기 한국말의 높임법과 그 15세기로부터의 변천』, 정음사.

김충회(1990), 겸양법, 『국어 연구 어디까지 왔나』, 동아출판사, 409-433.

김태엽(1999), 『우리말의 높임법 연구』, 대구대학교 출판부.

김태엽(2002), 국어 문법화의 양상, 《人文科學研究》24, 대구대학교 인문과학 예술문화연구소, 1-22.

김태엽(2007가), 『한국어 대우법』, 역락.

김태엽(2007나), 선어말어미 '-습-'의 통시적 기능 변화, 『語文研究』54, 어문연구학회, 165-183.

김현주(2005), 존대법 {-습-}의 역사적 변화, 고려대학교 석사학위논문.

김현주(2006), 후기 중세국어 {-습-}의 기능-'존재되는 존재'의 파악을 중심으로, 『한국어학』31, 한국어학회, 101-124.

김형규(1947), 敬讓詞의 研究(1), (2), 『한글』102(12권 4호): 15-22, 103(13권 1호): 34-43.

김형규(1960), 경양사(敬讓詞)와 '가'주격(主格)토 문제, 『한글』126, 한글학회, 7-18.

김형규(1962), 경양사(敬讓詞) 문제의 재론(再論), 『한글』129, 한글학회, 60-73.

김형규(1975), 國語 敬語法 硏究, 『동양학』5, 단국대학교 동양학연구소, 29-41.

김혜숙(1984), 尊待法 變遷史, 『한성어문학』, 한성대학교 한성어문학회, 99-112.

김혜숙(1990), 現代國語의 恭遜表現 硏究-敬語法과 關聯지어, 숙명여자대학교 박사학위논문.

남기심(1981), 국어 존대법의 기능, 『人文科學』45, 延世大學校, 1-17.

남풍현(2008), 『吏讀硏究』, 태학사.

도수희(2000), 존칭접미사의 생성 발달에 대하여, 『새국어생활』10-1, 국립국어연 구원 185-196.

렴광호(1998), 『종결어미의 통시적 연구』, 박이정.

렴종률(2001), 『조선말력사문법』, 역락.

류렬(1990), 『조선말역사①-④』, 사회과학출판사.

류성기(1997), 근대 국어 형태, 『국어의 시대별 변천 연구2-근대 국어』, 국립국어 연구원, 55-108.

리득춘(1987), 『조선어어휘사』, 연변대학 출판사.

리득춘(1995가), 『고대조선어문선 급 중세조선어개요(상, 하)』, 연변대학 출판사.

리득춘(1995나), 《고대조선어강독》, 연변대학 조선어강좌.

리득춘(2006가), 『조선어언어력사연구』, 흑룡강조선민족 출판사.

리득춘(2006나), 『조선어발달사』, 연변대학 출판사.

민현식(1999), 개화기 국어 문법, 『국어의 시대별 변천 연구4-개화기 국어』, 국립 국어연구원, 165-234.

박병채(1989), 『국어발달사』, 世英社.

박부자(2005), 선어말어미 '-습-' 통합순서의 변화에 대하여 -'-시-'와의 통합을 중심으로, 『국어학』46, 국어학회, 227-254.

박부자(2006), 한국어 선어말어미 통합순서의 역사적 변화에 대한 연구, 한국학중 앙연구원 박사학위논문.

박부자(2007), 선어말어미 통합순서 변화의 저지(沮止) 요인 - 다른 선어말어미와 의 결합을 중심으로, 『배달말』41, 배달말학회, 85-107.

박상수(1994), 한국어 존대법의 형태점검, 『현대문법연구』4, 현대문법학회, 115-138.

박석준(2002), 현대국어 선어말어미 '-시-'에 대한 연구―의미 · 기능 관련 구문의 구조를 중심으로, 연세대학교 박사학위논문.

박성종(1998), 고대 국어 어휘, 『국어의 시대별 변천 연구3-고대 국어』, 국립국어
　　연구원, 77-120.

박양규(1991), 국어 경어법의 변천, 『새국어생활』1-3, 국립국어연구원, 23-39.

박양규(1993), 존대와 겸양, 『국어사자료와 국어학 연구』, 문학과 지성사,
　　338-351.

박영순(1995), 상대높임법의 사회언어학, 『어문논집』34, 민족어문학회, 549-570.

박준석(2008), 청자존대법 등급 설정과 분화에 대한 연구, 『語文學』102, 한국어문
　　학회, 89-123.

박진호(1998), 고대 국어 문법, 『국어의 시대별 변천 연구3-고대 국어』, 국립국어
　　연구원, 121-205.

박창원(2002가), 『고대 국어 음운(1)』, 태학사.

박창원(2002나), 『국어 음운 연구사(1)』, 태학사.

배대온(2002), 『吏讀文法素의 通時的研究』, 경상대학교 출판부.

배희임(1976), 中世國語 先語末語尾의 構造研究, 《語文論集》17, 민족어문학회,
　　35-46.

백두현(1995), 고려시대 석독구결의 경어법 선어말어미 '-시-', '-사옵비읍 [白]'
　　의 분포와 기능에 관한 연구, 『어문논총』29, 경북어문학회, 45-114.

백락천(2007), 국어 문법화 연구의 이론적 배경과 특징, 『한국사상과 문화』39,
　　한국사상문화학회, 309-328

서정수(1997), 『존대법의 연구-현행 대우법의 체계와 문제점』, 한신문화사.

서정목(1987), 『국어 의문문 연구』, 탑출판사.

서정목(1988), 한국어 청자 대우 등급의 형태론적 해석(1), 『국어학』17, 국어학회,
　　291-343.

서정목(1990), 한국어 청자 대우 등급의 형태론적 해석(2)-'오오체'에 대한 기술과
　　설명-, 『강신항교수 회갑기념 국어학논문집』, 344-375.

서정목(1993), 국어 경어법의 변천, 『한국어문』2, 한국정신문화연구원, 107-145.

서정목(1997), 경어법 선어말 어미의 변화, 『國語史研究』, 태학사, 537-581.

서태룡(1988), 國語活用語尾의 形態와 意味, 서울대학교 박사학위논문.

서태룡(1993), 문법형태소의 증가와 기본의미의 증가, 『국어사 자료와 국어학의
　　연구』(안병희선생 회갑기념 논총), 서울대학교 대학원 국어연구회 편, 문학과
　　지성사, 507-527.

서태룡(2005), 조사화와 어미화의 끝 구성요소, 『진단학보』, 진단학회, 105-125.

석미영(2005), 국어 의문법의 역사적 발전에 관한 연구, 경원대학교 박사학위논문.

석주연(2004), 서술의 시점과 국어 문법 현상의 이해 -'-삽-'과 '-오-'를 중심으로, 『국어학』43, 국어학회, 273-298.

석주연(2008), 국어 형태의 통시적 변화와 문맥 -문맥에 수반된 의미적 다양성을 중심으로-, 『국어교육』126, 한국어교육학회, 257-281.

성기철(1976), 현대 국어의 객체 존대 문제, 『語學研究』12-1. 서울대학교 어학연구소, 55-71.

성기철(1985), 『현대국어 대우법 연구』, 개문사.

성기철(1991), 국어 敬語法의 일반적 특징, 『새국어생활』1-3, 국립국어연구원, 2-22.

성기철(2007), 『한국어 대우법과 한국어 교육』, 글누림.

손영출(1983), 국어 존대법 연구-굴곡접사를 중심으로, 동아대학교 석사학위논문.

송이규(2006), 존대법 '-습-'의 변화에 대한 연구, 원광대학교 석사학위논문.

송철의(2008), 『한국어 형태음운론적 연구』, 태학사.

안병희(1961), 主體謙讓法의 接尾辭 {-습-}에 대하여 『震檀學報』22, 진단학회, 105-126.

안병희(1982), 中世國語의 謙讓法 硏究에 대한 反省, 『국어학』11, 국어학회, 1-23.

안병희 · 이광호(1990), 『中世國語文法論』, 學硏社.

안병희(1992), 『國語史 硏究』, 文學과 知性社.

안주호(1994), 동사에서 파생된 이른바 '후치사류'의 문법화 연구, 『외국어로서의 한국어교육』, 연세대학교 한국어학당, 133-154.

안주호(1996), 명사 파생의 문법화 연구, 『어학연구』32-1, 21-46.

양영희(2000), 15세기 국어의 존대체계 연구-「불경언해」를 중심으로, 전남대학교 박사학위논문.

양영희(2001), 중세국어 공손법 등급에서의 '-닝다'체 위상, 『국어학』38. 국어학회, 135-154.

양영희(2004), 16세기 '-습-'의 기능에 대한 고찰, 『배달말』10, 배달말학회, 119-135.

양영희(2007), 16세기 청자존대법의 특징 고찰-15세기에서의 변천을 중심으로, 『인문학연구』34-3, 충남대학교 인문과학연구소, 367-368.

유동석(1991), 중세국어 객체존대법에 대한 통사론적 접근, 『國語學의 새로운 認識과 展開』, 민음사, 489-503.

유창균(1994), 『鄕歌批解』, 螢雪出版社.

유창돈(2000), 『李朝語辭典』, 연세대학교 출판사.

윤석민(1993), '-시-', '-습-'의 의미·화용론적 고찰, 『국어학논집』1, 태동, 149-160.

윤용선(2006), 국어 대우법의 통시적 이해, 『國語學』47, 국어학회, 321-376.

이경우(1994), 갑오경장기의 문법, 『새국어생활』4-4, 국립국어연구원, 74-98.

이경우(1998), 『최근세국어 경어법 연구』, 태학사.

이규창(1991), 現代 國語 尊待法 硏究, 전주대학교 박사학위논문.

이기갑(1978), 우리말 상대높임 등급체계의 변천연구, 서울대학교 석사학위논문.

이기문(2007), 『國語史槪說』(新訂版), 태학사.

이동석(2002), 국어 음운 현상의 소멸과 변화에 대한 연구, 고려대학교 박사학위논문.

이봉원(2002), 현대국어 음성·음운 현상에 대한 사용 기반적 연구, 고려대학교 박사학위논문.

이숭녕(1962), 겸양법 연구, 『아세아 연구』5-2(통권 제10호), 고려대학교 아세아 문제연구소, 133-184.

이숭녕(1964), 경어법 연구, 『진단학보』(25.26.27합병호), 진단학회, 311-366.

이숭녕(1981), 『中世國語文法-15世紀語를 主로 하여』, 乙酉文化社.

이승욱(1973), 『國語文法體系의 史的 硏究』, 일조각.

이승욱(1997), '-습시-'攷, 『국어경어법 연구』, 집문당, 243-260.

이승욱(1997), 『國語形態史硏究』, 태학사.

이승욱(2001), 문법화의 단계와 형태소 형성, 『국어학』37, 국어학회, 263-283.

이승재(1998), 고대 국어 형태, 『국어의 시대별 변천 연구3-고대 국어』, 국립국어 연구원, 41-75.

이승희(2005), 선어말어미 '-습-'의 의미 변화에 대한 통시적 고찰, 『우리말 연구』 39, 태학사, 557-600.

이승희(2008), 후기 근대국어의 시제 체계 변화에 따른 종결어미의 재편, 『국어국 문학』150, 국어국문학회, 30-50.

이승희(2007), 국어 청자높임법의 역사적 변화, 『國語學叢書』59, 國語學會.

이영경(1992), 17세기 국어의 종결어미에 대한 연구, 서울대학교 석사학위논문.

이용(2003), 『연결 어미의 형성에 관한 연구』, 역락.

이은지(2006), 개화기 청자존대법 연구-이인직의 신소설에 나타난 대화양상을 중심으로, 수원대학교 석사학위논문.

이유기(2001), 『중세국어와 근대국어의 문장종결형식의 연구』, 역락.

이유기(2005), 근대국어 종결어미 {-다}, 『한국어문학연구』45, 한국어문학연구학회, 27-60.

이익섭(1974), 국어 경어법의 체계화 문제, 『국어학』2, 국어학회, 39-64.

이정복(2005), 높임 형태소 '-습-'의 쓰임과 기능, 『人文科學硏究』29, 대구대학교 인문과학 예술문화연구소, 47-87.

이정홍(2002), 15세기 국어의 높임법 선어말 어미 '-습-'에 대하여, 순천대학교 석사학위논문.

이종덕(2005), 17세기 왕실 언간의 국어학적 연구, 서울시립대 국어국문학과 박사학위논문.

이지양(1988가), 국어의 융합현상, 『국어학총서』 22, 태학사.

이지양(1988나), 문법화, 『문법 연구와 자료』(이익섭선생 회갑기념 논총), 태학사, 801-818.

이지양(2003), 문법화의 이론과 국어의 문법화, 『정신문화연구』26-3 정신문화연구원, 211-239.

이태영(1988), 『국어 동사의 문법화 연구』, 한신문화사.

이태환(2008), 한국어 경어법의 역사적 변천에 관한 연구, 경원대학교 박사학위논문.

이현규(1985), 객체존대 「-습-」의 변화, 『배달말』10, 배달말학회, 55-86.

이현규(1995), 『국어 형태 변화의 원리』, 영남대학교 출판부.

이현희(1982가), 國語 終結語尾의 發達에 대한 管見, 『國語學』11, 국어학회, 143-164.

이현희(1982나), 國語의 疑問法에 대한 通時的 硏究, 서울대학교 석사학위논문.

이현희(1985), 근대국어 경어법의 몇 문제, 『한신어문연구』1, 한신대학교 국문과, 7-28.

이현희(1989), 높임 토씨의 통시적 연구, 상명여자대학교 석사학위논문.

이현희(1994), 『중세국어 구문연구』, 신구문화사.

임홍빈(1990), 어휘적 대우와 대우법 체계의 문제, 『강신항교수 회갑기념 국어학논문집』, 705-741.

장경희(1977), 17세기 국어의 종결어미 연구, 서울대학교 석사학위논문.

장세경(1980), 이두의 높임법(敬語法) 연구, 『한국언어문화』2, 한국언어문화학회, 41-62.

장수경(2007), 1920년대 아동문학에서 '-습니다'체의 형성과 구술성, 『비교한국학』15-2, 국제비교한국학회, 47-70.

장윤희(2002), 『중세국어 종결어미 연구』, 국어학회.

장요한(2003), 19세기 말에서 20세기 초의 '-습-'에 대한 연구, 서강대학교 석사
학위논문.

장요한(2004), 문장 종결형 '-습-'에 대하여, 『국어국문학』136, 국어국문학회,
135~161.

전재관(1958), '-습-'따위 敬讓詞의 散攷, 『慶北大學校 論文集』2, 경북대학교,
117-137.

정언학(2006), 통합형 어미 '-습니다'류의 통시적 형성과 형태 분석, 『국어교육』
121, 한국어교육학회, 317-356.

정언학(2007), 보조용언 구성의 문법화와 역사적 변화, 『한국어학』35, 한국어학
회, 121-165.

조일영(1996), 국어 선어말어미의 배열에 관한 고찰-시간관련 선어말어미를 중심
으로, 『한국어학』3, 한국어학회, 459-480.

주경미(1987), 18世紀後期國語의 敬語法研究, 『도솔어문』3, 단국대학교 인문대학
국어국문학과, 58-88.

주경미(1990), 근대국어의 선어말 어미에 대한 연구, 단국대학교 석사학위논문.

최기호(1978), 17세기 국어의 마침법(終止法)연구-맺음씨끝을 중심으로, 『牧園大
學論文集』2, 목원대학교, 69-100.

최기호(1978), 17세기 국어의 존대법 체계연구, 연세대학교 석사학위논문.

최기호(1981), 17 세기 국어 {-습-} 의 통사기능, 『말』6, 연세대 한국어학당,
133-167.

최남희(1987), 선어말어미 「-ᅀᆞᆸ-」의 통어적 기능, 『겨레어문학』11, 겨레어문학
회, 69-83.

최동주(1995가), 국어 선어말어미 배열순서의 역사적 변화, 『언어학』17, 한국언어
학회, 317-335.

최동주(1995나), 국어 시상체계의 통시적 변화에 대한 연구, 서울대학교 박사학위
논문.

최동주(1996), 중세 국어 문법, 『국어의 시대별 변천 · 실태 연구1-중세 국어』,
국립국어연구원, 152-209.

최동주(2002), 후기 근대국어의 시상체계에 관한 연구, 『언어』27-3, 한국언어학
회, 507-534.

최동주(2007), 문법화의 유형과 기제, 『민족문화논총』37, 영남대학교 민족문화연구소, 521-550.

최명옥(1976), 현대국어의 의문법 연구, 『학술원 논문집(인문사회과학편)』15.

최명옥(1991), 어미의 재구조화에 대하여, 『김완진선생 회갑기념 논문집』.

최명옥(1997), 16세기 한국어의 존비법 연구, 『조선학보』164, 조선학회(일본), 1-32.

최윤갑(1987), 『중세조선어문법』, 연변대학 출판사.

최중호(2000), 석독 구결의 높임법 연구, 『새얼어문논집』13, 새얼어문학회, 107-137.

최형용(1997), 문법화의 한 양상에 대하여, 『관악어문연구』22, 서울대학교 국어국문학과, 469-489.

한길(2002), 『현대 우리말의 높임법 연구』, 역락.

한동완(1988), 청자 경어법의 형태 원리—선어말어미 '-이-'의 형태소 정립을 통해, 『말』13, 연세대 한국어학당, 219-250.

한재영(1992), 중세국어의 대우 체계 소고—'-습-'을 중심으로, 『울산어문논집』8, 울산대학교 인문대학 국어국문학과, 1-22.

한재영(1998), 16세기 국어의 대우 체계 연구, 『국어학』31, 국어학회, 121-164.

허웅(1954), 尊待法史, 『성균학보』1, 성균관대학교, 139-207.

허웅(1961), 서기 15세기 국어의 '존대법'과 그 변천, 『한글』128, 한글학회, 5-62.

허웅(1962), 존대법의 문제를 다시 논함, 『한글』130, 한글학회, 1-19.

허웅(1963), 또 다시 존대법의 문제를 논함—이숭녕 박사에 대하여, 『한글』131, 한글학회, 45-67.

허웅(1981가), 「인조대왕 행장」의 언어 분석, 『애산학보』1, 애산학회.

허웅(1981나), 18세기의 국어 때매김법 연구, 『애산학보』1, 애산학회.

허웅(1989), 『16세기 우리 옛말본』, 샘문화사.

허웅(1991), 『국어학—우리말의 오늘·어제』, 샘문화사.

허웅(2000), 『우리 옛말본-15세기 국어 형태론』, 샘문화사.

허재영(2008), 높임의 조사 '요'의 문법화—생성과 변화 과정을 중심으로, 『한말연구』23, 한말연구학회, 473-493.

홍기문(1999), 『조선어 력사 문법』, 한국문화사.

홍고 테루오(2002), 이두자료의 경어법에 관한 통시적 연구, 고려대학교 박사학위 논문.

홍윤표(1994), 『근대국어연구(Ⅰ)』, 태학사.

홍종선(1998), 『근대국어 문법의 이해』, 박이정.

홍종선(2000), 『현대국어의 형성과 변천1 (음운·형태)』, 박이정.

홍종선(2000), 『현대국어의 형성과 변천2 (통사)』, 박이정.

홍종선 외(2006), 『후기 근대국어 형태의 연구』, 역락.

홍종선 외(2006), 『후기 근대국어 통사의 연구』, 역락.

황문환(1999), 근대국어 문헌 자료의 'ᄒᆞᆸ'류 종결형에 대하여, 『배달말』25, 배달말학회, 113-129.

황문환(2002), 16, 17세기 언간의 상대경어법, 『國語學叢書』35, 태학사.

황부영(1959), 『15세기 조선어 존칭범주의 연구』, 과학원 출판사.

小倉進平(1938), 朝鮮語에 있어서의 謙讓法·尊待法의 助動詞, 『동양문고논총』 26, 동양문고.

〈부록〉

15세기

1417 향약구급방〈향약〉
1446 훈민정음해례본〈훈민해〉
1446 훈민정음언해본〈훈민언〉
1447 석보상절〈석상〉
1447 용비어천가〈용가〉
1447 월인천강지곡〈천강곡〉
1459 월인석보〈월석〉
1461 능엄경언해〈능엄해〉
1463 법화경언해〈법화해〉
1464 금강경언해〈금강해〉
1464 반야심경언해〈반야해〉
1465 원각경언해〈원각해〉
1466 구급방언해〈구급해〉
1474 내훈언해〈내훈해〉
1481 두시언해(초간)〈두시초〉
1481 삼강행실도(런던대본)〈삼강도〉
1482 금강경삼가해〈금삼해〉
1496 육조법보단경언해〈육조해〉

16세기

1500 개간법화경언해〈개법〉
1517 법어록(고운사판)〈법어〉
1517 번역박통사〈번박〉
1517 번역노걸대〈번노〉
1517 몽산화상법어약록언해〈몽산해〉
1518 번역소학〈번소〉
1518 여씨향약〈여씨〉

1518 정속언해(초간본)〈정속초〉
1518 이륜행실도(옥산서원본)〈이륜〉
1563 은중경〈은중경〉
1569 선가귀감언해(상문각)〈선가해〉
1569 칠대만법〈칠대〉
1577 계초심학인문〈계초〉
1588 소학언해(도산서원본)〈소학〉
1590 맹자언해〈맹자해〉
1590 효경언해〈효경해〉
15XX 삼강행실도(동경대본)〈삼강〉
15XX 순천김씨언간〈청주〉
15XX 장수경〈장수경〉

17세기

1602~ 현풍곽씨언간〈달성〉
1612~ 서궁일기〈서궁〉
1636~ 병자일기〈병자〉
1636~ 산성일기〈산성〉
1617 동국신속삼강행실도
　　〈동신렬, 동신충, 동신효〉
1632 가례언해〈가례해〉
1632 중간두시언해〈두시중〉
1637 권념요록〈권념〉
1658 경민편언해(중간본)〈경민중〉
1658 여훈언해〈여훈해〉
1660 구황촬요(윤석창본)〈구황〉
1670 노걸대언해〈노걸해〉
1676 첩해신어(초간본)〈첩해초〉
1677 박통사언해〈박통해〉

1682 마경초집언해〈마경해〉
1690 역어유해〈역어해〉
1695 서전언해〈서전해〉
1698 자초방언해〈자초해〉
16XX 계축일기〈계축〉
16XX 두창경험방〈두창〉

18세기

1713 악학습령〈악학〉
1721 오륜전비언해〈오륜해〉
1736 어제내훈〈어제내훈〉
1737 여사서〈여사서〉
1741 미타참략초〈미타〉
1745 상훈언해〈상훈해〉
1748 개수첩해신어〈개첩〉
1749 맹자율곡언해〈맹율해〉
1752 지장경언해〈지장해〉
1756 훈서언해(性道敎)〈훈서〉
1756 천의소감언해〈천의해〉
1758 종덕신편언해〈종덕해〉
1760 보현행원품〈보현〉
1760 무목왕정튱녹〈무목〉
1761 어제경세문답언〈어경문〉
1763 어제경세문답속록언해〈경문속〉
1764 일동장유가〈일동〉
1765 박통사신석언〈박통언〉
1765 을병연행록〈을병〉
1774 삼역총해〈삼역〉
1775 역어유해(보충)〈역어보〉
1776 염불보권문 (해인사판)〈염불〉
1777 명의록언해〈명의해〉

1777 선부군언행유사〈선부〉
1785 계해반정록〈계해〉
1790 인어대방〈인어〉
1790 무예도보통지언해〈무도해〉
1792 증수무원록언해〈증무해〉
1795~ 한중록〈한중록〉
1796 경신록언석〈경신〉
1796 전설곡(인과곡, 권선곡)
　　〈전설인, 전설권〉
17XX 국조고사〈국조〉
17XX 낙천등운〈낙천〉
17XX 엄씨효문행록〈엄씨〉
17XX 완월회맹연권〈완월〉
17XX 윤하정삼문취록권〈윤하〉
17XX 조야기문〈조야〉
17XX 후수호뎐〈후슈〉

19세기

1830 을병연행록〈을병〉
1832 십구사략언해〈십구해〉
1839 유중외대소민인등척사윤음〈유중음〉
1840 춘향전(경판본)〈춘향전〉
1847 전운치전(경판37장본)
　　〈전운치전〉
1850 쌍주기연(경판33장본)
　　〈쌍주(경판)〉
1851 금향정기(경판68장본)〈금향〉
1851 사씨남정기(경판66장본)〈사씨〉
1852 태상감응편도설언해〈태상해〉
1852 장경전(경판35장본)〈장경전〉
1856 서유기(경판59장본)〈서유기〉

1856 징세비태록(경판32장본)〈징세〉
1858 월봉기(경판67장본)〈월봉기〉
1858 장풍운전(경판29장본)
　〈장풍운전〉
1859 삼국지(경판)〈삼국지〉
1860 김원전(경판30장본)〈김원전〉
1860 설인귀전(경판30장본)
　〈설인귀전〉
1860 장백전(경판28장본)〈장백전〉
186 홍길동전(경판30장본)〈홍길동전〉
1861 구운몽(경판32장본)〈구운몽〉
1864 남원고사 〈남원〉
1865 장화홍련전(경판28장본)
　〈장화홍련전〉
1865 쥬년첨례광익〈쥬년〉
1865 흥부전(경판25장본)〈흥부전〉
1875 당태종전(경판26장본)
　〈당태종전〉
1875 심청전(경판24장본)〈심청전〉
1876 남궁계적〈남궁〉
1880 과화존신〈과화〉
1880 적성의전(경판23장본)〈적성의전〉
1880 한불자전〈한불〉
1883 명성경언해 〈명성해〉
1884 마가전〈마가전〉
1885 숙향전(경판64장본)〈숙향전〉
1885 현수문전(경판65장본)〈현수〉
1886 징보언간독〈징보〉
1887 별토가(가람본)〈별토가〉
1889 여사수지〈여사〉
1890 심청전(경판송동본 20장본)
　〈심청전(경판)〉

1892 성경직해〈성경〉
1892 심청전(안성판21장본)
　〈심청전(안성)〉
1894 련로력뎡〈련로〉
1894 훈아진언〈훈아〉
1895 국민소학독본〈국소〉
1895 중산망월전(정문연본)〈중산〉
1896 심청전(하버드대소장본)
　〈심청전(하버드)〉
1896 신정심상소학〈신심〉
1897 국문정리〈국문〉
1898~1899 제국신문〈제국〉
1898 매일신문〈매일〉
1898 시편촬요〈시편〉
1898 퇴별가(완판본)〈퇴별가〉
1898 협성회회보〈협성〉
1898 독립신문〈독립〉
18XX 임신평난록권〈임평록〉
18XX 화어유초〈화어〉

20세기

19XX 정진사전〈정진사전〉
1900~1902 제국신문〈제국〉
1900 신약젼셔〈신약〉
1901 신학월보〈신학 권1〉
1902 신학월보〈신학 권2〉
1903 신학월보〈신학 권3〉
1904 대한매일신보〈대한〉
1904 신학월보〈신학 권4〉
1905 기해일기〈기해〉
1905 소대성전(경판16장본)

〈소대성전〉

1906경향보감〈경향〉

1906혈의루(이인직)〈혈의루〉

1907고목화〈고목화〉

1907귀의성〈귀의성〉

1907신학월보〈신학 권5〉

1908신학월보〈신학 권6〉

1908계명성〈계명성〉

1908구마검〈구마검〉

1908금슈회의록〈금슈〉

1908빈상셜〈빈상셜〉

1908설중매〈설중매〉

1908송뢰금〈송뢰금〉

1908은세계〈은세계〉

1908홍도화〈홍도화〉

1909신학월보〈신학 권7〉

1909셩산명경〈셩산명경〉

1909심청전(김동욱소장본)
〈심청전(김동욱)〉

1910ᄌ유종〈ᄌ유종〉

1910경세종〈경세종〉

1911심청전(가람본46장본)
〈심청전(가람)〉

1911화세계〈화세계〉

1911모란병〈모란병〉

1911목단화〈목단화〉

1911쌍옥적〈쌍옥적〉

1912비행선〈비행선〉

1912강산긔우〈강산긔우〉

1912강상촌〈강상촌〉

1912광악산〈광악산〉

1912구의산〈구의산〉

1912두견성〈두견성〉

1912쇼양뎡〈쇼양뎡〉

1912재봉춘〈재봉춘〉

1912지환당〈지환당〉

1912치악산〈치악산〉

1912행락도〈행락도〉

1913금의쟁성〈금의쟁성〉

1913비파성〈비파성〉

1913우중행인〈우주행인〉

1914금강문〈금강문〉

1914도리원〈도리원〉

1915공진회〈공진회〉

1915쌍주기연〈쌍주〉

1917곽해룡전〈곽해룡전〉

1918무정(이광수)〈무정〉

1919약한자의 슬픔(김동인)
〈약한자의 슬픔〉

1921표본실의 청개구리(염상섭)
〈표본실의 청개구리〉

1922환희(나도향)〈환희〉

1926석공조합대표(송영)〈석공〉

1929광염소나타〈광염소나타〉

192X조광〈조광〉

1930젊은그들(김동인)〈젊은 그들〉

1936금삼의피(박종화)〈금삼의피〉